예수교 이해를 위한 알기 쉽게 풀어쓴 성서해설서!

창세기 기독교 역사이야기
성서 속에 흐르는 하나님의 섭리 3

남 홍 진

동양서적

머 리 말

▶ 구약성서 탄생의 배경

구약성서 39권(외경 포함 46권)은 셈족의 역사를 바탕으로 하나님과 인간의 관계를 기록한 이스라엘의 역사임과 동시에 기독교의 경전입니다. 돌이켜 보면, 구약성서는 이스라엘 민족 문학의 정수(精髓)임과 동시에 인류의 소중한 보물입니다. 그러므로 성서는 이스라엘 역사의 산물로 그들의 역사적 배경과 사회생활과 사유(思惟)의 표현 방식을 모르면 이해할 수 없습니다. 왜냐하면, 성서는 사건 연대와 기록 연대가 다를 뿐만 아니라 기록한 사람과 기록한 장소가 서로 다르기 때문입니다.

또한 신구약성서는 역사적 배경이 다를 뿐만 아니라 작품 자체가 통일성 있는 단일 작품이 아닙니다. 문학적으로 분류하기 어려울 만큼 갖가지 문학유형(文學類型)이 어우러진 경서(經書)입니다. 그래서 역사적 사실을 보도한 기사(記事)에 법규와 노래가 나란히 들어가 있는가 하면, 격언, 교훈까지도 함께 들어 있습니다. 그러므로 창세기에서 요한계시록까지, 성서 전체의 내용을 획일적으로 통일시켜 하나의 문학유형으로 간주하여 읽는다면 그것은 성서의 사실성을 무자비하게 부정하거나 혼동하는 오류를 범하게 됩니다.

▶ 총서

신구약성서 66권은 일단 사건이 일어난 다음 그 사건에 대한 내용이 먼 훗날 기록되었습니다. 신구약성서가 글로 기록되기 전까지 여러 세기에 걸쳐 입(口)에서 입으로 구두전승(口頭傳承)되었습니다. 예를 들면 기원전 1850년부터 시작된 아브라함의 역사적 사실이 약 일천 년간 구두전승되어 오다가 통일왕국시대 즉,

솔로몬시대(기원전 950년)에 비로소 글로 옮겨지기 시작했습니다. 이스라엘 12지파의 백성들이 오랫동안 하던 유목생활에서 농경사회로 전환하면서, 특히 다윗왕과 솔로몬왕 시대에 이르러 자신들의 왕권을 공고히 다지기 위해 통일 이스라엘 왕조의 역사와 이스라엘 12지파의 역사를 자신들에게 유리하게 결부시키려는 의도로 그 동안 입으로만 전해 내려온 각 부족들의 전승들을 수집하여 글로 기록한 것이 성서입니다. 그래서 구약성서 39권은 각 권마다 기록 연대와 장소와 필자가 서로 다른 독립된 책들을 한 권의 책으로 편집한 일종의 총서(叢書)입니다.

▶ 시간과 공간을 초월해 성서를 읽어야 하는 이유

무엇보다도 성서를 태동시킨 사건의 주인공들의 믿음과 사건의 증인들과 사건을 기록한 필자와 오늘의 독자들 사이에는 시간적 공간적 문화적인 긴 공간이 가로 놓여 있습니다. 따라서 이렇게 깊고 넓은 사고(思考)의 공간을 이해하는 것은 어렵습니다. 우리가 성서를 읽으면 우선 사건으로서의 역사보다 기록으로서의 역사를 먼저 대하게 됩니다. 그렇다고 성서를 사건과 기록을 별개로 생각해서는 절대로 안 됩니다. 다만 성서의 배경에는 언제나 사건이 먼저 있었고, 그 다음에 그 사건에 대한 내용이 기록되었다는 사실을 전제로 읽어야 합니다. 물론 성서를 이해하는데 이스라엘의 역사를 앞세우면 마치 역사에 의해 성서가 이루어진 것처럼 생각하기 쉽고, 성서에 의해 이스라엘의 역사가 섭리된 하나님의 뜻을 저버릴 수 있습니다. 그러므로 성서학은 역사적 사실(史實)이 기록되기까지의 시간적 공간적으로 크게 벌어진 의식의 간격을 좁히려는 뜻에서 존재한다고 하겠습니다. 그런 의미에서 이 책도 성서가 탄생된 배경을 이해하는데 일조하려는 의욕에서 출간하게 되었습니다.

우리가 성서를 통해 이스라엘의 역사를 고찰하는 목적은 이스라엘의 역사와 더불어 성서가 우리에게 전달하는 하나님의 말씀을 깨닫고, 성서에 담긴 진리를 되살리는데 있습니다. 고대인들은 자신들의 역사를 기록한 목적이 사건의 진실을 후대에 전달하려는데 있었습니다. 따라서 역사는 '그들에게 어떤 사건이 있었는가?' 보다 '그 사건이 왜 일어났는가?'를 더 중요하게 생각하였습니다. 또 '역사적 사건이 주는 교훈이 무엇이냐?'에 더 많은 관심이 있었습니다. 고대인들에게 역사는 사건의 참뜻을 전달하는 유일한 수단이었기 때문에 그들은 사건의 진실을 의욕적으로 전하려고 하다가 때로는 사실을 부풀리거나 다소 수정하는 등 실수를 범하는 경우도 있었던 것이 사실입니다.

▶ 구약성서의 시대적 지리적 문화적 배경

일찍이 바벨론의 우르(Ur)지역에는 아브람의 아버지 테라가 하란으로 옮겨가기 훨씬 이전부터 여러 종족들이 모여 살았습니다. 특히 유프라테스와 티그리스강 유역의 메소포타미아 평원과 이집트의 나일강 유역에 이르는 소위 초승달지역에는 기원전 수천 년 전부터 여러 부족들이 모여 살면서 인류의 문명을 발전시켰습니다. 특히 나일강 유역의 이집트인들은 기원전 3000년 전부터 그림 모양의 상형(象形)문자를 사용했습니다. 그러다가 기원전 2600년 경에는 웅장한 피라미드와 스핑크스와 같은 석조 문명의 꽃을 피웠습니다.

그리고 바벨론 지역에서는 기원전 3400년 경부터 수메르인들(Sumerians)이 설형문자(楔形文字)를 사용했습니다. 당시 바빌로니아의 함무라비(Hammurabi)왕조는 기원전 2123년 경에 이미 세계 최초의 법전을 사용할 만큼 문명을 발전시켰습니다. 그러다가 지금의 페니키아 지방에서는 기원전 1500년 경에 노아의 큰 아들 셈족에 의해 알파벳 문자를 개발했는데, 그 알파벳 문자로 기록한 대표적인 사례가 바로 구약성서입니다. 그 구약성서를 통해 팔레스타인에서 그리스를 거쳐 유럽 등에 널리 읽혀지기 시작한 문자가 바로 오늘의 알파벳입니다.

▶ 문자와 역사

이처럼 서구 세상에 알파벳 문자가 등장하면서부터 비로소 인류의 발자취가 기록을 통해 후세에 전달되기 시작했습니다. 조상의 발자취를 기록으로 후세에 전달하면서부터 인류의 문명은 한층 더 빠른 속도로 발전했습니다. 따라서 구약성서는 아브람을 신앙의 조상으로 하는 셈족의 후손들이 유프라테스강과 티그리스강 사이의 메소포타미아에서 지금의 레바논과 팔레스타인과 이집트의 나일강 유역으로 이어진 중동의 비옥한 소위 '초승달'지역을 중심으로 살아온 히브리인들의 종교사적 역사 이야기입니다.

▶성서는 하나님과 인간의 공동작품

한 마디로 신구약성서는 히브리 민족이 살아온 역사의 자취임과 동시에 하나님이 주관하신 역사의 섭리를 드러낸 계시입니다. 그렇기 때문에 구약성서를 이해하기 위해서는 우선 이스라엘의 역사를 바탕으로 하나님의 뜻을 고찰해야 합니다. 흔히 성서를 가리켜 하나님의 뜻이 담긴 하나님의 책이라고 합니다. 그러나 이스라엘의 역사는 하나님이 주관하시고, 하나님은 인간을 통해 당신의 뜻을 인간의 언어와 글을 빌어 기록하셨습니다. 그런 점에서 하나님과 인간의 공저인 성서를 우리가 이해하기 위해서는 우선 역사를 통해 드러내신 하나님의 의지를 파악해야 합니다. 그런 점에서 읽기 쉽고 간단하게 성서 전체를 개관할 수 있는 책을 써 보고 싶다는 생각을 감히 하게 되었습니다. 그러나 구약성서를 정리하는 가운데 신약성서를 구약과 함께 정리해서는 안 된다는 생각이 들었습니다. 그래서 일단 구약성서에 국한기로 했습니다. 따라서 이 책은 이스라엘의 역사를 중심으로 구약성서를 이해하는데 역점을 두었습니다.

끝으로 이 책을 쓰면서 우리 한국에서 간행된 모든 성서를 비롯하여 외경(7권)과 성서와 관련된 역사적 사실에 관한 기록들도 두루 참고했습니다. 특히 중간시대를 확인하기 위해 7권의 외경도 포함했습니다. 이 책을 펴내는데 물심양면으로 도움을 주신 분들에게 다시 한 번 감사드립니다.

2011년 5월
남 홍 진

목 차

머리말---3

제1부 남북왕조시대

제1장 통일 이스라엘 왕조가 분열되다---11
제2장 남북왕조의 흥망성쇠(興亡盛衰)---30
제3장 북부 이스라엘의 세 왕들---33
제4장 하나님을 저버린 왕과 하나님을 섬긴 왕---35
제5장 북부 이스라엘의 쿠데타와 역 쿠데타---43
제6장 오므리왕의 아들 아합왕과 엘리야 예언자---47
제7장 남부 유다의 여호사밧과 이스라엘의 아합왕의 야합---65
제8장 아합왕의 부마(駙馬)가 된 남부 유다의 여호람---78
제9장 예후가 북부 이스라엘의 제10대 왕위에 오르다---86
제10장 아합왕 왕가의 몰락---88
제11장 아합 왕가의 씨가 마르다---92

제2부 북왕조의 멸망

제1장 북부 이스라엘이 멸망한 이야기---109
제2장 멸망을 자초한 북부 이스라엘의 여섯 왕들---115

제3장 친 앗시리아파와 반 앗시리아파의 엎치락뒤치락-120
제4장 남부 유다의 재기-122
제5장 아버지를 거울 삼은 요담-124
제6장 "하나님의 사자를 보내 주십시오"---126
제7장 남북의 엇갈리는 외교정책---129
제8장 이스라엘의 몰락과 사라진 10지파---134

제3부 남부 유다의 몰락

제1장 남부 유다의 다윗왕조가 몰락한 이야기---139
제2장 요시야가 제16대 왕위에 오르다---161

제4부 바빌로니아시대

제1장 바벨론 포로시대---188
제2장 이스라엘 백성을 지도한 다니엘---201
제3장 느부갓네살의 꿈과 다니엘---203

제5부 페르시아시대

제1장 바빌로니아의 흥망성쇠의 전말---215
제2장 수산나 이야기---220
제3장 바벨론의 벨(Bel)신 이야기---226
제4장 이스라엘 백성들의 귀국 이야기---231
제5장 페르시아에서 귀국한 느헤미야---249

제6장 유대인들을 구한 에스더 이야기--262

제6부　중간시대

제1장 헬라(그리스)시대--286
제2장 셀루시트 왕조의 이스라엘 통치시대--296
제3장 마카비 항쟁에 얽힌 이야기--301
제4장 하스모니 왕국의 탄생과 그 전말--306
제5장 헬레니즘과 유대인들의 사상적 위기--315
제6장 로마제국시대--319

제 1 부 남북왕조시대

남북분열에서--이스라엘 멸망까지

여로보암(931-910년)--------르호보암(931-913년)

사건연표	시대적 성서의 범위	연대적 사건(역사)내용
기원전 930년	전반기 시대 왕상 12:1-16:28	1) 왕국의 분열 (왕상 12:1-14:31) 2) 북왕조의 형성(독립)(왕상 15:1-16:28)
기원전 872년	중반기 시대 왕상 16:29 왕하 15:16	1) 아합왕과 엘리야 (왕상 16:29-22:40) 2) 남북왕조의 교류 (왕상 22:41-왕상 9:29) 3) 남북왕조의 개혁 (왕하 9:1-15:16)
기원전 750년	후반기 시대 왕하 15:17-18:12	북부이스라엘의 멸망기(왕하 15:17-18:12)

제1장 통일 이스라엘 왕조가 분열되다

1. 솔로몬 왕조의 종말과 이스라엘의 분단

사치와 탐욕에다 여색의 화신이 된 솔로몬은 마침내 국가의 재정을 바닥내고 백성들을 곤궁으로 몰아넣었다. 전국각처에는 솔로몬의 방탕으로 등골이 빠진 백성들의 원성이 사무치면서 솔로몬에 대한 하나님의 경고는 준엄했다. 그러나 솔로몬은 하나님의 경고에 걸맞은 반성을 하지 않은 채 율법에 어긋나는 행위를 멈추지 않았다. 솔로몬은 하나님의 은총에 힘입어 지혜가 뛰어난 국왕으로 한 때 명성을 떨쳤지만 결국 하나님이 베풀어 주신 지혜로 하나님을 섬기기보다 자신의 일신상의 사치와 방종을 일삼으면서, 솔로몬의 지혜는 나라를 파멸로 몰아넣는 자업자득의 독소가 되었다. 마침내 솔로몬에게 3명의 대적이 등장했는데 그들은 하닷과 르손과 여로보암이었다. 이들 3명은 솔로몬왕조에 대한 정치적 분열 획책을 꾀했다.

솔로몬에 대한 하나님의 신망이 땅에 떨어지면서 이스라엘의 연합 왕조는 마침내 불만이 폭발하여 분열의 조짐이 드러나기 시작했다. 12지파로 연합된 다윗왕 왕조는 솔로몬으로 인해 유다와 베냐민지파만이 다윗왕 왕조를 지지하고 그 외에 북쪽의 10지파는 솔로몬에게 등을 돌리면서 이스라엘의 연합왕조는 돌이킬 수 없는 분열을 맞이했다.

북쪽의 10지파가 등을 돌리자 솔로몬은 다급한 나머지 아도니람을 특사로 보내 재결속을 시도했다. 그러나 북쪽의 10지파는 특사로 찾아온 아도니람을 돌로 쳐죽이고, 그들 나름의 독립을 주장했다. 그러나 북쪽의 10지파의 정치적 위상은 매우 취약했다.[1]

북쪽의 10지파의 조건은 남부 유다보다 모든 조건이 불리했다. 비록 땅의 면적은 남부 유다의 두 배나 되고, 인구는 세 배나 되었지만 지정학적 조건은 좋지 않았다. 우선 북쪽의 10지파는 숙적들에게 둘러싸인 데다 민족공동체의 구심점이며

---

1) 이 때부터 북쪽의 10지파를 북부 이스라엘이라고 하고 남쪽의 2지파를 남부 유다라고 했다.

역사적 유산인 종교적 기반이 취약했다. 게다가 독립을 앞세운 10지파의 지도자로 등장한 여로보암(Jeroboam)은 국왕의 자질과 정통성을 갖추지 못한 인물이었다.

그런가 하면 남부 유다는 지리적으로 사해(死海)와 아라비아 사막이 성벽처럼 둘러싸여 지리적으로 천혜의 조건을 갖추었다. 뿐만 아니라 이스라엘의 역사적 문화유산은 모두 예루살렘을 중심으로 남부 유다에 속해 있었다(왕상 12:1-13:10).

2. 무식한 왕을 통해 하나님을 저버린 백성을 벌하다

북쪽의 10지파가 솔로몬에게 등을 돌리면서 이스라엘 연합왕조는 끝내 남북으로 분열되었다. 북쪽의 10지파에는 여로보암이란 뜻밖의 인물이 나타나 솔로몬에게 반기를 들었는데, 그는 정치적으로 생소한 인물이었다. 그는 국왕으로서의 자질은 물론 정통성도 갖추지 못한 무식한 인물이었다. 그는 힘이 억세게 센 막노동자로 에브라임 지파의 느밧(Nebat)의 아들로 그의 어머니는 스루아(Zeruiah)라는 과부였다. 여로보암이 솔로몬에게 반기를 들 때 그에게는 3백 대의 전차가 있었고, 이집트의 시삭(Shishak)왕의 처형과 결혼하여 아들 아비야를 두고 있었다.

여로보암은 비천한 노동자로 한때 솔로몬이 에브라임에 있는 성벽을 수리할 때 공사장에서 요셉 지파의 부역자들의 감독관으로 일한 적이 있었는데, 그것이 경력의 전부였다. 그 때 감독으로 일할 때 솔로몬의 신하 중의 한 사람으로 열심히 일하는 것을 가상히 여긴 솔로몬이 요셉의 자손의 사역을 감독하도록 맡겼다. 여로보암이 한때 공사장의 현장 감독을 할 때 솔로몬이 임금을 제때에 주지 않자 여로보암이 노동자들을 대표하여 솔로몬을 찾아가 노동자들의 입장을 밝힌 적이 없었다. 그러나 그 때 솔로몬과 어떤 인연도 맺지 않았을 뿐만 아니라 노동자들도 여로보암을 자신들의 대표로 인정한 것도 아니었다. 그러므로 여로보암 스스로 감히 왕이 되겠다는 생각을 해본 적이 없었다. 설령 국왕이 된다 해도 나라를 다스릴 능력이 없었다. 그럼에도 그가 북부 이스라엘 10지파의 열망을 대변하면서 그는 솔로몬 왕에 대항하는 백성들의 우두머리로 부상했다.

그렇다면 하나님은 무엇 때문에 무식한 여로보암을 통일 솔로몬 왕조의 대적으로 등장시켰느냐? 는 것이 솔로몬이 풀어야할 과제였다. 그러나 솔로몬은 그 이유를 이해하지 못했다. 바로 그것이 솔로몬에게 주어진 지혜의 한계였다. 하나님이 무식한 여로보암을 등장시킨 것은 율법을 어기고 불순종하는 솔로몬에 대한 심판의 한 조치였다. 하나님이 솔로몬의 연합 왕조를 남북으로 가른 다음 무지막지한 여로보암을 통해 하나님을 저버린 백성들에게 고통을 가하려는 것이 하나님의 뜻이었다. 그러나 불행하게도 솔로몬은 하나님의 그 깊은 뜻을 알지 못했다(왕상 11:26-40).

3. 여로보암에게 기름 부음

어느 날 여로보암이 솔로몬의 성벽 수리 공사를 감독하고 예루살렘의 외곽을 열심히 걸어가고 있었다. 그 때 갑자기 아히야(Ahijah)[2] 예언자가 다가왔다. 아히야 예언자는 평소 옷차림이 검소한 사람으로 바른 말을 잘하는 당대의 예언자였다. 그는 품위를 갖추기 위해 값진 옷을 입거나 외식을 좋아하는 사람이 아니었다. 그런데 그 날 따라 화려한 옷을 차려입고 여로보암 앞에 나타났다. 여로보암이 길을 멈추고 서 있을 때 아히야 예언자는 품이 길고 화려한 옷을 산산조각으로 찢는 것이었다. 깜짝 놀란 여로보암이 "왜, 그 아름다운 옷을 찢습니까?" 하고 묻자 그는 "이 찢어진 옷을 받게." 하고 찢긴 옷자락을 던져 주면서 말했다.

"당신은 이 찢긴 옷가지 중에 열 조각을 가지시오. 이스라엘의 주 하나님께서 당신에게 말씀하셨소. '내가 솔로몬의 손에서 나라를 빼앗아 열 지파를 너에게 주

---

[2] 아히야 예언자는 사울왕이 왕위에 있을 때부터 활약한 사람이었다. 그는 솔로몬의 행적을 기록하는 등 왕권에 상당한 영향을 미치는 큰 예언자였다. 사실상 아히야 예언자는 북쪽 이스라엘 지파에 속한 예언자로 실로에 살고 있었다.

겠다. 그러나 내 종 다윗과 내가 특별히 택한 예루살렘 도성을 위해서 한 지파는 솔로몬에게 남겨 둘 것이다. 내가 이렇게 하는 것은 솔로몬이 나를 버리고 시돈의 여신 아스다롯과 모압의 신 그모스와 암몬의 신 밀곰(몰렉)을 섬기고, 선대(다윗왕)의 뜻을 본받지 않고 나에게 불순종하고, 내 앞에서 옳은 일을 행하지 않고, 내 법과 명령을 지키지 않았기 때문이다. 그러나 내가 택한 다윗왕이 내 명령과 법을 지켰으므로 솔로몬의 생전에는 나라를 빼앗지 않고 그가 다스리게 할 것이다. 하지만 그의 아들 대에 가서 나라를 빼앗아 열 지파를 너에게 주고 그 아들에게는 한 지파만 주어 내가 경배받기 위해 택한 예루살렘에서 내 종 다윗왕의 자손이 다스리게 할 것이다. 이제 나는 너를 이스라엘의 왕으로 삼아 네가 원하는 대로 다스리게 하겠다. 만일 네가 나에게 순종하고 내 뜻대로 살고 내가 보기에 내 종 다윗왕처럼 나의 명령을 지키면 언제나 너와 함께 하여, 내가 다윗왕에게 했던 것처럼 축복하고 네 자손이 계속 이스라엘을 다스리게 하겠다."

아히야 예언자의 말에 여로보암이 물었다.

"뭐라고요, 내가 왕이 되다니요?"

깜짝 놀란 여로보암이 어안이 벙벙해 있을 때 아히야 예언자가 다시 말했다.

"만일 네가 다윗 왕처럼 율법에 따라 백성을 다스린다면 하나님께서 길이 함께 할 것이오."

그러나 여로보암은 왕이 될 것이라는 말을 이해하지 못했다(왕상 11:26-39).

4. 솔로몬의 죽음과 이스라엘의 분열

그러나 여로보암이 아히야 예언자의 축복을 받을 때 솔로몬은 비록 하나님의 경고를 받은 처지였지만 많은 정보원을 거느리는 강력한 군주였다. 그런데 마침 정보원들로부터 여로보암이 장차 이스라엘의 왕이 될 것이라는 정보를 받고 몹시 흥분했다. 한 번도 자신의 권위를 무시당해 본 적이 없는 솔로몬은 자존심이 상했다. 감히 자기를 따돌리고 무식한 노동자에게 기름 붓고 축복을 베푼 것은 분명히 왕권에 대한 도전이었다. 솔로몬은 여로보암을 당장 죽여 버리도록 첩자들을 사방으로 출동시키는 한편 전국의 주요 도로에 병사들을 풀어 국외로 빠져나가지 못하도록 경비를 강화했다. 다급한 여로보암은 목숨을 부지하기 위해 멀리 이집트의 시삭(Shishak)왕이 있는 이집트로 망명했다.

한편 이집트의 국경 동쪽에 자리 잡은 시삭왕은 오래전부터 솔로몬에 대한 감정이 좋지 않았다. 그는 솔로몬 왕에게 무슨 일이 일어나는 가를 예의 주시하고 있던 차에 여로보암의 망명을 쾌히 받아들였다. 시삭왕은 만일 솔로몬이 죽으면 왕위 쟁탈전이 벌어질 것이고, 그러면 여로보암을 이용하여 솔로몬 왕조에 분란을 조장할 심산으로 여로보암의 망명을 허락하고, 솔로몬의 말로를 호시탐탐 엿보았다. 결국 이집트에서 망명생활을 하던 여로보암은 이집트의 시각왕의 배려로 솔로몬이 죽을 때까지 이집트에서 무사히 망명생활을 할 수 있었다. 그러던 차에 솔로몬이 죽고 그의 아들 르호보암이 솔로몬의 뒤를 이어 왕위를 계승한다는 소식을 전해들은 시삭왕은 여로보암을 돌려보내면서 정치 자금도 대주고 왕위 쟁탈전을 계속하도록 협조했다(왕상 11:40-43).

5. 북쪽의 10지파와 남쪽의 2지파

방종과 사치에 화신이 된 솔로몬은 후계자도 정하지 못한 채 기원전 971년 왕위에 오른 지 40년 만인 기원전 931년에 죽었다. 그는 부왕(다윗왕)으로부터 물려받은 부강한 대제국을 궁지로 몰아넣고 세상을 뜨자 갑자기 많은 문제가 터졌다. 그 중에 가장 심각한 문제는 솔로몬의 사치와 낭비로 인해 헐벗고 굶주리는 백성들의 원성이고, 다른 하나는 왕권 다툼으로 인한 민족의 분열이었다.

솔로몬이 죽자 르호보암 왕자가 왕권을 잡기 위해 나섰다. 르호보암은 솔로몬과 암몬의 여인 나아마 사이에서 태어난 왕자였다. 그는 솔로몬의 정치적 기반인 세겜(Shechem)으로 달려갔다. 세겜은 다윗왕이 왕위에 오를 때부터 전통적으로 12지파의 모임을 연 곳으로 이스라엘의 국왕을 그곳에서 선출할 만큼 정치적 성향이 두드러진 곳이었다.3)

르호보암이 세겜에 간 것은 솔로몬의 연합왕조를 계승하기 위해 북쪽의 10지파의 정치적 기반이 강한 세겜에서 부족 회의를 열고 여론몰이를 하기 위한 사전작업이었다. 그러나 이미 북쪽의 10지파는 솔로몬의 강압정책으로 분열 조짐이 심화된 상태였다. 세겜에 모인 북쪽의 10지파는 지난날 다윗왕을 왕으로 선택할 때 서로 계약을 맺었던 것처럼 르호보암과도 언약을 맺기 전에는 협상에 응하지 않을 태세였다. 그러나 르호보암은 세겜 사람들의 요구를 수용할 태세를 갖추지 않은 상태에서 세겜 사람들을 모아 놓고 자기를 왕으로 추대하도록 유도했다. 르호보암은 정치적으로 포용력이 없는 데다 게으르고 무식하고 소심한데다 주위에는 사악한 참모들이 득실거렸다(왕상 12:1-2).

6. 르호보암에 대한 여로보암의 도전

한편 이집트로 쫓겨 가 있던 여로보암이 솔로몬이 죽었다는 소식을 듣고 단숨에 예루살렘에 돌아왔다. 여로보암은 무명 노동자였지만 솔로몬의 정적이 되면서부터 왕권을 넘보는 인물로 부상되었다. 이집트에서 달려온 여로보암 역시 자신의 입장을 호소하기 위해 르호보암이 머물고 있는 세겜으로 갔다. 세겜에 도착한 여로보암은 자기보다 먼저 와 있는 르호보암과 조우했다. 일약 왕권 도전자가 된 여로보암은 솔로몬의 실정을 비판하고 백성들의 지지를 호소했다.

여로보암은 불만에 찬 세겜 사람들 편에서 솔로몬의 실정을 거침없이 비판했다. 그리고 백성들의 지지를 이끌어내기 위해 길을 걸을 때나 사람들을 대할 때마다

---

3) 이 때 누가 세겜회의를 소집했는지? 르호보암이 어떤 권한으로 참석했는지? 여로보암은 세겜에 모였을 때 어느 정도 개입했는지? 그리고 누가 그 회의에 참가했는지? 분명치 않다.

은연중 자신을 지지해 달라고 호소하고, 르호보암 왕자를 향해서는 지나친 부역과 세금을 감소해 달라는 백성들의 요구를 강하게 앞세웠다.

"르호보암 왕자여! 당신의 아버지 솔로몬이 우리를 얼마나 혹사시키고, 무거운 짐을 지워준 포악한 왕이었는지, 당신도 잘 알 것이오. 이곳 세겜 사람들도 그렇게 생각하고 있소. 이제 우리는 더 이상 솔로몬 방식의 통치는 더 이상 바라지 않으니 그런 식의 통치는 끝내 주겠다는 약속부터 하시오. 당신의 아버지 솔로몬이 우리에게 지운 무거운 멍에를 가볍게 해주고, 만일 당신이 국왕이 되면 솔로몬 왕보다 선정을 베푼다고 보장하면 우리는 당신을 왕으로 받아들이겠소. 그러나 만일 그렇지 않으면 우리는 당신을 무너뜨릴 것이오."

여로보암이 10지파를 대표해 세금감면과 강제노역을 더 이상 시키지 말 것을 제안했다(왕상 12:3-4).

7. 강퍅한 르호보암

세겜 사람들의 불만을 부추기는 여로보암의 선동은 상당한 폭발력을 일으켰다. 뜻밖의 도전에 당황한 르호보암은 대답하지 못하고 한 발 물러섰다.

"나는 당신의 말을 잘 들었소. 그러나 삼일 후에 대답하겠소"

르호보암은 그 길로 솔로몬의 자문관들이었던 원로들과 상의했다. 이 때 르호보암의 자문관들은 왕자에게 문제가 생기면 즉시 도움을 주어야 했다.

"내가 당신들을 부른 것은 당신들의 지혜가 필요하기 때문이오. 당신들은 지금까지 나의 아버지에게 충성을 다했소. 그러니 당신들은 물론 당신들의 자식들도 나에게 충성해야 합니다. 당신들은 내가 성장하는 과정을 지켜보면서 나와 함께 살아왔소. 그러니 나는 당신들의 판단을 믿어 의심치 않으니 솔직하게 말해 주시오. 지금 내가 여로보암의 요구에 어떻게 대답해야 좋은지 가르쳐 주시오. 그의 제안을 받아들이는 것이 옳은지? 아니면 무시해 버리는 것이 좋은지? 말해 보시오."

르호보암이 자문관들에게 제기한 문제에 두 가지 결론이 나왔다. 나이든 늙은 자문관들이 완곡하게 대답했다.

"이곳 세겜 사람들이 바라는 바를 왕자의 명예를 걸고 받아들여 주겠다고 겸손하게 대답하십시오. 일단 백성들에게 좋은 인상을 받아야만 백성들이 왕을 충성스럽게 섬길 것입니다."

원로들은 문제를 원만하게 풀 것을 제의했다. 그러나 르호보암은 원로들의 조언을 접어두고 다시 어릴 때부터 함께 자란 젊은 자문관들을 찾아가 물어 보았다. 그러자 젊은 자문관들은 원로들의 견해에 동의하지 않았다.

"르호보암은 솔로몬의 왕자로서 어차피 이 나라의 왕이 되는 것이 분명한데 굳이 하잘 것 없는 백성들 말에 놀아날 필요가 없습니다. 세겜 사람들이야 말로 백성 된 도리로 국왕에게 복종할 의무를 깨달아야 합니다. 만일 저들이 선왕이 메어준 멍에를 가볍게 해 달라고 요구하면 이렇게 대답 하십시오. '나의 새끼 손가락이 부왕의 허리보다 굵다. 너희는 부왕께서 메어주신 멍에가 무겁다고 하지만 나는 그것보다 더 무거운 멍에를 지울 것이다. 내 부왕께서는 너희들을 가죽 채찍으로 다스리셨다면 나는 쇠 채찍으로 다스리겠다.'라고 말입니다."

평소 르호보암은 국가와 민족보다는 자신의 영달을 더 중요하게 생각하는 소인배였다. 자문관들의 의견이 엇갈리자 르호보암은 나이 많은 자문관들의 간곡한 권유보다 젊은 자문관들의 당돌한 주장을 받아들였다. 어려서부터 버릇없이 자란 르호보암은 성격이 편협하고 포용력이 없었다. 그는 평소에 신하들과도 원만하게 지내지 못했다. 소심하면서도 이기적인 르호보암은 만일 늙은 원로들의 의견을 수락하면 왕실의 예산이 축소되는 것이 뻔하다는 젊은 자문관들의 의견에 따랐다(왕상 12:10-14).

8. 르호보암이 남부 유다의 왕위에 오르다

3일 후 여로보암이 세겜 사람들과 르호보암(왕자)의 답변을 듣기 위해 약속한 장소로 나갔다. 과연 르호보암이 어떻게 대답할 것인가, 세겜 사람들의 관심이 르호보암에게 쏠렸다. 그러나 르호보암의 대답은 세겜 사람들의 신망을 일거에 저버렸다.

"만일 나의 아버지 솔로몬의 통치가 혹독했다면 내가 당신들을 위해 선정을 베풀 때까지 기다려 주시오. 만일 나의 아버지께서 오늘 여기에 계셨다면 당신들을 채찍으로 때렸을 것이오. 물론 나도 당신들을 심하게 다룰 수 있소. 그러나 나는 채찍 대신에 재갈을 사용할 것이오. 미안하지만 당신들은 더 겪어 보아야만 정말로 포악한 통치가 무엇인지 알게 될 거요."

르호보암은 강퍅한 말로 세겜 사람들의 신망을 저버렸다. 르호보암이 선정을 베풀기를 기대했던 세겜 사람들은 일시에 등을 돌리고 다윗왕 왕조의 솔로몬을 성토하기 시작했다.

"다윗왕가를 타도하자! 이새의 아들이 과연 우리들에게 물려준 유산이 대체 무엇이란 말이냐? 이스라엘 백성들이여, 우리 모두 각자의 집으로 돌아가자! 르호보암아, 이제 너는 네 집안이나 잘 돌보아라."

세겜 사람들이 거칠게 항의하자 르호보암은 아무 성과도 없이 예루살렘으로 허겁지겁 돌아갔다. 세겜 사람들이 솔로몬왕가에 등을 돌리면서 이스라엘 12지파로 구성된 통일 왕조는 마침내 분열되었다. 르호보암은 유다와 베냐민지파와 결속을 다지고, 북쪽의 10지파는 솔로몬 왕가와 완전히 결별했다. 세겜에서 돌아온 르호보암은 예루살렘을 중심으로 유다와 베냐민 두 지파만으로 다윗왕 왕조의 명맥을 유지했고, 북쪽의 10지파는 별도로 이스라엘 왕조를 결성하면서 이스라엘 연합 왕조는 마침내 120년 만에 남북으로 분열되었다(왕상 12:15-19).

◈ 왜? 하필 여로보암이냐?

혼히 무식하고 아둔한 르호보암이 왕위를 계승함으로써 나라에 재앙이 몰아오고 12지파의 연합 왕조를 서로 적대 관계로 갈라놓았다고 비난하지만 실상 그 원인은 다른데 있었다. 역사적으로 거슬러 오르면 남쪽에 자리 잡은 유다지파와 북쪽에 자리 잡은 10지파 사이에는 이미 오래 전부터 서로 시기하고 질투하는 등 엇갈린 감정이 사울왕 초기 때부터 잠재돼 왔다. 그러다가 솔로몬의 무모한 정책으로 민심이 이반하면서 분열로 이어진 것이다.

남부 유다의 르호보암은 북쪽의 여로보암이 이끄는 이스라엘에 여러 차례에 걸쳐 유화 정책을 펼쳤다. 사역군의 총 감독을 사신으로 보내 다시 화합할 것을 간청했지만 북부 이스라엘은 르호보암의 제의에 동의하지 않았다. 오히려 솔로몬이 보낸 특사가 죽임을 당하자 르호보암은 겁을 먹고 세겜을 비롯한 북부 이스라엘의 10지파를 완전히 포기했다.

9. 여로보암이 북부 이스라엘의 왕위에 오르다

한편 남쪽의 르호보암은 유다와 베냐민 지파에서 18만 명의 병사들을 소집하여 북쪽의 10지파를 무력으로 장악하려고 시도했다. 그러나 하나님께서 스마야(Shemaiah)예언자를 통해 유다와 베냐민지파 사람들에게 말씀하셨다.

"너희는 너희 형제 이스라엘 사람들과 싸우러 가지 말고, 모두 집으로 돌아가라. 일이 이렇게 된 것은 모두 내 뜻이었다."

결국 르호보암의 정벌 계획은 수포로 돌아갔다. 북쪽의 열 지파가 떨어져 나가자 르호보암은 유다와 베냐민 지파만으로 예루살렘에서 솔로몬의 뒤를 이어 남부 유다의 왕이 되었는데 이 때 르호보암의 나이 41세였다. 르호보암은 처음 3년간은 그런 대로 하나님을 섬기고 선정을 베풀었다. 그는 예루살렘에 머물면서 유다의 각 지방에 국방 요새의 성을 구축했다. 베들레헴을 비롯한 에담(Etam), 드고아(Tekoa), 벧-수(Beth-Zur), 소고(Soco), 아둘람(Adulam), 가드(Gath), 마레사(Mareshah) 십(Ziph), 아도라임(Adoraim), 라기스(Lachish), 아세가(Azekah), 소라(Zorah), 아얄론(Aijalon) 헤브론을 요새화하고, 각 성마다 군의 지휘관을 상주시키고 식량을 비축하고, 병기를 확보하여 국방을 튼튼히 다지는 한편 북부 이스라엘의 여로보암의 정치적 박해를 견디다 못해 고향을 버리고 도망쳐오는 제사장들과 레위인들을 예루살렘으로 맞아들였다(왕상 12:20-33).

10. 이집트, 리비아, 에티오피아의 침입

한편 시간이 지나면서 르호보암의 선정은 지속되지 않았다. 우매한 백성들을 앞세워 우상숭배를 강요하는 등 형편없이 타락했다. 국왕의 권위가 확립되고, 요새마다 지지세력을 확보한 후에는 하나님을 저버렸다. 그러자 백성들도 왕을 본받아 주님의 뜻을 따르지 않았다. 르호보암이 왕위에 오른지 5년째 되는 해에 이집트의 시삭왕이 1천2백 대의 전차와 6만 명의 기마병을 이끌고 리비아(Livbya)와 에티오피아와 연합하여 남부유다의 변방 요새들을 함락시키고 예루살렘을 향해 밀물처럼 밀려왔다. 사태가 다급하자 스마야가 르호보암을 찾아갔다. 스마야는 시삭의 침략이 두려워 예루살렘에 모인 유다지파의 지도자들에게 이렇게 말했다.

"여러분이 주님을 저버렸음으로 주님께서도 여러분을 시삭 왕에게 넘겨주셨습니다."

스마야 예언자가 시삭이 쳐들어 온 원인을 확인시켰다. 그제야 르호보암과 지도자들은 비로소 과오를 깨닫고 하나님께 용서를 빌었다(왕상14: 25-30).

"주님께서 우리에게 이렇게 하시는 것은 당연한 일이다."

11. 북부 이스라엘의 임시 수도 디르사

한편 하나님께서는 남부유다의 지도자들이 뉘우치자 스마야 예언자에게 이르셨다.

"저들이 겸손하게 자기들의 죄를 뉘우침으로써 내가 그들을 전멸시키지 않을 것이며, 시삭을 통해 내 분노를 예루살렘에 쏟지 않을 것이다. 그러나 그들은 시삭에게 매년 조공을 바치고 그를 상전으로 섬겨야 할 것이다. 그러면 그들이 나를 섬기는 것과 세상의 왕을 섬기는 것 중에 어느 것이 좋은지 알게 될 것이다."

이집트의 시삭왕은 예루살렘에 쳐들어 와서 성전과 궁전의 모든 보물과 솔로몬이 만든 금방패를 모조리 약탈해 갔다. 시삭이 남부 유다를 침략한 것은 영토 확장이 목적이 아니라 재물을 약탈하고 조공을 받기 위한 목적에서 팔레스타인에 대한 이집트의 영향력을 과시하는데 목적이 있었다. 따라서 이집트의 국제무역의 상권을 차지하기 위한 일종의 경제전쟁 이었다. 다행히 침략을 당한 르호보암이 겸손한 자세로 용서를 빌자 주님께서 분노를 거두시고 남부 유다를 멸망시키지 않았다(왕상 15:16-24).

12. 북부 이스라엘의 수도

한편 독립을 선언한 북쪽의 10지파는 에브라임 산간지대의 세겜성을 요새화하여 임시 수도로 정하고 여로보암이 왕위에 올랐다. 얼마 후 요단강 동쪽의 부느엘(Penuel)을 증축하여 수도로 정했다가 다시 지리적으로 유리한 디르사(Tirzah)로 수도를 옮겼다. 이렇게 수도를 여러 곳으로 전전하다가 디르사를 수도로 확정함과 동시에 여로보암의 왕권이 확립되면서 남부 유다의 르호보암이 시도한 이스라엘 연합왕조의 복귀는 완전히 물 건너갔다. 사울왕이 이스라엘의 초대 왕위에 오른지 120년 만에 이스라엘 연합왕조는 남북으로 갈라져 끝없는 반목이 시작되었는데 이때가 기원전 931년경 이었다(왕상 12:25-33).

13. 남북 대결 시대의 서막 (르호보암시대)

남부 유다의 르호보암은 예루살렘에서 17년간 통치하였으나 하나님의 뜻을 무시하고 우상을 숭배하는 한편 국가의 정체성을 바로 잡지 못했다. 그는 17년 통치 기간 중에 상당기간을 우상을 숭배하기 위해 높은 산과 푸른 나무 숲속에 산당을

> ◈ 유다와 이스라엘
>
> 유다와 이스라엘이란 이름이 때로는 서로 다르게 쓰여진 경우가 있다. 구약성서의 여호수아기와 사사기, 그리고 열왕기를 쓴 작가들은 가나안 사람, 암몬 사람, 여부스 사람으로부터 땅을 차지할 때마다 이스라엘 또는 유다라는 말을 사용했다. 저자들은 '이스라엘 유다' 또는 '유다 이스라엘'이라고 쓰는 등 혼동해 썼다. 그러나 남북으로 분열된 후에는 남부를 유다라고 했고, 북쪽의 10지파를 이스라엘이라고 했다.

짓고 아세라 여신상을 세웠다. 그가 각처에 세운 아세라 우상 신전에는 남창들이 득실거렸다. 르호보암이 이방 민족의 더러운 이방잡신의 습성을 끌어들이면서 백성들의 죄악이 불어나는 가운데 북부 이스라엘의 끊임없는 도전을 받았다.

르호보암은 병사들을 이끌고 결사 응전했지만 병사들은 백성들로부터 신망을 잃은 르호보암을 위해 싸우기를 거부하고 각자 자기 집으로 돌아가는 등 국가의 통치 기강이 무너졌다. 르호보암은 다윗왕의 손자였지만 남북으로 분열된 왕조를 끝내 통합시키지 못한 무능한 왕이었다. 르호보암은 그의 사촌 마할랏(Mahalath)과 결혼한 후 후궁들을 마구 끌어들여 18명의 아내와 60명의 첩과 28명의 아들과 60명의 딸을 두었다. 그러나 많은 왕비들 중에 마아가(Maacah)를 각별히 사랑한 나머지 후일 그녀가 낳은 아비야(Abijah)왕자에게 왕권을 물려주고 자신은 다윗왕 성에 묻혔다(왕상 14:1~20).

14. 벧엘과 단에 황금 우상 제단을 세운 여로보암

한편 여로보암을 왕으로 추대한 북부 이스라엘의 10지파에도 여러 가지 문제가 계속 터졌다. 본래 왕이 되기엔 자질이 부족한 여로보암은 왕위에 오른 후 백성들을 무지막지하게 다뤘다. 그리하여 백성들은 솔로몬 시대보다 훨씬 더 가혹한 탄압을 당했다. 그러나 나라는 비록 남북으로 분단되었지만 백성들의 신앙은 분열되지 않았다. 그래서 북쪽 10지파의 백성들은 매년 절기마다 남부 유다의 예루살렘 성전에서 거행하는 조상 전래의 종교적 행사에는 빠짐없이 참가했다. 후일 북부 이스라엘의 수도가 된 사마리아에서 남부 유다의 수도 예루살렘까지는 불과 50킬로미터밖에 되지 않았다. 지리상으로 가까웠기 때문에 북부 이스라엘의 백성들이 예루살렘 성전에 찾아가는 횟수가 잦았다. 따라서 북부 이스라엘의 백성들이 남부 유다의 지도자들과 만나는 횟수가 잦으면서 북부 이스라엘의 지도자들은 혹시 남부 유다에 동화되는 것이 아닌가 하여 불안을 느낀 여로보암은 세겜에 도성을 축조한데 이어 부느엘(Peniel)도성을 축조하고 이렇게 말했다.

"이대로 두었다가는 우리나라가 다윗의 집안으로 돌아갈지 모르겠다. 만일 내 백성이 예루살렘 성전에 가서 주님께 제사를 드리게 되면 그들이 르호보암을 왕으로 섬기고 나를 죽일 것이다."

백성들이 남부 유다에 드나드는 것을 못마땅하게 생각한 여로보암은 백성들이 예루살렘 성전을 방문하고 제물을 바치는데 심기가 뒤틀렸다. 만일 백성들이 르호보암과 친숙해지면 자기를 배반하고 남부 유다와 합류하게 되는 것이 두려웠던 것이다. 사태를 심각하게 생각한 여로보암은 고심 끝에 기발한 묘책을 세웠다. 만일 북부 이스라엘에도 예루살렘처럼 예배할 신전이 있으면 백성들이 굳이 예루살렘까지 찾아갈 필요가 없을 것이라고 생각하고 벧엘과 단에 두개의 거대한 제단을 세웠다(왕상 12:20-29).

◆ 여로보암의 우상

여로보암이 세운 송아지 우상은 이 때 처음 등장한 것이 아니라 이미 모세가 광야에서 히브리 백성을 이끌던 시대에도 종교적 상징물로 아론에 의해 축조된 적이 있는 우상이었다. 아론이 이스라엘 백성에게 도입한 후 종교의 상징으로 남서 아시아 지방에 널리 분포되어 있었다.

15. 북부 이스라엘이 우상제국을 건설하다

그러나 여로보암이 세운 제단은 이스라엘이 섬기는 정통 하나님의 제단이 아니라 가나안 원주민들이 섬기는 황금 송아지 우상제단이었다. 여로보암은 거대한 송아지 제단을 세워 놓고 백성들에게 제물을 바치고 숭배할 것을 강요했다.

"여러분은 지금부터 예배하러 예루살렘까지 올라갈 필요가 없습니다. 이스라엘 백성 여러분! 이집트에서 여러분을 구출해낸 이 신을 보십시오!"

그러자 본래 하나님을 섬기던 제사장들과 레위인들이 여로보암의 우상에 경배를 거부하고 남부유다로 이주하기 시작했다. 여로보암의 우상숭배 정책을 거부하면서 다윗왕조의 정통성을 지지하는 제사장들과 레위인들은 모두 직위를 박탈당했다. 성직을 박탈당한 백성들은 고향(북부 이스라엘)을 버리고 남부로 떠나야했다. 일반 백성들도 신앙의 자유를 위해 레위 사람들을 따라 예루살렘으로 모여들었다. 그러나 일반 백성들은 여러보암의 무지막지한 강압에 못 이겨 우상 숭배에 순종하면서, 북부 이스라엘은 나라 전체가 하나님을 저버린 우상숭배의 나라가 되었다.

여로보암은 거기서 멈추지 않았다. 지방 각처에 산당을 짓고 레위 자손이 아닌 사람들을 마구 제사장으로 선출하였다. 본래 제사장의 선출은 율법과 전통에 따라 레위 지파에서 선출하는 것이 통례였다. 그러나 여로보암은 그런 규정을 멋대로 뜯어 고쳤다. 이스라엘 역사상 유래가 없는 해괴한 사교(邪敎)를 만든 다음 신성한 제의력(祭儀曆)까지도 자의적으로 개조하는 등 기고만장했다. 종교 제도를 함부로 뜯어고친 여로보암의 행위가 역사적으로 얼마나 큰 충격적 이었던지 훗날 종교적으로 몹쓸 죄를 범하면 '여로보암의 죄' 라는 말로 대신할 만큼 하나님에 대하여 종교적으로 큰 상처를 냈다. 여로보암은 북부 이스라엘을 독립시키고 왕위에 오른 후 이룩한 업적은 고작 우상숭배뿐이었다(왕상 12:30-33).

16. 남부 유다에서 온 하나님의 예언자

어느 날 여로보암이 단 지방에서 우상제단에 분향을 하고 있었다. 그 때 낯선 예언자 한 명이 나타나 격한 어조로 경고했다.

"오, 단아, 단아, 주님께서 말씀하신다. 다윗왕의 가문에서 요시야란 한 아들이 태어나 오늘 여기서 분향하는 산당에 제물을 바치는 제사장을 죽여 그 뼈를 네 위에서 불태울 것이다."

그는 자신의 말이 곧 하나님의 경고라는 증거를 드러내기 위해 이렇게 선언했다(왕하 23:18-18).

"이 제단이 산산조각이 나고 그 위에 있던 재가 쏟아질 것이다."

바로 그 때 마침 제단에서 향을 피우던 여로보암이 예언자를 향해 소리쳤다.

"경비병, 저 놈을 당장 잡아라!"

여로보암이 손을 번쩍 들어 예언자를 가리키며 외치는 순간 그의 팔이 뻣뻣하게 마비되고 제단이 무너지면서 제물이 불길에 휩싸였다. 불길에 싸인 제물은 완전히 재로 변했다. 다급한 여로보암이 부들부들 떨면서 예언자에게 말했다.

"예언자여, 제발 당신이 나를 위해 하나님께 기도하여 내 팔이 다시 성하게 해 주시오"

여로보암의 호소를 측은하게 여긴 예언자가 기도하자 마비되었던 팔이 다시 회복되었다. 겁먹은 여로보암이 예언자에게 말했다.

"예언자여, 나와 함께 우리 집으로 가서 쉬었다 가시오 내가 당신에게 선물을 주겠소."

여로보암의 초대에 예언자가 대답했다.

"왕께서 나에게 왕의 재산 절반을 준다 해도 나는 왕과 함께 가지 않을 것이며, 이곳에서는 빵 한 조각 물 한 모금 마시지 않을 것입니다. 주님께서는 나에게 빵도 먹지 말고, 물도 마시지 말고, 즉시 오던 길로 돌아가지도 말라고 명령하셨습니다."

그리고는 자리에서 일어나 다른 길로 돌아갔다. 여로보암은 그 때 낯선 예언자의 경고를 경청했어야 했다. 그러나 무식한 여로보암은 예언자의 말을 이해하지 못했다. 솔로몬은 지혜가 뛰어난 왕이었지만 하나님의 뜻을 저버렸기 때문에 나라를 망쳤는데 여로보암은 무지해서 우상과 하나님을 구별하지 못해 나라를 망쳤던 것이다(왕상 13:1-10).

17. 여로보암에 대한 심판

여로보암에게는 사랑하는 아비야(Abijah)라는 아들이 있었다. 그는 언젠가 여로보암의 뒤를 이을 왕자였다. 그런데 뜻하지 않은 병에 걸려 자리에 누워 일어나지 못했다. 백방으로 노력했지만 회복될 기미가 보이지 않았다. 노심초사하던 여로보암은 마지막으로 지난날 자기에게 왕이 될 것이라고 하나님의 뜻을 전한 아히야 예언자를 찾아가 그의 의견을 듣기로 했다. 그러나 여로보암 자신이 직접가지 않고 왕비를 대신 보내면서 말했다.

"당신은 왕비라는 사실을 눈치 채지 못하게 변장을 하고, 실로에 있는 아히야 예언자를 찾아가서 만나시오. 그는 내가 이스라엘의 왕이 될 것이라고 예언해 준 사람이오. 그리고 방문할 때 빵 10개와 약간의 과자와 꿀 한 병을 가지고 가서 우리 아들이 어떻게 될 것인지 물어 보시오. 그는 당신을 잘 대해 줄 것이오."

"알겠어요, 당신이 시키는 대로 하겠어요. 천한 농부 차림으로 갈아입으면 아무도 눈치 채지 못할 거예요."

왕비는 누구도 눈치 채지 못할 만큼 천한 농부차림으로 변장했다. 그러나 아히야 예언자는 이미 나이가 들어 눈이 먼 장님이 되어 있었기 때문에 왕비의 변장은 의미가 없었다. 그러나 아히야 예언자는 장님이었지만 영안(靈眼)이 열렸기 때문에 왕비의 변장은 물론 그녀의 속마음 까지 들여다보았다. 왕비가 아히야의 집을 찾아갔을 때 그는 발자국 소리로 찾아오는 손님의 신분은 물론 찾아오는 목적도 알고 있었다. 왕비가 아히야 예언자의 집에 들어서자 기다렸다는 듯이 말했다.

"여로보암의 부인, 어서 들어오시오. 왜, 왕비께서는 딴 사람처럼 행세하십니까. 나는 비록 소경이 되었지만 당신이 어떤 일로 왔다는 것을 이미 하나님께서 알려 주셔서 다 알고 있습니다."

체면이 깎인 왕비가 궁색한 어조로 말했다.

"예언자께서는 제 아들에게 무슨 일이 일어났는지 아시겠군요."

"암, 알다 맙쇼. 불가불 나쁜 소식을 전하겠소. 당신은 얼른 가서 남편에게 이스라엘의 하나님께서 하신 말씀을 전해 주시오.. '내가 백성들 가운데서 너를 택하여 내 백성 이스라엘의 통치자가 되게 하고, 나라를 찢어 너에게 주었다. 그러나 너는 내 명령을 지키고, 진심으로 나를 따르며 내 앞에서 옳은 일만 행한 내 종 다윗왕과 같지 않았다. 많은 악을 행하고, 나를 배반하고 우상을 만들어 섬기는 등 나를 노하게 하였다. 그러므로 내가 네 집안에 재앙을 내려 종이든 자유인이든 남자는 모조리 죽일 것이며, 네 가족을 거름더미처럼 쓸어버릴 것이다. 성에서 죽은 네 가족의 시체는 개가 뜯어먹을 것이며, 들에서 죽은 네 가족의 시체는 공중의 새가 뜯어 먹을 것이다.' 이것은 주님의 말입니다"(왕상 14:1-11).

18. 아히야 예언자의 충고

아히야 예언자의 말에 왕비는 소리쳤다.

"안돼요"

왕비가 울면서 호소했다.

"그렇다면 제 남편 여로보암이 죽으면 누가 왕이 된단 말인가요?"

"또 다른 사람이오."

"당신은 어서 집으로 돌아가시오. 당신이 성안에 들어서는 즉시 당신의 아들은 죽을 것이오. 그리고 모든 이스라엘 백성들은 슬픔에 겨워 장사할 것이오. 그러나 여로보암의 모든 가족 중에서 묘실에 장사될 사람은 오직 당신의 아들뿐이오. 그래도 이스라엘의 하나님께서는 이 아이에게서는 착한 마음을 보셨기 때문이오. 주님께서는 이스라엘을 다스릴 다른 왕을 세우실 것이며, 그가 여로보암의 집안을 쑥밭으로 만들 것이오. 또 주님께서는 이스라엘을 쳐서 물에 흔들리는 갈대처럼 흔들 것이며, 그들의 조상들에게 베풀어준 이 좋은 땅에서 뿌리째 뽑아 유프라테스강 밖으로 흩어 버릴 것이오. 이것은 그들이 우상을 만들어 섬김으로 주님을 노하게 하였기 때문이오. 여로보암은 자신만 범죄 했을 뿐만 아니라 백성들에게 죄를 짓게 하였으므로 주님께서는 이스라엘을 버릴 것이오."

아히야 예언자는 여러보암 자신은 물론 그의 왕조가 산산조각이 날것이라고 예언했다(왕상 14:12-16).

19. 아히야 예언자의 예언

여로보암을 처음부터 지지한 아히야 예언자는 실로 지성소의 근거한 예언자였다. 그런데 여로보암이 즉위한 후 실로 지성소는 소외당했다. 배신감에 사로잡힌 아히야 예언자는 배신한 여로보암의 왕실에 등을 돌렸다. 비통한 심정으로 아히야 예언자의 집을 나선 왕비가 궁전 가까이 이르렀을 때 아들의 죽음을 알리는 울음소리가 들렸다. 북부 이스라엘의 초대 왕위에 오른 여로보암은 나라를 무지막지하게 지배하다 22년 만에 죽고 그의 또 다른 아들 나답(Nadab)이 기원전 956년(남부 유다 아사왕 2년) 제 2대 왕위에 올랐다.

제2장 남북왕조의 흥망성쇠(興亡盛衰)

```
나답------(910-909년)                   ------아비야-----(913-911년)
바아사----(909-886년)-------------------아사-------(911-870년)
```

엘라------(886-885년)--------
시므리----(885----7일)----
오므리----(885-878년)--------
아합------(878-853년)--------------여호사밧---(870-848년)
아하시야--(853-852년)--------
여호람----(852-841년)--------------여호람----(848-841년)
예후------(841-814년)--------------아하시야--(841----1년)
여호아하스-(814-798년)--------------아달랴 여왕-(841-835년)

1. 하나님을 저버린 여로보암 왕가의 말로

북부 이스라엘의 초대왕 여로보암이 어렵사리 20여 년간 다스리다 죽고, 그의 아들 나답(Nadab)이 기원전 910년(남부 유다의 아사 2년) 북부 이스라엘의 제2대 왕위에 올랐다(2년간 통치). 그러나 나답 역시 아버지(여로보암)를 닮아 하나님을 섬기지 않았다. 2대에 걸쳐 하나님을 저버리고 우상을 섬기면서 북부 이스라엘에 대한 하나님의 심판이 시작되었다. 나답이 왕위에 오른지 2년째 되는 기원전 908년 어느 날 북부 이스라엘과 블레셋 간에 큰 싸움이 벌어졌다. 나답이 직접 병사들을 이끌고 깁브돈에서 블레셋 군과 한창 싸울 때 잇사갈 지파의 아히야(Ahijah)의 아들이이며 전차 부대장인 바아사(Baasha 909-886)가 반란을 일으켜 진중에서 독전하는 나답왕을 살해했다. .

● 남북왕조의 흥망성쇠

앗시리아의 왕 아닷디라리 3세(810-783)가 803년 아람왕국을 누르다.

783-743년에 앗시리아의 세력이 약화되다.

다마스커스에서는 르신이 아람의 왕으로 통치하다. 앗시리아에서는 디글랏빌레셋 3세가 통치하다(747-727). 아람왕 르신과 이스라엘왕 베가의 동맹군을 처부수고 남부유다와 아하스를 보호하다. 729년 바벨론을 점령한 후에는 '불'이라고 칭하다.

살마네셀 5세

예후의 아들 아람왕국의 여하아하스의 아들, 아람왕 벤하닷 3세를 처부수다.(왕하 13:14-25).
유다왕 아마지아를 벳세메스전투에서 사로잡다(왕하 14:8-15; 대하 25:17-24).
여로보암 2세(787-747)는 영토를 넓히고 번영을 이룩했으나 사회불의가 심화되어 아모스 예언자의 비난을 받고 그의 아들 요담이 받다. 아모스에 이어 호세아 예언자가 활약하다.
즈가리아가 747년 6개월 통치하던 중 살해되다.
살룸(747-746)이 통치하다.
므나헴(747-746)은 737년 앗시리아의 디글랏빌레셋 3세에게 조공을 바치다.
브가히아(736-735)와 베가는 르신과 동맹을 맺고 아하스를 치려다 오히려 디글랏빌레셋 3세에게 일부 영토를 잃다.

호세아(732-724)가 앗시리아왕 살만에셀 5세를 배반하고 이집트와 손을 잡으려 하다.
살만에셀이 사마리아를 3년간 포위하고 721년 그 아들 사르곤 2세가 사마리아를 점령해 이스라엘을 멸망시키다(왕하 17:1-6). 이스라엘인들은 메소포타미아로 끌려가고 메소포타미아인들이 이스라엘로 이주하다.

하자엘 벤하닷 3세에게 눌리다.
아마지아(796-782)는 라기스에서 반군에게 살해되다(왕하 14:18-20; 대하 25:26-28).

우찌야(781-740)가 나병에 걸려 750년부터 정무를 집전하다.

요담(740-735)이 통치할 때 이사야와 미가 예언자가 활약하다. 아하스(735-716 ?)는 베가와 르신 동맹군에게 밀리자 앗시리아에 원조를 요청, 임마누엘 예언(사 7장).

나답왕을 살해한 바아사는 그 길로 반란군을 이끌고 수도 디르사로 내려와 나답 왕가의 가족들을 한사람도 남기지 않고 모조리 죽였다. 그리하여 여로보암에 이어 제2대 왕위에 오른 나답은 불과 2년을 넘기지 못하고 왕가의 전 가족이 전멸 당하는 비극으로 막을 내렸다. 나답 왕가를 숙청한 바아사는 기원전 908년 디르사 에서 북부 이스라엘의 제3대(남부 유다의 아사 3년) 왕위에 올라 24년간 통치했다.

북부 이스라엘의 왕 여로보암이 2대를 지탱하지 못하고 멸망당한 것은 이미 예견된 일이었다. 지난날 실로에서 아히야 예언자가 여로보암에게 하나님을 섬기지 않으면 멸망당할 것이라고, 여러 차례 경고한 적이 있었는데, 그 예언이 사실로 드러났다. 결국 하나님을 섬겨야 한다는 아히야 예언자의 경고를 무시한 여로보암 왕조는 24년 만에 처참한 종말을 고했다(왕상 15:25-30).

제3장 북부 이스라엘의 세 왕들

1. 바아사의 호전성과 백성들의 이탈

나답을 암살하고 왕위에 오른 바아사는 처음 얼마동안 하나님을 그런대로 섬기는 척했다. 우선 왕권을 확립하기 위한 수단으로, 하나님을 섬겨온 조상전래의 전통에 따라 백성을 통치했다. 그러나 성실하지 못한 바아사의 신본(神本)정책은 오래가지 않았다. 본래 하나님(율법)에 대한 지식을 갖추지 못한 바아사는 시일이 지나면서 차츰 여로보암의 우상숭배 정책을 답습했다.

그는 여로보암이 만들어 놓은 황금 송아지 제단에 제물을 바치고, 금송아지 우상을 경배하기 시작했다. 무력으로 왕권을 찬탈한 바아사는 남부 유다의 아사왕에게 싸움을 거는 등 호전적이었다. 그리하여 바아사가 왕위에 오른 후 남북 이스라엘 간에는 전쟁이 끊일 날이 없었다. 그러자 전쟁에 지친 북부 이스라엘 백성들이 바아사의 호전적인 무단(武斷)정책을 거부하기 시작했다.

북부 이스라엘의 백성들은 바아사가 왕위에 오른 후 전쟁만을 일삼고, 하나님의 율법을 저버리면서 불행한 사건이 끝이지 않았다. 그리하여 전쟁에 시달린 백성들이 마침내 바아사에게 반기를 들었다. 그들 중에 하나님의 심판이 두려운 사람들은 뿔뿔이 흩어져 남부 유다로 슬금슬금 빠져나갔다. 그러자 바아사는 국경에 진지를 구축하고 백성들의 이탈을 저지하기 시작했다. 특히 라마(Ramah)에 백성들의 이탈을 막기 위해 성벽을 새로 쌓는 등 경비를 강화했다. 그러나 성벽을 쌓고 경비를 강화하는 등 물리적 경비를 강화했지만 이반된 민심은 좀처럼 수습되지 않았다.

2. 남부 유다의 사사왕의 선정

　한편 북부 이스라엘의 왕들이 우상 숭배에 몰두해 있을 때 남부 유다에서는 르호보암에 이어 아비야가 왕위에 올랐다. 그러나 아비야는 3년 만에 죽고, 새로 아사가 왕위에 올랐다. 아사는 왕위에 오른 즉시 하나님을 섬기는 등 종교개혁을 단행하였다. 남부 유다에서 하나님을 섬기는 신본(神本)책으로 선회했다는 사실이 북부 이스라엘에 알려지면서 북부 이스라엘에서 하나님을 섬기는 사람들이 신앙의 자유를 위해 남부 유다로 속속 망명했다. 우상숭배를 반대하고 이스라엘을 떠나는 사람들이 계속 불어났지만 하나님을 저버린 바아사의 무단정책은 돌이키지 않았다. 바아사는 오히려 남부 유다를 상대로 싸움을 거는 등 도전적이었다. 하나님을 저버린 바아사의 호전적인 정책은 돌이킬 수 없는 경지에 이르렀을 때 하나님께서 예후 예언자를 통해 경고하셨다.

　"나는 티끌에 불과한 너를 내 이스라엘 백성의 통치자로 세웠다. 그러나 너는 여로보암을 따라 율법을 범하고, 내 백성을 죄악의 길로 인도하여 나를 노하게 하였다. 그러므로 내가 너와 네 가족을 모조리 죽여 느밧의 아들 여로보암의 집안처럼 벌하겠다. 성에서 죽은 네 가족의 시체는 개가 뜯어먹을 것이며 들에서 죽은 네 가족의 시체는 공중의 새가 뜯어 먹을 것이다."

그러나 하나님의 지엄한 경고에도 불구하고 바아사의 우상 숭배정책은 돌이키지 않았다. 그는 여전히 남부 유다를 상대로 싸움을 거는 등 우상숭배에 전념하다가 왕위에 오른 지 24년 만에 죽고, 그의 아들 엘라(Elah)가 기원전 887년 수도 디르사에서 북부 이스라엘의 제4대(남부 유다의 아사 26년)왕위에 올라 24년간 통치했다(왕상 15:33-16:1-5).

제4장 하나님을 저버린 왕과 하나님을 섬긴 왕

1. 무능한 남부 유다의 르호보암

한편 북부 이스라엘에서 3대에 걸쳐 우상을 숭배하는 왕들이 등장할 때 남부 유다에서는 솔로몬이 죽고 그의 아들 르호보암이 왕위에 올랐다. 솔로몬과 암몬의 여인 나아마(Naamah)사이에서 태어난 르호보암은 41세에 왕위에 올라 예루살렘에서 17년간 다스렸다. 그러나 르호보암 역시 하나님 보시기에 바람직한 왕이 되지 못했다. 처음 3년 동안은 그런 대로 조상전래의 하나님을 섬기고 선정을 베풀었으나 북부 이스라엘에서 바아사의 우상 정책을 거부하고 신앙의 자유를 위해 남부 유다로 망명해오는 제사장들과 레위인 들을 제대로 수용하지 못했다.

북부 이스라엘의 백성들이 하나님을 섬기기 위해 남부 유다로 망명해 옴에 따라 북쪽의 10지파를 포용하여 12지파를 다시 연합할 수 있는 절호의 기회를 맞았지만 무능한 르호보암은 그 절호의 기회를 놓쳤다. 그는 할아버지(다윗왕)의 유지를 받들지 않고 아버지(솔로몬)를 따라 지방 곳곳에 산당을 짓고, 돌로 남신 상을 만들고, 나무로 여신상을 만들어 놓고 수시로 찾아가 섬기는 등 우상을 숭배하고 하나님을 멀리했다.

르호보암은 18명의 아들을 모두 남부 유다의 중요한 요직에 앉히는 등 친정체제를 구축함으로써 백성들의 불화를 빚었다. 하나님의 뜻을 제대로 깨닫지 못한 르호보암은 나라의 기강을 바로 잡지 못했다. 뿐만 아니라 북부 이스라엘과 다시 연합할 수 있는 분위기가 조성되었지만, 그 기회도 살리지 못했다. 르호보암은 한때 이집트의 침공을 방어하는 등 나름대로 국가를 보위하고, 그 여세를 몰아 북부 이스라엘을 무력으로 평정하려고 했지만 스마야(Shemaiah) 예언자가 출정하는 병사들에게 무모한 싸움을 하지 말도록 선동하여 병사들은 왕명보다 예언자의 말을 듣고 뿔뿔이 흩어져 각자의 집으로 돌아갔다. 결국 북벌계획은 좌절되고 말았다. 병사들이 무능한 르호보암의 명령보다 스마야 예언자의 충고를 수용하면서 르호보암의 권위는 땅에 떨어졌다.
　그 결과 무력으로 재결합을 시도하던 르로보암의 계획은 수포로 돌아가고, 우상 제단이 날로 불어나 솔로몬 시대보다 우상의 숫자는 더 늘어났다(왕상 12:18-24).

2. 남부 유다의 2대 아비야왕

　르호보암이 17년간 다스리다 죽고 그의 아들 아비야(Abijah)가 기원전 913년 예루살렘에서 남부 유다의 제2대(북부 이스라엘의 여로보암 18년) 왕위에 올라 3년간 통치했다. 그런데 아비야의 어머니 마아가(Maacah)는 다윗왕의 아들 압살롬의 딸 다말과 아버지 우리엘(Uriel)사이에서 태어난 여인이었다. 아비야는 어머니 마아가의 영향을 받아 처음부터 하나님을 섬기지 않았다. 이렇게 다윗왕의 후손들이 4대에 걸쳐 하나님을 저버림으로서 다윗왕의 유지는 후손들에 의해 망각되었다(왕상 15:1-8).

3. 남북의 40년 대결

　한번은 북부 이스라엘의 여러보암이 이끄는 군대와 남부 유다의 아비야가 이끄는 병사들 간에 큰 싸움이 벌어졌다. 아비야는 40만 병사를 이끌고 에브라임 산간 지역에 진을 치고 북부 이스라엘의 여로보암이 이끄는 80만 병사들과 마주했다. 아비야가 스마라임(Zemaraim)산에 올라가 북부 이스라엘의 병사들을 향해 외쳤다.

"여로보암과 전 이스라엘 백성은 내말을 잘 들어라. 너희들도 알다시피 이스라엘의 하나님께서는 다윗왕과 소금으로 계약을 맺으시고 이스라엘을 다스릴 왕권을 그의 후손에게 영원히 주셨다. 그런데 다윗왕의 아들 솔로몬의 신하였던 느밧의 아들 여로보암이 들고 일어나 상전에게 반역하였다. 모리배와 건달들이 그와 함께 작당하여 솔로몬의 아들 르호보암을 제압했다. 르호보암은 나이도 어렸고 마음도 약하여 반란자들을 당해내지 못했다. 너희들은 지금 다윗왕의 후손이 이끄는 주님의 왕권에 항거하는 것이다. 너희들이 지금 많은 무리를 거느리고 떨쳐 나와 여로보암이 하나님이랍시고 만들어 준 금송아지도 끌고 왔구나. 너희들은 아론의 후손인 제사장들과 레위인들 까지 내쫓고 너희들 마음대로 제사장을 내세우지 않았더냐? 누구나 성직을 맡겠다고 수송아지 한 마리와 숫양 일곱 마리만 끌고 오면 허수아비 제사장이 되는 판이다. 그러나 우리는 그렇지 않다.

하나님을 섬기는 제사장들은 아론의 후손들이며, 레위인들도 함께 일하고 있다. 이들은 아침저녁으로 하나님께 번제를 드렸다. 또 아름다운 향기가 나는 향을 피우고 정한 제상에 제물을 차려 놓고, 저녁마다 금동에 불을 켠다. 우리는 우리 하나님께서 정해 주신 법도를 그대로 지키는데 너희들은 그분을 배반하였다. 잘 들어라. 우리 선두에는 하나님께서 함께 하신다. 그의 제사장들은 너희들을 공격하라는 나팔을 불기위해 서있다. 이스라엘 백성들아. 너희 선조들의 하나님과 감히 싸울 생각을 하지 말라. 절대로 그래서는 될 일이 아니다!"

아비야는 북부 이스라엘을 향해 역사적 사실을 예로 들어 평화를 호소했다(대하 13:1-13).

4. 하나님께서 징벌을 유예하시다

아비야가 스마라임 산에서 조상들의 역사적 사실을 들어 외쳤지만 여로보암과 병사들은 들은 척도 하지 않았다. 오히려 여로보암은 일부 병력을 몰래 빼내 남부 유다의 병력이 진을 친 후방에 매복시키는 등 아비야가 이끄는 남부 유다의 병사들을 앞뒤로 포위한 다음 압박을 가했다. 그러자 다급한 남부 유다의 병사들이 하나님께 도와 달라고 부르짖었다. 제사장들은 나팔을 불고 백성들을 살려 달라고 함성을 지르자 하나님께서 아비야 병사들에게 여로보암을 무찌를 수 있는 용기를 베풀어주셨다. 그리하여 북부 이스라엘의 정예병사 50만 명을 단숨에 죽이는 대전과를 올렸다. 하나님을 의지함으로써 대 승리를 거둔 아비야는 패주하는 여로보암의 군대를 추격하여 북부 이스라엘의 중요한 요새로 알려진 벧엘 성과 여시나(Jeshanah)와 에브론(Ephron)과 그 도성주변 일대를 모두 점령했다. 이때부터 북부 이스라엘의 여로보암은 남부 유다의 아비야가 살아있는 동안은 함부로 대들지 못했다. 결국 여로보암은 이 전투에서 패한 후 다시는 회복하지 못한 채 죽었다.

한편 다윗왕이 이룩한 업적을 전승하지 못한 남부 유다 역시 시일이 지날수록 다윗왕의 영광은 점점 빛을 잃었고, 하나님을 섬기는 정치 이념은 다윗의 후손(솔로몬, 르호보암, 아비야)에 의해 퇴조되었다. 그러나 하나님은 다윗왕의 공적을 참작해서 그들을 당장 벌하시지 않았다. 다만 앞으로 계속 율법을 어기면 준엄한 벌을 내리겠다고 하셨다. 그러나 하나님을 저버린 아비야의 우상 정책은 끝내 돌이키지 않았다. 그는 북부 이스라엘을 상대로 싸움을 거는 등 무모한 전쟁으로 백성들을 괴롭히다가 왕위에 오른 지 3년 만에 죽었는데 그에게는 14명의 아내와 22명의 아들과 16명의 딸이 있었다(대하 13:5-23).

5. 하나님을 섬긴 남부 유다의 제 3대 아사왕의 치적

아비야가 죽고 그의 아들 아사(Asa)가 기원전 911년 예루살렘에서 남부 유다의 제3대(북부 이스라엘의 여로보암 20년) 왕위에 올랐다(41년간 통치). 아사는 하나님을 저버린 선대(솔로몬, 르호보암, 아비야)의 왕들과 다른 정책을 실시하였다. 그는 왕위에 오른 즉시 하나님을 섬길 것을 선언하고 백성들에게 우상을 섬기지 못하도록 경고하고, 전국 곳곳에 산재해 있는 산당을 철거하고 그 자리에는 아예 출입을 통제하는 등 우상 숭배를 엄격히 규제했다.

하나님을 두려워한 아사는 우상에 관여한 자신의 할머니까지도 용납하지 않았다. 그의 할머니 마아가(Maacah)는 궁중에 아세라 신상을 만들어 놓고 주야로 섬겼다. 그러자 아사는 할머니를 대왕대비 자리에서 폐출하고, 할머니가 섬기던 신상을 모두 끌어내 기드론 강변에서 불살라 버렸다. 아사는 왕위에 오른 후 솔선해서 하나님을 섬기고, 백성들에게 율법에 복종할 것을 독려했다. 그리하여 남부 유다는 다윗왕이 죽은 후 3대만에 처음으로 하나님께 축복을 기원했다. 아사는 예루살렘 주변의 무너진 성벽을 새로 쌓고, 병사들을 훈련시켜 국경 요새에 배치하는 등 나라를 훌륭하게 이끌었다. 아사는 백성들에게 이렇게 말했다.

"우리가 성벽과 망대와 문과 빗장을 만들어 이 성을 요새화하자. 우리가 하나님을 찾았기 때문에 아직도 이 땅을 소유하고 있다. 우리가 그분을 찾았음으로 그분께서 우리에게 평안을 주셨다."

역사적으로 국가의 안전은 하나님의 덕으로 이루어졌음을 상기시키고 버려진 성전을 보수하고, 하나님을 섬기는 마음으로 각 요새의 성벽건축을 이끌었다. 하나님을 섬기는 정신으로 국방과 내치를 충실히 다지자 싸움을 좋아하는 북부 이스라엘의 바아사가 여러 차례에 침공을 시도했지만 끄떡없이 막아냈다(왕상 15:9-24).

6. 에티오피아의 침입을 격퇴시키다

한번은 이집트 남쪽에 자리 잡은 에티오피아의 세라(Zerah)왕이 흑인병사 백만 명(부지기수로 많다는 뜻)을 이끌고 마레사(Mareshah)까지 쳐들어왔다. 아사는 적을 물리치기 위해 방패와 창으로 무장한 3십만 병력을 선두로 작은 방패와 활로 무장한 28만의 베냐민 지파의 병력을 이끌고 스바다(Zephathah)골짜기에 진을 쳤다. 그러나 백만 대군 앞에 아사의 28만 명의 병력은 형편없는 숫자였다. 열세에 몰린 아사는 하나님 앞에 부르짖었다.

"하나님이시여! 우리를 도울 수 있는 분은 주님밖에 없습니다. 우리는 지금 막강한 대군 앞에 무기력합니다. 하나님이시여, 우리를 도와주소서. 우리가 주를 의지하여 주의 이름으로 이 대군을 치러 왔습니다. 주님이시여, 주님은 우리의 하나님이십니다. 사람이 주를 이기지 못하게 하소서."

침입해온 적을 물리칠 능력이 없는 아사가 하나님께 부르짖었다. 그러자 아사리야(Azariah) 예언자가 나타나 용기를 내라고 격려했다. 아사라야 예언자의 격려를 받은 아사왕이 용기를 내 직접 병사들을 이끌고 전선에 나가 진두지휘했다. 비록 수적으로 열세였지만 아사왕이 진두지휘하면서 사기충천한 병사들은 에티오피아의 백만 대군을 손쉽게 물리쳤다. 싸움에 패한 에티오피아 병사들은 소, 양, 낙타 등 많은 물자를 챙기지 못한 채 도망쳤다. 아사는 도망치는 적을 끝까지 추격하여 적의 진로를 차단하고 그들의 진지를 초토화시켰다. 승리를 거둔 병사들이 이디오피아 병사들이 남기고 간 물자를 모두 거둬들인 결과 아사는 이 한판의 싸움을 통해 많은 물자를 거둬들여 전쟁 전 보다 훨씬 더 부강해졌다. 뿐만 아니라 막강한 에티오피아의 대군을 무찌른 전승의 결과가 알려지면서 주변의 여러 나라들이 아사가 이끄는 남부 유다를 함부로 건드리지 못하는 강국으로 알려졌다.

아사왕이 하나님을 섬기고 선정을 베풀자 하나님께서 "아사가 하나님을 섬기는 한, 나 또한 아사와 함께한다."고 하셨다. 하나님을 의지한 아사는 전승에 이어 남부 유다의 종교개혁을 단행했다(대하 14:9-15).

7. 아사의 개혁정책

아사왕이 에치오피아의 침략을 물리치고 개선하자 아사리아 예언자가 말했다.

"아사와 유다와 베냐민 백성 여러분, 내 말을 잘 들으십시오. 여러분이 하나님과 함께 있는 한 하나님께서도 여러분과 함께하실 것입니다. 만일 여러분이 하나님을 찾으면 여러분은 그분을 만날 수 있을 것입니다. 그러나 여러분이 하나님을 저버리면 하나님께서도 여러분을 버리실 것입니다. 이스라엘은 오랫동안 참 신앙도 없었고, 백성을 가르칠 제사장이나 율법도 없이 살아 왔습니다. 그러나 그들이 어려움을 당하여 이스라엘의 하나님을 찾았을 때 그들은 주님을 만날 수 있었습니다. 그 당시에는 온 세상이 무질서하여 아무도 안전하게 다닐 수가 없습니다. 하나님이 여러 가지 환난으로 그들을 심판하셨기 때문에 나라가 나라를, 도시가 도시를 서로 치고 싸우는 분쟁이 그칠 날이 없었습니다. 그러나 여러분은 용기를 잃지 말고 담대하게 선한 일을 하십시오. 그러면 여러분은 반드시 보상받게 될 것입니다."

아사리아 예언자를 통한 하나님의 격려를 받은 아사는 유다와 베냐민 땅은 물론 에브라임 산간 지대에 이르기까지 그가 빼앗은 지역에 자리 잡은 우상을 모조리 제거한 다음 성전 앞에 있는 하나님의 제단을 수리하였다.

아사가 주 하나님을 충성스럽게 섬기면서 각지에 흩어져 살던 이스라엘 사람들과 에브라임과 므낫세와 시므온 지역에서 많은 사람들이 유다 땅으로 이주해 왔다. 아사는 각처에서 남부 유다로 몰려오는 이주민들을 한자리에 불러 모았는데, 그들은 자기들이 빼앗은 약탈 물을 하나님 제단에 바쳤다. 그리고 각처에서 하나님을 섬기기 위해 몰려온 사람들은 주 하나님만을 섬기겠노라고 앞 다투어 서약했다. 심지어 주님을 섬기지 않는 남녀노소를 가리지 않고, 모두 죽이기로 합의한 다음 그 사실을 뿔피리와 나팔을 불면서 주님과 하나님과 맺은 서약을 지키겠다고 큰 소리로 맹세하였다. 이렇게 남부 유다의 백성들이 하나님을 찾았기 때문에 잃어버린 평화를 찾을 수 있었다(대하 15:5-15).

8. 실패로 끝난 아사의 말년

아사가 집권한지 36년째 되는 해에 북부 이스라엘의 바아사가 남부 유다를 상대로 싸움을 걸어왔다. 그는 라마에 요새를 구축하고 남부 유다로 통하는 길목을 가로막고 예루살렘의 숨통을 조였다. 아사는 에치오피아를 무찌를 기세로 쉽게 대항했으나 뜻밖에 패했다. 위기를 맞이한 아사는 다급한 나머지 성전과 궁전에 장식된 금과 은까지 모두 철거해서 다마스커스의 시리아의 벤-하닷(Benhadad)왕에게 바치고 도움을 청하는 큰 과오를 범했다.

"내 아버지와 당신의 아버지가 동맹을 맺었듯이 당신과 나 사이에도 동맹을 맺읍시다. 내가 보내는 이 금과 은은 당신에게 드리는 선물입니다. 이제 당신은 북부 이스라엘의 바아사와 맺은 동맹을 끊고 그가 우리 영토에서 철수하도록 협조해 주십시오."

아사의 제의를 받은 시리아의 벤-하닷왕은 북부 이스라엘(바아사)과 맺은 동맹을 파기하고 군사령관으로 하여금 북부 이스라엘의 이욘(Ijon)과 단과 아뻴마(Abel-Maacah) 등 각 지의 양곡을 저장한 모든 도성을 공략하도록 명령했다. 그리고 북부 이스라엘의 바아사에게 라마에 축조하려는 건축 계획을 포기하도록 요구한 다음 그 자재(資材)를 남부 유다로 옮겨다 미스바를 건축했다. 아사왕은 시리아의 벤-하닷의 도움을 받아 북부 이스라엘의 침략을 이렇게 저지하였다. 위기를 모면한 아사왕이 벤하-닷왕의 은덕을 높이 칭송하였다. 그러자 하나니(Hanani)예언자가 아사왕을 찾아와 경고했다.

"왕께서는 왜, 하나님을 의지하지 않고 시리아를 의지하십니까? 이제 시리아의 군대는 왕의 손에서 빠져나갔습니다. 왕께서는 에티오피아 사람들과 리비아 사람들과 싸울 때 일어났던 일을 왜 기억하지 못하십니까? 그들은 수많은 전차와 기마병을 거느린 대군이었지만 왕께서 주님을 의지하자 주님께서는 그들을 왕의 손에 넘겨주셨습니다. 주님께서는 온 세상을 두루 살피시고 자기를 진심으로 찾는 사람에게 능력을 주십니다. 그러나 왕께서 정말 어리석은 행동을 하셨음으로 이제부터 왕에게는 전쟁이 닥쳐올 것입니다."

아사는 하나니 예언자의 경고를 귀담아 듣지 않았다. 오히려 하나니 예언자가 자기를 함부로 무시했다고 생각하고, 하나님의 뜻을 전한 하나니 예언자를 체포해서 감옥에 가두었다. 갑자기 강폭해진 아사는 하나니 예언자 외에도 자기에게 듣기 싫은 말을 하는 사람들을 무자비하게 탄압하는 등 폭군으로 돌변했다. 그는 왕위에 오른 지 39년째 되는 해에 우연히 발에 심한 병이 났다. 처음에는 발병쯤이야 대수롭지 않게 생각했다. 그러나 상태가 점점 악화되어 생명이 위태로운 지경에 이르렀다. 그러나 여전히 교만한 아사는 하나님을 의지하지 않고 의약만을 고집하다가 왕위에 오른 지 41년째 되는 해에 그 발병이 원인이 되어 죽었다. 백성들은 아사의 죽음을 애도하고 그의 시신을 다윗성에 장사하고 그의 아들 여호사밧(Jehoshaphat) 왕자를 남부 유다의 제4대 왕으로 추대했다(왕상 16:1-7).

제5장 북부 이스라엘의 쿠데타와 역 쿠데타

1. 북부 이스라엘의 제4대 엘라왕

한편 남부 유다의 아사왕이 하나님을 섬기고 선정을 베풀 때 북부 이스라엘에서는 갖가지 사건들이 연이어 벌어졌다. 바아사가 죽고 그의 아들 엘라(Elah)가 기원전 886년 디르사에서 북부 이스라엘의 제4대(남부 유다의 아사 26년) 왕위에 올랐다(2년간 통치). 그러나 엘라 역시 선대의 왕들처럼 하나님을 저버리고 우상을 숭배했다. 사실상 엘라는 나라의 국왕이 될 자질을 갖추지 못한 인물이었다. 그는 왕위에 올랐으나 백성들로부터 왕의 능력을 인정받지 못했다(왕상 16: 8-14).

2. 북부 이스라엘의 제5대 왕위에 오른 시므리

　백성들의 신임을 얻지 못한 엘라는 왕위에 오른 후 매일 술에 취해 허랑방탕한 생활로 군림했다. 무능한 엘라가 왕위에 오른지 2년째 되는 어느 날 이었다. 그가 술에 취해 궁중대신 아르사(Arz)의 집에서 잠이 들었을 때 그의 신하 시므리(Zimri 885)가 침실에 들어가 잠든 엘라의 목을 단칼에 쳐 죽였다.
　본래 시므리는 엘라왕의 병사들을 통솔하는 부하중의 한 명이었다. 평소 엘라의 병거(전차) 중에 절반을 관장할 만큼 신임이 두터운 충신 중의 한 명이었다. 그런데 엘라의 병사들이 블레셋 도성을 포위하고, 한참 싸울 때 그는 엘라왕의 침실에 몰래 들어가 반역을 일으킨 것이다.
　엘라를 단칼에 살해한 시므리는 그 길로 반란군을 이끌고 수도 디르사에 가서 엘라 집안의 자손을 비롯해 친족과 친구들까지 모두 죽였다. 왕가의 집안이 시므리에 의해 전멸되었고 지난 날 예후 예언자가 바아사에게 경고한 예언이 사실로 드러난 것이다(정변이 일어난 때는 남부 유다의 아사 27년이었다.). 피비린내 나는 살상을 거쳐 왕권을 뒤집어엎고 스스로 왕위에 오른 시므리는 백성들로부터 인정받으려 했다. 그러나 백성들은 이유 없이 국왕을 죽이고 왕위를 찬탈한 시므리의 정통성이 결여된 왕위를 달갑게 여기지 않았다. 백성들은 시므리가 하는 일마다 냉소적이었다. 백성들의 지지를 받지 못한 시므리는 오기로 백성들을 무자비하게 탄압했다(왕상 16:15-20).

3. 쿠데타에 대한 역 쿠데타

　엘라를 암살하고 왕위에 오른 시므리가 백성들을 무자비하게 탄압하자 다른 한편에서 그를 반대하는 인물이 등장했는데 그가 바로 오므리(Omri 885-880) 장군이었다. 오므리 장군은 시므리를 인정하지 않았다. 오므리는 블레셋의 깁브돈(Gibbethon)성을 포위하고 한창 싸울 때 시므리는 후방에서 엘라왕을 살해했다는 말을 듣고 크게 분개했다.

오므리 장군이 시므리의 반란을 성토하자 평소 그를 따르던 지휘관들이 의기투합하여 오므리를 중심으로 새로운 지휘체계가 형성되면서 자연히 오므리를 북부 이스라엘의 왕으로 추대하자는데 뜻을 모았다. 그러나 오므리 장군 역시 엘라왕 밑에서 병사들을 통솔하던 장군이었다. 따라서 오므리 역시 국왕이 되기엔 정통성이 없는 인물이었다. 그는 국왕이 되기에는 뿌리가 확실하지 않은 인물이었다. 그러나 많은 백성들이 오므리를 지지하면서 사태는 시므리 파와 오므리 파로 분열되었다. 마침내 시므리를 지지하는 병사들과 오므리를 지지하는 병사들이 디르사 수도에서 왕궁을 둘러싸고 한판 싸움이 벌어졌다. 양대 군부 세력이 한판 겨룬 결과 오므리가 이끄는 병사들이 시므리가 장악한 도성을 함락시키면서 싸움은 끝났다.

오므리가 등장하자 또 다른 한쪽에서 기낫(Ginath)의 아들 디브니(Tibni)를 등에 업은 백성들이 들고 일어났다. 그러나 디브니 세력은 오래 버티지 못했다. 3계파의 변란이 내란으로 번질 때 오므리 장군이 이끄는 병사들이 디브니 파를 단칼에 처부셨다. 시므리에 이어 디브니까지 진압한 오므리는 더 이상 대적할 세력이 없게 되자 스스로 북부 이스라엘의 제6대(남부 유다의 아사 31년) 왕위에 올랐다(12년간 통치).

오므리가 왕위에 오르자 싸움에 패한 시므리 장군은 궁전에 불을 지르고 스스로 자결했다. 시므리가 자결함으로써 그는 이스라엘 역사상 가장 짧은 7일간의 왕으로 기록되었고, 그의 이름 '시므리'는 훗날 주인을 살해한 자들에게 붙여지는 별명이 되었다. 그러나 시므리와 오므리, 디브니는 모두 출신 성분이 모호한 인물들이었다. 그 중에 디브니만은 아버지의 이름이 분명한 사람이었다. 그러나 시므리와 오므리는 부모의 이름이 확인되지 않았다. 혹자는 외국에서 자원한 직업군인이었다고 보는 견해도 있다. 사실상 그들은 백성들의 지지를 기반으로 쿠데타를 주도한 것이 아니라 단지 자기 휘하의 병사들의 힘을 앞세워 일으킨 반란이었을 뿐이다(왕상 16:21-28).

4. 북부 이스라엘의 제6대 오므리 왕

시므리와 디브니를 물리치고 북부 이스라엘의 6대 왕위에 오른 오므리는 처음 6년 동안은 하나님을 섬기고 선정을 베풀었다. 그리하여 오므리는 북부 이스라엘의 여러 명의 왕들 중에 가장 유능한 왕으로 기록되었다.4)

그는 왕위에 오른 후 이스라엘 변방을 모두 사들이고, 국경의 요새마다 성곽을 쌓고, 병사들을 상주시키는 등 국방을 튼튼히 지켰다. 그는 왕위에 오른 지 6년째 되는 해에 세멜(Shemer)이란 사람으로부터 산(山) 하나를 은(銀) 두 달란트(68킬로그램)을 주고 사들여 성을 쌓고, 주거지를 조성했다. 그리고 도성을 새로 조성하고 이름을 본래 그 산의 주인이었던 사람의 이름을 따서 '사마리아'라고 명명함과 동시에 수도로 정하고 천도(遷都)했다.

이렇게 북부 이스라엘의 수도가 된 사마리아는 그 후 약 100년 동안 난공불락의 도성이 되었다. 남부 유다의 예루살렘이 다윗왕의 소유로 '다윗왕의 성'이었던 점으로 보아 사마리아는 오므리의 소유였을 것이고, 그의 통치 기반이었다고 본다. 쿠데타로 왕권을 찬탈한 오므리는 백성들의 지지를 근거로 그들에게 선정으로 다스리기 보다는 정치적 수단으로 사마리아에 주둔한 직업군인들의 힘을 빌어 통치했다(왕상 16:21-28).

---

4) 오므리는 훗날 자기 며느리 이세벨을 두로 지역에서는 맞아 들였는데 그가 두로와 긴밀한 유대 관계를 맺은 점으로 보아 그가 페니키아 지역의 출신이 아닌가 한다.

> ◈ 사마리아의 현재 위치
>
> 사마리아는 현재 팔레스타인 중부에 위치한 Sebastiyeh 이란 도시로 주위의 다른 곳보다 지대가 높은 지역에 위치해 있다. 이스라엘이 남북으로 대치하던 시대에는 적을 방어하기 좋았을 뿐만 아니라 중요한 도로를 통제하기 편리한 곳이었다. 북부 이스라엘의 동서를 관통하는 도로가 도시 옆으로 지나갔고, 에스드라엘론 계곡에서 예루살렘으로 이어지는 남북도로와 국제적 도로인 해안도로를 통제할 수 있는 도시였다. 단 한 가지 결점은 물이 부족한 점이었다. 북부 이스라엘의 6대왕 오므리가 세멜(Shemer)이란 사람으로부터 산 하나를 단돈 은 두 달란트(68 킬로그램)를 주고 구입해서 새로 성을 쌓은 다음 수도로 확정함과 동시에 이름을 땅 주인의 이름을 따서 사마리아라고 불렀다. 오므리왕에 의해 수도로 확정된 후 그의 아들 아합왕에 의해 더욱 튼튼히 건설되어 북부 이스라엘이 패망할 때까지 수도였다. 그리하여 사마리아는 훗날 앗시리아, 바빌로니아, 페르시아, 그리스, 로마 제국으로 이어지는 강대국들의 지배 하에서도 중요한 도시로 발전했다.

제6장 오므리왕의 아들 아합왕과 엘리야 예언자

1. 남부 유다와 시돈 관계를 맺다

오므리는 왕위에 오른 후 다시 북부 이스라엘에 속하는 10지파의 동의를 얻어 병사들의 편대를 다시 조직하는 등 개혁을 진취적으로 단행했다. 오므리는 내란 상태를 평정하고 자신의 왕권을 확립한 오므리는 국정을 안정시키기 위해 포괄적인 외교 정책을 수행했다. 우선 남부 유다의 아사왕과의 불화로 국력이 약화되었음을 감안하여 일단 남부 유다와 평화를 도모했다. 그는 무력을 빌어 왕권을 잡았지만 평화정책의 일환으로 지중해에서 홍해에 이르는 시리아, 아라비아, 이집트를 연결하는 무역로를 개척하여 북부 이스라엘이 총괄했다. 그 외에도 두로와 우호 관계를 맺음으로서 경제적 번영의 길을 트는 한편 내부적으로 군사력을 증강시켜 내실을 기했다.

오므리는 아들 아합왕자를 시돈의 엣바알(Ethbaal)왕의 딸 이세벨과 결혼시켜 이 방인과 시돈 관계를 맺었고, 훗날 손녀 아달랴(Athaliah)를 남부 유다의 여호사밧의 아들 여호람 왕자와 결혼시켜 남부 유다와 시돈 관계를 맺었다. 이렇게 대내외적으로 평화 정책을 유지하는 한편 모압을 정복하여 속국으로 만드는 등 많은 업적을 쌓았다. 오므리는 북부 이스라엘의 여러 명의 왕들 가운데 가장 뛰어난 왕으로 나라의 위상을 남부 유다와 대등한 정도가 아니라 월등히 우세한 국력으로 끓어올렸다.

그러나 종교적으로 볼 때 오므리의 정책은 매우 바람직하지 못했다. 애초에 피를 흘리고 왕위에 오른 그는 시일이 가면서 초대왕 여로보암을 본받아 송아지 우상을 섬기면서 선정을 거부하고, 권력에 매혹되어 포악한 왕으로 전락했다. 그는 재위 12년 동안 많은 업적을 이룩했지만 동시에 폭정으로 백성들을 괴롭히다가 죽었다. 그의 시신은 사마리아에서 장사지냈다(왕상 16:29-34).

2. 하나님을 저버린 아합왕과 이세벨 왕비

오므리가 죽고 그의 아들 아합(Ahab)이 기원전 874년 사마리아에서 북부 이스라엘의 제7대(남부 유다의 아사 38년) 왕위에 올랐다(22년간 군림). 아합왕은 북부 이스라엘의 역대 어느 왕보다도 우상숭배에 철저했다. 그는 수도 사마리아에 바알 신전을 건축하고, 아세라 여신상을 모시는 등 우상숭배의 정책을 나라의 기본 통치 이념으로 삼으면서 북부 이스라엘은 완전히 하나님을 저버린 우상숭배의 나라로 전락했다.

한편 북부 이스라엘의 아합왕이 우상정책을 실시하여 백성들의 신망을 저버릴 때 북쪽의 시리아(아람)와 멀리 떨어진 동쪽의 메소포타미아에 자리 잡은 앗시리아가 강력한 세력으로 부상했다. 물론 아합왕은 처음부터 사악한 왕은 아니었다. 처음에는 나라를 올바로 이끌었다. 선대의 오므리처럼 많은 치적을 이룩하여 정치적으로 상당히 유능한 인물로 평가받았다.

아합왕의 아버지 오므리는 이웃나라 시돈(Shidon)과 동맹을 목적으로 사돈 관계를 맺었는데, 그것이 계기가 되어 아합왕의 아내 이사벨이 친정 시돈의 우상을 북부 이스라엘에 끓어 들였다. 이사벨 공주가 아합왕의 왕비가 되면서 시돈과 오랫동안의 적대 관계를 청산하고 우호 관계를 유지할 수 있었다. 하지만 이세벨 공주를 왕비로 맞아들인 것이 계기가 되어 아합왕은 바알 신까지 받아들여야했다. 이세벨 왕비는 친정에서 바알신의 사제들까지 끌어들였고, 이세벨 왕비의 치마폭에 휘말린 아합왕까지 마침내 바알 신을 섬기는 가운데 사악한 왕으로 전락했다.

아합왕가를 휘어잡은 이세벨 왕비는 수도 사마리아에 바알 신당을 짓고, 백성들에게 아세라 우상을 섬기도록 강요함과 동시에 친정에서 450명의 제관들을 새로 끌어들였다. 그런 다음 북부 이스라엘에서 하나님을 섬기던 제사장들을 가차 없이 탄압했다. 그리하여 북부 이스라엘에는 하나님의 제사장은 다 죽고 겨우 몇 명 정도 살아 있었는데 이사벨은 그들마저 죽이려 했다.

하나님을 극도로 미워한 이세벨 왕비는 북부 이스라엘을 철저히 바알신의 신정국가로 만들었다. 그러나 이세벨 왕비가 하나님의 예언자들을 탄압할 때 아합왕의 신하 가운데 오바댜(Obadiah)라는 갸륵한 청지기가 있었다. 그는 이세벨 왕비가 제사장들을 모두 죽일 때 1백 명의 제사장을 아무도 모르게 5십 명 씩 분리시켜 동굴 안에 숨겨 놓고 은밀히 보살폈다. 이때 살아남은 제사장들이 훗날 이스라엘로 하여금 하나님 백성의 명맥을 유지했다(왕상 17:1-7).

3. 가뭄을 선언한 엘리야

아합왕과 이세벨 왕비의 우상 숭배로 북부 이스라엘의 국시(國是)는 완전히 바알신의 국가로 전락되었다. 온 나라에 바알신이 득실거릴 때 하나님의 대꼬쟁이 예언자가 나타났는데, 그가 바로 엘리야(elijah)예언자 이었다. 하루는 길르앗에 사는 엘리야 예언자가 아합왕과 이세벨 왕비를 찾아가 하나님의 뜻을 전했다.

"내가 섬기는 살아 계신 이스라엘의 주 하나님의 이름으로 말씀드립니다. 내 말이 있을 때까지 앞으로 몇 년 동안 비 한 방울, 이슬 한 방울 내리지 않을 것입니다."

그 때 주님께서 엘리야에게 이르셨다.

"너는 이곳을 떠나 동쪽으로 가서 요단강 동편의 그릿(Kerith)시냇가에 숨어 시냇물을 마셔라. 그러면 먹을 것은 내가 까마귀를 시켜 공급하겠다."

엘리야는 주님의 계시에 따라 아합왕 앞에서 물러나와 그릿의 시냇가에 달려가 숨어 있었다. 먹을 것이 없는 엘리야는 그날부터 까마귀가 아침저녁으로 물어다주는 빵과 고기를 먹고 지냈다. 그러나 엘리야가 예언한 것처럼 비 한 방울 내리지 않았다. 얼마 후 엘리야가 숨어있는 그곳의 시냇물도 바짝 말랐다(왕상 17:3-7).

4. 엘리야와 오바댜

북부 이스라엘에 한발(旱魃)로 인한 흉년이 3년째 계속되던 어느 날 주님께서 엘리야에게 이르셨다.

"너는 사마리아에 가서 아합왕 앞에 나타나라. 그러면 내가 다시 이 땅에 비를 내리겠다."

사마리아를 비롯한 나라 전체가 몇 년째 계속된 한발로 기근이 극심할 때 엘리야가 사마리아의 아합왕을 찾아갔다. 한발로 인한 재앙이 극심하여 민심이 흉흉할 때 아합왕이 궁중 대신 오바댜를 불러 들였다. 그가 대령하자 아합왕이 말했다.

"모든 골짜기를 뒤져 물이 나오는 샘을 찾아보아라. 어쩌면 우리의 말과 노새를 살릴 수 있는 풀을 다소나마 찾을 수 있을지 모르겠다. 그러면 짐승을 죽이지 않아도 될 것이다."

아합왕의 명령을 받은 오바댜가 각 지역을 샅샅이 뒤져 물을 찾았다. 그런데 오바댜가 길을 가다가 뜻밖에 엘리야를 만났다. 첫눈에 엘리야를 알아본 오바댜가 땅에 엎드려 물었다.

"당신은 엘리야 예언자가 아니십니까?"

"그렇소. 내가 바로 엘리야요. 당신은 아합왕에게 찾아가서 내가 여기 있다고 말하시오"

엘리야의 말에 오바댜가 깜짝 놀라 말했다.

"내가 무슨 잘못을 저질렀다고 아합왕의 손에 넘겨 죽이려는 것입니까? (물을 찾으러 가라고 했는데)내가 살아 계신 하나님의 이름으로 맹세하지만 아합왕이 온 세상 천지에 사람을 보내 선생님을 찾으라고 명령했습니다. 만일 선생님을 찾지 못하면 아합왕은 그것이 사실임을 보증하는 맹세까지 하도록 지시했습니다. 선생님은 내가 지금 왕에게 찾아가서 선생님이 여기에 있다는 것을 말하라고 지시하시지만 내가 당신 곁을 떠난 즉시 주님의 성령께서 내가 알지 못하는 곳으로 선생님을 이끌어 가신다면 나는 어떻게 되겠습니까? 내가 왕에게 가서 선생님이 여기에 있다고 말한 후 만일 아합왕이 여기 와서 선생님을 찾지 못하면 그는 분명히 나를 죽일 것입니다. 나는 어릴 때부터 주님을 섬기는 종입니다. 이세벨이 주님의 예언자를 죽일 때 내가 하나님의 예언자들 중에서 100명을 50명씩 나누어 동굴에 숨겨두고 그들에게 빵과 물을 먹인 일을 선생님은 듣지 못하셨습니까? 내가 선생님의 말대로 아합왕에게 찾아가 말하면 그는 나를 죽일 것이 뻔합니다."

오바댜가 그간의 경위와 엘리야를 만난 사실이 얼마나 위험한가를 말하자 엘리야가 선뜻 말했다.

"그렇다면 좋소. 내가 주님의 이름으로 맹세하지만 내가 직접 아합왕 앞에 나가겠소."

엘리야가 직접 아합왕을 만나겠다고 나서자, 오바댜는 하는 수 없이 아합왕에게 달려가 엘리야가 왔다고 보고하자 아합왕이 밖으로 뛰쳐나와 소리쳤다.

"이스라엘을 괴롭히는 자야! 네가 왔느냐?"

엘리야가 대답했다.

"이스라엘을 괴롭힌 것은 내가 아니라 바로 당신과 당신의 아버지요. 당신은 하나님의 명령에 불순종하고 바알 우상을 섬기셨소. 이제 당신은 나와 어떤 신이 진짜인지 시합을 해야 할 때가 되었소. 지금 당장 당신은 이세벨이 부양하는 바알의 예언자 450명과 아세라 예언자 4백 명을 앞세우고 백성들과 갈멜(Camel)산에서 만납시다. 오늘 내가 거기 가서 당신을 기다리겠소"(왕상 18:1-19).

5. 갈멜산의 시합

엘리야의 도전을 수락한 아합왕은 즉시 백성들과 바알신의 제사장들과 아세라 예언자들을 갈멜산에 불러 모았다. 엘리야는 아합왕을 비롯한 바알신의 제사장들이 모인 갈멜산에서 백성들에게 말했다.

"당신들은 언제까지 망설이고 있을 작정입니까? 만일 주님께서 우리의 진짜 하나님이면 그분을 섬기고, 만일 바알이 참 신이면 바알을 섬기십시오."

엘리야가 바알신과 시합을 열자고 도전한 다음 뒤따라온 백성들에게 말했다.

"하나님의 예언자는 나뿐이지만 바알의 예언자는 450명에다 아세라 예언자가 4백 명이나 됩니다. 이제 송아지 두 마리를 가져와 한 마리는 바알의 예언자들이 잡아 각을 떠서 나무 위에 올려놓으시오.. 나도 한 마리 잡아서 그렇게 하겠소 그런 다음 바알의 예언자들이 자신들의 신에게 기도하시오. 나도 하나님께 기도하겠소. 그래서 불로 응답하는 신을 우리의 하나님으로 섬기도록 합시다."

엘리야가 시합의 절차를 발표하자 몰려든 사람들이 소리쳐 환호했다. 준비가 끝나자 엘리야가 바알신의 예언자들에게 말했다.

"너희들은 수가 많으니 먼저 송아지 한 마리 잡아 나무 제단 위에 올려놓고 당신들이 섬기는 신에게 빌어 제물에 불을 붙이시오. 그러나 누구도 나무에 불씨를 옮겨다 붙이면 안 됩니다."

엘리야의 제안대로 바알의 예언자들이 송아지 한 마리를 잡아 나무 위에 올려놓고 아침부터 바알의 이름을 부르짖었다. 제단 주위에서 바알의 예언자들이 몰려와 춤을 추며 큰 소리로 외쳤다.

"바알이여, 우리에게 응답하소서!"

하지만 아무 응답도 없었다. 정오쯤 되었을 때 엘리야가 바알 예언자들에게 말했다.

"더 큰 소리로 부르시오. 바알이 당신들의 신이 아닙니까? 바알이 혹시 딴 생각을 하고 있거나 아니면 잠들었을 지도 모르니 더 큰 소리로 깨우시오!"

그러자 바알의 사제들이 큰 소리로 미친 듯이 외쳤다. 바알을 섬기는 의식에 따라 피가 흐를 때까지 칼과 창으로 몸에 상처를 내면서 부르짖었다. 저녁 제사 때까지 미친 듯이 부르짖었으나 아무 응답이 없었다(왕상 18:20-29).

6. 엘리야가 드러낸 하나님의 능력

바알 신의 사제들이 목이 터져라 부르짖을 때 엘리야가 주위에 몰려든 사람들에게 말했다.

"가까이 다가오십시오."

엘리야가 많은 사람들을 주위에 모아놓고 말했다. 지금까지 바알신의 능력을 충분히 지켜보았으니, 다음에는 이스라엘의 주 하나님의 능력을 보여줄 때가 왔다며, 돌을 옮겨다 이스라엘 12지파를 상징하는 열두 개의 단을 쌓고 그 주위에 약 15리터의 물을 부을 수 있는 도랑을 판 다음 제단 위에 나무를 쌓았다. 그리고 송아지의 각을 떠서 나무 위에 올려놓고 물 네 주전자를 번제물과 나무 위에 부었다.

그러나 그 정도의 물로는 부족하다고 다시 그만큼 더 물을 부었다. 사람들이 물을 세 번이나 더 퍼붓자 물이 제단을 흠씬 적시고 넘쳐흘러 도랑을 가득 채웠다. 해가 지고 저녁 제사를 드릴 즈음에 엘리야가 제단 앞에서 기도했다.

"아브라함과 이삭과 야곱의 하나님이시어!, 주님께서 이스라엘의 하나님이신 것과 내가 주님의 종이라는 사실과 내가 행한 이 모든 것이 주의 명령임을 입증해 주소서!. 주님이시어!, 저에게 응답하소서! 저에게 응답하시면 이 백성들이 주님이 우리의 하나님이신 것과 주님은 저희들의 마음을 돌이키시는 분임을 알게 될 것입니다."

엘리야가 간절히 기도할 때 갑자기 하늘에서 큰불이 내려와 제물과 나무와 돌과 흙을 태우고, 도랑의 물까지 말끔히 핥아버렸다. 그러자 그곳에 모여 구경하던 사람들이 모두 겁에 질려 땅에 엎드려 외쳤다.

"이스라엘의 주님은 하나님이시다! 주님은 하나님이시다!"

그 다음 백성들의 시선이 엘리야에게 쏠렸다. 기적을 목격한 사람들은 하나님의 능력을 시연(試演)한 엘리야 앞에서 벌벌 떨었다. 바로 그 때 엘리야가 소리쳤다.

"바알의 예언자들을 하나도 도망치지 못하게 모두 잡으십시오."

엘리야의 명령이 떨어지자 그곳에 모인 사람들이 바알신의 예언자들에게 달려들어 모두 붙잡았다. 그 때 엘리야가 그들을 모두 기손(Kishon)시냇가로 끌어다 죽이라고 소리쳤다(왕상 18:30-40).

7. 엘리야의 기도로 가뭄이 끝나다

바알신의 허상을 입증한 엘리야가 아합왕에게 말했다.

"아합 왕이시어, 이제 가서 먹고 마시십시오. 곧 폭우가 쏟아지는 소리가 들릴 것입니다."

엘리야의 말에 아합왕은 먹고 마시기 위해 산꼭대기로 올라갔다. 엘리야도 뒤따라 올라가 하인에게 물었다.

"바다 쪽을 바라보아라. 무엇이 보이느냐?"

"아무것도 보이지 않습니다."

심부름꾼이 서쪽 하늘을 둘러본 다음 대답하자 엘리야는 무려 일곱 번을 똑같은 말로 무엇이 보이느냐고 물었다.

"바다에서 손바닥만한 작은 구름이 떠오르고 있습니다."

일곱 번째 심부름꾼의 대답을 들은 엘리야가 명령했다.

"너는 아합왕에게 달려가 비가 쏟아지기 전에 마차를 타고 급히 내려가라고 알려주어라."

심부름꾼이 아합왕에게 달려가 엘리야의 말을 전할 때 이미 검은 구름이 뒤덮인 하늘에서 폭풍우가 쏟아지기 시작하였다. 갑자기 비가 내리자 아합왕이 서둘러 마차를 타고 이스르엘을 향해 달려갔다. 엘리야도 허리를 동여매고 이스르엘까지 내달렸다(왕상 18:41-45).

8. 엘리야가 시내산으로 도망치다

이스르엘에 도착한 아합왕은 갈멜산에서 벌어진 사실을 이세벨 왕비에게 전했다. 그러자 이사벨 왕비는 엘리야가 바알신의 제사장들을 모두 죽였다는 말에 이를 갈며 흥분했다.

"내가 내일 이맘 때까지 반드시 너를 죽이고 말겠다. 내 예언자들을 죽인 것처럼 너도 죽음을 당할 것이다. 내가 만일 그렇게 하지 않으면 신들이 나에게 무서운 벌을 내리기 원한다."

한편 분을 삭이지 못한 이세벨이 자신을 죽이려고 이를 간다는 말을 전해들은 엘리야는 심부름꾼을 데리고 남부 유다의 브엘-세바로 도망쳤다. 브엘-세바에서 심부름꾼과 헤어진 엘리야는 혼자 광야로 나가 하루 종일 싸리나무 그늘에 앉아서 죽기를 한하고 부르짖었다.

"이제 더 바랄 것이 없습니다. 내 생명을 거둬 가소서. 내가 조상들보다 나은 것이 없습니다."

하루 종일 울부짖다 지쳐 나무 아래서 잠이 들었다. 그 때 한 천사가 다가와 깨우면서 말했다.

"어서 일어나 이것을 먹어라."

잠에서 깨어난 엘리야는 금방 구운 빵 하나와 물 한 병이 머리맡에 놓여있는 것을 발견했다. 시장한 엘리야는 빵을 먹고 물을 마신 다음 다시 자리에 누워 있을 때 주님의 천사가 찾아와서 말했다.

"어서 일어나 좀 더 먹어라. 네가 가야할 길이 너무 멀다."

천사의 말에 자리에서 일어난 엘리야는 다시 음식을 먹고 힘을 얻어 40일 동안 밤낮 걸어 시내산에 도착했다.

"엘리야야, 네가 여기서 무엇을 하고 있느냐?"

시내산의 한 굴 속에 들어가 밤을 지새울 때 주님께서 물으셨다.

심신이 피곤한 엘리야가 불만스럽게 대답했다.

"전능하신 하나님이시어!, 저는 주님을 위해 열심히 일했습니다. 그러나 이스라엘 백성은 주님과 맺은 계약을 어기고 주님의 제단을 헐고 주님의 예언자들을 모두 죽이고, 살아남은 사람은 저 밖에 없습니다. 그런데 이제는 저 마저 죽이려고 합니다."

그는 자신의 처지를 눈물로 호소했다(왕상 19:1-8).

9. 환난 중에 나타난 주님의 음성

하나님께서 엘리야의 호소를 들으시고 이르셨다.

"너는 나와서 내 앞에 서있어라."

엘리야가 밖으로 나오는 순간 무서운 강풍이 불기 시작하더니 산이 쪼개지고 바위가 부서져 내려앉았으나, 거기에 주님은 계시지 않았다. 바람이 끝난 후에는 강한 지진이 일어났지만 역시 주님은 계시지 않았다. 그 다음에는 큰 불길이 하늘로 치솟았지만 주님은 불길 속에도 계시지 않았다.

그런데 불길이 사라진 후 갑자기 부드럽게 속삭이는 음성이 들렸다. 엘리야가 겉옷을 벗어 얼굴을 가리고 굴 입구에 나가 서자 "엘리야야, 네가 여기서 무엇을 하느냐?"

엘리야가 대답했다.

"전능하신 하나님이시여!, 저는 주님을 위해 열심히 일했습니다. 그러나 이스라엘 백성들은 주님과 맺은 계약을 어기고 주님의 제단을 헐고 주님의 예언자들을 모두 죽이고 살아남은 자는 저 밖에 없는데 그들은 나마저 죽이려고 합니다."

엘리야가 호소하자 주님께서 다시 말씀하셨다.

"너는 오던 길로 광야를 지나 다마스커스로 가서 하사엘(Hazael)에게 기름을 부어 이스라엘의 왕이 되게 하고 아벨-므홀라(Abel-Meholah)출신 사밧의 아들 엘리사(Elisha)에게 기름을 부어 너를 이을 후계자가 되게 하라. 하사엘의 칼을 피해 살아난 자는 예후에게 죽임을 당할 것이고 예후의 칼을 피한 자는 엘리사에게 죽을 것이다. 그러나 내가 이스라엘 백성 중에 바알에게 무릎을 꿇지 않고 우상에게 입 맞추지 않은 사람 7천 명을 남겨 두었다."

주님의 말씀을 새겨들은 엘리야가 그 길로 사밧의 아들 엘리사를 찾아갔다. 엘리야가 엘리사를 찾아갔을 때 그는 마침 두 쌍의 겨릿소로 밭을 갈고 있었다. 엘리야가 가까이 다가가 입고 있던 겉옷을 벗어 엘리사에게 던졌다. 그러자 엘리사는 자기소를 내버려두고 엘리야에게 말했다.

"우선 부모님을 찾아뵙고 오겠습니다. 부모님께 인사드린 후 선생님을 따라 가겠습니다."

엘리야의 제자가 되기로 결심한 엘리사는 집에 돌아가 부모님께 작별해야 할 이유를 자세히 말씀드린 다음 소를 잡아 잔치를 베풀었다. 그리고 나서 엘리야의 제자가 되기 위해 길을 따라 나섰다(왕상 19:9-21).

10. 시리아의 침공

기원전 853년에 시리아의 벤-하닷(Ben-Hadad)이 마병과 전차부대 등 휘하의 병력을 규합한 다음 32명의 동맹국 왕들이 이끄는 병사들과 함께 북부 이스라엘의 수도 사마리아를 포위 한 다음 성안에 있는 아합왕에게 전갈을 보냈다.

"나, 벤-하닷이 말한다. 너의 은과 금은 모두 나의 것이다. 그리고 아름다운 네 아내들과 건장한 네 자녀들도 모두 내놓아라."

아합왕은 꼼짝 못하고 답신을 보냈다.

"좋습니다. 대왕의 말씀대로 내가 가진 모든 것을 대왕에게 드리겠습니다."

그러나 벤-하닷은 다시 전갈을 보냈다.

"나는 너에게 금과 은과 아내들과 자녀들을 내놓아라. 내일 이맘 때에 내가 신하들을 보내 너의 궁전과 네 신하들의 집을 샅샅이 뒤져 나의 신하들이 보고 마음에 드는 것은 모조리 가져오게 하겠다."

거듭된 협박을 접한 아합왕은 보좌관들을 불러놓고 말했다.

"너희들도 알겠지만 저들은 도저히 들어 줄 수 없는 요구를 하고 있다. 내 아내들과 자녀들과 금, 은을 요구했다. 하지만 나는 저들의 요구를 거절할 힘이 없으니 어쩌면 좋겠느냐?"

기가 꺾인 아합왕이 겁먹은 소리로 신하들의 협조를 구하자 보좌관들이 말했다.

"왕께서는 절대로 저들의 부당한 요구에 응하지 마십시오."

보좌관들의 격려에 힘을 얻은 아합왕이 시리아의 벤-하닷에게 대답했다.

"왕께서 처음에 요구한 조건은 내가 들어줄 수 있지만 두 번째 요구 조건에는 응할 수가 없습니다." 하고 강경하게 나가자 벤-하닷이 다시 전갈을 보내왔다.

"내가 많은 부하들을 보내 사마리아 성을 순식간에 잿더미로 만들겠다. 만일 내가 그렇게 하지 않으면 신들이 무서운 벌을 내릴 것이다."

"길고 짧은 것은 대봐야 아는 법이오."

벤-하닷이 보다 강경한 태도를 취하자 아합왕이 당돌하게 맞섰다. 그 때 마침 동맹국의 왕들과 천막에서 술을 마시다 아합왕의 전갈을 받은 벤-하닷은 즉석에서 부하들에게 공격 준비를 명령하였다. 벤-하닷 휘하의 대군이 일제히 사마리아 성을 향해 공격 채비를 취했다(왕상 20:1-12).

11. 이스라엘의 승리

전운이 긴박하게 감도는 가운데 이스라엘의 한 예언자가 아합왕을 찾아와 말했다.

"주님께서 왕에게 '네가 보다시피 적군이 벌떼처럼 몰려오고 있다. 그러나 내가 오늘 저 많은 적들을 네 손에 넘겨주겠다. 그러면 너는 내가 저의 주님이라는 것을 알게 될 것이다.'라고 말씀하셨습니다."

아합왕이 그에게 물었다.

"대체 그 말씀을 누구를 통해서 그렇게 하셨소?"

"주님께서 나에게 직접 하신 말씀입니다. 오늘 중에 각 지방 장관들의 젊은 부하들을 통해 그렇게 할 것이라고 분명히 말씀하셨습니다."

"그렇다면 누가 먼저 나가 공격을 시작해야 하겠소?"

"물론 왕 자신이 앞장서야 합니다."

진퇴양난에서 우왕좌왕하던 아합왕은 할 수 없이 예언자의 말에 순응했다. 그 날 당장 각 지방에서 젊은 병사들을 소집했는데 그 숫자가 이백삼십이 명이었다. 그 외에 7천 명의 다른 병사들까지 이끌고 벤-하닷을 공격하기 위해 전선을 향해 출발했다. 아합왕이 군사를 이끌고 나갔을 때 마침 벤-하닷은 32명의 왕들과 천막에서 술을 마시며 흥청거리고 있었다. 아합왕이 젊은 병사들을 이끌고 적진으로 나가자 벤-하닷의 정찰병이 벤-하닷에게 보고했다.

"사마리아 성에서 사람들이 나옵니다."

그러나 술에 취한 벤-하닷은 대수롭지 않게 여겼다. 아합왕을 얕본 벤-하닷은 보고하는 병사에게 명령했다.

"그들이 화친을 교섭하러 오건 싸우러 오건 무조건 생포하라."

그러나 사태는 이미 기울고 있었다. 대기하고 있던 아합왕의 병사들이 일시에 성문을 열고 달려나가 벤-하닷 군시를 닥치는 대로 쳐 죽이기 시작했다. 대항할 겨를 없이 허를 찔린 벤-하닷은 당황하여 도망치기 시작했다. 아합왕이 이끄는 병사들이 맹렬히 추격하자 벤-하닷은 말을 타고 기마병들과 함께 결사적으로 도망쳤다. 이 한판의 싸움에서 아합왕은 수많은 기마와 전차를 빼앗고, 시리아 군을 무수히 죽이는 대 전과를 올렸다. 일대 승리를 거둔 아합왕이 휴식을 취하고 있을 때 예언자가 찾아가 장차 다가올 일까지도 미리 알려주었다.

"왕께서는 돌아가셔서 힘을 기르고 만반의 준비를 하십시오. 내년 봄에 시리아 군이 다시 쳐들어 올 것입니다"(왕상 20:13-22).

12. 시리아의 2차 침공

한편 싸움에 패한 벤-하닷은 허겁지겁 궁으로 돌아가자 신하들이 이렇게 청원했다.

"이스라엘의 신(神)은 산(山)의 신이라 그들이 우리를 이겼습니다. 그러나 만일 평지에서 싸운다면 분명히 우리가 이길 것입니다. 이제 동맹국의 왕들이 가지고 있는 지휘권을 우리 지휘관들에게 넘겨주시고, 잃은 병력과 말과 전차를 얼른 보충하십시오. 우리가 평지에서 싸운다면 반드시 이길 것입니다."

그럴듯한 말에 귀가 솔깃한 벤-하닷은 신하들의 조언대로 새로운 조치를 취했다. 패잔병들을 가다듬어 이듬해 봄에 시리아의 전군을 소집하여 다시 이스라엘을 공격하기 위해 아벡(Aphek)으로 진출했다. 그러자 북부 이스라엘의 아합왕도 군사를 소집하여 무기와 식량을 지급한 다음 전 군을 이끌고 침략군과 맞섰다. 그러나 벌판을 가득 메운 시리아군에 비해 아합왕이 이끄는 북부 이스라엘 군은 마치 두 패의 작은 염소 새끼가 모여 있는 것같이 초라했다. 수적으로 열세에 몰린 아합왕의 병사들은 사기가 떨어졌다. 병사들이 의기소침해 있을 때 하나님의 예언자가 아합왕에게 찾아와 이렇게 말했다.

"하나님께서 왕에게 이렇게 말씀하셨습니다. '시리아 사람이 주님은 산의 신이지 평지의 신은 아니라고 했습니다. 그러므로 내가 이 많은 군대를 네 손에 넘겨 주겠다. 그러니 너와 네 백성은 내가 주님임을 알게 될 것이다.' 하고 승리할 것을 약속하셨습니다."

아합왕은 예언자의 격려에 큰 힘을 얻었다(왕상 20:23-28).

13. 땅을 빼앗고 사람은 살려 보내다.

시리아 군과 북부 이스라엘 군이 서로 대치한지 7일째 되는 날 전투가 벌어졌다. 북부 이스라엘 군은 첫날 10만 명을 무찌르는 전과를 올렸다. 살아남은 시리아 군은 아벡(aphek)성으로 도망쳤는데 마침 성벽이 무너지는 바람에 거기서 또 2만7천 명이 압살 당했다. 북부 이스라엘 군은 도망치는 시리아 군을 아벡성까지 추격했다. 경황없이 도망치던 벤-하닷은 아벡성 안의 어느 골방에 들어가 숨어 있었다. 그런데 그의 신하들이 찾아가 이렇게 말하며 항복을 권했다.

"이스라엘의 왕은 대단히 인자하다고 들었습니다. 삼베를 허리에 두르고 밧줄을 머리에 감고 이스라엘 왕에게 나가 항복하면 어떻겠습니까? 아마 그렇게 하면 목숨만은 살려 줄지도 모릅니다."

벤-하닷이 항복하자 신하들이 삼베를 허리에 두르고 밧줄을 머리에 감고 아합 왕을 찾아가 말했다.

"왕의 종 벤-하닷이 목숨만은 살려달라고 간청합니다."

벤-하닷의 살려달라는 전갈을 전해들은 아합왕이 반기며 버럭 소리쳤다.

"그가 아직도 살아 있단 말이냐? 그는 내 형제이다!"

그러자 벤-하닷의 신하들은 살려 주려는 것으로 알고 재빨리 대답했다.

"그렇습니다. 벤-하닷은 폐하의 형제이십니다.!"

"그를 얼른 나에게 데려오너라."

벤-하닷의 신하들이 맞장구치자 아합왕은 부드러운 어조로 말했다. 벤-하닷이 도시리고 항복의 예를 치르며 말했다. 아합왕이 그를 전차에 태워 길을 나서려던 참이었다.

"내 아버지가 당신의 아버지에게서 빼앗은 모든 성을 다시 돌려드리겠습니다. 그리고 내 아버지가 사마리아에 무역 상가를 설치한 것처럼 당신도 다마스커스에 무역상가를 설치하십시오."

"내가 그 말을 조건으로 당신을 살려 보내겠소."

결국 아합왕은 그를 살려 보냈다(왕상 20:29-34).

14. 아합왕의 수탈과 맞선 나봇

이스르엘 지방에 나봇(Naboth)이라는 농부가 궁전 부근에 좋은 포도밭을 가지고 있었다. 그런데 어느 날 아합왕이 나봇에게 찾아가 제의했다.

"네 포도밭을 나에게 넘겨라. 그 밭이 내 궁전 가까이 있으니 내가 채소밭으로 사용하고 싶다. 그 대신 내가 그보다 더 좋은 포도밭을 너에게 주겠다. 네가 원한다면 값을 후하게 줄 수도 있다."

그러나 그 땅을 선대로부터 물려받은 나봇은 아합왕의 제의를 거절했다.

"이 포도밭은 내가 조상대로 물려받은 유산입니다. 주님께서는 이런 유산을 다른 사람에게 팔거나 넘기지 말라고 하셨습니다."

일언지하에 거절당한 아합왕은 기분이 상했다. 그 날 궁으로 돌아온 아합왕은 침대에 누워 아무 것도 먹지 않았다. 그러자 이세벨 왕비가 물었다.

"왕께서 무슨 근심이 있어 식사도 하지 않습니까?"

"나봇에게 그의 포도밭을 팔던가 아니면 내 포도밭과 바꾸자고 했다가 거절당했소."

아합왕의 말에 이세벨이 당찬 어조로 말했다(왕상 21:1-7).

15. 포도밭을 강탈하기 위해 누명을 씌우다

"당신이 이렇게 약해서야 어떻게 이스라엘 왕의 권위를 누릴 수 있겠습니까? 내가 나봇의 포도밭을 당장 차지하도록 만들겠습니다."

이세벨 왕비는 실의에 빠진 아합왕의 사기를 되살리기 위해 계책을 세웠다. 그녀는 당장 국왕의 이름으로 나봇이 사는 성의 지도자들과 귀족들 앞으로 다음과 같은 내용의 편지를 작성해 보냈다.

"여러분은 당장 금식 일을 선포하고 주민들을 한자리에 모은 다음 나봇을 불러다 제일 높은 곳에 앉히시오. 그런 다음 건달 두 사람을 내세워 나봇이 하나님과 아합왕을 저주했다고 증언을 시켜 반역죄를 물은 다음 그를 정죄하여 성 밖에 끌어다 돌로 쳐 죽이시오."

왕명을 받은 지도자들과 귀족들이 순종했다. 주민들에게 금식일을 선포하고 주민들을 한자리에 모은 다음 나봇을 불러다 높은 자리에 앉혔다. 그리고 두 명의 건달패거리를 내세워 나봇이 수시로 하나님과 국왕을 저주했다는 위증을 종용했다. 나봇이 그런 사실이 없다고 부인했지만 이세벨의 사주를 받은 지도자들은 나봇의 부인에도 불구하고 건달패거리의 위증을 증거로 죄를 뒤집어씌운 다음 그를 성 밖으로 끌고 나가 돌로 쳐 죽인 다음 이세벨 왕비에게 보고했다. 나봇이 죽었다는 보고를 받은 이세벨이 즉시 아합왕에게 말했다.

"나봇이 죽었습니다. 얼른 일어나서 그놈이 팔지 않겠다고 고집한 포도밭을 소유하십시오."

아합왕이 나봇의 포도밭을 인수하려고 현장으로 달려갔다(왕상 21:8-18).

16. 대꼬챙이 예언자의 직언

한편 나봇의 포도밭을 후안무치한 방법으로 강탈한 아합왕과 이사벨의 사악한 행위를 주님께서 지켜 보셨다. 그리고 엘리야에게 이르셨다.

"너는 어서 사마리아로 가서 아합왕을 만나라. 그가 나봇의 포도밭을 인수하려고 현장으로 내려 갈 것이다. 너는 그에게 나 주님의 말이라고 일러주어라. '네가 나봇을 죽이고 그의 포도밭까지 빼앗았느냐? 개들이 나봇의 피를 핥은 곳에서 네 피도 핥을 날이 올 것'이라고 경고하라."

하나님의 분부대로 엘리야가 나봇의 포도밭에 도착하자 먼저 와 있던 아합왕이 호통을 쳤다.

"내 원수야, 네가 나를 찾았느냐?"

아합왕이 소리치자 엘리야가 맞섰다.

"그렇습니다. 내가 당신을 찾아 왔습니다.

당신은 하나님 앞에서 악을 행하는 일에만 전력을 쏟았습니다. 주님께서 당신에게 이렇게 말씀하셨습니다. '내가 너에게 재앙을 내려 네 집안에 종이든 자유인이든 남자는 모조리 죽여 느밧의 아들 여로보암의 집안과 아히야의 아들 바아사의 집안처럼 되게 할 것이다. 이것은 네가 나를 노하게 하고 이스라엘 백성을 죄의 길로 인도하였기 때문이다.' 그리고 주님께서는 '이스르엘의 개들이 당신의 아내 이세벨의 시체를 뜯어먹을 것'이라고 말씀하셨습니다. 당신의 집안 사람 중에 성안에서 죽은 자는 개들이 뜯어먹을 것이고, 들에서 죽은 자들은 공중의 새들이 쪼아 먹는다고 했습니다."

엘리야는 아합왕에게 하나님의 분부를 그대로 전했다. 그러자 아합왕은 그길로 돌아가 자기 옷을 찢고 몸에 삼베를 두르고 금식하며 삼베를 걸친 몸으로 잠을 자고 침울한 표정으로 조심스럽게 다녔다. 아합왕의 반성을 지켜보신 하나님께서는 그에게 당장 내리려던 벌을 일단 거두셨다. 그러나 하나님은 그를 용서한 것이 아니라 일단 유보한 것이었다.

이스라엘에서는 역사적으로 아합왕같이 주님 앞에서 악을 행한 사람도 없었다. 아합왕이 이스라엘 백성을 타락시킨 동기는 이세벨 왕비가 아합왕을 충동하여 우상을 섬기도록 꾀었기 때문이다. 아합왕이 행한 죄악 중에 대표적인 것은 이스라엘 백성이 가나안에 발을 들여놓을 때 주님께서 몰아낸 아모리 사람들이 섬기던 바알신을 다시 끌어들이고, 그 신과 더불어 온갖 더러운 짓을 행한 것이다(왕상 21:19-29).

제7장 남부 유다의 여호사밧과 이스라엘의 아합왕의 야합

1. 시돈 관계의 조우

북부 이스라엘의 아합왕이 이세벨 왕비와 바알 신을 끌어들여 나라의 국기(國基)를 바꿀 때 남부 유다에서는 아사왕이(41년간 집권) 죽고 그의 아들 여호사밧(Jehoshaphat)이 35세(기원전 873년)에 예루살렘에서 제4대(북부 이스라엘의 아합왕4년) 왕위에 올랐다(25년간 다스렸다).

2. 우상제단을 헐어 버리다

여호사밧은 아버지 아사를 닮아 하나님을 섬기고 율법으로 백성을 다스렸다. 그는 왕위에 오른 즉시 북부 이스라엘의 침공을 대비하여 국력을 배양하고, 요새 마다 훈련받은 병력을 배치했다. 그 외에 아사왕이 빼앗은 에브라임 성에도 병사들을 상주시켰다. 여호사밧이 아버지 아사왕을 본받아 우상을 멀리하면서 하나님의 축복을 받았다. 백성들에게 율법을 지키도록 지도하고 율법을 나라의 기틀로 다졌다. 그리하여 국가의 기강이 바로 서자 백성들 역시 여호사밧의 정책을 지지하고 제물을 아낌없이 바치면서 여호사밧은 부귀와 영화를 누렸다. 그런데 단 한 가지 문제는 뿌리 뽑지 못한 우상의 그루터기에서 비롯되었다.

여호사밧의 아버지 아사왕은 우상을 섬기지 않았지만 선대에 만들어진 기존의 산당을 철거하지 않고 그냥 버려두었다. 그래서 백성들 중에 일부는 여전히 산당에 찾아가 향을 피우고 제물을 바치고 제사 드리는 행위를 버리지 않았다. 여호사밧은 산속에 자리 잡은 산당을 찾아내 모두 헐고, 산당에 자리 잡은 아세라 여신상을 모두 헐었다(왕상 22:41-50).

3. 하나님을 가르치다

여호사밧이 왕위에 오른 후 3년째 되는 해에 대대적인 종교 교육을 실시했다. 예루살렘을 중심으로 고위 관리에게 하나님을 믿고 율법을 지키도록 종교 교육을 실시했다. 도성마다 교사들을 파견해서 관리들을 모아놓고 종교 교육을 실시했다. 예를 들면, 벤-하일(Ben-Hail), 오바댜(Obaiah), 스가랴(Zechariah), 느다넬(Nethanel), 미가야(Micaiah)를 위시해 제사장 엘리사마(Elishama)와 여호람(Jehoram)을 파견해서 주님의 율법을 가르쳤다. 그 외에도 여호사밧 자신이 직접 남부 유다의 모든 성을 순회하면서 백성들에게 종교를 철저히 가르쳤다. 당시에는 왕이나 부자가 아니면 율법서(성서)를 만져 볼 수도 없었다. 당시의 책은 종이에 인쇄된 것이 아니라 양피(羊皮)에 손으로 한 자 한 자 찍어서 만든 두루마리였다. 그래서 간수하기도 힘들었지만 가격이 엄청나게 비싸서 일반 백성은 구경하기도 힘들었다. 여호사밧은 성서를 읽고 싶어 하는 백성들의 마음을 안타깝게 생각하고 그 율법 서를 되도록 많이 편찬해서 널리 공급했다.

여호사밧의 정책에 따라 전 백성이 하나님의 축복을 누리면서 국력이 강화되었다. 그동안 얕잡아 보던 주변의 적들도 감히 넘보지 못했다. 심지어 주변 각국에서 여호사밧의 정책을 본받아 이스라엘의 하나님을 섬기는 나라도 있었다. 일부 블레셋은 선물을 보내왔고, 해가 바뀔 때는 조공을 바쳤다.

아라비아에서는 해마다 숫양 7천7백 마리와 숫염소 7천7백 마리를 조공으로 바쳤다. 여호사밧은 전국의 요새마다 성을 구축하고, 군비를 비축하는 한편 수도 예루살렘에는 정예 부대를 상주시켰다. 그리고 병력은 집안별로 분류해서 전문 지휘관들이 거느리도록 했다. 그리하여 베냐민 지파는 활과 방패로 무장한 20만 명의 용맹스러운 병사들의 지휘권을 엘리아다(Eliada)에게 맡겼다. 그리하여 잘 무장된 18만 명의 기병대는 여호사밧이 직접 거느렸다. 이들 38만 명은 모두 수도 예루살렘을 지키는 경비병력 이었다. 그밖에도 내실을 기하기 위해 행정 개혁을 단행하고, 5명의 지휘관 아래 10만 명의 병사들을 훈련시켜 외침에 대비했다. 그 결과 싸움을 좋아하는 북부 이스라엘의 도전을 실력으로 저지하고 평화를 도모하는 한편 내정을 개혁하여 복리를 도모했다. 그러나 여호사밧의 정책 중에 한 가지 큰 실수를 범했는데 그것은 북부 이스라엘의 아합왕과 동맹을 맺고 아합왕과 이세벨 왕비 사이에서 태어난 아달랴 공주를 며느리로 삼은 것이었다(대하 17:7-9).

4. 아합왕의 흉계와 미가야 예언자의 경고

한편 북부 이스라엘의 아합왕은 3년간에 걸쳐 시리아와 전쟁을 치른 후 모처럼 평화를 유지했다. 그러던 어느 날 남부 유다의 여호사밧이 여러 명의 신하를 거느리고, 북부 이스라엘의 수도 사마리아를 방문했다. 아합왕은 남부 유다의 왕이며 사돈인 여호사밧을 위해 많은 양과 소를 잡아 잔치를 성대하게 베풀었다. 아합왕은 잔치를 베푼 자리에서 야비한 속셈을 드러냈다. 그는 연회석상에서 보란 듯이 신하들을 질책했다.

"길르앗의 라못은 본래 우리의 땅이 아니더냐? 그런데 우리가 그것을 되찾을 생각은 하지 않고 가만히 앉아 있어서야 되겠느냐?"

신하들을 호되게 꾸짖은 다음 옆자리에 함께 한 여호사밧에게 말을 걸었다.

"여호사밧 왕이여, 길르앗 라못은 본래 우리 이스라엘 땅이라는 사실을 알고 계십니까?. 그 땅은 본래 우리 조상들의 땅이었는데 시리아의 왕이 차지했습니다. 이제 우리가 힘을 합쳐 시리아와 싸워 그 땅을 되찾아야 하지 않겠습니까."

아합왕의 전격적 제의에 여호사밧이 대답했다.

"좋습니다. 나도 당신과 함께 싸우러 가겠습니다. 물론 내 백성도 싸울 준비를 마쳤습니다. 하지만 출전하기 전에 우선 하나님에게 물어 보아야합니다."

여호사밧은 하나님의 뜻을 알기 전에는 싸우고 싶지 않다고 말꼬리를 돌렸다. 그는 모든 일을 시작하기 전에 하나님의 뜻을 확인하는 것이 원칙이라고 생각했다.

"귀하의 나라에는 하나님의 예언자가 없습니까?"

그러자 아합왕은 하나님을 섬기는 여호사밧을 움직이기 위해 여러 가지 사전 준비를 시켜 놓았다. 우선 묻는 말에 대한 대답을 위해 미리 4백 명의 예언자를 뽑아 여호사밧이 묻는 말에 적당히 둘러대도록 사전에 각본을 준비시켜 놓았다. 그런데 마침 여호사밧이 예언자를 불러 오라고 하자 아합왕은 능청맞게 말했다.

"우리나라에는 이믈라(Imlah)의 아들 미가야(Miaiah)라는 예언자가 있습니다. 그러나 그는 내가 하는 일에는 찬성은 하지 않고 부정적인 말만하기 때문에 나는 그를 가까이 하지 않습니다."

아합왕이 소문난 예언자를 따돌리자 여호사밧이 말했다.

"그런 말씀하지 마십시오. 하나님의 예언자를 그렇게 함부로 평하면 안 됩니다. 듣기 좋은 말만 하는 예언자는 쓸모없습니다."

여호사밧은 굳이 미가야 예언자를 데려오라고 했다(왕상 22:1-10).

5. 거짓 예언자를 배격하다

여호사밧이 미가야의 말을 들어보겠다고 하자, 아합왕은 마지못해 그를 불러들이도록 했다. 그러나 미가야 예언자는 나타나지 않았다. 아합왕과 여호사밧이 성문 입구까지 나아가 기다렸지만 끝내 나타나지 않았다. 그러자 아합왕이 다른 예언자들이 남북의 두 왕 앞에 나와 예언을 하도록 종용했다. 그러자 미가야 대신 아합왕의 사주를 받고 대기 중인 4백 명의 예언자들이 여호사밧 앞으로 다가왔다. 아합왕이 몰려온 예언자들에게 물었다.

"길르앗 라못에 우리가 싸우려 가는 것이 좋으냐? 아니면 그만 두는 것이 좋으냐?"

대답이 뻔한 내용을 묻자 예언자들은 입을 모아 한 목소리로 준비된 대답을 했다.

"아합왕이시어! 당장 쳐들어가십시오."

생각할 것도 없다고 대답한 다음 2개의 쇠뿔을 아합왕 앞에 내놓고 말했다.

"하나님께서 '이 뿔로 시리아를 무찔러 멸망시키라'고 이르셨습니다."

4백 명이 한 목소리로 대답했지만 여호사밧은 여전히 마음이 놓이지 않았다. 4백 명의 확신에 찬 목소리로 출전을 권했지만, 여호사밧은 계속 미가야 예언자를 만나게 해 달라고 했다. 여호사밧이 미가야 예언자를 꼭 만나겠다고 하자 얼마 후 그가 나타났다. 미가야 나타나자 가짜 예언자들이 길을 막고 협박했다.

"여기 4백 명의 예언자들이 합심하여 아합왕께서 기뻐하시는 말을 했으니, 당신도 아합왕이 원하시는 말만 하십시오."
 길을 막아선 4백 명의 예언자들이 각본대로 적당히 말하라고 협박하자 미가야는 화가 치밀었다.
 "하나님은 살아계십니다. 하나님께서 하신 말씀만 전하겠습니다."
 유혹을 뿌리친 미가야가 아합왕과 여호사밧 앞으로 나갔다(왕상 22:11-23).

6. 곧은 말을 하는 하나님의 예언자
 미가야 예언자가 아합왕과 여호사밧 앞에 나가자 아합왕이 먼저 물었다.
 "미가야, 우리가 길르앗의 라못을 치러 가야할 입장인데 당신은 어떻게 생각하는지 말해 보시오. 우리가 나가 싸워야 하겠소? 아니면 싸우지 말아야 하겠소?"
 미가야는 아합왕이 싸울 것을 전제로 대답을 구하는데 배알이 꼴렸다.
 "어서 치러 가십시오. 주님께서 길르앗 라못을 두 분 수중에 넘겨주실 것입니다."
 미가야는 아합왕을 똑바로 쳐다보고 비꼬는 투로 대답했다. 화가 치민 아합왕이 소리쳤다.
 "네가 주님의 이름으로 말하려거든 정중하게 하라. 더 손을 봐야 정신 차리겠느냐?."
 아합왕이 소리치자 미가야가 두 팔을 걷어 올리고 하늘을 우러러 맹세하고 말했다.
 "내가 보니 모든 이스라엘 백성이 목자 없는 양처럼 산에 뿔뿔이 흩어졌는데 주님께서는 이 사람들이 지도자가 없음으로 평안히 집으로 돌아가게 하라고 말씀하셨습니다."
 미가야는 완전히 부정적으로 말했다. 미가야의 대답이 끝나자 아합왕이 여호사밧에게 말했다.

"보십시오. 내가 뭐라고 합디까. 저자는 한 번도 내가 하고자 하는 일을 잘 되었다고 한 적이 없습니다. 만사를 부정적으로만 말합니다."

아합왕이 미가야를 못마땅하게 평하자 미가야 예언자가 다시 말했다.

"정 그러시면, 왕께서는 주님의 말씀을 들으십시오. 내가 보니 주님께서 하늘의 보좌에 앉으셨고, 그 주위에는 수많은 천사들이 서 있는데, 주님께서 '누가 아합왕을 꾀어내어 길르앗의 라못에 가서 죽게 하겠느냐?'하고 물으셨습니다. 그러자 천사들이 이러쿵 저러쿵하며 서로 자기 의견을 내세웠습니다. 결국 한 영이 주님 앞에 나와서 '내가 그를 꾀어내겠습니다.'라고 말했습니다. 그 때 주님께서 그에게 '어떤 방법으로 하겠느냐?' 하고 물으시자 그 영은 '내가 가서 거짓말을 하도록 하겠습니다.' 하고 대답하라고 하셨습니다. 그래서 주님께서는 '좋다. 가서 그를 꾀어내어라. 너는 성공할 것이다'라고 말씀하셨습니다. 주님께서는 이 예언자들이 왕에게 거짓말을 하라고 하셨으나 사실은 왕에게 재앙을 선언하신 것입니다."

결국 거짓 예언자들의 말이 화근이 되었다(왕상 22:4-28).

7. 내가 한 말을 귀 담아 두시오

미가야 예언자가 거짓 예언자들을 지목하자 마침 곁에 있던 그나아나(Kenaanah= 거짓 예언자의 한 명)의 아들 시드기야(Zedekiah)가 다가와서 미가야의 뺨을 치고 말했다.

"언제 주님의 성령께서 나를 떠나 너에게 그렇게 말씀하셨느냐?"

시드기야가 대들자 미가야가 대답했다.

"네가 골방에 들어가 숨을 때에 알게 될 것이다."

두 사람의 설전이 크게 번지자 아합왕이 경비병에게 명령했다.

"경비병 저 미가야를 당장 체포해 성주 아몬(Amon)과 왕자 요아스(Joash)에게 끌고 가서 감옥에 가두고, 내가 전쟁에서 돌아올 때까지 죽지 않을 정도의 빵과 물만 먹이라고 해라."

경비병들이 체포하려고 달려들자 미가야가 아합왕을 향해 소리쳐 말했다.

"만일 왕이 무사히 돌아오신다면 주님께서 굳이 나를 통해 말씀하시지 않았을 것입니다."

미가야는 아합왕에게 죽을 것이라고 우회적으로 말한 다음 그 곳에 모인 사람들에게 당부했다.

"여러분, 내가 한 말을 귀담아 두시오"(왕상 22:24-28).

8. 변장한 아합왕의 전사

평소 우상을 숭배한 아합왕은 미가야 예언자의 경고를 무시했다. 무조건 싸우라고 부추기는 4백 명의 가짜 예언자의 권유를 받아들였다. 그리고 기대에 어긋난 예언을 한 미가야를 옥에 가두고 간수들에게 자기가 전쟁에서 이기고 돌아올 때까지 죽지 않을 정도의 빵과 물만 먹이도록 지시한 다음 그를 사슬로 얽어 요아스 왕자에게 넘겨주고 시리아와 싸우기 위해 길르앗 라못을 향해 출발했다.

아합왕은 출전에 앞서 여호사밧에게 말했다.

"나는 병사의 복장으로 변장하고 앞장서서 싸울테니 당신은 왕복을 입고 뒤에서 격려 하시오."

마치 여호사밧의 권위를 세워 주기 위한 배려인 듯 의관을 갖추라고 했다. 그러나 아합왕의 속셈은 시리아군의 공격 목표를 여호사밧 쪽으로 유인하고, 그 틈을 타서 자기는 전과를 올리려는 비겁한 술책이었다.

한편 시리아 왕은 32명의 전차부대 장교들에게 밀령을 내렸다. "가급적 졸병들과 싸우지 말고 북부 이스라엘의 아합 왕에게만 공격을 집중하라"고 특명을 내렸다. 그리하여 싸움이 시작되자 아합왕을 죽이라는 특명을 받은 시리아의 전차부대의 병사들이 왕복 차림의 여호사밧이 아합왕인 줄 알고 일제히 그를 향해 공세를 가했다. 다급한 여호사밧이 깜짝 놀라 "나는 아합왕이 아니다." 하고 도망치면서 큰 소리로 신분을 밝혀 위기를 모면했다(왕상 22:29-33).

9. 엘리야의 말대로 나봇의 피를 갚다

구차하게 위기를 모면한 여호사밧이 안전지대로 피하자 시리아의 병사들은 다시 공격의 목표를 바꿔 화력을 집중적으로 아합왕을 향해 추격했다. 마침내 시리아의 병사들이 쏜 화살이 아합왕의 갑옷의 이음새를 뚫고 가슴을 명중시켰다. 화살을 맞은 아합왕이 피를 흘리며 전차 위에 쓰러져 운전병에게 소리쳤다.

"내가 상처를 입었다. 얼른 여기를 빠져나가라."

아합왕이 안전지대로 철수하라고 명령했다. 그러나 전투가 격렬하게 계속되었기 때문에 아합왕이 탄 마차가 전선에서 쉽게 빠져나오지 못했다. 전투가 하루 종일 계속되자 아합왕은 전차에서 피를 흘리며 계속 독전했다. 해가 저물녘에 가서야 전투가 멎었는데 그 때는 이미 아합왕이 전차 위에 쓰러져 숨을 거두면서 그의 몸에서 흘러나온 피가 전차 바닥에 흥건히 고였다. 그때 누군가 북부 이스라엘 진영에서 "이제 끝장이다! 모두 집으로 돌아가자. 왕이 죽었다." 하고 외쳤다. 그제야 병사들은 아합왕이 죽었다는 사실을 알았다. 신하들이 아합왕의 시신을 마차에 싣고 사마리아로 옮기기 위해 나봇의 포도밭에 이르렀을 때 피가 땅에 떨어져 포도밭을 적시었다. 시신을 사마리아로 옮겨다 장사 지내고 피 묻은 전차는 창녀들이 목욕하는 사마리아 연못에서 씻었다. 그러자 들개들이 몰려와 땅에 흐른 피를 핥았다. 엘리야 예언자가 "개들이 몰려와 시신의 피를 핥아먹을 것"이란 예언이 사실로 드러났는데 그 때가 기원전 853년이었다(왕상 22:34-40).

10. 북부 이스라엘의 8대 아하시야

아합왕이 왕위에 오른 지 35년 만에 전사하고, 그의 아들 아하시야(Ahaziah)가 기원전 854년 사마리아에서 북부 이스라엘의 제8대(남부 유다의 여호사밧 17년) 왕위에 올랐다(2년간 통치). 아하시야의 통치기간은 불과 2년이었지만 그는 재위 2년 동안 선대의 우상 정책을 본받아 바알 신을 섬기는 등 사악한 왕으로 군림했다.

아합왕이 죽은 후 변방의 국제 관계가 복잡하게 돌아갔다. 우선 아합왕이 살아 있을 때 고분고분 하던 모압이 반기를 들었다. 모압은 아하시야가 왕위에 오르자 해마다 바치던 조공을 거부하고, 독립을 선언하는 등 북부 이스라엘을 상대로 사 사건건 반기를 들었다.

그런가 하면 남부 유다의 여호사밧도 북부 이스라엘과 동맹관계를 더 이상 달갑지 않게 여겼다. 그러던 차에 마침 북부 이스라엘의 아하시야가 큰 무역선을 건조하여 오빌(Ophir)에서 금을 실어 오도록 했는데 그 배가 에시온게벨(Eziongeber=현재 아카바만)에서 파선하여 돌아오지 않는 해상 사건이 발생했다. 그러자 북부 이스라엘의 아하시야가 남부 유다의 여호사밧에게 그 배를 다시 재건해서 무역을 재개하자고 제안했다. 그러나 남부 유다의 여호사밧은 이를 거절했다.

한편 아합왕이 죽은 후 이세벨 왕후가 막강한 영향력을 행사하면서 아하시야는 왕으로서의 소임을 다하지 못했다. 모든 정책을 이세벨 왕후의 뜻에 따라 집행하는 등 아하시야는 허수아비였다. 그런 가운데 아하시야는 선대의 정책을 그대로 받아들였고, 종교 역시 어머니가 좋아하는 바알신을 숭배할 수밖에 없었다. 결국 이세벨 왕후의 치마폭에서 벗어나지 못한 아하시야는 무능한 왕이 되었고 그로 인해 북부 이스라엘은 한층 더 바알을 섬기는 우상의 나라가 되었다(왕상 22:51-53).

11. 아하시야 왕과 엘리야 예언자

어느 날 아하시야가 술에 취해 왕궁 2층의 베란다에서 서성거리다 아래로 떨어져 중상을 입었다. 백방으로 치료했지만 날이 갈수록 병세가 악화되었다. 어려서부터 바알신을 숭배한 아하시야는 병상에서도 바알신에게 열심히 빌었다. 그러나 병세는 점점 더 악화되었다. 하루는 자신의 병을 어떻게 치료하는 것이 좋은지 바알

신에게 알아보기 위해 신하들로 하여금 에글론(Ekron)도성의 바알세붑(Baal-Zebub)에게 가서 알아오도록 급파했다. 왕명을 받은 신하가 바알세붑을 찾아가던 길에 근엄하게 생긴 노인을 만났는데, 초면의 노인이 왕명으로 길을 떠난 사람의 길을 가로막고 말을 걸었다.

"무엇하러 바알세붑에 갑니까? 이스라엘에는 바알세붑을 따를 만큼 큰 믿음을 가진 사람이 없기 때문입니까? 바알세붑에까지 찾아가 물어 볼 것도 없습니다. 아하시야는 우상을 섬긴 벌로 곧 죽을 것입니다. 그러니 당장 아하시야에게 돌아가서 주님께서 말씀하시길 '너는 네가 누운 침대에서 일어나지 못하고 반드시 죽을 것이라고 하셨으니' 그대로 전하시오"

왕명을 받들어 길을 나선 신하는 낯선 노인이 예사 인물이 아니라는 것을 첫눈에 알 수 있었다. 그는 발길을 돌려 궁으로 돌아갔다. 먼 길을 나선 신하가 도중에 되돌아오자 아하시야가 물었다.

"너희가 어째서 벌써 돌아왔느냐?"

"에글론 도성으로 가는 도중에 어떤 노인을 만났는데, 그 노인이 이르길 폐하께서는 우상을 섬긴 벌로 누운 침대에서 일어나지 못하고 죽는 답니다."

신하가 낯선 노인으로부터 들은 대로 전하자 아하시야는 놀란 표정으로 그 노인에 관해 물었다. 만일 그 노인이 엘리야라면 그의 말은 틀림없는 예언이었다.

"대체 그 놈이 어떻게 생겼더냐?"

"예, 털옷을 허름하게 차려입고, 허리에는 가죽 띠를 두르고 있었습니다."

"뭐 허리에 가죽 띠를?"

노인의 차림새로 신분을 확인한 아하시야는 자지러졌다. 분명히 그는 선대의 아합왕이 죽이려 했던 대꼬챙이 예언자 엘리야이었다. 아하시야의 어머니 이세벨 왕후도 엘리야를 죽이려고 여러 차례 시도했지만 죽이지 못한 바로 그 예언자였다. 아하시야는 50명의 병사를 거느린 소대장에게 노인을 체포하라고 특명을 내렸다.

"감히 국왕이 죽을 것이라고 저주한 놈을 당장 잡아들여라."
병사들을 이끌고 출동한 소대장이 엘리야가 숨어 있는 산을 향해 소리쳤다.
"하나님의 사람이여, 왕께서 내려오라고 명령하셨습니다."
그러나 아하시야를 잘 아는 엘리야는 꼼짝하지 않고 체포하러 온 병사들에게 소리쳤다.
"내가 하나님의 사람이라면 하늘에서 불이 내려와 너와 네 부하 50명이 타죽기 바란다."
엘리야가 소리치는 순간 갑자기 하늘에서 불길이 내려 병사들이 모두 타죽었다. 출동한 병사들이 몰살하자 아하시야는 다시 병사들을 파병했다. 그러나 이번에도 하늘에서 불길이 내려 모두 타죽었다. 그러자 세 번째 출동한 병사들은 아예 겁을 먹고 엘리야를 찾아가 무릎을 꿇고 살려 달라고 애원했다(왕하 1:1-10).

12. 아합왕의 또 다른 왕자

"하나님의 사람이여, 나와 내 부하들의 목숨을 구해 주십시오. 앞서 온 두 소대장과 그 부하들을 하늘의 불로 죽이셨으나 저희들만은 불쌍히 여기시어 살려 주십시오."
체포하러 간 병사들이 살려 달라고 애원할 때 주님의 천사가 엘리야에게 말했다.
"엘리야야 두려워하지 말고 그들과 함께 내려가거라."
엘리야는 천사의 분부대로 체포하러 온 50명의 병사들에게 자기에게 복종할 것을 약속한 다음 그들을 앞세워 병상에 누워있는 아하시야를 찾아갔다.
병상에 들어선 엘리야가 말했다.
"당신은 어째서 이스라엘의 하나님을 섬기지 않고, 우상에게 병을 낫게 해 달라고 빕니까? 우상에게 빌었기 때문에 두 번 다시 침대에서 일어나지 못할 것입니다."

　엘리야는 살려고 몸부림치는 아하시야에게 하나님의 뜻을 전하고 왕궁을 떠났다.

　엘리야가 떠난 후 아하시야는 결국 병상에서 일어나지 못하고 그 병에 시달리다 2년 만에 죽었다. 그러나 아하시야에게는 아들이 없었기 때문에 그의 동생이며 아합왕의 또 다른 아들 여호람(Joram)이 기원전 852년 사마리아에서 북부 이스라엘의 제8대(남부 유다의 여호사밧 18년)왕위에 올라 12년간 다스렸다(왕하 1:11-16).

13. 북부 이스라엘의 제8대 왕 여호람

　아하시야의 동생 여호람 역시 아합왕과 이세벨 사이에서 태어난 차남이었다. 그러므로 남부 유다의 여호사밧의 며느리가 된 아달랴와는 친 남매간이었다. 여호람 역시 왕위에 오른 후 선대의 정책을 이어 받아 바알신을 숭배했다. 여호람이 왕위에 오른 후 북부 이스라엘에는 많은 문제들이 연이어 발생했는데 그 대표적인 사례가 모압과의 분쟁이었다. 모압이 계속 반기를 들고 독립을 요구했다. 본래 모압의 메사(Mesha)왕은 해마다 새끼 양 10만 마리에다 숫양 10만 마리와 상당량의 양털을 조공으로 바쳤다. 그런데 아합왕이 죽은 후에는 그 동안 바쳐오던 조공을 거부하고 반기를 든 것이다. 여호람은 모압을 괘씸하게 생각하고 사마리아에 병력을 집결시키는 한편 남부 유다의 여호사밧에게 군사 협력을 요구했다(왕하 1:17-18).5)

　"모압의 왕이 나를 배반했습니다. 저를 도와 함께 싸우지 않겠습니까?"

14. 남북의 동맹군

　남부 유다의 여호사밧은 북부 이스라엘의 여호람과 군사 동맹을 창설한 사이였다. 군사 동맹에 힘입은 여호람은 모압의 메사왕을 상대로 싸움을 걸었다. 남부 유

---

5) 여호람은 남부 유다의 여호사밧(아달랴의 남편)과 남매간이었으므로 거절할 처지가 아니었다.

다에는 엘리야의 후계자 엘리사 예언자가 여호사밧을 위해 봉사함으로써 선전할 수 있었다. 북부 이스라엘의 여호람왕과 남부 유다의 여호사밧 간에 체결한 동맹군이 합세하여 모압의 메사왕을 공격했다. 모압의 마지막 남은 길하레셋(Kir-Hareseth)도성을 포위하고 공격을 가하자 다급한 메사는 남북 이스라엘의 동맹군이 보는 앞에서 자신의 뒤를 이어 왕이 될 맏아들을 잡아다 성벽에서 자기들이 믿는 몰렉 신에게 번제로 바치고 적을 물리쳐 달라고 빌었다. 이를 지켜 본 남북의 동맹군은 재앙이 두려워 차마 더 이상 공격을 하지 못하고 철수했다(왕하 3:9-23).

제8장 아합왕의 부마(駙馬)가 된 남부 유다의 여호람

1. 북부 이스라엘과 결별하다

한편 북부 이스라엘의 아합왕이 시리아와의 전투에서 전사할 때 겨우 목숨을 부지한 남부 유다의 여호사밧은 다시 예루살렘으로 돌아왔다. 싸움터에서 요행히 목숨을 부지한 여호사밧이 귀향하자 기다리고 있던 예후(Jehu)예언자가 물었다.

"무엇 때문에 사악한 북부 이스라엘의 아합왕과 연합전쟁을 했습니까?"

예언자의 충고에 뉘우친 여호사밧은 그 길로 전국의 백성을 순방하면서 하나님을 잘 섬기도록 독려하는 한편 큰 도시마다 재판관을 주재시키고 하나님의 뜻에 따라 재판을 공정하게 처리하도록 주의를 환기시켰다.

"그대들은 맡은 사건을 공정하게 처리하시오. 사람을 보고 재판하지 말고 하나님을 생각하고 재판하시오. 그대들이 판결을 내릴 때마다 하나님이 지켜보고 계심을 잊지 마시오. 뇌물을 주는 쪽을 유리하게 판결하면 하나님께서 용납하지 않으니, 늘 하나님을 두려운 마음으로 재판에 임하시오."

하나님을 경외한 여호사밧은 나라를 훌륭하게 다스렸다. 그는 많은 인재를 발굴해서 하나님의 법도를 가르치고, 젊은이들에게는 군사훈련을 시켜 국방을 강화하는 등 개혁을 통해 나라를 부강하게 이끌었다(왕상 16:1-7).

2. 여호사밧의 개혁정책

북부 이스라엘의 국왕을 만나러 가서 전쟁을 치르고 돌아온 여호사밧은 두 번 다시 북부 이스라엘을 방문하지 않았다. 그는 예루살렘에 조용히 머물면서 국가의 오랜 패습을 뜯어고치도록 일대 개혁을 단행했다. 일 년에 몇 번씩 브엘세바에서 에브라임 산간 지대를 순방하여 백성들을 격려하고, 조상이 섬겨온 하나님을 섬기도록 격려했다. 여호사밧은 예루살렘에 법정을 상설하고 레위 사람들과 제사장들과 족장들을 법관으로 임명하여 백성들의 소송을 도맡아 처리하도록 행정기구를 제도화했다.

"여러분은 하나님을 두려워하는 마음으로 일을 성실하게 힘쓰고, 일을 진실하게 수행해 나가야 합니다. 만일 어떤 성에 사는 여러분의 동족이 살인 사건이나 그밖에 율법과 어떤 규정을 어긴 문제로 법정에 서게 되면 여러분은 그들에게 경고하여 다시는 범죄 하는 일이 없도록 주의를 환기시키십시오. 그렇지 않으면 여러분과 여러분의 동족이 다같이 하나님의 노여움을 사게 될 것입니다. 그러나 내 말대로 일을 잘 수행하면 여러분에게는 축복이 임할 것입니다. 그리고 주님에 관한 일체의 종교 문제는 대제사장 아마랴(Amariah)가 최종 결정을 내리고 민사 문제의 최종 결정권은 유다 지파의 지도자인 이스마엘(Ishmael)의 아들 스바댜(Zebadiah)가 내릴 것이며, 레위 사람들은 여러분의 업무를 도와주는 사무관이 될 것입니다. 여러분은 이 일을 과감하게 수행하십시오. 주님께서 정직한 자와 함께 하시기를 바랍니다"(대하 19:8-11).

3. 모압과 암몬의 침략을 격퇴한 여호사밧

여호사밧이 내정을 정리할 즈음에 모압과 암몬이 마온(Meunites=미디안의 일족)과 결탁하여 남부 유다를 침공했다. 그러자 변방에 살던 백성들이 여호사밧에게 찾아와 그곳의 사정을 보고했다.

"많은 대군이 여호사밧을 치려고 사해 건너편 에돔에서 건너와 하사손-다말 (Hazazon-Tamar)을 점령하였습니다."

보고에 접한 여호사밧은 우선 하나님께 기도해 본 후 대처 방안을 결정하기로 결정하고, 백성들에게 금식하라고 포고령을 내렸다. 그러자 하나님의 도움을 구하는 백성들이 전국 각처에서 예루살렘으로 몰려들었다. 백성들이 성전의 뜰로 모여들었을 때 여호사밧이 군중 가운데 서서 하나님께 기도하였다.

"우리 조상의 하나님이시여! 주님은 하늘에서 세상 모든 나라를 다스리는 하나님이 아니십니까? 주님에게는 힘과 능력이 있으므로 아무도 주님을 당해 낼 자가 없습니다. 하나님이시여, 주님은 이스라엘 백성 앞에서 이 땅의 원주민을 쫓아내시고 주님의 친구인 아브라함의 후손들에게 이 땅을 영원히 주시지 않았습니까? 그들은 이 땅에 정착해 살면서 주님을 위해 이 성전을 짓고 이렇게 말씀하였습니다. '만일 전쟁이나 전염병이나 기근과 같은 재앙이 닥쳤을 때 우리가 이 성전에서 주님께 부르짖으면 주님께서는 우리의 기도를 들으시고 구해 주실 것이다.'라고 하셨습니다.

하나님이시여! 지금 암몬 사람과 모압 사람과 에돔 사람들이 우리를 공격해 오고 있습니다. 옛날 우리 조상들이 이집트에서 나올 때 그들은 우리가 그들의 땅에 들어가는 것을 허락하지 않았습니다. 그래서 우리 조상들은 그들의 땅을 돌아가면서도 그들을 치지 않았는데, 이제 저들이 우리에게 하는 짓을 보십시오. 저들은 주님께서 우리에게 주신 땅에서 우리를 쫓아내려고 합니다. 하나님이시여, 저들을 그냥 두시겠습니까? 우리를 치려고 다가온 저 엄청난 대군을 막아낼 힘이 우리에게는 없습니다. 우리는 어떻게 해야 좋을지 몰라 주님만 바라보고 있습니다"(대하 20:1-13).

4. 국난에 처한 백성들이 찬양하다

남부 유다의 부녀자들과 어린이들까지 여호사밧을 따라 성전에 나와 하나님 앞에서 읍소했다. 그러자 주님의 성령이 레위 사람 야하시엘(Jahaziel) 제사장을 감동시켜 이렇게 외쳤다.

"유다와 예루살렘의 모든 백성들이여, 그리고 여호사밧 왕이시여, 주님께서 하시는 말씀을 들으십시오. '너희는 이 대군 때문에 두려워하거나 낙심하지 말아라. 이 전쟁은 너희들의 전쟁이 아니라 나 주님의 전쟁이다. 내일 너희는 그들의 맞은 편으로 내려가거라. 그들이 시스(ZiZ) 고개로 올라올 때 너희는 여루엘(Jeruel) 광야의 계곡 어귀에서 그들을 만나게 될 것이다. 그러나 너희는 싸울 필요가 없다. 각자 자기 위치를 정하고 서서 나 주님이 어떻게 너희를 구원하는지 보아라. 유다와 예루살렘 사람들아, 너희는 조금도 두려워하거나 낙심하지 말고 내일 그들을 향해 나가거라. 주님인 내가 너희와 함께 할 것이다'라고 하십니다."

야하시엘 제사장의 말을 듣고 여호사밧이 몸을 굽혀 얼굴을 땅에 대자 백성들도 모두 땅에 엎드려 하나님께 경배하였다. 바로 그 때 고핫(Kohathites)자손과 고라(Korahites)의 레위 사람들은 일어서서 큰 소리로 이스라엘의 주 하나님을 찬양하였다. 다음날 아침 남부 유다의 병사들이 드고아(Tekoa)광야를 향해 출발하려고 할 때 여호사밧이 백성들에게 외쳤다.

"유다와 예루살렘 백성 여러분! 내 말을 들으십시오. 여러분은 여러분의 하나님을 신뢰하십시오. 그러면 여러분이 승리할 것입니다."

백성들에게 용기를 내라고 부추기는 한편 조직된 찬양대원들에게 예복을 입혀 병사들과 함께 진군하는 부대의 선두에서 찬양했다.

"하나님께 감사하라. 그의 사랑은 영원하다!"

찬양대가 출정하는 병사들 앞에서 찬송을 부르자 침략군은 대혼란을 일으켜 자기들끼리 서로 치고 받는 사태가 발생했다. 암몬과 모압의 병사들이 에돔 병사들을 쳐서 완전히 패망시켰다. 그런 다음 이번에는 암몬의 병사들끼리 또 싸움을 벌여 서로 죽이고 죽는 판이 벌어졌다(대하 20:15-20).

5. 찬송의 골짜기

남부 유다의 병사들이 광야가 내려다보이는 곳에 이르러 적군이 포진한 쪽을 바라보았을 때 죽은 시체만 땅 위에 엎어져 있었고, 살아남은 자는 한 명도 보이지 않았다. 여호사밧의 병사들이 시체가 널려있는 벌판으로 달려가 시체를 샅샅이 뒤져 금품과 의복과 그 밖의 전리품을 거둬들였는데 그 물자가 너무 많아 옮겨갈 수 없을 정도였다. 빼앗은 물자를 거둬들이는 데만 무려 3일이 걸렸다.

전리품을 거둬들인 지 4일째 되는 날 병사들이 브라가(Beracah) 골짜기에 모여 주님을 찬양하였다. 그래서 오늘날까지도 그곳의 이름이 '찬송의 골짜기'로 불리고 있다. 이렇게 주님께서 여호사밧이 이끄는 남부 유다의 백성들을 적의 손에서 구출해 주셨다. 병사들은 여호사밧을 따라 기쁜 마음으로 예루살렘에 돌아와 비파와 수금을 타고 나팔을 불면서 주님의 성전으로 달려갔다.

이 전쟁이 끝난 후 인접국들은 하나님께서 남부 유다를 위해 적과 싸워 주셨다는 말을 전해 듣고 하나님이 두려워 감히 남부 유다를 넘보지 못했다. 결국 여호사밧이 나라를 잘 다스린 것은 하나님께서 보살펴주신 덕이었다.

여호사밧은 말년에 큰 실수를 했는데 그것은 북부 이스라엘의 아하시야와 우호 관계를 맺은 것이었다. 왜냐하면, 아하시야는 대단히 사악한 왕이었다. 이렇듯 많은 업적을 남긴 여호사밧이 왕위에 오른지 25년만에 죽고 그의 뒤를 이어 32세의 여호람(Joram)[6])이 기원전 853년에 예루살렘에서 남부 유다의 제5대(북부 이스라엘의 여로람왕 왕 5년) 왕위에 올라 8년간 통치했다(대하 20:26-30).

6. 남부 유다의 제5대왕 여호람왕과 우상 숭배

여호사밧의 시신을 다윗왕성에 안장한 다음 그의 아들 여호람왕이 왕위를 계승하였다. 여호사밧은 여섯 명의 아들이 있었는데 왕위를 물려받은 아들 외에 다섯 명의 아들 형제들에게는 금은 보물과 유다의 중요한 요새의 성들을 선물로 물려주었다.

여호람왕은 악명 높은 북부 이스라엘의 아합왕과 이세벨 사이의 딸 아달랴(Athaliah 841-835) 공주를 왕비로 맞았기 때문에 북부 이스라엘의 영향을 받았다. 여호람왕은 왕위에 오른 후 아달랴 왕비의 꾐에 빠져 예루살렘 궁전에 바알신을 끌어들였다. 아달랴 왕비는 친정의 어머니 이세벨 왕비처럼 친정에서 바알신을 끌어들여 예루살렘의 다윗 왕실을 온통 우상의 소굴로 만들었다. 아달랴의 손아귀에 든 여호람이 왕권을 굳히고, 세력을 확장한 후 우상 숭배를 반대하는 6명의 형제들까지 모두 죽였다. 그 외에도 우상 바알신을 반대하는 전국의 백방들을 모두 잡아 죽인 다음 전국 각처에 우상 제단을 쌓고 백성들에게 숭배할 것을 강요했다(대하 22:2-9).

7. 형제들까지도 죽인 우상 숭배

여호람이 왕위에 오른 후 국력이 기울면서 조공을 바치던 에돔이 반기를 들었다. 그들은 상전을 무시하고 자기들끼리 왕을 선출하는 등 남부 유다를 전적으로 무시했다. 그러자 여로람왕이 직접 전차를 이끌고 쳐들어갔지만 오히려 그들에게 포위당하는 수모를 겪었다. 여호람왕은 겨우 포위망을 뚫고 도망쳐 나와 생명을 부지했지만 병사들은 사방으로 흩어져 모두 자기 집으로 돌아갔다. 에돔은 이 때

---

6) 여호람은 북부 이스라엘의 여호람왕(852-841)과 이름이 같은 동명이인이다.

부터 남부 유다의 속박에서 벗어나 독립하였다.

한편 에돔이 독립하자 그들과 역사의 궤도(軌道)를 같이하는 립나(Libnah)도 반란을 일으키는 등 남부 유다의 여호람왕은 사면초가의 난국을 맞이했다. 하나님을 섬겨야 할 남부 유다의 지도자들이 우상을 숭배하자 하나님은 예언자 엘리사의 입을 빌어 경고했다.

"여호람왕이 다스리는 남부 유다는 장차 전쟁으로 벌을 받게 될 것입니다. 왕의 조상이신 다윗왕의 하나님께서 '네가 네 아버지 여호사밧이나 아사 왕을 본받지 않고, 북부 이스라엘의 악한 행실을 본받아 아합왕의 집안처럼 유다와 예루살렘 백성에게 우상을 섬기도록 가르쳤으며 또 너보다 선한 너의 동생들을 모조리 죽였다. 그러므로 주님께서 이제 네 백성과 네 처자들과 네 소유에 무서운 재앙을 내리겠다. 그리고 너는 창자에 고질병이 생겨 고생할 것이며, 그 병이 악화되어 결국 창자가 빠져나올 것이다.'라고 말씀하셨습니다."

여호람왕에게 하나님의 뜻을 전한 엘리사 예언자는 대꼬챙이 엘리야 예언자의 제자였다. 엘리사가 진지하게 경고했지만 이미 아달랴 왕비의 꾐에 빠진 여호람왕은 받아들이지 않았다. 처음에는 여호람왕보다도 아달랴 왕비가 앞장서서 바알신을 섬겼는데 나중에는 여로람왕이 더욱 우상 숭배에 열중했다. 여호람왕이 우상 숭배에 몰두하자 주님께서 여호람왕을 벌하기 위해 블레셋과 시리아로 하여금 남부 유다를 쳐들어가도록 했다. 예루살렘에 침입한 블레셋 병사들이 보물을 약탈하고 백성들을 마구 학살했다. 블레셋과 시리아 병사들은 여호람왕의 막내아들 아하시아 왕자 한 명만 남겨 놓고 왕가의 남자들을 모두 죽였다. 참혹한 환란이 벌어진 후 여호람왕의 창자에 고칠 수 없는 병마가 도졌다. 여호람왕은 병에 걸려 2년간 고생하다 결국 창자가 빠져나와 죽었다. 여호람왕은 32세에 왕위에 올라 8년 만에 비참하게 죽었지만 아무도 그의 죽음을 슬퍼하지 않았다(대하 21:5-20).

8. 남부 유다의 제6대왕 아하시아

여호람왕이 죽고 그의 막내아들 아하시야(Ahaziah)가 기원전 841년에 예루살렘에서 22세에 남부 유다의 제6대(북부 이스라엘의 요람 12년) 왕위에 올랐다(1년간 통치). 여호람왕의 아들 중에 막내아들 아하시야가 왕위에 오른 것은 블레셋과 아라비아가 쳐들어와 약탈할 때 그의 형제들을 모두 죽였기 때문이었다. 아하시야 역시 어머니 아달랴 왕후의 영향을 받아 하나님을 섬기는 백성을 마구 탄압했다.

아하시야는 왕위에 오른 즉시 그의 외삼촌 되는 북부 이스라엘의 여호람왕을 찾아갔다. 남부 유다의 아하시야가 북부 이스라엘의 여호람왕을 찾아가 외할아버지 아합왕이 빼앗으려다 전사한 길르앗을 다시 찾자고 제의하고 당장 시리아의 하사엘(Hazael)과 싸우자고 제의했다. 길르앗 라못은 아합왕이 전사한 곳으로 북부 이스라엘의 여호람왕에게는 한이 맺힌 곳이었다(왕하 25:29).

9. 남북의 왕들이었지만 외숙질 간이었다

남부 유다의 아하시야와 북부 이스라엘의 여호람왕은 의기투합했다. 마침내 북부 이스라엘과 남부 유다의 연합군이 힘을 합쳐 두 번에 걸쳐 격렬한 싸움 끝에 이스르엘(Jezzeel)을 비롯한 길르앗 라못을 점령했다. 그러나 이 싸움에서 북부 이스라엘의 여호람왕이 부상을 입었다.

여호람왕과 아하시야는 일단 병사들을 길르앗 라못에 남겨 둔 채 이스르엘로 되돌아와 부상당한 몸을 치료하고 있었다. 이때 남부 유다의 아하시야는 북부 이스라엘의 죽은 아합왕의 외손이었음으로 결국 이들 두 왕은 외숙질간(外叔姪間)으로 모두 아합왕가의 자손들이었다. 북부 이스라엘과 남부 유다의 두 왕이 승리감에 부풀어 있을 때 엘리야 예언자가 나타나 아합왕의 자손들에게 피비린내 나는 죽음이 닥쳐올 것이라고 경고했다. 그러나 승리감에 도취한 두 왕은 깨닫지 못했다.

한편 북부 이스라엘의 여호람왕의 신하 가운데 예후(Jehu 841-814)라는 장군이 있었는데 그는 여호사밧의 아들로 본래 아합왕의 근위병이었다. 예후 장군은 아합왕이 살아있을 때 나봇과 그의 아들을 살해하는 것을 목격한 사람으로 아합왕가의 비정(秕政)을 잘 알고 있었다. 예후 장군은 기개가 넘치고 배짱이 두둑한 인물이었다. 무슨 일에나 적극적인 행동파로 불의를 참지 못하는 의협심이 강한 사람이었다(왕하 9:7-15).

제9장 예후가 북부 이스라엘의 제10대 왕위에 오르다

1. 낯모르는 예언자의 축복

어느 날 엘리사 예언자가 젊은 후계자 한 명을 불러놓고 말했다.

"너는 옷을 단단히 잡아매고 이 기름을 가지고 길르앗 라못으로 가거라. 그 곳에 도착하거든 님시(Nimshi)의 손자이며 여호사밧의 아들 예후(Jehu)를 찾아라. 그를 만나거든 즉시 골방으로 데리고 가서 그의 머리에 기름을 붓고 주님께서 이스라엘의 왕으로 삼으셨다고 선언한 다음 즉시 그곳에서 도망쳐 나와라. 거기서 우물쭈물 해서는 안 된다."

엘리사 예언자의 지시를 받은 젊은 예언자는 즉시 길르앗 라못으로 길을 떠났다. 라못에 이르렀을 때 마침 예후 장군이 다른 지휘관들과 이야기를 나누고 있었다. 갑자기 찾아간 젊은 예언자가 예후 장군에게 말했다.

"장군님, 긴히 드릴 말씀이 있습니다."

"우리 모두에 대해서 말인가."

"아닙니다. 장군님에게 친히 할 이야기가 있습니다."

예후 장군이 자리에서 일어나 집안으로 들어가자 뒤따라간 젊은 예언자가 두말 없이 예후의 머리에 기름을 부으면서 선언했다.

"이스라엘의 주 하나님의 말씀입니다. '내가 너에게 기름을 부어 내 백성을 다스릴 이스라엘의 왕으로 삼는다. 너는 아합의 집안사람들을 모두 죽여라. 내가 이세벨에게 내 예언자들과 종들을 죽인 죄의 대가를 반드시 치르도록 할 것이다. 내가 아합의 집안에 속한 남자는 종이든 자유인이든 모조리 죽여 느밧(Nebat)의 아들 여로보암과 아하시야왕의 아들 바아사의 집안처럼 몰살하겠다. 개들이 이스르엘에서 이세벨의 시체를 뜯어 먹어도 아무도 묻어주지 않을 것이다.'"

젊은 예언자는 자기 말과 행동이 모두 주님의 뜻이라고 밝히고 어디론가 사라졌다. 예후 장군이 다시 제 자리로 돌아가자 동료 지휘관들이 다그쳐 물었다.

"예후 장군! 별일은 없었는가? 대체 그 미친 녀석이 자네를 찾은 용건이 뭔가?"

"자네들도 잘 알면서 뭘 그러나?"

"아니야, 우리는 모르네. 무슨 일인지 말해보게."

장군들이 예후 장군을 둘러싸고 다그쳐 묻자 솔직히 털어놓았다.

"그는 예언자인데 하나님께서 나를 이스라엘의 왕을 삼았다고 하면서, 내 머리에 기름 부어 축복하고 돌아갔네."

사실상 예후 장군은 낯선 예언자의 말이 미덥지 않았다. 예언자의 행동을 대수롭지 않게 생각한 예후 장군은 예언자가 행한 기름부음과 말을 동료들에게 솔직하게 말했다. 그러자 동료 장군들의 생각은 달랐다. 그 젊은 예언자의 말이 하나님의 뜻이라면 더 생각해 볼 것 없이 당장 실행해야 한다고 의견을 모았다. 모두 하나님의 뜻이라는 사실을 확인한 장군들이 아합왕가를 일제히 성토했다. 그런 다음 그 자리에서 예후 장군을 왕으로 추대할 것을 결의했다. 의기투합한 장군들이 한곳에 모여 의논한 다음 일단 이스르엘에 있는 여호람왕이 자신들의 반역을 알지 못하도록 도성의 문을 걸어닫고 반역을 실행에 옮길 것을 결의했다. 장군들은 그동안 아합 왕가가 하나님의 예언자들을 마구 잡아 죽이고, 백성들에게 우상을 강요하는데 불만이 쌓여 있었다. 장군들이 일제히 옷을 벗어 계단 위에 깔고 예후 장군으로 하여금 밟고 서게 한 다음 산천이 떠나도록 큰소리로 외쳤다(왕하 9:1-29).
"예후는 우리의 왕이다!"

제10장 아합왕 왕가의 몰락

1. 예후의 등장과 남북왕의 죽음

님시(Nimshi)의 손자이며 여호사밧의 아들 예후 장군이 반란을 모의할 때 북부 이스라엘의 여호람왕과 남부 유다의 아하시야왕이 이스라엘에서 시리아의 하사엘과 싸우다 부상당한 몸을 치료하고 있었다. 그들은 길르앗 라못에 주둔한 예후 장군이 설마 반란을 일으킬 것이라고는 전혀 생각하지 못했다.

한편 갑자기 반란군의 두목이 된 예후 장군은 동료 지휘관들에게 말했다.

"내가 만일 이스라엘의 왕이 되는 것을 찬성한다면 단 한 사람도 이스르엘에 있는 여호람왕과 아하시야왕에게 우리가 거사한 정보를 누설하지 못하도록 단속하라."

예후 장군은 철저히 당부한 다음 반란을 서둘렀다. 이 때 예후 장군을 중심으로 반란을 주도한 장군들이 충성을 맹세한 다음 전차를 몰고 이스르엘을 향해 치달렸다(왕하 9:11-26).

2. 평화의 목적으로 오십니까?

한편 이스르엘에 머물고 있는 여호람왕과 남부 유다의 아하시야왕은 외숙질간이었다. 아달랴 여왕은 죽은 북부 이스라엘의 아합왕의 딸 이였기 때문에 아하시야왕은 여호람왕의 조카였으므로 남북의 두 왕이 동시에 반란의 위기를 맞이했다.

예후 장군의 전차병들이 이스르엘을 향해 맹렬히 진격할 때 넓은 광야에서 뿌연 먼지가 하늘을 향해 구름처럼 피어올랐다. 이스르엘의 전망대의 파수병 눈에 멀리서 뿌연 먼지가 하늘로 이는 것을 발견하고 급히 여호람왕에게 보고했다. 여호람왕은 즉시 근위병을 출동시켜 평화의 일인지, 외적의 침공인지 확인하도록 명령했다. 왕명을 받은 근위병들이 말을 타고 달려나가 예후 장군에게 물었다.
 "평화의 목적으로 오십니까? 아니면 위급한 용무가 있습니까?"
 근위병이 큰 소리로 묻자 예후 장군의 굵은 음성이 울렸다.
 "평화로 오건 전쟁으로 오건 그게 너와 무슨 상관이냐? 내 뒤를 따르라."
 예후 장군이 호통 치자 겁먹은 근위병은 그 길로 그의 뒤를 따라 반란군에 가담했다. 여호람왕은 명령을 받고 출동한 근위병이 돌아오지 않자 다시 근위병을 보냈다. 그러자 이번에도 예후 장군이 마중 나온 근위병에게 소리쳤다.
 "어서 내 뒤를 따르라."
 2차로 나간 근위병들 역시 기세에 눌려 반란군의 뒤를 따랐다. 병사들이 왕명을 받고 출동하는 쪽쪽 돌아오지 않자 파수병이 여호람왕에게 다급하게 보고했다.
 "두목으로 보이는 자가 예후처럼 말을 난폭하게 몰고 있습니다."
 파수꾼의 말을 듣고 난 여호람왕이 소리쳤다.
 "내 마차를 준비하라"
 여호람왕과 아하시야왕이 마차를 타고 맹렬한 기세로 달려오는 예후를 맞으러 나갔다. 예후 장군은 북부 이스라엘의 수비 대장이었기 때문에 시리아나 그밖에 다른 나라에서 싸움을 걸어오기 때문에 급히 보고 차 달려오는 줄 알았다. 여호람왕과 아하시야왕은 근위병의 전차를 몰고 예후 장군을 맞으러 성 밖으로 달려 나갔다. 도성 밖의 멀리서 달려온 예후 장군과 마주 친 곳이 공교롭게도 지난 날 나봇이 억울하게 죽은 포도밭이었다. 예후 장군이 전차를 이끌고 다가오자 여호람왕이 큰 소리로 물었다.

"예후 장군, 별일 없나?"

순간 예후 장군의 격한 목소리가 메아리 쳤다.

"여호람은 잘 들으시오. 당신의 어머니 이세벨이 우상을 섬기고, 음란을 피우고, 밤낮 마술이나 일삼는데 어찌 별일이 없겠소?"

깜짝 놀란 여호람왕이 멈칫거릴 때 예후의 뒤를 따르던 반란군 병사들이 여호람왕에게 달려들었다. 여호람왕이 말머리를 돌려 달아나면서 뒤따라온 아하시야왕에게 소리쳤다.

"반역이오. 반역이오. 어서 피하시오."(왕하 9:11-26).

3. 예후 장군의 쿠데타

여호람왕과 아하시야왕이 사력을 다해 달아났다. 그러나 여호람왕은 무술에 뛰어난 예후 장군의 무술권에서 벗어나지 못했다. 추격하던 예후 장군의 화살이 도망치는 여호람왕의 심장을 겨눠 힘껏 당겨졌다. 화살을 맞은 여호람왕이 달리는 전차 위에 푹 쓰러지자 예후 장군이 부관 빋갈(Bidkar)에게 소리쳤다.

"너는 여호람왕의 시체를 나봇의 포도밭에 던져라. 너도 기억하겠지만 너와 내가 마차를 타고 저 사람의 아버지 아합왕의 뒤를 따라갈 때 주님께서 '나는 어제 나봇과 그의 아들들이 살해당하는 것을 분명히 보았다' 하셨고 또 '나는 네가 이 밭에서 그 대가를 반드시 치르도록 하겠다'라고 말씀하셨다. 그러니 너는 주님의 말씀대로 저 여호람왕의 시체를 나봇의 포도밭에 버려라."

여호람왕의 시신을 싣고 달리던 근위병이 나봇의 포도밭에 이르러 시신을 마차에서 떨어뜨리고 그대로 도망치자 시신에서 흘러나온 피가 포도밭에 고였다.

한편 북부 이스라엘의 여호람왕의 주검을 지켜본 남부 유다의 아하시야왕은 벧-하간(Beth-Haggan) 쪽으로 도망쳤다. 그러자 여호람을 죽인 병사들에게 도망치는 아하시야왕을 계속 추격하라고 명령했다.

"저 아하시야도 잡아 죽여라."

예후 장군이 소리치자 기마병들이 도망치는 아하시야왕을 추격하여 이블르암(Ibleam)부근의 구르(Gur)지방의 비탈에서 저격했다. 아하시야는 부상을 입고 므깃도까지 도망갔으나 결국 죽였다. 아하시야왕은 남부 유다의 왕이었지만 아합왕의 피가 섞인 그의 외손이었다. 그도 아합왕의 일가와 함께 죽임을 당했다. 아하시야왕의 시체를 근위병들이 예루살렘에 옮겨다 다윗성에 장사 지냈는데 이때가 기원전 841년이었다(왕하 9:27-29).

4. 이세벨의 죽음

여호람왕과 아하시야 남북의 두 왕을 한꺼번에 죽인 예후 장군은 그 길로 이세벨 왕비가 살고 있는 이스르엘 도성으로 전차를 몰았다. 이스르엘 도성 안에 있던 이사벨 왕비는 예후 장군이 여호람왕과 아하시야 두 왕을 죽이고, 쳐들어온다는 소식을 듣고 자신의 최후를 정리하고 있었다. 얼굴에 눈 화장을 하고 머리에 빗질을 곱게 한 다음 2층에서 창문을 열고 고개를 밖으로 내밀고 반란군의 진입을 기다리고 있었다. 그때 예후 장군이 병사들을 이끌고 성안으로 들어서자 이세벨 왕후가 소리쳤다.

"자기 왕을 죽인 시므리 같은 역적 놈아! 네가 여기는 무슨 일로 왔느냐?"

그러나 예후 장군은 아무 대꾸도 하지 않고 2층을 향해 호령했다.

"거기 내 편이 될 자가 누구냐?"

예후가 외치자 내시 두 명이 2층에서 고개를 내밀었다. 그를 본 예후 장군이 소리쳤다.

"저 이세벨을 집어던져라!"

예후의 명령이 떨어지자 곁에 있던 내시들이 이사벨에게 달려들어 그녀의 곱게 단장한 몸을 창문 밖으로 내던졌다. 화장한 이사벨의 몸이 돌바닥에 거꾸로 떨어지면서 몸에서 튕겨 나온 피가 예후 장군의 마차 바퀴에 튀었다. 예후 장군은 왕비의 시체를 전차에 매단 채 거리로 끌고 가자 뒤따르는 말들이 마구 짓밟았다. 그 날 오후 예후 장군이 저녁 식사를 마친 후 부하들에게 말했다.

"이사벨의 시신을 거두어 장사지내 주거라. 그녀는 비록 죄값을 치렀지만 그래도 이스라엘의 왕비였다."

부하들이 이세벨 왕비의 시신을 거두려고 찾아갔을 때 이미 들개들이 시신을 뜯어먹고 두개골과 발과 손바닥 외에는 흔적도 없었다. 부하들이 돌아와 보고하자 예후 장군이 말했다.

"이것은 주님의 말씀이 사실로 이루어진 것이다. 주님께서 오래 전에 엘리야에게 말씀하시길 이스르엘의 개들이 이세벨의 시체를 뜯어먹을 것이며, 그 뼈는 밭의 거름처럼 흩어져도 그것이 죽은 이세벨의 뼈라는 것을 알아볼 사람이 아무도 없을 것이라고 말씀하셨는데 사실로 이루어졌다."

이사벨의 최후는 우연이 아니라 업보(業報)였음을 역설했다(왕하 9:30-37).

제11장 아합 왕가의 씨가 마르다

1. 아합왕의 손자 70명이 죽다

아합왕가를 숙청한 예후 장군은 곧 바로 북부 이스라엘의 왕권을 넘겨받기 위해 주변을 정리하기 시작했다. 우선 여호람왕을 비롯한 그의 아버지 아합왕의 자손들을 색출했다. 그런데 아합왕에게는 많은 아내와 자식들이 있었다. 그 중에 꼭 죽여야 할 왕자들만도 무려 70명이었다. 예후 장군은 아합왕의 자손 70명을 맡아 기르는 보모들에게 다음과 같이 편지를 보냈다.

"왕의 자손들이 너희와 함께 있고, 또 너희에게는 전차와 말과 요새화된 성과 무기도 있다. 그러므로 너희는 이 편지를 받는 즉시 왕의 자손들 가운데 가장 유능한 자를 뽑아 그를 왕으로 세우고 그를 위해 싸울 준비를 하라."

편지를 받은 보모들은 엄격한 예후의 뚝심이 두려운 나머지 말했다.

"여호람왕과 아하시야왕 두 왕도 예후를 당하지 못했는데, 우리가 어떻게 그를 대적할 수 있느냐?" 하고 예후의 말이라면 무조건 복종했다. 궁중 대신과 그 성의 지도자들과 아합왕의 자손을 보호하는 자들이 예후를 찾아와 말했다.

"우리는 당신의 종이므로 당신의 말이라면 무엇이나 복종하겠습니다. 우리는 왕을 세우지 않을 테니 당신 좋을 대로 하십시오."

보호자들의 태도를 살펴본 예후장군이 "너희가 만일 내 편이 되어 나에게 충성하려거든 아합왕의 자손들의 머리를 잘라 내일 이맘때까지 이스르엘로 와서 나에게 바쳐라." 하고 최후통첩을 보냈다. 예후의 통첩을 보낼 때 마침 아합왕의 자손 70명이 각 성에서 지도자들의 보호를 받고 있었다. 그런데 예후의 편지를 받은 지도자들이 아합왕의 자손들을 모조리 죽여서 머리를 잘라 바구니에 담아 이스르엘에 있는 예후에게 보냈다. 예후는 각처에서 보내온 아합왕의 자손들의 머리를 모아 성문 입구에 무더기로 매달아 놓고 다음날 아침까지 효시(梟示)하였다. 예후 장군은 각처에서 아합왕가의 최후를 보려고 성문에 몰려온 사람들에게 말했다.

"여러분에게는 아무 잘못이 없습니다. 여호람왕을 반역하여 왕을 죽인 사람은 바로 나입니다. 그러나 아합왕의 자손들을 누가 죽였습니까? 여러분은 주님께서 아합왕의 집안에게 하신 말씀이 하나도 빠짐없이 이루어진다는 것을 알아야 합니다. 다만 주님께서는 당신의 종 엘리야 예언자를 시켜 하신 말씀을 이루셨습니다."

예후는 아합왕의 자손들이 죽어야하는 이유를 설명한 다음 아합왕의 집안 사람들 중에 이스르엘에 남아 있는 자손들도 모조리 죽였다. 심지어 아합왕의 신하들과 친구들과 제사장들까지 몰살시켰다. 아합왕의 자손은 한 명도 남기지 않고 죽였는데 그것은 만일 아합왕의 자손이 한 명이라도 살아남으면 후일 바알신이 다시 뿌리내릴 수 있기 때문이었다(왕하 10:1-11).

2. 남부 유다의 아하시야왕의 친척들도 죽임을 당하다

예후 장군이 아합왕가를 숙청한 다음 사마리아로 가기 위해 길을 떠났다. 그런데 마침 남부 유다의 아하시야왕의 친척들 중에 42명이 외삼촌 여호람왕을 만나려고 북부 이스라엘의 사마리아로 가는 길에 '목자들의 집'이라는 곳에서 예후장군과 마주쳤다. 예후 장군이 그들에게 물었다.

"너희들은 누구냐?"

"우리는 아하시야의 친척들인데 이스라엘 왕족에게 문안 차 찾아가는 길입니다."

일행의 신분을 확인한 예후 장군이 부하들을 시켜 이들 42명을 몽땅 체포했다. 여행길에 나선 남부 유다의 아하시야의 친족 42명도 예후 장군의 부하들이 그들을 웅덩이 곁으로 끌고 가 한 명도 남기지 않고 모조리 물에 던져 죽였다(왕하 10:12-14).

3. 아합왕의 남은 친척들이 죽임을 당하다

남부 유다의 왕족 42명을 죽이고 얼마쯤 갔을 때 레갑(Rechab)의 아들 여호나답(Jehonadab)을 만났는데 그는 하나님을 섬기는 충직한 사람이었다. 예후 장군이 여호나답에게 말을 걸었다.

"너와 나는 마음이 같은데 나를 돕겠느냐?"

여호나답이 한참 생각한 끝에 그러겠다고 대답하자 "내 손을 잡아라" 하고 악수한 다음 여호나답을 자기가 타고 가던 전차에 태워 사마리아로 달려가면서 말했다.

"너는 나와 사마리아에 가서 내가 주님을 위해 얼마나 열성적인가를 지켜보아라."

예후 장군과 사마리아에 도착한 여호나답은 아합왕의 친척들을 한 사람도 남기지 않고 모조리 죽이는 예후의 소탕작전을 지켜보았다(왕후 10:15-25).

4. 예후의 포고령

예후 7장군은 아합왕가의 자손들을 모두 죽였다. 그러나 예후 장군에게는 또 다른 문제가 있었는데, 그것은 북부 이스라엘에 뿌리내린 우상을 제거하는 일이었다. 이미 오랫동안 자리 잡은 바알신과 제관들을 한꺼번에 척결하는 것은 불가능한 일이었다. 그러나 예후 장군이 여세를 몰아 혁명의 수단이라야만 척결이 가능하다고 생각하고 우상 숭배자들을 한꺼번에 처단하기 위해 속임수를 썼다.

어느 날 사마리아 사람들을 한 자리에 모아놓고 말했다.

"아합왕은 사실상 바알 을 제대로 섬기지 않았다. 그러나 나는 그보다 더 충실히 섬길 것입니다. 이제 바알의 모든 예언자들과 그를 섬기는 신도들과 그의 제사장들을 한 자리에 불러 모아라. 한 사람도 빠져서는 안 된다. 내가 여러분이 보는 앞에서 바알에게 성대한 제사를 드리려 한다. 그러니 단 한 사람도 빠지지 말고 참석하라. 만일 빠지는 사람이 있으면 죽임을 당할 것이다." 하고 속임수로 소집령을 내렸다.

예후가 직접 바알신을 섬기기 위해 제사를 드리겠다고 전국의 제관들에게 사마리아에 모이라고 통고하자 혁명군의 지도자 예후의 통보에 바알신의 제관들은 감히 그의 포고령을 거스르지 못했다. 전국의 제관들을 한 곳에 모이도록 유도한 다음 하나님을 충실히 섬기는 이세벨 왕비의 청지기 여호야다(Yehoiada)에게 찾아가 말했다.

"저와 함께 사마리아에 가서 하나님을 위한 저의 충성심을 지켜보십시오." 하고 그와 함께 전차를 타고 사마리아로 갔다. 그 때 사마리아 신전에는 이미 예후의 포고령에 따라 전국에서 모여든 바알신의 제관들로 붐볐다. 예후 장군은 예복을 담당한 제사장에게 신전에 모인 제관들에게 제복을 제공하도록 지시했다. 그리고 레갑의 아들 여호나답과 함께 신전으로 들어가 그곳에 모인 사람들에게 말했다.

"바알신의 사람들만 들어가고 하나님을 섬기는 사람은 들어가지 못하게 하시오"(왕하 10:15-27).

5. 바알신의 제사장들을 몰살하다

바알의 제관들이 제사를 드리려고 모두 신전에 들어갔을 때 예후 장군은 미리 신전 밖에 대기시켜 놓은 80명의 병사들에게 명령했다.

"잘 들어라, 너희들은 당장 신전에 들어가 제복을 입은 제관들을 모두 죽여라. 한 사람도 놓쳐서는 안 된다. 만일 한 명이라도 놓치는 날엔 대신 목숨을 바쳐야 한다!"

예후 장군의 호령이 떨어지자 병사들이 신전 안으로 들어가 제복차림의 제관들을 한 명도 남김없이 모두 죽였다. 제관들이 제복으로 갈아 입었기 때문에 쉽게 죽일 수 있었다. 전국의 제관들을 한꺼번에 제거하고 시신을 처리한 후 궁궐 안에 모셔놓은 우상을 모두 끌어내 불태웠다. 그런 다음 신전을 파괴한 장소에는 공중변소를 지었는데 그것이 오늘날까지 그대로 전해오고 있다. 예후는 사마리아에 자리 잡은 바알 신전과 신상까지 모두 불태웠다. 그러나 벧엘과 단에는 금송아지를 세워 놓고 백성들에게 숭배하라고 강요한 느밧의 아들 여로보암의 뿌리 깊은 죄악의 뿌리를 씻어내는 데는 실패했다. 그 때 주님께서 계시하셨다.

"너는 내가 아합왕의 집안에 행하고자 했던 모든 일을 잘 수행하였다. 그러므로 네 자손이 4대를 이어 이스라엘의 왕이 될 것이다."

하나님은 아합이 심어놓은 뿌리 깊은 바알신을 제거하기 위해 강력한 예후 장군을 택하셨다. 만일 이 때 예후 장군보다 마음이 약한 사람이었다면 이 과업을 감히 수행하지 못했을 것이다. 사실상 아합왕가의 몰락은 이미 예견된 일이었다. 일찍이 엘리사 예언자가 아합왕조는 씨도 없이 전멸할 것이라고 예언한 하나님의 경고가 사실로 이루어졌다(왕하 10:18-31).

6. 예후의 한계

그러나 예후는 본래 정치를 모르는 단순한 무인으로 하나님을 섬기는 종교에는 더욱 문외한이었다. 예후는 하나님에 대한 지식이 없었을 뿐만 아니라, 그의 측근들도 하나님을 제대로 알지 못했다. 다만 아합왕가의 기반인 바알신을 제거한 공로를 인정하여 장차 4대에 걸쳐 왕위를 누린다고 했을 뿐 하나님을 섬긴다는 보장은 없었다. 그래서 예후 장군이 왕위에 오른 후에도 하나님에 대한 지식(율법)을 제대로 가르치지 못했다. 그리하여 사악한 아합왕가를 멸망시키고 바알신을 제거했지만 예후는 자기 왕권을 위한 종교적 기반을 다지지 못했다. 만일 이 때 예후 장군이 바알신을 제거함과 동시에 하나님을 섬기는 정책을 제대로 실시했다면, 북부 이스라엘의 역사는 다른 궤도(軌道)로 발전했을 것이다. 그러나 불행하게도 예후 장군은 바알신을 제거하는 데는 성공했지만 하나님을 섬기는 나라를 이루지 못했다. 그리하여 예후의 역량이 쇠퇴하면서 일찍이 여로보암에 의해 길들여진 우상을 숭배하던 풍습이 부활하기 시작했다. 세월이 지나면서 백성들은 눈에 보이는 우상(황금 송아지)을 숭배하고, 눈에 보이지 않는 하나님은 제대로 섬기지 못했다. 그대신 여로보암이 숭배하던 금송아지 신앙이 차츰 되살아나면서 각종 문제가 불거지기 시작했다. 지방 각처에서 송아지 우상에 경배하는 사태가 일어나면서 시리아의 하사엘이 북부 이스라엘을 호시 탐탐 넘보았다(왕하 10:32-34).

7. 예후의 죄와 최후

한편 시리아의 위협으로 정세가 불안할 때 엘리야 예언자가 북부 이스라엘의

10지파 중에 르우벤, 갓, 므낫세 지파를 찾아가 "이스라엘의 도성이 불타고, 젊은 이들이 칼에 찔려 죽고 어린이들이 돌바닥에 내동댕이쳐 죽을 것이다." 하고 경고했다. 그러나 이들 세 지파는 엘리야 예언자의 경고를 무시했다. 이미 오래 전에 하나님의 율법을 지킨다는 조건으로 하나님의 택함을 받은 백성이 되었음에도 그들은 그 약속(율법)을 저버렸다.

그리하여 하나님은 약속을 저버린 그들 3지파를 더 이상 돌보지 않았다. 그리하여 북부 이스라엘에 대한 심판이 시시각각 다가왔다. 유프라테스강 유역에 자리 잡은 시리아의 하사엘(Hazael)이 강력한 병력을 이끌고 쳐들어와 아르논(Arnon)강 동쪽에 정착한 르우벤과 갓, 므낫세 지파의 도성을 유린하고 많은 사람들을 포로로 끌어갔다. 결국 용맹스러운 예후 장군도 이 싸움에서 전사했다.

아합 왕가를 무력으로 뒤엎고 바알신을 제거한 예후는 북부 이스라엘을 22년간 다스리다 시리아와의 전투에서 전사함으로써 혁명가의 생을 마감했다. 예후의 시신은 사마리아에서 장사지냈다. 예후가 죽고 그의 아들 여호아하스(Jehoahaz)가 기원전 821년 사마리아에서 북부 이스라엘의 제9대 왕위에 올라 28년간 통치했다(왕하 10:32-36).

8. 남부 유다의 아달랴 여왕과 요아스 왕자

한편 북부 이스라엘의 여호람왕이 이스르엘에서 전사할 때 남부 유다의 아하시아도 즉위한지 2년을 넘기지 못하고, 북부 이스라엘의 예후 장군에 의해 살해당하고, 그의 어머니 아달랴(Athalia) 왕후가 사실상의 남부 유다의 국왕이 되었다. 기원전 841년 아들이 죽으면서 남부유다의 실질적인 여왕으로 등장한 아달랴는 이스라엘 역사상 유일한 여왕이 되었다.

이스라엘 역사상 유일한 여왕이 된 아달랴는 왕권을 잡은 날부터 사악한 악마로 돌변했다. 그녀는 이스라엘 역사상 가장 악랄한 국왕이 되었다. 본래 북부 이스라엘의 아합왕과 이사벨 사이에서 태어난 그녀는 부모를 닮아 야심이 많고 이방종교(바알신)를 끌어들여 열렬히 신봉했다. 이스라엘 역사상 가장 악랄한 바알신의 전도자가 된 아달랴는 아들 아하시야왕이 전사한 후 실권을 잡고부터 북부 이스라엘은 이방종교를 끌어들이기 위해 다윗왕의 피가 섞인 남부 유다의 아하시아의 왕족(시댁의 가족)을 모두 죽였다. 그리하여 다윗왕의 혈통인 아하시아의 형제들을 모두 숙청한 다음 백성들에게 바알신을 섬기도록 강요했다.

본래 하나님을 섬기는 종교의 이념으로 왕권을 다져온 남부 유다의 정통성을 뿌리도 남기지 않고 오직 바알신을 국교로 정립하려는 아달랴는 자기 뜻에 거역하는 시동생들을 모두 죽인데 이어, 자신의 친손자들까지도 모두 죽였다. 아달랴의 바알신 정책은 마침내 남부 유다에 큰 비극을 몰아왔다. 하루아침에 다윗왕의 자손들이 떼죽음을 당하는 등 광란의 살인극이 연일 벌어졌다. 아달랴는 하나님을 섬기는 다윗왕가 씨를 말리기 위해 수단 방법을 가리지 않았다. 그러나 참담한 학살 외중에 유일하게 왕자 하 나가 기적적으로 살아남았는데 그가 바로 브엘세바의 여인 시바아(Zibiah)가 낳은 젖먹이 요아스 왕자였다. 기적적으로 목숨을 부지한 요아스 왕자가 살아남은 데는 그의 고모 은덕이었다. 아달랴에 의해 다윗왕의 후손들이 모조리 죽임을 당할 때 젖먹이 요아스 왕자를 아하시야왕의 누이 여호세바(Jehosheba)가 몰래 빼돌려 그의 유모와 함께 숨겼다. 여호세바는 젖먹이 요아스 왕자를 감춰 놓고 할머니(아달랴) 눈에 뜨이지 않게 6년간 숨겨놓고 비밀리에 키웠다 (왕하 11:1-3).

9. 기적적으로 살아남은 다윗왕의 혈통

가족 계율 상 여호세바는 요아스 왕자의 고모였고, 아달랴에게는 시누이 여호세바의 남편 여호야다(Jehoiada)는 하나님을 섬기는 예루살렘의 제사장이었다. 여호야다 제사장은 요아스 왕자를 자기 성전에 데려다 극비리에 교육시켰다. 아달랴 여왕은 바알신을 섬겼기 때문에 하나님의 성전에는 얼씬거리지도 않아 요아스왕자는 6년간 무사할 수 있었다.

한편 아달랴의 학살을 지켜본 예루살렘의 백성들은 다윗왕의 후손이 몰살당한 것으로 생각하고 있었다. 왕자가 살아있다고는 아무도 생각하지 않았다. 심지어 요아스 왕자의 가까운 친족인, 숙모까지도 다윗왕의 후손이 살아 남아있으리라고는 생각하지 않았다(왕하 11:4-12).

10. 요아스 왕자의 모습을 드러내다

어렵사리 요아스 왕자가 7살이 되었을 때 여호야다 제사장이 궁중의 경호를 맡은 병사들에게 성전을 지켜 달라고 당부한 다음 장군들을 자신의 성전으로 초대했다. 여호야다 제사장이 장군들을 초대한 자리에서 처음으로 주님께서 일찍이 다윗왕의 후손에게 약속하신 내용을 공개하고 "다윗왕의 자손이 나라를 다스릴 때가 되었습니다!" 하고 다윗왕의 핏줄이 국왕이 되어야 하는 당위성을 설명함과 동시에 요아스 왕자가 살아 있다는 사실을 밝혔다. 다윗왕의 핏줄이 살아 있음을 확인한 장군들은 기쁨에 겨워 함성을 질렀다.

장군들이 환성을 지를 때 여호야다 제사장이 요아스 왕자를 불러내 장군들에게 소개한 다음 경비병들에게 왕권을 탈환할 계획을 밝혔다.

"주님께서 다윗왕의 후손에게 약속하신 대로 이제 다윗왕의 왕자가 이 나라를 다스릴 때가 되었습니다. 여러분은 이렇게 하십시오. 제사장과 레위 사람 여러분이 안식일에 직무를 수행하러 오면 그 중에 3분의 1은 왕궁을 지키고, 나머지 3분의 1은 왕궁의 경비실 뒷문을 경계하시오. 그리고 안식일에 근무를 마치는 두 조는 성전을 지켜 왕을 보호하도록 하시오. 그리고 나머지 3분의 1은 수르(Sur)의 문을 경비하십시오. 그리고 안식일에 근무를 마치는 두 조는 성전을 지켜 왕을 보호하도록 하시오. 당신들은 완전 무장을 하고 왕자가 가는 곳마다 경호하고 아무나 함부로 성전에 들어와 왕자 곁에 접근하는 자는 다 죽이시오."

레위 사람들과 백성들은 여호야다 제사장의 지시에 따라 저마다 통솔하는 병사들을 이끌고 나갔다. 안식일에도 당번병을 집으로 돌려보내지 않았기 때문에 지휘관들은 당번이 아닌 병사들까지 모두 거느리고 있었다. 여호야다 제사장의 치밀한 작전에 따라 성전에 보관된 다윗왕이 사용하던 창과 방패와 활을 출고해서 지휘관들에게 나누어주었다. 그 외에 무장별사들을 성전 주변에 빈틈없이 배치하여 요아스 왕자를 철저히 경호했다. 그런 다음 여호야다는 어린 요아스 왕자를 불러내 머리에 왕관을 씌우고 율법 책을 손에 집힌 다음 남부 유다의 왕으로 선포하기로 약조했다.

여호야다 제사장이 요아스 왕자를 불러내서 국왕으로 옹립할 것을 제의하자 그동안 아달랴 여왕에게 시달려 온 장군들은 새로운 국왕이 등장하기를 바라고 있었다. 사실상 아달랴는 북부 이스라엘의 아합왕의 딸로 다윗왕의 피가 섞이지 않았기 때문에 그녀에 대한 반감이 요아스를 새로운 왕으로 추대하는데 일제히 동의했다. 물론 백성들은 다윗왕의 피를 이어받은 왕손이 국왕이 되기를 내심 바라고 있었다(왕하 11:2-8).

11. 요아스 왕자가 남부 유다의 제8대 왕위에 오르다

한편 여호람왕은 어머니 아달랴의 사주로 6명의 형제들을 죽인데 이어 어머니 아달랴는 자기 친손자들까지 모두 죽였다. 이때 두 모자의 패륜을 지켜본 백성들은 하나님을 원망했다. 일찍이 하나님께서 다윗왕의 자손이 이스라엘을 영원히 다스린다고 약속하셨음에도 다윗왕의 핏줄을 완전히 끊어 버린 이유를 물으며 하나님을 원망했다. 다윗왕의 손이 끊어짐으로써 하나님의 약속이 이루어 질 수 없다고 체념한 상태에서, 요아스 왕자가 살아있다는 말에 백성들은 감격했다.

여호야다 제사장이 무장 경비병들에게 왕자의 신변을 엄호하도록 당부한 다음,

왕궁의 근위병과 장군들과 레위인들을 한자리에 모아 놓고 요아스 왕자를 상면시키고, 국왕으로 추대할 것을 제의했다. 그러자 그 자리에 참석한 사람들이 열렬히 환호했다. 무장 경비병들이 성전 주변을 삼엄하게 경호하는 가운데 여호야다 제사장이 요아스 왕자의 머리에 기름을 붓고 왕위를 선언하자 긴 나팔 소리가 하늘에 울려 퍼지는 가운데 환호했다.

"이스라엘의 왕이여, 다윗왕의 자손이여, 만세, 만세!"

이 때가 기원전 835년이었다(왕하 11:3-16).

12. 아달랴가 성난 군중 손에 죽다

예루살렘 시민들의 고함 소리와 긴 나팔 소리에 놀란 아달랴가 나팔 소리가 들려오는 쪽으로 달려갔다. 성전 입구에 이르렀을 때 어린 왕이 창과 방패를 든 병사들에게 에워싸인 가운데 백성들이 손뼉을 치고, 경호병들과 나팔수들이 어린 왕을 둘러싸고 환호하는 모습이 눈에 들어왔다. 깜짝 놀란 아달랴가 옷을 찢으며 소리쳤다.

"반역이다, 반역이다!"

그러나 왕궁 경호원들은 냉담했다. 누구 하나 그녀를 거들떠보지 않았다. 바로 그 때 여호야다 제사장이 손을 들어 아달랴를 가리키며 쩌렁쩌렁 울리는 목소리로 말했다.

"저 여자를 밖으로 끌어내라. 저 여자를 따르는 자는 다 죽여라."

제사장의 경호원들이 짐짓 머뭇거리자 달려들던 아달랴가 큰 도로를 따라 도망치기 시작했다. 그러자 군중이 쫓아가 도망치는 아달랴를 사로잡아 궁전까지 끌고 가 병마(兵馬)들이 드나드는 문 입구에서 돌로 쳐 죽였다.

아달랴를 제거한 여호야다 제사장은 그 길로 우상 숭배로 만신창이가 된 나라의 기반을 바로 잡기 위한 개혁에 나섰다. 그는 우선 백성들에게 주 하나님만을 섬긴다는 조건을 다짐받았다. 그런 다음 제사장인 자신과 백성들 간에도 다짐을 선서하는 한편 국왕과 하나님과도 계약을 맺었다.

요아스 왕자는 백성들이 지켜보는 앞에서 하나님을 섬긴다는 약속을 흔쾌히 받아들였다. 그런 다음 여호야다 제사장과 요아스 일행은 경비병을 앞세우고 바알 신전으로 달려가 아달라가 섬기던 신전을 헐고, 바알 제단과 우상을 모조리 때려 부셨다. 그리고 신전 앞에서 바알의 제사장 맛단(Mattan)을 제단 앞에 끌어내 때려 죽였다. 그런 다음 다시 행렬을 가다듬어 요아스 왕자를 앞세우고 시가를 행진했다. 시민들의 열렬한 환영 속에 행진을 마친 요아스 일행은 이스라엘 정통 예식에 따라 정식으로 요아스 왕자에게 국왕 대관식을 거행했다. 왕자의 머리에 금관을 씌우고 금으로 만든 지휘봉을 손에 들림으로서 요아스가 정식으로 남부 유다의 제8대(북부 이스라엘 예후 7년) 왕위에 올라 예루살렘에서 다스리기 시작했는데 그때가 기원전 835년으로 요아스의 나이 겨우 7살이었다. 요아스는 그 후 40년간 남부 유다를 통치했다(왕하 11:17-21).

13. 다윗왕 왕조의 정통성

한편 여호야다는 조카 요아스왕이 너무 어렸기 때문에 제사장들과 레위 사람들이 왕을 보필해서 성전 업무를 수행하기 시작했다. 레위인 들은 다윗왕이 만든 제도에 따라 백성들에게 모세의 율법을 지키고 번제를 드리고, 하나님을 찬미하도록 지도했다. 여호야다 제사장은 성전 문지기를 세워 놓고 부정(不淨)한 자는 누구를 막론하고 성전에 들어가지 못하게 했다. 그리고 군 지휘관들과 귀족들과 백성들의 지도자들의 합의로 대관식을 마친 요아스왕을 성전에서 불러내 궁전으로 모셔갔다. 마침내 다윗왕의 자손인 요아스가 왕좌에 앉으면서 백성들이 왕의 뜻을 받드는 가운데 예루살렘 도성은 다시 평화를 되찾았고, 남부 유다는 구사일생으로 살아남은 요아스에 의해 다윗왕조의 정통성이 계승되었다(왕하 12:1-8).

14. 요아스왕의 개혁정책

　7살에 왕위에 오른 요아스는 고모부이며 제사장인 여호야다의 수렴청정(垂簾聽政)으로 국정을 이끌었다. 국정의 경험이 없는 요아스는 국왕으로서 국정경험을 쌓으면서 나라를 다스렸다. 그는 여호야다 제사장의 보좌에 힘입어 큰 과오 없이 국정을 이끌었다. 여호야다 제사장은 요아스왕이 장성한 후 두 명의 왕비를 간택했다. 그래서 요아스에게는 자녀들이 많았다. 성년이 된 후에는 국정을 능동적으로 이끌었다. 그는 여호야다 제사장의 지도를 받는 동안 주님 보시기에 옳은 일만을 시행했다. 그러나 죽은 아달랴 여왕이 각처에 심어 놓은 산당을 미처 헐지 못했다. 그리하여 백성들 중에 일부는 여전히 산당에 찾아가 제사를 지내는 사태가 서서히 되살아났다. 사태를 심각하게 생각한 요아스는 왕위에 오른 지 23년째 되는 해에 오랫동안 버려진 성전을 수리하기로 작정하고 제사장들과 레위 사람들을 불러 놓고 지시했다.
　"여러분은 남부 유다의 모든 성으로 가서 해마다 성전을 수리하도록 비용을 거두어 들이시오. 지체하지 말고 당장 실행하십시오."
　아달랴의 추종자들이 지난 날 하나님의 성전을 파괴하고 성전의 비품을 바알의 신전으로 장식했기 때문에 성전의 기구들이 엉망이었다. 이런 성전을 레위 사람들이 정화했어야 함에도 그들은 그 일을 이행하지 않고 시간을 끌었다. 그러자 요아스가 대제사장 여호야다를 불러 문책했다.
　"당신은 어째서 레위 사람들에게 하나님의 종 모세가 이스라엘 백성에게 부과한 성전 세를 유다와 예루살렘에서 거두어들이지 않았소?"
　아달랴의 추종자들이 파괴한 성전을 보수하기 위해 우상 비품을 들어내고 그 자리에 새로 상자를 만들어 성전 문밖에 놓고 유다와 예루살렘과 그 외의 모든 백성들에게 하나님의 종 모세가 이스라엘에 부과한 세금을 주님께 바치도록 호소했다. 그러자 모든 지도자들과 백성들이 기쁜 마음으로 돈을 가져다 넣는 헌금함이 차고 넘쳤다. 헌금함에 돈이 가득 찰 때마다 레위 사람들이 그 헌금함을 궁중 담당관에게 메고 가 궁중 서기관과 대제사장의 비서가 그 헌금을 계산한 다음, 헌금함은 다시 제자리에 갖다 두었다. 이렇게 하여 성전 보수를 위한 헌금을 자발적으로 바쳤다.

요아스와 여호야다 제사장은 그 헌금을 성전 수리하는데 노임으로 지불하고, 석수와 목수와 철공을 고용하여 파괴된 성전을 대대적으로 수리했다. 성전 수리공사는 잘 진척되어 본래의 모습을 되찾았다. 성전 수리를 끝내고 남은 돈을 왕과 여호야다에게 가져왔는데 왕과 여호야다는 그 돈으로 제사지낼 때 쓰는 금제, 은제 수저와 집기들을 만들었다. 이렇게 하여 백성들은 여호야다가 살아 있는 동안 성전에서 번제를 드렸다(왕하 12:9-16).

15. 여호야다의 죽음과 요아스의 배은망덕

여호야다 제사장은 130살까지 살다가 죽었다. 여호야다 제사장이 세상을 뜨자 백성들은 하나님의 성업을 이룩한 그의 업적을 높이 치하하고 그의 시신을 다윗왕성의 왕들의 묘역에 장사했다. 여호야다 제사장이야 말로 남부 유다의 정신적인 지도자였다. 그런데 그가 세상을 떠나면서 남부 유다에는 슬픈 일이 연거푸 발생했다. 특히 정신적 지도자가 죽으면서 일부 지도자들이 요아스왕을 제대로 보좌하지 않았다. 그들은 요아스로 하여금 율법보다 자신의 권위를 더 우선하도록 부추겼다. 그리하여 어려운 문제가 발생할 때마다 소위 원로들이 하나님을 의지하지 않고 요아스를 찾아가 불평을 늘어놓는 일이 잦았다.

한편 국가의 기강이 느슨하게 풀리면서 일부 백성들 중에는 성전에서 예배하기를 거부하고 여신상을 섬기기 시작했다. 백성들은 엄한 하나님의 율법을 준수하기보다 우상 섬기기를 좋아했다. 심지어 일부 사람들이 과거의 행실로 되돌아가기 시작했다. 하나님에 대한 신심이 약한 사람들일수록 눈에 보이지 않는 하나님의 율법을 준수하기보다 눈에 보이는 황금 송아지를 숭배하고, 편한 대로 살려고 했다. 그리하여 율법을 어기는 사람들이 날로 불어났다. 나중에는 요아스 자신이 우상을 숭배했기 때문에 남부 유다에 우상섬기는 풍조가 늘어갔다. 국가의 기조를 하나님 나라로 세우지 않고 우상 숭배를 허용하자 주님께서 예언자들을 보내시어 다시 돌아오라고 경고했지만 백성들은 듣지 않았다. 예언자들 중에도 하나님의 성령이 스가랴 예언자를 감동시켰다. 스가랴 예언자가 하루는 백성들이 볼 수 있는 높은 곳에 서서 이렇게 외쳤다.

"하나님께서는 여러분이 왜, 당신의 뜻을 어기고 불행을 자초하는지 묻고 계십니다. 여러분이 하나님을 버렸음으로 하나님께서도 여러분을 버리셨습니다."

스가랴는 안타까운 심정으로 하나님께서 준엄하게 심판하실 날이 올 것이라고 경고했다. 그러나 이미 하나님의 의를 망각한 요아스는 망령된 행실을 돌이키지 않았다. 만약 이 때 요아스가 좀 더 하나님을 올바로 섬겼더라면 남부 유다는 큰 축복을 누렸을 것이다(왕하 12:17-21).

16. 마침내 시험에 빠진 요아스

여호야다 제사장이 죽은 후 그의 아들 사가랴가 아버지의 뒤를 이어 제사장이 되었다. 그런데 사가랴도 아버지를 닮아 마음이 바르고 하나님을 충실히 섬겼다. 그런데 어느 날 요아스왕이 우상 숭배를 허용하자 사가랴 제사장이 요아스왕을 찾아가 벌을 받는다고 경고했다. 요아스는 사가랴의 충고를 오히려 아니꼽게 생각하며 반발했다.

"너 따위가 뭔데 감히 날보고 이래라 저래라 하느냐?"

우상신의 유혹에 넘어간 요아스는 마침내 이성을 잃었다. 그는 자기를 구해 준 여호야다의 은혜를 저버리고 그의 아들 사가랴 제사장을 죽였다. 그것도 잔인한 방법으로 도성밖에 끌어다 돌로 쳐 죽였다. 사가랴 제사장은 마지막 순간 '부디 하나님께서 벌을 내려 주십시오.' 하고 요아스를 저주하면서 숨을 거두었다. 요아스 왕이 배은망덕한 행위를 계속하자 하나님께서 지엄한 심판을 내리셨다. 그리하여 시리아의 벤-하닷(Ben-hadad)얼굴에 젖은 이불을 씌워 죽인 잔인한 하사엘(Hazael) 왕으로 하여금 남북 이스라엘을 모두 응징하도록 유도하셨다.

하나님의 경고가 있은 후 시리아의 하사엘이 지리적으로 남부 유다보다 가까운 북부 이스라엘을 먼저 공략했다. 이때 북부 이스라엘은 예후의 아들 여호아하스왕이 다스리고 있었다. 그런데 여호아하스는 꾀가 많은 사람이었다. 그는 하사엘이 쳐들어오자 얼른 하나님께 살려 달라고 간절히 빌었다. 그러자 하나님은 그의 기도를 들으시고 시리아 군의 침입을 중지시켜 주셨다.

북부 이스라엘을 침공하다 물러난 시리아의 하사엘은 그 길로 예루살렘을 향해 쳐들어왔다. 예루살렘을 공략한 시리아 군은 남부유다의 많은 지도자들을 죽이고 수많은 전리품을 약탈해서 다마스커스에 있는 그들의 왕에게 보냈다. 이때 시리아 군은 소수의 병력이었음에도 하나님과 함께 함으로써 하나님의 백성과 싸워 승리 할 수 있었음은 선민을 자처하는 유다의 독선주의자들은 많은 것을 깨달아야 했다. 하나님의 선민인 유다백성들이 하나님을 버렸기 때문에 하나님께서도 이스라엘을 버리셨던 것이다. 하나님은 배은망덕한 요아스를 이렇게 응징하셨다.

그러나 사태는 여기서 멎지 않았다. 일단 물러났던 시리아의 하사엘 침략군은 다시 쳐들어 왔다. 그러자 요아스는 지레 겁을 먹고 선대로부터 물려받은 금, 은을 모두 끌어 모았다. 심지어 성전에 박힌 금과 은까지 모두 뜯어내 하사엘에게 바치고 강화교섭을 벌렸다. 시리아의 하사엘은 많은 예물을 받고 예루살렘 침공을 최소하고 물러갔다. 하사엘이 물러간 후 백성들은 요아스에 대한 원성이 높았다(왕하 8:7-15).

17. 심신이 나약해진 요아스

겁먹은 요아스왕은 싸워 보지도 않고 금, 은 보화를 내주고 벌벌 떨자, 비겁한 요아스왕의 비겁한 행동을 지켜본 백성들이 그를 더 이상 신뢰하지 않았다. 그것도 자기가 손수 재건한 성전의 금, 은, 보석을 자기 손으로 헐어 적에게 넘겨줌으로써 하나님을 우습게 여겼다하여 백성들이 그에게 등을 돌렸다. 특히 자기를 길러 준 여호야다 제사장의 아들까지 함부로 죽인 잔인하고 비겁하고 배은망덕한 왕이라고 질타했다.

요아스에 대한 백성들의 신망이 땅에 떨어졌을 때 그의 신하들 중에 시므앗(Shimeath)의 아들 요사갈(Jozacar)과 소멜(Shomer)의 아들 여호사밧(Jehozabad)이 여호야다 제사장의 아들 스가랴를 죽인 원한을 품고 반란을 일으켰다. 불시에 들고 일어난 반란군이 실라(Silla)로 내려가는 길가의 밀로(Millo)궁에 들어가 잠든 요아스왕의 목을 쳐 죽였는데 이때가 기원전 796년이었다.

요아스왕이 신하들에 의해 살해당했지만 백성들은 조금도 슬퍼하지 않았다. 오히려 배은망덕한 왕에 대한 하나님의 벌이라고 생각하고 그의 시신을 왕조의 무덤에도 묻어 주지도 않았다. 결국 요아스는 7세에 왕위에 올라 40년간 통치하다 47세에 비참하게 일생을 마감했다. 요아스왕이 이렇게 죽고 그의 아들 아마샤(Amaziah)가 기원전 802년에 25세에 남부 유다의 제9대(북부 이스라엘의 여호아하스 2년) 왕위에 올라 29년간 다스렸다(왕하 12:1-16).

제 2 부 북왕조의 멸망

```
        북부 이스라엘              남부 유다
------------------------------요아스-----(835-796년)
요아스------(798-782년)--------아마샤---(796-767년)
여로보암2세-(782-753년)----------웃시야(아사리아)-(767-740년)
스가랴------(753-752년)-----
살룸--------(752-1개월)---
므나헴------(752-742년)
브가히야----(742-740년)-----
베가--------(740-732년)--------요담--------(740-732년)
호세아------(732-723년)---------아하스-----(732-716년)
북부 이스라엘의 멸망-------------히스키야----(716-687년)
```

제1장 북부 이스라엘이 멸망한 이야기

1. 자만에 찬 남부 유다의 아마샤 왕

북부 이스라엘의 제8대 왕 여호아하스의 아들 요아스(Jehoash)가 기원전 798년 왕위에 오를 때 남부 유다에서는 요아스(북부 이스라엘의 요아스와 동명이인)왕이 죽고 그의 아들 아마샤(Amaziah)가 기원전 796년에 25세에 남부 유다의 제9대(북부 이스라엘의 여호아하스 2년)왕위에 올라 29년간 다스렸다.

아마샤는 아버지가 부하에게 살해당하는 비극을 몸소 체험한 왕자였다. 출발부터 많은 숙제를 안고 왕위에 오른 그는 나름대로 선정을 베풀려고 노력했다. 우선 백성들을 하나님을 섬기는 정책으로 선정을 베풀었다. 그러다가 일단 왕권을 장악한 다음에는 아버지를 살해한 신하들을 모조리 처형했다. 하지만 범인들의 자손들은 죽이지 않는데, 그것은 훗날 개정된 모세의 율법에 근거한 처사였다. 본래 '부모는 자녀의 죄 때문에 죽어서는 안 되며 자녀도 부모의 죄 때문에 죽는 일이 있어서는 안 되고 모든 사람은 본인의 죄에 대해서만 그 대가를 치러야 한다.'는 모세의 율법에 따른 처사였다(왕하 14:1-4).

2. 아마샤왕의 치적

그러나 불행하게도 아마샤왕의 독단적인 정책은 일관성이 없었다. 세월이 흐르면서 애초에 왕위에 오를 때의 초심은 사라지고 국왕의 권위를 누리면서 부터는 왕의 권위를 앞세우면서 마침내 자만에 빠져 하나님의 뜻보다 자신의 권위를 더 우선하기 시작했다. 특히 군사정책에 관심을 기우린 아마샤왕은 유다와 베냐민 지파의 청년들을 중심으로 병력을 증강시킨 다음 1천명 단위로 대부대를 편성했다. 그런 다음 1천 명 단위 아래 1백 명 단위로 지휘권을 편성해서 총 지휘권을 베냐민 지파에 넘겨주었다.

아마샤왕은 야심이 많은 인물이었다. 그는 오랜 숙적 에돔을 정복할 목적으로 보다 강력한 군대를 창설하기 위해 인구조사를 실시했다. 전국의 인구 조사를 통해 확인된 국력을 바탕으로 남부 유다의 젊은이 약 30만 명을 더 뽑아 대군을 창설했다. 그런데 유다 출신 30만 명 중에는 창과 칼을 능숙하게 다룰 수 있는 20대 젊은 병사들이 대부분이었다. 그러나 야망에 사로잡힌 아마샤왕은 30만 병사들만으로는 부족하다고 생각하고, 북부 이스라엘에 은(銀) 1백 달란트(3,300킬로그램)를 지불하고 10만 명의 병사들을 별도로 고용했다. 그리하여 남북의 병사로 구성된 40만 대군을 확보한 아마샤왕은 에돔을 상대로 싸움을 시도했다. 그런데 갑자기한 예언자가 나타나 아마샤왕에게 충고했다.

"왕이시여, 북부 이스라엘 병사들과 함께 전쟁에 임해서는 안 됩니다. 그들은 아직도 금송아지 우상을 섬기기 때문에 그들과 함께 출전하면 하나님께서 우리와 함께 하시지 않습니다. 만일 왕께서 그들과 더불어 출전하면 아무리 잘 싸워도 패할 것입니다. 왜냐하면, 하나님은 도우실 능력도 있고 패하게 하실 능력도 있기 때문입니다."

예언자는 북부 이스라엘 병사들과 함께 싸우지 말라고 간곡히 경고했다. 그러나 아마샤왕은 다음과 같은 이유를 들어 예언자의 충고를 무시하고 물질적 손실을 내세웠다.

"하지만 나는 이미 북부 이스라엘에 은 1백 달란트를 주었소. 그들을 돌려보내면 이미 지불한 돈을 손해 보는데 어떻게 하면 좋겠소."

그러자 예언자가 말했다.

"그런 염려 마십시오, 주님께서는 그것보다 더 많은 것을 주실 겁니다."

하나님의 능력을 믿으라고 하자 아마샤왕은 처음의 계획을 철회하고 예언자의 경고를 받아들였다. 아마샤왕이 예언자의 말을 듣고 용병들을 즉시 고향으로 돌려보내겠다고 하자 하나님을 섬기지 않는 북부 이스라엘의 용병들이 크게 반발했다. 기왕에 싸우러 왔으니 화끈하게 싸워야지. 한 번 싸워보지도 못하고 그냥 집으로 돌아가는 것을 수치로 여겼다. 목숨을 걸고 싸우겠다고 벼르던 병사들은 흥분한 나머지 집으로 돌아가라는 명령에 병사들은 직성이 풀리지 않았다. 군인들은 돌아가는 길에 난동을 일으켜 사람들을 무려 3천 명이나 살해하고 많은 물자를 약탈하는 등 큰 불상사를 빚었다(왕하 14:5-10).

3. 자만에 찬 아마샤왕

북부 이스라엘의 용병을 돌려보낸 후에도 아마샤왕 휘하에는 30만 명의 병사들이 있었다. 에돔에 대한 작심을 버리지 않은 아마샤왕은 기어이 30만 명을 이끌고 사해의 남쪽 소금 골짜기에 자리 잡은 에돔을 향해 쳐들어갔다. 에돔을 단숨에 정복한 아마샤왕은 세일(Seir)의 자손 1만 명을 현장에서 죽이고 살아남은 1만 명을 생포해서 높은 절벽에 끌어다 밑으로 떨어트려 박살시키는 등 큰 전과를 올렸다. 그는 승리의 여세를 몰아 셀라(Zela)도성을 정복하는 등 계속 대승리를 거두었다. 그런데 아마샤왕의 병사들이 전과를 거두고 돌아오는 길에 세일의 자손들이 섬기는 우상을 가지고 돌아왔다. 아마샤왕은 병사들이 가져온 에돔의 우상을 예루살렘 궁전에 비치해 놓고 분향했다.7) 하나님을 섬겨야 할 다윗왕의 자손이 에돔의 우상을 숭배하자 하나님께서 예언자의 입을 빌어 꾸짖었다.

"에돔의 신은 자신의 백성들마저 네 손에서 구하지 못했는데 너는 어쩌자고 그 신을 숭배하느냐?."

하나님의 지엄한 경고를 전하는 예언자에게 아마샤왕은 크게 반발했다.

"내가 언제 너를 고문으로 추대했다고 함부로 충고하느냐? 당장 죽지 않으려거든 입 닥쳐라."

하나님의 뜻을 전한 예언자를 모욕적으로 내쳤다. 하지만 하나님의 예언자는 굽히지 않았다.

"왕께서 내 충고를 듣지 않으니 하나님께서 귀하를 망하도록 할 수밖에 없다."

예언자는 아마샤왕이 망할 것이라고 경고했다. 그러나 자만에 빠진 아마샤왕은 마이독경이었다. 예언자를 면박한 아마샤왕은 보좌관들과 의논한 후 북부 이스라엘의 예후의 손자 요아스왕(Joash 789-782)에게 사신을 보내 한 번 겨루자고 도전했다(왕하 14:11-14).

---

7) 하나님을 섬겨야 할 다윗왕의 자손이 아무 의미도 없는 이방의 우상을 들여다 놓고 숭배하였으니 당시 아마샤왕의 종교정책이 얼마나 맹목적이었던가를 알 수 있었다.

4. 강화를 거부한 아마샤왕

한편 아마샤왕의 도전을 받은 북부 이스라엘의 여호아스왕은 함부로 싸우고 싶지 않았다. 그는 얼마 전에 시리아와 싸워 선대에 빼앗긴 몇몇 도성을 되찾는 등 큰 전과를 올린 후라 병사들에게 휴식이 필요했다. 큰 싸움을 치른 후 심신이 피곤한 병사들을 다시 전쟁터에 끌어내 죽이고 싶지 않았다. 여호아스왕은 도전해온 아마샤왕에게 사신을 통해 이렇게 전했다.

"귀하는 한 줌 밖에 안 되는 에돔을 무찔렀다고 뽐내지만, 나는 귀하보다 훨씬 더 많은 병사를 거느리고 있소. 감히 나에게 도전하는 것은 어리석은 짓이오. 싸워보았자 귀하는 패할 것이 확실하니 공연히 백성을 더 이상 죽이지 마시오.. 차라리 귀하는 궁전에 그대로 머물러 귀하의 집안이나 잘 지키고 있으면 별탈이 없을 것이오. 그런데 어찌하여 귀하는 화를 자청해서 귀하와 백성을 괴롭힌단 말이오?"

여호아스왕이 진심으로 강화를 제의했다. 그러나 여호아스왕의 권유를 아니꼽게 생각한 아마샤왕은 강화 제의를 일언지하에 거부했다. 사실상 아마샤왕은 싸울 능력도 제대로 갖추지 못한 주제에 강화 제의를 거부했다. 이 때 아마샤왕이 에돔의 우상을 들여다 숭배함으로써 백성들로부터 신망을 잃는 등 내부적으로 결속을 다지지 못한데다 하나님의 보호를 벗어나 시험에 빠진 상태였다. 하나님께서 아마샤왕을 심판하기로 작정했기 때문에 사태는 계속 꼬여갔다(왕하 14:15-17).

5. 아마샤왕의 패배

결국 강화를 거부한 아마샤왕이 북부 이스라엘을 상대로 선전포고를 하고 사마리아(수도)를 향해 쳐들어왔다. 그러자 북부 이스라엘의 여호아스왕도 즉각 응전에 나섰다. 마침내 남부 유다의 아마샤왕이 이끄는 병사들과 북부 이스라엘의 여호아스왕이 이끄는 병사들이 벧 세머스(Beth-Shemesh)에서 운명을 걸고 대판 싸웠다. 그러나 결과는 남부 유다의 아마샤왕이 여지없이 참패했다. 살아남은 병사들은 모두 각자의 집으로 도망치고 아마샤왕 자신도 북부 이스라엘의 여호아스왕 병사들에게 생포 당했다. 아마샤왕이 생포되면서 예루살렘의 마지막 방어선까지 무방비 상태가 되었다.

북부 이스라엘 병사들은 사로잡은 아마샤왕을 앞세워 예루살렘 도성을 향해 파죽지세로 쳐들어갔다. 예루살렘을 단숨에 함락한 북부 이스라엘의 병사들은 예루살렘의 높은 에브라임 성문(Ephraim Gate),과 예루살렘 서북쪽 문과 성벽의 요새들을 허물었다. 그리고 성전과 왕궁에 쳐 들어간 병사들은 선대로부터 보관 중인 보물을 닥치는 대로 모두 약탈했다. 그런 다음 예루살렘의 많은 사람들을 사마리아로 잡아 간 다음 사로잡은 아마샤왕을 석방했다(왕하 14:11-21).

6. 백성들의 탄핵을 받은 아마샤왕

싸움에 패한 아마샤왕은 치욕적인 패배의 고통을 안고 살아야했다. 그러나 생명이 긴 아마샤는 북부 이스라엘의 여호아스왕이 죽고 여로보암 2세가 왕위에 오른 후에도 15년간을 더 살았다. 그러나 국왕의 권위가 땅에 떨어진 아마샤왕이 이끄는 남부 유다는 패전으로 인한 후유증이 오랫동안 가시지 않았다. 성전과 도성이 파괴되었고, 수많은 예루살렘의 인사들이 포로로 끌려가는 등 패전으로 인한 피해는 단시일에 회복할 수 없었다. 패전으로 인한 고난이 심화되면서 백성들의 원성이 깊어갔다. 남부 유다의 어려움은 부질없이 싸움을 유발한 아마샤왕에게 있다고 생각하는 백성들의 원성이 들끓었다. 설상가상으로 백성들의 불만이 팽배한 가운데 예루살렘에는 반역의 음모가 끊이지 않았다. 이래저래 백성들은 자신들이 겪는 시련의 원인을 아마샤왕에게 돌렸다.

첫째 아마샤왕은 하나님을 섬기는 백성들에게 우상을 섬기라고 강요했고, 둘째 함부로 전쟁을 유발시켜 패전을 자초했고, 셋째 하나님의 예언자들을 박대한 것에 대한 하나님의 벌이라고 생각했다. 마침내 불만에 찬 백성들은 아마샤왕에게 책임을 물어 국왕을 탄핵하기에 이르렀다.

백성들의 심상치 않은 조짐을 눈치 챈 아마샤왕은 멀리 블레셋으로 도망쳤다. 그러자 평소 아마샤왕에게 불만을 품고 있던 병사들이 라기스(Lachish)까지 추격해서 도망치는 아마샤왕을 체포해 가차 없이 처형한 다음 시신을 예루살렘으로 옮겨다 장사지냈다. 돌이켜 보면, 부전자전(父傳子傳)이었다. 아마샤왕의 아버지 요아스왕도 처음 왕위에 올랐을 때는 하나님을 섬기고 백성들의 지지를 받다가 말년에 우상을 허용하고, 하나님의 예언자들을 박해하다 부하의 손에 비참하게 암살당했는데, 그의 아들 아마샤왕도 처음에는 하나님을 잘 섬기다가 왕권을 장악한 후에는 우상을 숭배하고, 전쟁을 유발하는 등 하나님을 등진 길을 걷다가 결국 백성들의 신망을 잃고 왕위에 오른지 29년 만에 자신의 병사들 손에 참혹한 죽임을 당했다. 아마샤왕을 처단한 남부 유다의 백성들은 기원전 791년에 아마샤왕의 16살의 아들 웃시야(Uzziah) 왕자를 남부 유다의 제10대(북부 이스라엘의 여로보암 2세의 27년) 왕으로 추대했다(왕하 14:18-22).

제2장 멸망을 자초한 북부 이스라엘의 여섯 왕들

1. 북부 이스라엘의 13대왕 여로보암 2세

한편 북부 이스라엘의 요아스왕은 남부 유다와 전쟁을 치른 후 곧 죽고 그의 아들 여로보암 2세(Jereboam 2)가 기원전 782년 사마리아에서 제13대(남부 유다의 아마샤 15년) 왕위에 올랐다(41년간 통치).

예후 장군의 증손자 벌인 여로보암 2세는 통찰력이 뛰어난데다 결단력을 겸비한 비범한 인물이었다. 그는 재위 41년 동안에 많은 업적을 쌓았다. 그러나 여로보암 1세를 본받아 하나님을 섬기지 않고 금송아지를 섬겼다. 그는 비록 우상을 섬겼지만 정치적으로 큰 업적을 이룩했다. 그는 왕위에 오른 즉시 앗시리아의 침공으로 허약해진 국력을 회복시킨 다음 아밋대(Amittai)의 아들이며 예언자인 요나(Jonah)의 조언을 받아 국토를 광대한 지역으로 넓혔다. 그는 오랫동안 북부 이스라엘을 괴롭혀 온 시리아를 응징한 다음 선대에 빼앗긴 도성들을 모두 되찾았다. 그리하여 여로보암 2세의 영향력은 마침내 다마섹과 하맛 왕국8)까지 영향력을 미쳤다.

여로보암 2세는 예언자 요나의 예언대로 북쪽의 하맛 고지대에서부터 남쪽 사해에 이르기까지 지난날 다윗왕 시대의 땅을 모두 되찾는 등 국력을 크게 신장시켰다. 그는 선대의 왕들이 잃어버린 땅을 모두 확보했다. 거대한 시리아를 상대로 승리를 거둔 여로보암 2세는 북부 이스라엘의 영토를 솔로몬 시대에 버금가는 나라를 이루었다.9) 그러나 국력이 신장되면서 여로보암 2세는 귀족 정치를 폈다. 그 결과 지도층의 부도덕이 만연하면서 백성들의 피해가 날로 확산되었다. 종교적으로 금송아지를 하나님으로 섬기면서부터 국가의 기강이 문란했다. 부자들은 가난한 사람들을 착취하고 권력을 누리는 사람들은 정의와 진실을 저버렸다. 국왕은 백성들을 보살피기보다 사치와 탐닉을 취하기 위해 백성들의 재산을 세금이란 명분으로 약탈했다(왕하 14:23-27).

2. 아모스와 호세아 예언자의 직언

여로보암 2세가 율법을 어기고 백성들을 괴롭히면서 하나님은 아모스(Amos)와 호세아(Hosea)예언자의 입을 빌어 경고하기에 이르렀다.

"만일 우상을 버리지 않으면 여로보암2세는 죽임을 당할 것이며, 백성들은 포로가 될 것이다."

---

8) 하맛(Hamath)은 오른데스 강변에 있는 알렘포 남서쪽 12킬로미터에 위치한 항구다.
9) 여로보암 2세가 큰 업적을 이룩한 것은 하나님이 그를 보살핀 것이 아니라 오랫동안 이스라엘 백성을 탄압한 시리아를 하나님께서 벌했기 때문이었다.

하나님의 경고는 지엄했지만 여로보암 2세는 끝내 돌이키지 않았다. 오히려 아모스가 하나님의 뜻을 전할 때 가짜 예언자들이 나타나 여로보암 2세로 하여금 아모스 예언자의 경고를 듣지 못하도록 여로보암 2세를 혼란시켰다. 하루는 가짜 예언자들이 여로보암 2세를 찾아가 이간시켰다.

"아모스 예언자의 말은 들을 가치가 없습니다."

그리고 아모스에게는 예언을 좋아하는 남쪽 유다로 떠나라고 했다. 그러나 아모스는 일언지하에 거절하며 맞섰다.

"당신은 나에게 예언을 못하도록 협박하지만 하나님은 나에게 말씀하시길 '나의 이스라엘 백성들에게 예언하라. 이스라엘 백성은 반드시 사로잡히는 몸이 된다.'고 하셨습니다."

아모스는 하나님께서 일찍이 모세를 통해 "만약 백성들이 나를 저버리고 우상을 숭배하면 약속의 땅, 가나안을 다시 빼앗을 것"이라고 경고하셨던 말씀을 들어 다시 강조했다. 그러나 여로보암 2세와 이스라엘 백성이 계속 율법을 어기고 우상숭배에 몰두하자 이번에는 아모스의 입을 빌어 "만일 회개하지 않으면 백성들 모두가 포로가 될 것"이라고 경고했다. 결국 여로보암 2세는 아모스 예언자의 경고를 깨닫지 못한 채 죽고 그의 아들 사가랴(Zechariah)가 기원전 753년에 사마리아에서 북부 이스라엘의 제14대(남부 유다의 웃시야 38년) 왕위를 계승했다(왕하 14:23-29).

3. 북부 이스라엘의 제14대왕 사가랴

여로보암 2세에 이어 왕위에 오른 사가랴는 아주 형편없는 인물이었다. 그는 선대의 좋은 점보다 나쁜 점만을 닮은 인물이었다. 하나님을 섬기지 않는 것은 물론 백성을 지도할 능력도 포용력도 없었다. 그는 왕위에 오른 후 매일 허랑방탕한 생활로 백성들의 비웃음거리가 되었다. 그러다가 왕위에 오른 지 반년 만에 이블르암(Ibleam)에서 야베스(Jabesh)의 아들 살룸(Shallum 752)에 의해 무참히 살해당했다.

사가랴가 신하의 손에 살해당함으로써 쿠데타로 왕권을 찬탈한 예후 왕조는 결국 4대만에 막을 내렸다. 예후왕조가 반역에 의해 마감한 것은 일찍이 주님께서 "네 자손이 4대를 이어 이스라엘의 왕이 될 것이다."라고 예후에게 말한 예언(왕하 10:18-31 참조)이 사실로 이루어졌다. 예후 왕조는 이렇게 패망하고, 북부 이스라엘은 또다시 정통성이 없는 살룸이 북부 이스라엘의 제15대(남부 유다의 웃시야 39년) 왕위를 계승했으나 그는 고작 한 달 밖에는 왕위를 누리지 못했다(왕하 15:8-12).

4. 북부 이스라엘의 제15대왕 살룸

살룸이 사가랴를 죽이고 왕위에 올랐으나 그 역시 백성들의 지지를 받지 못했다. 비록 사가랴가 무능한 왕이었지만 그에 대한 백성들의 생각은 달랐다. 그는 백성들이 세운 왕인데 그를 죽이고 왕권을 찬탈한 살룸의 행위는 못마땅하게 생각했다. 백성들의 지지를 얻지 못한 살룸이 왕위에 오르자 또 다른 한편에서 살룸에 반대하는 세력이 나타났는데 그가 바로 갓(Gath)지파의 가디(Gadi)의 아들 므나헴(Menahem) 장군이었다.

므나헴은 살룸이 왕위에 오른 지 한 달 되던 날 병사들을 이끌고 살룸의 침소에 들어가 잠든 살룸왕을 단칼에 살해했다. 살룸왕을 단칼에 살해한 므나헴은 무지막지한 인물이었다. 그는 디르사에서부터 딥사(Tiphsah)와 그 주변 사람들을 모두 쑥밭으로 만들었다. 심지어 도성 안의 백성들이 성문을 열고 나와 자기를 환영해 주지 않았다는 이유만으로 성안의 사람들을 마구 죽였다. 므나헴을 비롯해 심지어 임신한 여자들의 배를 갈라 죽이는 등 잔인한 살육을 거침없이 자행했다(왕하 15:13-16).

5. 북부 이스라엘의 제16대 왕위에 오른 므나헴

살룸을 제거한 므나헴(기원전 752년)이 사마리아에서 북부 이스라엘의 제16대(남부 유다의 웃시야 39년) 왕위에 올랐다(10년간 통치). 그러나 므나헴은 백성들을 잔인한 방법으로 탄압함으로써 백성들의 눈 밖에 났다. 본래 군인으로 전쟁을 좋아한 므나헴은 왕위에 오른 후 시리아에 대한 침공을 시작으로 10년간에 걸쳐 주변의 여러 나라와 전쟁을 끊임없이 유발시켰다. 그리하여 므나헴이 왕위에 오른 후 백성들은 하루도 평안한 날이 없었다(왕하 15:17-21).

6. 앗시리아의 등장

한편 므나헴이 전쟁 치르기에 몰두할 때 메소포타미아에 자리 잡은 앗시리아가 강력한 세력으로 부상했다. 야심에 찬 앗시리아의 빌레셀(Pileser)은 인접한 북부 이스라엘을 호시탐탐 넘보았다. 그러던 차에 므나헴의 도전을 빌미로 즉각 싸움을 걸어왔다. 강력한 앗시리아가 싸움을 걸어왔을 때 므나헴이 하나님을 섬기는 인물이었다면 하나님께 기도부터 했을 것이다. 그리고 하나님의 뜻에 따라 백성들의 안전부터 도모했을 것이다. 그러나 하나님을 저버린 므나헴은 앗시리아가 시시각각 목을 조여 왔지만 여전히 우상을 숭배하고, 춤과 술에 취해 위기에 대처하지 못했다. 심지어 우상 숭배에 몰두한 백성들 중에는 몰렉신에게 충성을 다하기 위해 자기 자식을 제물로 바치기까지 했다. 그것도 아주 잔인한 방법으로,,,쇠로 만든 우상의 팔을 불에 달군 다음 그 팔에 젖먹이 어린이를 안겨 태워 죽였다. 어린이를 태워 죽여야 몰렉이 기뻐한다고 생각한 그들은 자기 자식을 몰렉 신에게 번제물로 태워 죽이는 것을 무엇보다 신에 대한 큰 충성으로 여겼다(왕하 15:17-19).

7. 앗시리아의 침공과 므나헴의 애걸

북부 이스라엘이 우상 숭배에 몰두해 있을 때 앗시리아의 디글랏-빌레셀왕(Tiglath-Pileser)이 병사들을 이끌고 쳐들어왔다. 그러자 적의 군사력을 확인한 므나헴은 싸우기도 전에 지레 겁을 먹고 강화를 제의했다. 그러자 앗시리아의 왕은 강화의 조건으로 상당량의 조공을 요구했다. 므나헴은 백성들 중에 부자들을 골라 한 사람 당 은(銀) 570 그램씩을 강제로 징수했다. 그리하여 전국에서 끌어 모은 은 34톤을 앗시리아 벨레셀왕에게 바치고 제발 철전해 달라고 애걸했다.

앗시리아의 침략군은 철수했지만 비겁한 수단으로 적의 침공을 모면한 므나헴에 대한 백성들의 신망은 땅에 떨어졌다. 그러나 앗시리아의 침공을 금, 은 보화로 입막음 한 므나헴은 그런 대로 왕권을 유지했다. 그러나 앗시리아에 정변이 일어나 디글랏-빌레셋이 물러나고 빌레셀 3세가 왕위에 올랐다. 빌레셀 3세는 북부 이스라엘을 향해 또 다른 조건을 달아 도전했다. 그는 전왕과 달리 이번에는 보다 더 많은 조공을 바치라고 요구했다. 그러자 므나헴은 주권을 포기하고 아예 앗시리아의 힘을 빌어 왕권을 유지하기에 급급한 나머지 자청해서 앗시리아의 속국이 되었다(왕하 15:20-22).

제3장 친 앗시리아파와 반 앗시리아파의 엎치락뒤치락

1. 북부 이스라엘의 제17대 왕 브가히야

므나헴의 10년 통치기간에 북부 이스라엘은 완전히 나라의 주권을 상실했다. 나라의 주권이 앗시리아에 넘어간 상태에서 므나헴이 죽고 그의 아들 브가히야(Pekahiah)가 기원전 742년에 사마리아에서 북부 이스라엘의 제17대(남부 유다의 웃시야 50년) 왕위에 올랐다(2년간 통치).

그러나 브가히야가 왕위에 오를 때는 나라의 주권이 앗시리아의 수중에 들어간 상태였다. 브가히야 역시 아버지 므나헴을 닮아 하나님을 섬기지 않고 여로보암의 우상숭배 정책을 답습했다. 그의 외교정책 역시 아버지 므나헴보다 한층 더 친 앗시리아의 정책으로 기울었다. 브가히야가 일방적으로 친 앗시리아 정책으로 기울자 이에 반대하는 세력이 들고 일어났다. 브가히야가 왕위에 오른지 2년째 되는 해에 르말랴(Remaliah)의 아들이며 브가히야의 부관인 베가(Pekah)가 길르앗의 주민 50명을 이끌고 반란을 일으켰다.

베가가 브가히야왕의 친 앗시리아 정책에 반대하는 기치를 들고 동조하는 병사들을 이끌고 사마리아에 자리 잡은 왕궁에 쳐들어가 브가히야를 비롯한 왕족을 모두 죽였다. 결국 브가히야는 왕위에 오른 지 불과 2년 만에 베가의 손에 참혹하게 죽으면서 므나헴 왕조는 2대에 마감하고 북부 이스라엘에는 또 다시 베가라는 생소한 인물이 등장했다(왕하 15:23-26).

2. 북부 이스라엘의 제18대왕 베가

브가히야를 암살한 베가(Pekah)가 기원전 740년에 사마리아에서 북부 이스라엘의 제18대(남부 유다의 웃시야 52년) 왕위에 올라 20년간 통치했다. 베가는 왕위에 오른 후 선대의 친 앗시리아 정책을 폐기하고 반 앗시리아 정책을 시도했다. 그러자 앗시리아의 왕이 당장 시비를 걸어왔다. 앗시리아의 디글랏-빌레셀이 병사들을 이끌고 쳐들어와 이욘(Ijon), 아벨-마아가(Ábel Beth Maacah), 야노아(Janoah), 게데스(Kedesh), 하솔(Hazor), 길르앗, 갈릴리, 납달리 등 8개의 도성을 빼앗고 주민들을 앗시리아로 압송했다.

북부 이스라엘의 변방을 모두 빼앗긴 베가왕은 사태가 심각하다고 생각하고 외교적으로 반 앗시리아 연합전선을 도모하기 위한 정책을 시도했다. 그는 시리아의 르신왕(Rezin)과 연합하여 반 앗시리아 정책을 펴는 한편 친 앗시리아의 정책을 표방한 남부 유다의 아하스를 치기 위해 두 나라가 연합하여 예루살렘을 침공했으나 실패했다. 이때 북부 이스라엘의 베가왕이 남부 유다의 아하스왕과 싸우기 위해 시리아의 힘을 빌어 남부유다를 공격한 이유는 남부 유다가 북부 이스라엘과의 신의를 배반하고 친 앗시리아 정책으로 돌아섰기 때문이었다. 베가왕은 왕위에 오른 후 20년 동안 반 앗시리아 정책으로 일관했다(왕하 15:27-31).

3. 북부 이스라엘의 제19대왕 호세아(사실상 마지막왕)

베가왕이 반 앗시리아 정책을 펴자 이번에는 친 앗시리아 파의 한 사람인 호세아가 반란을 일으켰다. 호세아는 베가왕을 죽이고 기원전 731년에 북부 이스라엘의 제19대 왕위(남부 유다의 요담 20년)에 올라 9년간 통치했는데 그는 사실상 북부 이스라엘의 마지막 왕이었다.

한편 북부 이스라엘의 6명의 왕들이 번갈아 왕위 쟁탈전을 벌리고 친 앗시리아 파와 반 앗시리아 파가 엎치락뒤치락할 때 남부 유다에서는 아마샤왕의 아들 웃시야(Uzziah)왕이 기원전 676년에 남부 유다의 유능한 왕으로 등장했다(왕하 17:1-4).

제4장 남부 유다의 재기

1. 착한 유다의 착한 제10대 웃시야왕

기원전 790년 웃시야왕(아사랴=Azariah)은 16세 되던 해에 예루살렘에서 남부 유다의 제10대(북부 이스라엘의 여로보암 2세 27년) 왕위에 올랐다(52년간 통치). 웃시야는 왕위에 오른 즉시 하나님을 섬기기 시작했다. 그러나 그의 어머니 여골리야(Jecoliah)는 하나님을 섬기지 않았다. 하지만 그의 아버지 아마샤왕이 처음에는 하나님을 섬긴 것처럼 웃시야왕도 왕위에 오른 후 스가랴 예언자의 믿음을 본받아 하나님을 섬기기 시작했다. 웃시야왕은 어머니 보다 아버지 아마샤왕을 닮아 왕위에 오른 초기부터 하나님을 열심히 섬겼다. 북부 이스라엘에서 6명의 왕들이 우상을 섬기고 반란에 반란을 반복하면서 왕위 쟁탈전을 벌일 때 남부 유다의 웃시야왕은 율법을 지키고 선정을 베풀었으므로 번영했다.

어느 날 블레셋이 쳐들어오자 웃시야왕은 직접 병사들을 이끌고 전선에 나가 적과 대치했다. 웃시야왕은 견고한 성벽으로 구축한 가드(Gath)와 야브네(Jabnwh)와 아스돗(Ashdod)도성을 점령하는 등 큰 전과를 올렸다. 웃시야왕은 블레셋을 격파한 다음 그 기세를 몰아 아라비아까지 단숨에 정복했다. 그는 새로 점령한 블레셋 도성을 모두 헐고 새로 성을 쌓았다. 승리에 승리를 거듭한 웃시야왕은 마침내 솔로몬에 버금할 만큼 국력을 신장했다. 웃시야왕의 선정으로 남부 유다의 국력이 날로 신장되자 겁먹은 암몬(Ammon)을 비롯한 변방의 여러 나라의 왕들이 자진해서 조공을 바쳤다.

웃시야왕은 블레셋과 아라비아를 정벌한 다음 예루살렘의 부서진 성벽을 보수하고, 망루를 튼튼히 세웠다. 국방에 만전을 기한 웃시야왕은 방패와 투구로 무장한 30만 대군을 거느리고 예루살렘 성벽에 망대를 세우고, 돌을 투척하는 무기를 만들어 요새마다 배치하는 등 예루살렘 도성의 경비를 강화했다. 이 때 웃시야왕이 설치한 병기는 유대인들의 기술로 고안해 낸 무기로 그 후 아무도 그와 똑같은 병기를 만들지 못할 만큼 성능이 우수했다.

웃시야왕은 국가의 산업도 크게 진흥시켰다. 포도밭과 옥수수 밭을 새로 개간하고, 양과 소 등 축산을 위한 웅덩이도 곳곳에 축조했다. 당시에는 이런 것들이 국가적 산업이었다. 농축산업을 발전시켜 백성들의 삶을 풍요롭게 만들자 웃시야왕에 대한 명성이 이집트까지 퍼져나갔다. 웃시야왕이 훌륭한 업적을 이룩한 원동력은 하나님을 섬기고 백성들이 율법을 지켰기 때문이었다(왕하 15:1-7).

2. 교만에 빠진 웃시야왕

그러나 나라가 부강해서 맞설 적이 없어지면서 웃시야왕 역시 교만에 빠지기 시작했다. 그는 이스라엘 역사상 자기보다 더 위대한 업적을 세운 왕이 없다고 생각하면서 하나님에 대한 경외심을 저버렸다. 그는 함부로 들어갈 수 없는 성전에 들어가 향을 마음대로 피웠는가 하면, 제사장이 해야 할 성찬예식까지 함부로 집례했다. 하루는 웃시야왕이 성전에서 제사장이 해야 할 제례를 함부로 집례했다. 그러자 아론지파의 대제사장 아사랴(Azariah)가 힘이 세고 건장한 제사장 80명을 이끌고 성전에 들어가 웃시야왕의 행동을 만류했다.

"웃시야왕이시여, 하나님께 향불을 피우는 것은 왕이 하실 일이 아닙니다. 이것은 이 일을 위해 특별히 성별된 아론의 자손에서 지정된 제사장만이 할 수 있는 일입니다. 아론의 자손들이 몸과 마음을 깨끗이 한 후에 해야 합니다. 제발 성소에서 나가 주십시오. 왕은 하나님께 범죄 하셨음으로 더 이상 주님의 축복을 받지 못할 것입니다."

정중한 충고에 교만한 웃시야왕은 오히려 화를 냈다. 그 때 갑자기 지진이 일어나 땅이 황폐화하면서 웃시야왕의 이마에 흉측한 종기가 돋았다. 대제사장 아사랴와 다른 제사장들이 왕의 이마에 문둥병이 발병한 것을 확인하고, 그를 성전에서 쫓아내자 왕은 그제야 주님께서 자기를 벌하신 것을 알았다. 겁먹은 제사장들이 웃시야왕에게 성전에서 물러나도록 권하자 웃시야왕은 비로소 자기 몸에 이상이 생긴 것을 알고 성전에서 물러나왔다. 웃시야왕은 그 길로 온 몸에 나병이 번졌다. 불시에 나병 환자가 된 웃시야왕은 공적인 업무는 물론 성전에서 예배조차 드릴 수 없게 되었다. 참혹한 벌을 받은 웃시야는 아무도 없는 외진 곳에 혼자 떨어져 살다가 왕위에 오른 지 52년 만에 외롭게 죽었다. 그러나 웃시야왕은 저주를 받아 나병으로 죽었기 때문에 역대 왕들의 무덤에도 묻히지 못하고 궁중묘지에 장사되었다(왕하 15:3-5).

제5장 아버지를 거울 삼은 요담

1. 요담왕이 남부 유다의 제11대 왕위에 오르다

웃시야왕이 죽고 그의 아들 요담(Jotham)이 기원전 750년에 예루살렘에서 20세에 남부 유다의 제11대(북부 이스라엘의 베가왕 2년) 왕위에 올랐다(16년간 통치). 요담은 아버지 웃시야왕이 문둥병에 걸린 기원전 750년부터 기원전 742년까지 8년간 아버지를 보좌하던 중에 아버지의 죽음을 맞이해 왕위에 올랐다. 요담왕은 아버지가 말년에 하나님을 제대로 섬기지 않아 실패한 경험을 거울삼아 그는 하나님을 섬기고 선정을 베풀었다. 그는 전쟁이 터질 때마다 하나님께 기도한 다음 출정했다. 그리하여 싸움이 터질 때마다 승리를 거듭하여 국토를 넓히고 오벨(Ophel)지역에는 새로운 성벽을 쌓고, 그 위에 망루를 세웠다. 그 외에도 산간 지역에도 요새를 구축하는 등 국위를 크게 선양했다. 요담왕은 재위 16년 동안 훌륭한 업적을 남겼다.

그런데 문제는 인접국에서 불거졌다. 요담왕의 아버지 웃시야왕이 세상을 뜨자 그 동안 조공을 바치던 암몬이 조공 바치기를 거부하고 반란을 일으켰다. 요담왕이 병력을 이끌고 나가 암몬을 평정한 다음 요단강 남부의 넓은 땅을 모두 차지하고, 암몬으로 하여금 매년 은 3천4백 킬로그램과 밀 9백80톤을 매년 조공을 바치도록 무거운 짐을 부과시켰다.

요담왕은 하나님 보시기에 올바른 정책을 펴서 강력한 왕이 되었다. 선대의 외교정책을 이어받은 요담왕은 북부 이스라엘의 베가왕과 시리아의 르신, 3국이 연합하여 반 앗시리아 정책을 실시했다. 그러자 요담왕의 외교정책에 불만을 품은 앗시리아의 빌레셀 3세가 일시에 남부 유다를 향해 침공을 시도했다. 그러자 이번엔 남부 유다 내에서도 친 앗시리아 파가 요담왕의 반 앗시리아 정책을 반대하여 반란을 일으켰다. 요담왕은 많은 업적을 남겼지만 불행하게도 친 앗시리아를 표방하는 반란군의 손에 죽임을 당했다(왕하 15:5-7).

제6장 "하나님의 사자를 보내 주십시오"

1. 이사야 예언자의 예언

한편 요담왕이 남부 유다를 다스릴 때 이스라엘 역사상 위대한 예언자가 등장했는데 그가 바로 유명한 아모스 예언자의 아들 이사야(Isaiah)이다. 이사야 예언자는 웃시야왕 시대에 태어나 요담왕과 아하스와 히스키야에 이르기까지 4대에 걸쳐 활약함으로써 이스라엘 역사상 가장 뛰어난 예언자이다. 이사야는 기원전 740년경에 예루살렘 성전에서 환상을 통해 하나님의 부르심을 받았다. 그의 예언은 주로 북부 이스라엘이 앗시리아에 의해 멸망당할 것이라는 사실과, 남부 유다는 앗시리아의 속국으로 합병될지도 모른다는 역사적인 사실에 대한 예언이었다. 이사야의 예언은 주로 하나님께서 앗시리아를 통해 신실하지 못한 북부 이스라엘 백성을 벌할 것이라고 경고했다. 그리고 평화의 왕이 이 땅에 와서 놀라운 통치를 할 것이라는 등 장래에 대한 하나님의 뜻을 대언했다. 이사야의 예언 중에는 장차 다가올 기원전 701년에 일어난 산헤립의 침공과 하나님께서 이스라엘을 어떻게 지켜 주실 것인가를 미리 설명한 것으로 그의 유언은 정확하기로 유명하다.

이사야는 이스라엘의 탁월한 예언자임과 동시에 천재적인 시인이었다. 이사야의 탁월한 문체와 신선한 비유로 기록된 이사야서는 히브리문학의 극치를 이룬 금자탑이 되었다. 이사야는 웃시야왕 시대부터 장차 오실 메시야에 대한 예언이 그리스도의 출현으로 사실로 입증되었다(왕하 19:2-4).

2. 한마디도 틀림없는 이사야의 예언

역사적으로 이사야의 예언은 한마디도 헛되지 않았다. 훗날 그의 예언은 한 권의 책으로 엮어져 성서의 권위를 입증시키는데 결정적인 역할을 했다. 웃시야왕이 죽던 해에 이사야는 예루살렘 성전에서 굉장한 환상을 보았다. 하나님께서 높은 왕좌에 앉아 6개의 날개가 달린 천사들에게 에워싸여 있었는데 그 천사들은 두 개의 날개로 얼굴을 가리고, 두 개의 날개로 다리를 가리고 있었다. 그리고 나머지 두 개의 날개로 공중을 나르며 노래하는 것이었다.

"거룩하시다. 거룩하시다. 거룩하시다. 만군의 주님. 그의 영광이 온 누리에 가득하시다."

천사들이 노래하자 성전의 기반이 흔들리면서 갑자기 연기가 자욱하게 번졌다. 이사야는 연기가 가득 찬 성전이 노래 소리에 따라 흔들리는 것을 느끼는 순간 자기가 하나님을 접하게 되었음을 알고 몹시 두려웠다. 혹시 이대로 죽는 것이 아닐까 겁을 먹었다. 바로 그 때 한 천사가 제단에서 불이 붙은 숯불 한 조각을 족집게로 집어 이사야의 입에 물리면서 말했다.

"보라, 이것이 너의 입술에 닿았으니 너의 죄는 용서받았다. 내가 누구를 세상에 보내랴. 누가 너희들을 위해 가야 하겠는가?"

"예, 제가 여기 있습니다. 저를 보내 주십시오.

이사야가 대답하는 순간 큰 은사를 받았다. 이사야는 이 때부터 많은 예언을 하기 시작했다. 이사야의 예언은 주로 남북 이스라엘의 역사적 의미가 깃들인 내용들이었다. 그 중에 중요한 내용은 장차 다가올 국가의 운명에 관한 말씀이었다. 즉, 장차 북부 이스라엘이 앗시리아에 침략을 당할 것이라는 사실과 앞으로 7백년 후 예수 그리스도가 유다 지파에서 탄생하여 세상을 다스린다는 것이었다.

일찍이 하나님께서 아담에게 이르셨다.

"장차 아담의 자손 중에 한 사람을 통해 인간에게 영원한 생명을 주시겠다"(사 6:3-13).

그리고 그 약속은 후일 아브라함의 자손 중에 한 사람을 통해 전 세계가 축복을 받는다고 야곱에게 다시 약속했다. 그 후 전 세계의 구세주가 될 아기가 태어난다는 사실을 이사야가 다음과 같이 말했다.

"한 아기가 우리를 위해 태어난다. 한 사내아이를 우리에게 주신다. 그의 어깨에는 주권이 매였고, 그 이름을 '탁월한 경륜을 가진 용사라, 전능하신 하나님, 현존하시는 아버지, 평화의 왕'이라 불리어지고 있다. 그는 멸시를 당하고, 사람에게 버림도 받으며, 우리의 질병과 고통을 지고 우리의 슬픔을 당하신다. 그가 찔린 것은 우리의 허물 때문이요, 그가 상한 것은 우리의 죄악 때문이다"(사 7:13-17).

이사야는 기원전 710년 경에 장차 이 땅에 오실 메시야(그리스도)에 관한 사실을 예언했다. 하지만 당시의 백성들은 이사야의 예언을 믿지 않았다. 그러다 훗날 앗리시아와 바벨론에 의해 남북의 왕조가 패망한 후 백성들이 외국으로 끌려가 타국에서 고난을 격을 때 비로소 이사야의 예언을 믿고 구세주(메시야)가 하루 속히 나타나기를 기다리는 메시야 대망의 신앙을 이루기 시작했다(왕하 19:5-7).

3. 아하스가 제12대 왕위에 오르다

요담왕이 반란군 손에 살해당하고 기원전 732년에 그의 아들 아하스(Ahaz)가 예루살렘에서 20세에 남부 유다의 제12대(북부이스라엘의 베가왕 17년)왕위를 계승하여 16년간 통치했다. 반란을 주도한 친 앗시리아 세력을 업고 왕위에 오른 아하스 왕은 자연히 친 앗시리아 정책으로 선회했다. 그는 친 앗시리아의 압력으로 선대부터 실시한 반 앗시리아 정책을 폐기하고 친 앗시리아 정책으로 돌아섰다. 그러자 이번에는 북부 이스라엘이 친 앗시리아 정책으로 돌아선 남부 유다를 배신자로 몰아붙이는 한편 시리아와 연합하여 예루살렘을 침공하려고 기회를 넘보았다(왕하 16:1-4).

제7장 남북의 엇갈리는 외교정책

1. 북부 이스라엘과 남부 유다의 싸움

 남부 유다의 아하스왕은 왕위에 오르기 전 8년 동안은 아버지(요담)의 섭정을 할 때에는 반 앗시리아 정책을 폈다. 그러다 아버지 요담왕이 죽은 후 기원전 732년에 왕위에 오른 그의 아들 아하스왕은 북부 이스라엘과 연합하여 반 앗시리아 정책을 파기하고 친 앗시리아 정책으로 돌아섰다.

 아하스왕은 아버지 요담왕과 할아버지 웃시야왕이 표방한 외교 정책을 뒤집어엎고 친 앗시리아 정책에 따라 벤-힘논(Ben-Himnon)골짜기에 바알신의 제단을 만들어 놓고 분향하는 등 앗시리아의 지도자들 눈에 들 수 있도록 앗시리아 비위에 맞추기에 급급했다. 하나님을 섬기던 백성들에게 하루아침에 이방민족의 풍속을 받아들이도록 강요했다. 심지어 자신의 아들까지 몰렉의 제물로 불에 태워 죽이는 등 종교정책을 친 앗시리아의 신정책을 수행하면서 그는 사악한 왕으로 전락했다. 그는 예루살렘의 높은 언덕에 산당을 짓고 몰렉신에게 제물을 바치고 백성들에게 몰렉을 숭배하도록 강요했다. 마침내 그는 온 나라를 우상의 소굴로 만들었다. 남부 유다가 이방 잡신을 섬기는 우상국이 되면서 하나님께서는 벌을 내리시기로 결정했다. 그리하여 주변의 적국으로 하여금 예루살렘을 침공토록 했는데 그 적이 바로 시리아와 북부 이스라엘의 연합군이었다.

 한편 북부 이스라엘의 베가왕은 남부 유다의 아하스왕이 자신들과 동맹을 파기하고 친 앗시리아 정책으로 돌아서자 시리아와 손을 잡고 남부 유다를 침공했다. 아하스왕은 북부 이스라엘과 시리아 군을 맞아 격렬하게 맞섰지만 단 하루 만에 완전히 패했다. 시리아와 결속한 북부 이스라엘의 베가왕이 이끄는 연합군이 파죽지세로 예루살렘에 쳐들어와서 보물을 약탈하고 수많은 사람들을 생포해 사마리아와 다메섹으로 끌고 갔다(왕하 16:5-17).

2. 하나님의 예언자들의 간곡한 충고

북부 이스라엘의 베가왕과 남부 유다의 아하스왕이 한판 싸운 결과 베가왕이 이끄는 북부 이스라엘의 병사들이 남부 유다의 병사 12만 명을 죽였다. 베가왕이 이끄는 에브라임지파의 용감한 시그리(Zicri)는 아하스왕의 마아세야(Maaseiah)왕자와 궁중대신 아스리감(Azrikam)과 국무총리 엘가나(Elkana)까지 한꺼번에 죽였다. 일대 승리를 거둔 북부 이스라엘의 병사들은 수많은 전리품을 약탈한 다음 예루살렘의 백성들 중에 여자와 어린이 등 20만 명을 노예로 삼기 위해 사마리아로 끌고 갔다. 마침 북부 이스라엘의 수도 사마리아에는 충직한 예언자들이 많이 있었다. 그들 중에 오뎃(Oded)이란 예언자는 백성들로부터 상당히 신망이 두터운 인물이었다. 그런데 예루살렘에서 여자와 어린이를 노예로 삼기 위해 끌어왔다는 소식을 전해들은 오뎃이 베가왕을 찾아가 항의했다.

"주님께서 남부 유다의 아하스왕의 악행을 보고 크게 벌하셨소. 그래서 예루살렘을 당신들의 손에 넘기셨소. 그런데 이번엔 당신들이 그들을 죽이고 악행을 한다면 어떻게 되겠소? 어쩌자고 예루살렘의 여자들과 어린이를 노예로 삼는단 말이오? 이제 하나님께서 당신들의 행위를 용서하지 않을 것이오. 포로들을 당장 되돌려 보내시오."

오뎃 예언자를 비롯한 에브라임 지파의 예언자들이 거칠게 항의했다.

"포로를 성안에 들여서는 안 되오. 우리는 이미 주님을 노하시게 만들었소. 당신들의 행위는 하나님의 벌을 자청하는 짓이요."

예언자들과 충직한 원로들이 베가왕을 찾아가 줄기차게 청원했다. 결국 베가왕은 예언자들의 청원을 받아들였다. 예루살렘에서 약탈해 온 보물과 포로들을 모두 돌려보냈다. 석방된 포로들이 예루살렘으로 돌아갈 때 에브라임 예언자들과 원로들이 앞장서서 약탈해온 옷을 다시 입혀 주고 먹을 빵과 마실 포도주를 나누어 주었다. 그리고 부상당한 사람들은 나귀에 태워 안전하게 예루살렘으로 돌려보냈다 (왕하 16:11-20).

3. 앗시리아를 끌어들인 아하스왕의 과오

한편 예루살렘에는 전쟁 중에 사마리아에 잡혀갔다 돌아온 사람들의 슬픔이 좀처럼 가시지 않았다. 집집마다 전쟁 때 잃은 남편과 아버지를 생각하는 사람들의 상처가 좀처럼 아물지 않았다. 아들, 딸이 다메섹으로 끌려가 노예가 되었는데, 그 끔찍한 벌이 내린 것은 선대의 왕들이 하나님을 저버리고 우상을 섬긴 탓이라고 생각했다. 하지만 아하스왕은 백성들이 참혹한 시련을 당했음에도 여전히 하나님을 섬기지 않고 오직 북부 이스라엘에 대한 복수에만 골몰했다.

아하스왕은 이사야 예언자의 간곡한 만류에도 불구하고 북부 이스라엘을 복수하기 위해 계속 칼을 갈았다. 그러다가 아하스왕은 앗시리아의 디글랏-빌레셀(Tiglath-pileser)을 찾아가 도움을 얻어내기 위해 굴욕 적인 자세로 교섭을 벌렸다.

"저는 왕의 종입니다. 올라오셔서 저를 치는 시리아와 베가왕의 손에서 나를 구해 주십시오."

국왕으로 차마 입에 담을 수 없는 비굴한 태도로 애걸하는 한편 앗시리아의 환심을 사기 위해 성전에 장식된 금과 은까지 모두 뜯어다 예물로 바치고, 북부 이스라엘에 대한 침공을 구걸했다. 하나님을 섬겨야 할 다윗왕의 후손(아하스왕)이 이방 세력을 끌어들여 한 아버지의 형제(10지파)로 이룩된 북부 이스라엘을 침공해 달라고 애걸하자 마침 반 앗시리아의 정책을 펴는 북부 이스라엘에 대한 불만이 팽배해있던 앗시리아의 빌레-셀왕이 기다렸다는 듯이 아하스왕의 제의를 수락했다.

그러나 전략상 앗시리아가 북부 이스라엘을 치기에 앞서 우선 침략에 걸림돌이 되는 다메섹을 먼저 공격해야했다. 앗시리아의 빌레셀왕이 대군을 이끌고 다마스커스를 정복한 다음 르신왕을 죽이고 시리아를 짓밟았다(왕하 16:10-15).

4. 화(禍)를 자초한 아하스왕

한편 앗시리아의 디글랏-빌레셋이 다마섹을 공격할 때 남부 유다의 아하스왕은 병사들을 이끌고 다메섹까지 달려가 앗시리아를 지원했다. 아하스왕은 디글랏-빌레셀을 만나기 위해 다마스커스까지 마중 나가 친 앗시리아의 정책을 직접 보여주기 위해 다메섹에 있는 아세라 우상에게 제물을 바치고, 태양과 달과 별에게 앗시리아의 승리를 위해 기원했다. 그런 다음 아세라 우상의 모형을 떠서 예루살렘에도 다메섹에 있는 아세라 신과 똑같은 우상제단을 세웠다.

다메섹에서 앗시리아의 승리를 기원한 후 예루살렘에 돌아온 아하스왕은 제사장을 시켜 새로 만들어 놓은 아세라 우상을 숭배하는 한편 하나님의 성전을 모두 폐쇄시켰다. 그리고 금과 은으로 만든 성전의 집기를 모두 거둬다 불에 녹여 아세라 우상의 집기를 만들도록 우리아(Uriah)제사장에게 명령했다.

"당신은 아침에 드리는 번제, 저녁에 드리는 소제, 왕의 번제와 소제, 그리고 백성의 모든 번제와 소제와 전제를 이 큰 단에서 드리고 모든 제물의 피를 이 단에 뿌리시오. 그리고 제단은 무엇을 물어 볼일이 있을 때 내가 개인적으로 사용할 수 있도록 간수하시오."

아하스왕의 명령을 받은 우리야 제사장이 아세라 우상 제단에 제물을 바치고 백성들에게 아세라 우상을 섬기도록 지시했다. 예루살렘은 물론 각 지방의 도성에도 아세라 제단을 세워 숭배할 것을 강요했다(왕하 16:16-18).

5. 돌이킬 수 없는 남부 유다의 과오

남부 유다의 아하스왕이 북부 이스라엘을 응징하기 위해 친 앗시리아 정책의 일환으로 그들의 우상을 섬기면서까지 도움을 청한 것은 큰 과오였다. 어디까지나 하나님을 섬겨야 할 다윗왕조의 국왕의 돌이킬 수 없는 과오는 백성들에게 희망을 저버리게 했다. 정치적으로 앗시리아의 세력을 끌어들이기 위해 하나님의 제단을 헐어 버리고 이방의 우상을 끌어들인 행위는 결과적으로 북부 이스라엘의 몰락은 물론 남부 유다 자신의 무덤을 스스로 파는 결과가 되었다. 왜냐하면, 당시 세계를 제패하기 위해 야심을 품은 앗시리아에게 남부 유다의 제의는 침략의 길을 열어준 결과였기 때문이다. 앗시리아는 아하스왕의 제의를 승낙함과 동시에 다메섹을 단숨에 삼켰다. 일단 시리아를 손아귀에 넣은 앗시리아의 야심은 시리아만 정복하고 만다는 보장이 없었다. 일단 시리아의 다메섹을 수중에 넣은 앗시리아의 야욕 앞에 남북 이스라엘 두 왕국의 몰락은 필연적이었다. 다메섹은 지리적으로 이스라엘과 앗시리아의 중간에 위치한 도성으로 앗시리아는 다메섹을 정복해야만 북부 이스라엘을 공격할 수 있었다. 그러므로 다메섹이 일단 앗시리아의 손아귀에 들어감으로서 북부 이스라엘의 멸망은 시간 문제였다(왕하 16:19-20).

6. 하나님의 가르침을 저버린 백성들의 말로

남부 유다의 아하스왕이 앗시리아와 결탁하여 북부 이스라엘의 무덤을 팔 때 남부 유다의 백성들 역시 아하스왕이 다메섹에서 들여온 아세라 우상을 숭배하고 그 우상과 더불어 먹고 마시는 등 정신적으로 돌이킬 수 없는 몰락의 길로 빠져들었다. 남북의 두 나라 백성들이 우상에 빠져 죄악을 저지르자 하나님이 이사야 예언자를 통해 경고 하셨다.

"너희들은 악한 짓을 멈추고 나의 계명을 지켜라."

이사야의 입을 빌어 여러 차례 경고했지만 백성들은 돌이키지 않았다. 오히려 남부 유다의 아하스왕은 지방 곳곳에 새로 산당을 짓고 다메섹에서 들여온 아세라 우상을 황금으로 만들어 놓고 경배했다. 전국의 백성들에게 태양과 달과 별을 숭배하라고 강요했다. 심지어 자기 자식까지 몰렉에게 제물로 바치는 등 돌이킬 수 없는 몰락의 길로 들어갔다(왕하 16:20).

제8장 이스라엘의 몰락과 사라진 10지파

1. 북부 이스라엘의 마지막 왕, 호세아

한편 북부 이스라엘은 베가왕이 반 앗시리아 정책을 실시한지 2년째 되는 해였다. 베가왕의 외교 정책과 견해를 달리 하는 호세아(Hoshea)가 반란을 일으켰다. 베가왕을 단숨에 제거한 호세아는 기원전 723년 제19대(남부 유다의 아하스왕 12년) 왕위에 올랐다(9년간 통치). 호세아는 비록 앗시리아의 도움으로 왕위에 올랐지만 앗시리아는 호세아의 왕위를 보장하지 않았다. 결국 호세아는 북부 이스라엘의 마지막 왕이었다.

앗시리아의 디글랏-빌레셀 3세의 도움을 받아 베가왕을 제거하고, 왕위에 오른 호세아는 일단 친 앗시리아의 정책을 실시했다. 반 앗시리아의 정책을 추구하던 베가왕을 죽이고 왕위에 오른 호세아왕은 재위 9년 동안 한결같이 친 앗시리아 정책을 펴며 해마다 앗시리아에 많은 예물을 바쳐야 했다. 그러나 많은 조공을 바쳤지만 앗시리아의 야심은 따로 있었다. 조공을 바치는 와중에도 북부 이스라엘 변방의 많은 영토가 앗시리아로 넘어갔다. 뿐만 아니라 앗시리아는 호세아가 왕위를 찬탈하는데 도움을 주었다는 구실로 해마다 무례한 조공을 요구했다.

그러자 터무니없는 요구에 시달린 호세아왕은 고분고분 하지 않았다. 그리하여 호세아가 왕위에 오른지 2년 째 되는 해에 앗시리아의 디글랏-빌레셀이 남부 유다의 아하스왕과 연합하여 다메섹을 정복한 다음 그 여세를 몰아 북부 이스라엘의 수도 사마리아에 쳐들어왔다.

하지만 호세아왕은 앗시리아와 남부 유다의 공세에 대항할 능력이 없었다. 수도 사마리아를 단숨에 함락한 앗시리아는 호세아왕을 사로잡아 항복을 받아낸 다음 호세아왕을 앗시리아왕 빌레셀 3세의 신하를 삼고 매년 과분한 조공을 바치라고 요구했다(왕하 17:7-23).

2. 하나님을 거부한 19명의 왕들과 북부 이스라엘의 말로

기원전 727년 경에 앗시리아의 디글랏-빌레셀이 죽었다. 그러자 북부 이스라엘의 호세아왕은 그 동안 앗시리아에 바치던 조공을 거부했다. 그리고 이집트의 지원을 받아 앗시리아에 반기를 들었다. 호세아가 이집트 세력을 등에 업고 앗시리아의 굴레를 벗어나려 하자 앗시리아의 살만에셀 5세가 그 낌새를 알고 다시 병사들을 이끌고 쳐들어왔다. 저들은 사마리아를 3년간 꼼짝 못하게 포위한 다음 항복을 종용했다. 호세아왕은 끝까지 버텼지만 행동의 자유를 잃은 호세아왕은 결국 항복했다.

기원전 722년 북부 이스라엘의 사마리아를 멸망시킨 앗시리아의 살만에셀 5세는 호세아왕을 사로잡아 앗시리아로 끌고 갔다. 그 외에 북부 이스라엘의 많은 백성들을 포로로 끌고 가 할라(Halah)성과 고산(Gozan)지역에 있는 하볼(Habor)강변과 기타 지역에 분산시켰다. 그리하여 기원전 931년 남부 유다와 연합을 거부하고 독립한 북부 이스라엘의 10지파의 왕조는 완전히 무너지고 말았다. 초대 여로보암을 시작으로 나답, 바사, 엘라, 시므리, 오므리, 아합왕, 아하지야, 여로(요)람, 예후, 여호아하스왕, 요아스왕, 여로보암 2세, 스가랴, 살롬, 므나헴, 브가히야, 베가왕, 호세아 등 19명의 왕들이 등장했지만 하나님을 저버림으로서 북부 이스라엘은 209년 만에 완전히 멸망하고 백성들은 역사에서 사라졌다(왕하 17:24-33).

3. 멸망한 북부 이스라엘 백성들

하나님을 저버린 남북의 왕들이 친 앗시리아 정책과 반 앗시리아 정책으로 나라가 내부적으로 분열을 겪는 가운데 국가의 기반이 삭아 내려앉기 시작했다. 남부 유다는 외세의 힘을 빌어 북부 이스라엘에 대한 복수를 목적으로 앗시리아와 동맹을 맺고, 그들의 우상까지 끌어 들였고, 북부 이스라엘은 이에 맞서 이집트의 세력을 등에 업고 앗시리아를 물리치려고 엎치락뒤치락하는 가운데 남북 왕조는

> ◆ **앗시리아 제국의 식민지 통치정책**
>
> 앗시리아제국은 무력으로 정복한 나라들을 효과적으로 다스리기 위해 다음과 같이 세 가지 유형으로 지배했다.
>
> 첫째, 앗시리아는 자신들의 무력 앞에 저항하지 않고 자진해서 예속국이 된 나라들은 위성국 또는 꼭두각시 국가로 만들었다. 당시의 위성국, 꼭두각시 국가들은 앗시리아의 권위를 인정하고 해마다 조공을 바치고 세금을 바쳐야 했다. 그 외에도 앗시리아 군대의 병력을 충원시켜주어야 하고, 부역에도 협력해야 했다. 앗시리아는 이에 대한 대가로 동맹관계를 유지하고, 앗시리아의 제국의 이익을 해치지 않는 위성국으로 인정하여 사회, 종교, 등 내정을 간섭하지 않았다.
>
> 둘째, 국왕이나 도시국가, 또는 부족들이 앗시리아의 권위에 복종하기를 거부하는 경우에는 앗시리아가 무력으로 정복한 다음, 조공 등 의무조항을 이행하도록 강요하고, 정치군사 외교책에 일일이 간섭했다. 특히 반기를 들었다가 패배한 임금이나 족장에게는 충성하겠다는 약속을 받아낸 다음 계속 그 권좌에 머무는 것을 허용했다. 앗시리아는 주종(主從)관계의 조약을 통해 정복한 나라의 종주국이 되고, 정복당한 나라는 속국이 되었다. 앗시리아의 관리들이 종속국에 상주하면서 앗시리아 제국의 이익을 위해 종속국의 동향을 일일이 감시했다.
>
> 셋째, 종속국이 주종관계의 조약을 파기하고 조공과 기타 의무 이행을 거부할 경우에는 앗시리아 제국은 곧 바로 군대를 파견하여 반란자들을 무자비하게 진압하고, 그 땅을 앗시리아의 속주로 편입시킨 다음 앗시리아가 직접 다스렸다. 앗시리아는 속주로 편입한 나라를 효과적으로 통제하기 위해 속주의 왕족과 귀족 등 지배층들과 백성들 중에 일부를 제국내의 다른 지역으로 유배시키고, 반대로 새로 편입된 속주에는 다른 나라의 외국인들을 정착시켰다. 이것은 민족주의 바탕을 둔 반란의 불씨를 뿌리 채 차단하기 위한 특단의 조치였다.

뿌리째 허물어졌다. 하나님을 의지해야할 백성이 경쟁적으로 외세에 의존하기 위해 혈안이 된 남북의 실태를 지켜보신 하나님의 심판은 냉혹했다. 하나님은 이스라엘을 더 이상 보살필 가치가 없다고 결론을 내리면서 북부 이스라엘은 하루아침에 패망 당하고 백성들은 정든 땅에서 쫓겨나 모래알처럼 사방으로 흩어졌는데 이때가 기원전 722년이었다.

솔로몬이 죽으면서 남북으로 분열된 후 하나님을 저버린 북부 이스라엘(10지파) 백성들은 앗시리아로 끌려가 사방으로 흩어진 후 영원히 사라졌다. 후세의 역사가들은 그들을 가리켜 '이스라엘의 잃어버린 10지파' 라 불렀다. 가나안에서 쫓겨난 10지파의 사람들은 생명을 부지하기 위해 일부는 노예가 되었고, 일부는 아예 그 나라 백성으로 동화되어 겨우 목숨을 부지했다. 그러나 저들은 여전히 하나님을 섬기지 않은 자신들의 잘못을 깨닫지 못하고 오히려 하나님을 원망했다. 그 후 많은 세월이 흘렀지만 사라진 이스라엘 10 지파의 후예(後裔)들에 대한 자취는 어느 나라의 역사가들의 기록에도 나타나지 않았다(왕하 17:34-41).

◆ **세계 최초의 의무교육**

시온의 언덕 위에 있는 디아스포라 예시바(유대교 학원)에서는 종교교육을 실시했다. 이때의 종교교육은 사실상 오늘의 학교 교육이었다. 그런데 이때부터 유대인들은 어린이들이 세 살에서부터 글씨를 배우고 네 살부터는 토라(율법)를 암송하기 시작했다. 열두 살이 되면 율법 서를 거의 다 암송하고, 그 다음에는 보다 높은 탈무드 등의 공부에 들어갔다.

그러다가 예수 그리스도시대부터 각 읍(邑)과 촌(村)에 이런 서당(書堂)이 있었다. 이렇게 세계에서 처음으로 의무교육을 실행한 민족이 유대인이라고 한다. 온 세상에 흩어져 있는 유대인들에게 있어서는 어떠한 박해의 폭풍 속에서도 자녀의 교육은 가장 중요한 책임이요 의무이었다. 그리하여 어린 자녀들의 종교 교육과 가정에서의 종교 생활이 일치되면서 유대교의 전통은 길이 지켜져 왔다.

4. 멸망한 사마리아의 모습

한편 북부 이스라엘의 10지파가 앗시리아로 끌려간 다음 수도 사마리아는 앗시리아의 식민지로 변했다. 앗시리아는 사마리아 성에다 바벨론과 구다(Cuthah)와 아와(Avva)와 하맛(Hamath)과 스발와임(Sepharvaim)사람들을 강제로 이주시켰다. 그리하여 사마리아 성을 비롯한 그 밖의 북부 이스라엘의 여러 도성에는 이방인들이 차지했다. 바벨론에서 이주한 이방 사람들은 이스라엘의 하나님에 대해 전혀 아는 지식이 없었다. 그들은 하나님 성전에 자신들의 이방의 우상 신전을 세웠다. 그러나 새로 정착한 사람들이 그들 나름의 새로운 신을 만들어 섬기면서 사마리아에는 새로운 풍조가 자리 잡기 시작했다. 사마리아의 실태를 지켜보신 하나님께서 사자를 보내 성전에서 우상을 섬기는 행위를 질타했다. 그러자 앗시리아 왕이 포로들 중에 하나님의 제사장을 찾아내 다시 사마리아로 돌려보냈다. 그리고 새로 정착한 앗시리아 이주민들에게 이스라엘의 하나님을 가르치도록 배려했다.

그러나 이미 우상을 섬기는데 길들여진 백성들과 바벨론에서 이주해온 사람들은 하나님의 제사장이 가르치는 율법에는 흥미를 느끼지 못했다. 다만 자기들이 섬기는 우상에다 하나님을 경해는 예배 형식을 덧붙였을 뿐이었다. 이렇게 혼합된 신앙인들이 불어나면서 사마리아에 사는 사람들은 하나님과 우상을 혼동하는 기이한 종교로 발전했다. 그리하여 훗날 유다인 본연의 정체성을 지닌 사람들이 사마리아 사람들의 신앙을 못마땅하게 생각하게 되면서 순수한 유대들이 사마리아 사람들을 가리켜 하나님을 제대로 섬기는 사람들이 아니라 하여 비하하는 말로 '사마리아 사람'으로 통칭하게 되었고, 일단 사마리아 사람이라면 하나님을 저버린 사람들이란 의미로 업신여기게 되었다(왕하 17:24).

제 3 부 남부 유다의 몰락

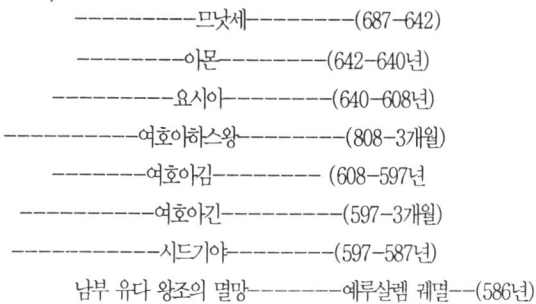

● 남부유다의 대표

```
----------므낫세--------(687-642)
--------아몬--------(642-640년)
----------요시아--------(640-608년)
-----------여호아하스왕--------(808-3개월)
-------여호야김--------- (608-597년
-----------여호야긴--------(597-3개월)
-----------시드기야--------(597-587년)
남부 유다 왕조의 멸망--------예루살렘 궤멸--(586년)
```

제1장 남부 유다의 다윗왕조가 몰락한 이야기

1. 어진 하나님의 종, 히스기야 왕

　북부 이스라엘이 패망할 때 사마리아에서 쫓겨난 10지파의 백성들은 먼 앗시리아로 끌려가 기약 없는 종살이를 했다. 그런가하면 남부 유다 역시 몰락의 위기를 재촉하고 있었다. 비록 나라의 명맥은 유지하고 있었지만 내부적으로 불안정한 상황은 패망한 북부 이스라엘의 전철을 밟고 있었다. 여러 차례 외침을 당하는 가운데 많은 백성들이 외국으로 끌려가고 예루살렘에는 얼마 남지 않은 사람들이 어렵

게 살아가고 있었다. 사실상 패망한 고국 땅에 남아 있는 사람들은 특별한 기술도 지식도 없는 가난하고 정치적으로 소외당한 사람들이었다. 게다가 가족 중에는 전쟁 때 죽거나 포로가 되어 멀리 끌려가고 남아 있는 가족들은 실의에 빠져 전전 긍긍하는 상황이었다(대하 29-32).

2. 히스기야가 남부 유다의 제13대 왕위에 오르다

북부 이스라엘의 패망을 지켜 본 예루살렘 백성들이 시름에 젖었을 때 한 가닥 기쁜 일이 생겼는데 그것은 새로운 국왕의 등장이었다. 그동안 하나님을 저버리고 외세(外勢)를 끌어들인 아하스왕이 죽고 그의 아들 히스기야(Hezekiah)가 25세에 기원전 729년에 남부 유다의 제13대(북부 이스라엘의 호세아 3년) 왕위에 올랐다. 25세에 왕위에 오른 히스기야왕(예루살렘에서 29년간 통치했다.)은 아버지(아하스왕)를 닮지 않고 어머니(예언자의 딸)를 닮아 왕위에 오른 즉시 앗시리아의 영향을 벗어나기 위한 정책의 일환으로 우상숭배를 철저히 배격했다. 그는 선왕의 친 앗시리아 정책의 일환으로 만들어 놓은 아세라 우상을 철거하고 점치는 행위와 사람을 희생 제물로 바치는 인신공량제(人身供糧祭)를 금지시켰다. 심지어 모세가 세운 놋 뱀까지도 철거한 다음 그곳의 이름까지 느후스타(nehushtan)이라고 바꾸었다. 주님의 뜻에 순종하고 모세의 율법을 받든 히스기야왕은 자기가 하고자 하는 모든 계획을 하나님의 뜻에 따랐다. 그리하여 히스기야왕은 어떤 것을 계획하던 성공했다. 그는 왕위에 오른 후 앗시리아 왕에게 복종하기를 거부하는 한편 블레셋을 상대로 싸워 가사(Gaza)와 그 일대의 크고 작은 성을 모조리 탈환했다(왕하 18:1-16 ;대하 29:1-2).

3. 히스기야왕의 호소

히스기야왕은 전국 각처의 산당을 직접 찾아가 우상 제단을 철거하는 한편 사방으로 흩어진 레위 지파의 제사장들을 불러 모아 성전을 수리하라고 지시했다.

"레위 사람여러분, 내 말을 잘 들으시오. 이제 여러분 자신을 성결하게 하고 하나님의 성전에 방치된 더러운 것을 다 제거하고 정결하게 청소하십시오. 우리 조상들의 주 하나님이 보시기에 악을 행하고, 주 하나님을 저버리고, 주님의 성전을 등지고 살았습니다. 심지어 성전문을 닫고 등불을 끄고 분향하지 않았을 뿐만 아니라 이스라엘의 하나님께 바치는 번제도 드리지 않았습니다. 그러므로 주님께서는 유다와 예루살렘을 보시고 분노 하시고 우리로 하여금 두려움과 조소의 대상이 되게 하셨습니다. 이것은 여러분도 다 알고 있는 사실입니다. 그래서 우리 조상들은 전쟁에서 죽임을 당했고, 우리 자녀들과 아내들은 포로로 잡혀갔습니다. 그러나 이제 나는 이스라엘의 주 하나님과 계약을 맺어 그분의 무서운 분노가 우리에게서 떠나보내려고 합니다. 친애하는 레위 사람 여러분, 여러분은 맡은 바 각자 자기 임무를 게을리 하지 마십시오. 주님께서는 일찍이 여러분을 택하셔서 오직 당신 자신만을 섬기도록 하셨습니다."

히스기야왕의 훈시를 들은 레위 지파의 지도자들은 그 동안 폐쇄된 성전에 대한 수리를 자신들의 손으로 직접 수리할 수 있게 된 것을 큰 영광으로 여겼다(대하 29:3-17).

4. 성전을 수리하고 하나님을 경배한 히스기야왕

히스기야왕의 지시를 받은 레위 지파는 각처에 흩어져 있는 제사장들을 모두 한 자리에 불러 놓고 그들 자신들의 성결부터 다진 다음 하나님의 성전을 수리하기 시작했다. 오랫동안 버려진 성전 내부의 더러운 침전물을 거둬 성전 밖으로 끌어내는 등 깨끗이 수리했다. 그리고 성전에서 거둔 더러운 침전물은 모두 기드론(Kidron)강물에 뿌렸다.

1월 1일에 시작된 성전수리 작업은 8일 만에 현관까지 말끔히 정리했다. 성전을 8일 만에 정결하게 보수하고 16일째 되는 날 공사 결과를 히스기야왕 왕에게 보고했다.

"우리는 성전의 번제단과 차림상과 거기에 딸린 모든 기구들과 성전의 내부를 정결하게 끝마쳤습니다. 우리는 성전 문을 폐쇄할 때 내버린 비품도 모두 찾아서 정결하게 닦아 주님의 제단 앞에 정돈시켰습니다."

성전수리를 끝마쳤다는 보고에 접한 히스기야왕은 다음날 아침 지도급 인사들을 데리고 직접 성전을 둘러보았다. 새로 단장한 성전을 순시한 히스기야왕은 그 동안 하나님께 저지른 죄악을 용서받기 위해 속죄의 제물을 제단에 바쳤다. 수소와 숫양과 새끼양과 숫염소를 각각 7마리씩 끌어다 아론의 자손 중에 제사장들에게 주님 제단에 바치도록 지시했다(대하 29:18-24).

5. 성전 복구와 찬양대

히스기야왕의 특명으로 성전은 쉽게 복구되었지만 백성들의 신앙은 쉽게 복구되지 않았다. 오랫동안 우상을 섬겨온 백성들은 하나님을 섬기는 방법도 제대로 알지 못했다. 히스기야왕은 성전의 문을 활짝 열고 원로들을 동원해 백성들에게 하나님에 대한 경배의 예절을 처음부터 다시 가르치도록 지시하는 한편 자신도 성전에서 기도했다. 히스기야왕이 하나님을 섬기자 이사야 예언자가 앞장서서 히스기야에게 협력하면서 남부 유다는 다시 하나님을 섬기는 나라가 되었다.

히스기야왕은 지난날 하나님께서 다윗왕이 실시한 제도를 모두 부활시켰다. 그 중에 갓(Gad)과 나단(Nathan)예언자를 통해 다윗왕에게 제금(提琴)과 비파(琵琶)와 수금(竪琴)등 악기를 연주했는데 그 동안 우상을 숭배하면서 사라진 것을 히스기야왕은 레위지파로 하여금 다시 합창대를 조직해서 옛 모습으로 부활시켰다. 성전에서 제물을 바칠 때 합창대가 시가(詩歌)를 찬미하였고, 제사장들은 나팔을 불어 하나님께 영광을 올렸다. 하나님께 번제를 드릴 때도 합창대의 찬미와 제사장들의 나팔 소리가 하늘에 울려 퍼졌다. 그 외에도 레위 사람들은 다윗왕과 아삽(Asaph)의

시로 주님을 찬양했다(대하 29:25-30).

6. 유월절 절예를 부활하다

히스기야왕은 백성들이 보라는 듯이 솔선해서 하나님을 섬겼다. 그러자 백성들도 기쁜 마음으로 국왕을 따라 하나님께 예배하고 제물을 바치고 예배에 적극 참여했다. 하나님을 섬기도록 성전을 수리한 후 그 성전의 문을 활짝 열고 백성들이 마음 놓고 기도할 수 있는 공간도 제공했다. 백성들에게 하나님을 섬기도록 설득하는 한편 오랫동안 폐기된 유월절 축제를 다시 부활시켰다. 남부 유다뿐만 아니라 패망한 북부 이스라엘과 남부 유다와 특별한 관계에 있는 에브라임 지파와 므낫세 지파에도 사람을 보내 예루살렘 성전에서 시행하는 유월절을 축제에 참여하도록 허락했다. 북쪽의 단에서부터 남쪽 브엘세바에 이르기까지 온 이스라엘 백성들이 예루살렘 유월절 행사에 참가할 것을 권장했다.

히스기야왕은 모세의 율법에 근거한 유월절 축제를 연다고 통보하자 많은 사람들이 모여들었다. 히스기야왕의 초청을 받은 사람들이 남북 이스라엘 곳곳을 돌아다니며 전했다.

"이스라엘 백성 여러분, 여러분은 아브라함과 이삭과 야곱의 주 하나님 앞으로 돌아오십시오. 그러면 하나님은 앗시리아와 결별하고 살아남은 우리에게 돌아오실 것입니다. 여러분은 여러분의 조상의 하나님께 범죄 했던 여러분의 조상들과 형제들처럼 되지 마십시오. 여러분도 알겠지만 주님께서는 그들을 가혹하게 벌하셨습니다. 그러므로 여러분은 그들처럼 고집을 피우지 말고 성전에 나와서 하나님께 복종하여 영원하신 여러분의 주 하나님을 섬기십시오. 그러면 그분께서는 여러분에 대한 노여우심을 거두실 것입니다. 만일 여러분이 주님께 돌아오면 여러분의 형제들과 자녀들이 그들을 포로로 잡아간 사람들의 관대한 처분을 받아 이 땅으로 다시 돌아오게 될 것입니다. 여러분의 하나님은 은혜롭고 자비로우신 분이시므로 여러분이 돌아오기만 하면 여러분을 외면하지 않으실 것입니다."

히스기야왕의 전갈을 전하는 사자들이 에브라임과 므낫세 지파의 전 지역을 돌아다니면서 유월절 초대의 취지를 설명했다. 그러나 오랫동안 하나님을 저버린 북부 이스라엘 사람들은 히스기야왕의 초청을 그다지 반가워하지 않았다. 심지어 유월절의 역사적 의미조차 모르는 사람들은 냉소적이었다.

"유월절이라니, 우리가 그 따위 행사를 위해 예루살렘까지 가야 합니까."

그리하여 처음에는 북부 이스라엘에서 일부 사람들만이 참가한 가운데 일주일 간의 축제를 베풀었다. 그러다가 나중에는 각처에서 끊이지 않고 모여드는 사람들을 위해 축제 기간을 일주일간 더 연장했다. 유월절의 역사적 유래에 따라 개최된 유월절 축제는 솔로몬 이후 처음으로 민족화합의 대 축제로 부활되었다(대하 30:1-5).

7. 히스기야왕의 종교개혁

한편 히스기야왕은 유월절 축제를 위해 예루살렘에 모인 사람들을 중심으로 종교 개혁을 단행했다. 각 지방에서 몰려온 사람들이 각자의 도성으로 돌아가면 그곳에 자리 잡은 돌기둥아래 세워놓은 아세라 여신상을 모두 찍어 버리라고 지시했다. 특히 유다지파와 베냐민지파와 에브라임지파와 므낫세 지파가 속한 지역에 남아있는 산당과 제단을 모두 철거하라고 단안을 내렸다. 그리고 북부 이스라엘에서 참가한 사람들도 각자의 고향으로 돌아가는 즉시 우상을 철폐하라고 지시했다. 그리하여 지방마다 산재해있는 우상을 철폐한 다음 모세의 가르침에 따라 백성들로부터 각종 곡물과 포도주, 기름, 등 모든 생산물의 10분의 1을 하나님께 바치도록 권장하고, 제사장과 레위 사람들은 성전에서 하나님만을 섬기는 일에만 종사하도록 했다. 그래서 레위지파의 제사장은 농지를 소유하거나 경작하지 못하는 대신 소득원이 없는 제사장들은 성직에만 충실하고, 생활은 백성들이 바치는 예물만으로 생활할 수 있도록 했다.

레위지파 제사장들에게 하나님만을 섬기도록 개혁을 단행하자 백성들은 히스기야왕의 개혁 정책을 적극 찬성하고 생산된 곡식을 비롯해 포도주, 기름, 꿀, 등 모든 생산물의 10분의 1을 하나님께 바쳤다. 그 결과 백성들이 바친 성물이 성전에 산더미처럼 쌓였고, 하나님을 찬양하는 찬미소리가 성전에서 끊이지 않으면서 하나님은 이스라엘을 다시 축복하셨다. 하루는 히스기야왕이 성물이 쌓인 것을 보고 제사장들에게 물었다.

"이렇게 많은 성물이 어디서 나왔소?"

사독의 자손 아사랴(Azariah)제사장이 대답했다.

"백성들이 성전으로 예물을 가져오기 시작하면서부터 풍족하게 먹고도 남은 것이 이렇게 쌓였습니다. 우리가 성물을 받게 된 것은 주님의 은총입니다."

히스기야왕은 성전에 창고를 마련한 다음 백성들이 바친 성물과 십일조를 보관시켰다. 그런 다음 족보에 기록된 가족별로 제사장을 선출하였고, 각 지파의 반열로 직무를 맡겼다. 물론 20세 이상의 레위 사람들에게만 직무를 배분시켰다. 레위 사람들은 성전 업무에만 전념했기 때문에 다른 수입원이 없었다. 그래서 예물을 레위 인들의 가족들만 나누어주었다. 그 외에도 예루살렘 성전에 저장된 성물을 유다 전역에 사는 레위인들에게 분배하였는데 그것은 하나님께서 보시기에 지당한 일이었다. 히스기야왕은 이렇게 성전에 관한 일과 율법을 지키는 일에 정성을 쏟았다. 그러자 히스기야왕은 자기가 하고자하는 일마다 성공하였다(대하 30:6-31:3).

8. 예루살렘의 축복과 위기

한편 북부 이스라엘의 패망을 지켜본 남부 유다의 백성들은 혹시 앗시리아가 공격해 오지 않을까 경계했다. 왜냐하면 히스기야왕이 왕위에 오른 후 앗시리아에서 들여온 아세라 우상을 철폐하고, 반 앗시리아 정책을 강행하면서 앗시리아의 비위를 거슬렀기 때문에 저들의 침공을 우려하지 않을 수 없었다. 사실상 신정시대의 히스기야왕의 우상 철폐는 반 앗시리아 정책의 일환이었다. 만일 앗시리아가 히스기야왕의 아버지 아하스왕과 체결한 조약을 빌미로 "왜? 우리의 신을 철폐했느냐"고 선대의 왕과의 약속을 조건으로 조공을 바칠 것을 전제로 침공할 경우 꼼짝없이 당할 수밖에 없었다.

그 동안 인접국들을 하나하나 차례로 정복한 앗시리아가 볼 때, 선대의 약속을 어기고 반 앗시리아 정책을 추구하는 히스기야왕을 좋게만 볼 수 없는 것이 당연했다. 더구나 히스기야왕이 이끄는 남부 유다가 경제적으로 부강해진 것을 기화로 남부 유다에 군침을 삼키지 않을 수 없었다.

히스기야왕은 왕위에 오른 후 그 동안 선대의 왕들이 강대국에 따라 우상을 숭배하느라고 손을 대지 못한 궁전을 대대적으로 보수했다. 금과 은을 도장 재료로 사용함으로써 부강한 나라의 궁궐다운 면모를 한껏 드러냈다. 궁전의 공사가 끝나자 보는 사람들마다 남부 유다가 부강해졌다는 소문이 대내외에 널리 알려지면서 앗시리아의 산헤립왕(Sennacherib)은 재물을 노략질하기 위해 침략을 서둘렀다.

침략을 시도한 앗시리아의 산헤립은 시리아를 단숨에 정복하고 그 여세를 몰아 기원전 714년 히스기야왕 14년에 많은 병력을 이끌고 예루살렘을 향해 전격적으로 쳐들어왔다. 파죽지세로 밀려온 앗시리아군은 남부 유다의 요새를 완전히 포위했다. 앗시리아의 침략은 예견된 일이었지만 막상 물리칠 능력이 없는 히스기야왕은 당황한 나머지 라기스(Lachish)에 머물고 있는 산헤립 왕에게 사자를 보내 강화를 제의했다.

"산헤립 왕이여, 내가 잘못했습니다. 제발 군대를 철수하여 돌아가 주신다면 당신이 요구하는 대로 내가 조공을 바치겠습니다."

히스키아왕의 굴욕적인 강화 제의에 접한 산헤립은 기다렸다는 듯이 조건을 제시했다.

"나에게 은 3백 달란트(약 10톤)와 금 40달란트(약 1톤)를 바쳐라."

산헤립의 터무니없는 강화 조건에 히스기야왕은 경악했다. 도저히 받아들이기 힘든 물량이었다. 거기다 산헤립의 거만한 태도는 히스기야의 마음을 짓밟았다. 그러나 싸워서 물리칠 능력이 없는 히스기야왕은 어쩔 수 없이 산헤립의 요구를 들어 줄 수밖에 없었다. 히스기야왕은 참담한 심정으로 금과 은을 끌어 모았지만 산헤립이 요구하는 양에 차지 않았다. 나중에는 성전의 장식품까지 수거했지만 그래도 양이 모자랐다. 결국 궁전 천장에 붙은 금, 은까지 모두 뜯어서 산헤립에게 바쳤다. 그렇게 바치고도 마음이 놓이지 않은 히스기야왕은 자신의 딸까지 앗시리아에 첩으로 바쳐야 했다(대하 31:1-23).

9. 히스기야의 수방(水防)전략

그러나 히스기야왕으로부터 보물을 받아 챙긴 앗시리아의 산헤립은 일방적으로 강화 약속을 파기하고 한 발짝도 물러서지 않았다. 그는 계속 대군을 이끌고 예루살렘 도성의 목을 조이는 한편 히스기야왕으로 하여금 직접 자기 앞에 나와 무릎을 꿇으라고 했다. 그러나 히스기야왕은 나가지 않고 궁중 대신 엘리야김(Eliakim)과 서기관 셉나(Shebna)와 역사관 요아(Joah)를 보내 새로운 타협을 시도했다. 그러자 산헤립은 히스기야왕에게 모욕적인 답신을 보내왔다.

"너희는 히스기야왕에게 앗시리아의 왕이 이렇게 말한다고 일러주어라 '네가 무엇을 믿고 그처럼 대담해졌느냐? 너는 군사력과 전략을 가졌다고 하지만 그것은 빈말에 불과했다. 네가 누구를 믿고 나에게 반기를 들었느냐? 너는 이집트가 너를 도와 줄 것으로 기대하지만 그것은 쪼개진 갈대 지팡이와 같아서 곧 부러져 네 손을 다치게 할 것이다. 이집트의 바로왕을 의지하는 자는 다 망할 것이다.'"

산헤립의 협박을 받은 히스기야왕은 끓어오르는 분노를 억누르고 어떻게 하면 철면피한 산헤립의 침입을 물리칠 수 있을까 하여 중지를 모으기 위해 어전회의

(御前會議)를 열었다. 어전회의 결과 수방(水防)전략을 쓰기로 했다. 앗시리아 병사들이 마실 물이 떨어지도록 예루살렘 외각에 흐르는 수맥을 모두 끊어버리면 우물의 물이 말라버릴 것이며, 그러면 저들도 별 수 없이 철수할 것이란 수방전략(水防戰略)을 세웠다(대하 32:1-5; 왕하 19:32-34).

◆ 히스기야왕의 지하수로(地下水路)

앗시리아의 산헤립이 예루살렘을 포위하고 공격을 남부 유다의 히스기야왕(기원전 721-693)은 바위를 약 520M 길이의 터널을 인공으로 뚫어 기혼샘의 물을 예루살렘 도성 안으로 끌어 들였다.

실로아(Siloah)의 샘이라고 불리는 이 시설은 전설처럼 내려오다가 서기 1838년에 발견되었다. 1880년에 터널의 출구(出口)로부터 7.5m 떨어진 곳에서 이 지하수로 건설에 관해 기록한 비문(碑文)발견되었다. 그 내용에 의하면 ",,,그리고 이것은 바위를 뚫은 이야기이다. (일꾼들이)양 쪽에서 꼭갱이를 휘둘러 파들어 가던 중 3 엘레가(1.3m)정도 남았을 때 한편에서는 오른 쪽으로 다른 한편에서는 왼쪽으로 바위에 구멍이 뚫리고 서로 부르는 소리가 들렸다고 한다. 꼭갱이로 구멍을 뚫던 사람들이 서로 부르는 소리가 들리고 구멍이 뚫리던 날 일꾼들은 서로 상대를 모며 곡괭이를 번갈아 휘둘렀다고 한다.

물은 수원(水源)에서부터 1200 엘레 떨어진 못으로 흘러들어왔다. 그리고 일꾼들의 머리 위 바위의 높이는 100 엘레였다고 한다.

10. 하나님을 의지한 히스기야왕의 용기

한편 앗시리아의 침공 앞에 예루사렘의 백성들은 지레 겁을 먹고 초죽음이 되었다. 그러나 하나님을 의지한 히스기야왕은 급박한 상황에서도 담담했다. 일단 예루살렘 외각에 흐르는 수맥을 모두 차단한 다음 성벽을 수리하고 싸움에 임하는 지휘자들과 겁먹은 백성들을 격려했다.

"여러분은 마음을 든든히 먹고 용기를 내시오. 앗시리아 군을 두려워 마시오 우리와 함께 하시는 하나님은 저들보다 더 위대하십니다. 저들에게는 강한 팔이 있지만, 우리에게는 전능하신 하나님이 함께 하십니다. 하나님이 우리와 함께 하시는 한 염려할 일이 아닙니다."

　군사력으로 대응할 능력이 없는 히스기야왕은 오직 하나님을 의지하는 길밖에 없었다. 히스기야왕은 겸허한 마음으로 하나님께 간절히 기도했다.

　한편 앗시리아의 산헤립은 시리아를 거쳐 예루살렘에 이르기까지 북부 이스라엘을 비롯한 여러 나라들을 모조리 정복했다. 그는 정복한 나라의 남자들을 포로로 얽어가고 눈에 보이는 재물을 모조리 약탈했다. 앗시리아 군대가 거쳐 간 도성은 잿더미가 되었고, 그들의 말굽이 미치는 도성의 원로들은 목숨이 끊어질 때까지 고문을 당했다. 만일 고분고분하지 않고, 이유를 들어 복종하기를 거부하는 사람은 모조리 죽임을 당했다. 그리하여 앗시리아가 정복한 나라의 큰길은 약탈한 물자를 니느웨(Nineveh)로 실어 나르는 낙타 떼와 포로들의 행렬로 붐볐다. 전쟁 경험이 풍부한 앗시리아의 전략은 치밀했다. 저들은 예루살렘을 직접 공격하지 않고 일단 블레셋의 작은 변방 도성들을 먼저 평정한 다음 마지막으로 예루살렘의 숨통을 조였다.

　한편 앗시리아의 산헤립이 휘하의 장군을 보내 히스기야왕에게 항복을 종용했다.

　"히스기야왕 왕은 잘 들어라. 너희의 주 하나님을 의지한다고 말할지 모르지만 산당과 제단을 헐고 유다와 예루살렘 사람들에게 예루살렘에 있는 그 단에서만 예배하라고 말한 자가 바로 히스기야왕이 아니냐? 자, 내가 우리 앗시리아의 이름으로 한 가지 내기를 제안하겠다. 만일 너희가 말 탈 사람 2천 명을 구할 수 있으면 내가 그만한 말을 너희에게 주겠다. 앗시리아의 제일 하급 장교 한 사람도 당해내지 못할 너희들에게 이집트가 전차와 마병(馬兵)을 지원해 준들 무슨 소용이 있겠느냐? 내가 신의 도움 없이 너희 나라를 쳐러 온 줄 아느냐? 내가 믿는 신께서는 나에게 직접 이 땅을 멸망시키라고 말씀하셨다."

11. 히스기야왕의 우상철폐와 산헤립의 신앙

본래 앗시리아는 아세라 우상을 섬겼기 때문에 히스기야왕이 철거한 우상은 저들의 신상이었다. 그러기 때문에 앗시리아의 왕은 자신들의 신을 철거한 유다의 왕은 그 벌로 저주를 받을 것이라고 생각했다. 하루는 앗시리아의 사자가 히스기야 병사들에게 히브리어로 외쳤다.

"너희들은 나의 조상이 다른 여러 나라 백성들에게 가한 일을 알지 못하느냐? 너의 하나님이 나의 손에서 너희들을 구할 수 있다고 생각하느냐? 너희는 히스기야왕에게 속았다. 그의 말에 놀아나지 말아라. 지금까지 어느 나라의 신도 산헤립의 손아귀에 든 백성을 구하지 못했거늘 하물며 너희 하나님이 어떻게 우리 산헤립의 손안에 든 너희들을 구할 수 있단 말이냐?"

앗시리아 장군은 자신들의 신을 앞세워 히스기야왕을 협박했다. 그러자 엘리야김과 셉나와 요아스가 소리쳤다.

"히브리말을 쓰지 말고 앗시리아(아람)말로 하시오."

그러나 저들은 예루살렘의 백성을 심리적으로 회유할 술책으로 계속 히브리어로 외쳤다.

"우리 왕이 너희와 너희 왕에게만 말하라고 나를 보낸 줄 아느냐? 나는 성벽에 앉아 있는 사람들에게도 직접 말해 주어야겠다. 그들도 너희와 마찬가지로 자기 똥을 먹고 자기 오줌을 마셔야 할 것이다."

앗시리아의 장군은 이스라엘 병사들이 알아듣도록 히브리어로 협박한 후 통첩을 보내왔다.

"너희는 앗시리아 대왕의 말씀을 잘 들어라! 앗시리아왕이 너희에게 이렇게 말씀하셨다. 너희는 히스기야왕에게 속지 말라. 그가 너희를 내 손에서 구해내지 못할 것이다. 너희는 하나님을 의지하라는 히스기야왕의 설득에 넘어가지 말아라. 그는 하나님이 너희를 구하고 우리 앗시리아 군을 막아 너희 성을 점령하지 못하게 할 것이라고 속이고 있다. 너희는 히스기야왕의 말을 듣지 말고 당장 성 밖으로 나와 항복하라. 그러면 너희가 너희 포도와 무화과를 먹고 너희 우물에서 물을 마실 수 있을 것이다. 앞으로 내가 와서 이 땅과 같은 다른 지방으로 너희를 옮겨가서 살게 하겠다. 그곳은 곡식과 포도주와 빵과 포도밭과 감람기름과 꿀이 많은 땅이다. 만일 너희가 항복하면 죽지 않고 이 땅에서 살게 될 것이다. 하나님이 너희를 구출할 것이라고 히스기야왕이 설득해도 너희는 그의 말을 듣지 말아라. 세상 어느 나라의 신이 앗시리아의 손에서 백성을 구출한 적이 있느냐? 하맛(Hamath)과 아르밧(Arpad)과 스발와임(Sepharvaim)과 헤나(Hena)와 아와(Ivvah)의 신들이 어디 있느냐? 그들이 사마리아를 내 손에서 구하였느냐? 내 손에 든 나라를 구해 준 자가 하나도 없는데, 너희는 어째서 하나님이 예루살렘을 구할 수 있다고 생각하느냐?"

앗시리아의 산헤립의 장군은 그동안 여러 성의 신도들이 맥을 못 추고 행복했다는 예를 들어 항복을 종용했지만, 히스기야왕의 백성들은 한 마디 대꾸도 하지 않았다. 다만 엘리야김과 셉나와 요아가 비통한 심정으로 옷을 찢고, 히스기야왕에게 찾아가 사실대로 전했다(왕하 20:1-11).

12. 히스기야왕의 통한과 이사야 예언자의 조언

엘리야김으로부터 앗시리아의 통첩을 받은 히스기야왕은 격분하여 입은 옷을 찢고 삼베 자루 옷으로 갈아입고 성전으로 달려가 산헤립이 보낸 통첩을 제단 위에 펼쳐 놓고 하나님께 읍소했다.

"그룹 천사들 위의 보좌에 앉아계신 이스라엘의 주 하나님이시어! 주님께서는 온 세상 나라를 다스리는 하나님이십니다. 주님은 하늘과 땅을 창조하셨습니다. 주님이시어!, 귀를 들어주옵소서. 주님이시어! 눈을 떠 보소서. 산헤립이 살아계신 하나님을 모독하는 말을 들으소서. 앗시리아왕이 수많은 나라를 멸망시키고, 그 땅을 황폐화 시켰고, 점령하는 곳마다 신상을 불태웠습니다. 그러나 그것은 신이 아나라 사람의 손으로 만든 나무나 돌에 불과 했기 때문에 그들이 멸할 수 있었습니다. 하지만 우리 주 하나님 주님이시어! 이제 우리를 앗시리아 손에서 구해 주소서. 그러면 온 세상의 모든 나라들이 주님만이 오직 구원자이심을 알게 될 것입니다"(왕하 19:15-16).

히스기야왕은 성전에서 슬피 울고 난 다음 궁중 대신과 서기관과 제사장들에게 삼베 자루옷으로 갈아입도록 지시한 다음 이사야 예언자에게 사람을 보내 위급한 사정을 전했다.

"이사야 예언자여! 오늘은 고통과 책망과 치욕의 날입니다. 우리는 아이가 태어날 때가 되었으나 해산할 힘이 없는 여자처럼 되었습니다. 앗시리아가 보낸 지휘관이 살아계신 하나님을 모욕하였습니다. 아마 하나님께서도 그가 모욕하는 말을 들으셨을 것입니다. 주님께서 그를 책망하시겠지만 당신은 살아남은 백성을 위해서 기도해 주십시오."

전갈을 받은 이사야는 하늘을 우러러 기도한 다음 히스기야왕에게 전갈을 보냈다.

"이스라엘의 하나님께서는 왕의 기도를 들으시고 앗시리아왕에 대하여 이렇게 말씀하셨습니다. '처녀 딸 시온은 너를 두려워하지 않는다. 예루살렘이 너를 비웃고 조롱하고 있다. 네가 누구를 꾸짖고 모독하였느냐? 너는 이스라엘의 거룩한 자를 향하여 큰소리 치고 잘난 척하였다. 나는 너의 모든 일과 네가 무엇을 하고 어디에 가는지 다 알고 있으며 네가 나에게 대해서 얼마나 악한 말을 했다는 것도 잘 알고 있다.' 그러므로 주님께서는 앗시리아에 대하여 '그는 이 성으로 들어오지 못하고 화살 하나 쏘지 못할 것입니다. 그리고 방패 든 군인들도 접근하지 못할 것입니다. 성 주변에 토성을 쌓지 못하고 오던 길로 되돌아 갈 것이다. 이것은 나 주님의

이사야 예언자가 찾아와 뜻밖의 주님의 뜻을 전했다(왕하 19:1-7).

13. 산헤립에 대한 주님의 응징

이사야 예언자의 격려에 힘을 얻은 히스기야왕은 그 날 밤 기도하는 마음으로 담담하게 보냈다. 그런데 이게 웬일인가,,, 바로 그 날 밤 앗시리아의 장군들을 포함한 18만5천 명의 병사들이 전염병으로 괴멸 당했다. 아침 해가 뜨자 예루살렘 외각의 온 벌판이 앗시리아 병사들의 시체로 뒤덮였다. 산헤립은 창피해서 얼굴을 들지 못하고 허둥지둥 귀국했다. 싸움을 포기하고 고국으로 돌아간 산헤립은 니스록(Nisroch)신전에 들어가 경배할 때 그의 아드람멜렉(Adrammelech)과 사레셀(Sharezer) 두 아들이 아버지를 칼로 찔러 죽이고 아라랏(Ararat)땅으로 도망쳤다. 산헤립이 자식들에 의해 비참하게 죽고 그의 또 다른 아들 예살핫돈(Esarhaddon)이 왕위를 계승했다.

한편 히스기야왕이 앗시리아 대군을 물리쳤다는 소문이 여러 나라에 번지면서 주변 각 국에서 히스기야왕에게 축하의 선물을 바치는 등 산헤립을 물리친 후 남부 유다는 다시 태평성대를 맞았다(왕하 19:20-37).

14. 중병에 걸린 히스기야왕

하나님의 능력을 빌어 앗시리아를 물리친 히스기야왕은 사람이 알 수 없는 무서운 종기가 생겨 죽게 되었다. 백방으로 치료했지만 효력이 없었다. 하나님의 은총으로 앗시리아를 물리친 히스기야왕이 중병에 시달리면서도 자기 몸에 병이 왜 생겼는지 깨닫지 못했다. 자기 자신을 성찰하지 못한 히스기야왕은 마침내 하나님의 노여움을 샀다. 어느 날 문병 온 이사야 예언자가 난감한 표정으로 말했다.

"주님께서 말씀하시길 왕은 회복하지 못할 것이라고 하셨으니 죽을 준비나 하십시오."

이사야의 말에 자신의 잘못을 비로소 깨달은 히스기야왕은 얼굴을 벽 쪽을 향해 울부짖었다.

"주님이시여! 내가 마음을 다하여 주를 성실하게 섬기는 일과 내가 주 앞에서 선하게 살려고 했던 것을 기억하소서. 저는 이제 겨우 40살밖에 안되었는데 벌써 죽다니 정말 억울합니다."

이사야가 히스기야왕의 애절한 울음소리를 뒤로 하고 궁전 뜰을 걸어 나올 때 하나님의 음성이 들렸다.

"너는 내 백성의 지도자 히스기야왕에게 돌아가서 그의 조상 다윗왕의 하나님이 이렇게 말한다고 일러라. '나는 네 기도를 들었고 네 눈물을 보았다. 내가 너를 고칠 것이며, 너는 3일 만에 성전에 올라갈 것이다. 내가 네 수명을 15년 간 더 연장할 것이며, 너와 이 성을 앗시리아의 손에서 구하고, 나의 명예와 내 종 다윗왕을 위해 내가 이 성을 지키고 보호할 것이다."

이사야가 얼른 발길을 돌려 히스기야왕에게 다시 돌아가 주님의 뜻을 전하고 시종들에게 무화과를 가져오라고 했다. 시종들이 가져온 무화과를 으깨어 히스기야왕 몸에 돋은 종기에 붙였더니 심하게 앓던 환부가 감쪽같이 낳았다. 히스기야왕이 하나님을 섬긴 것처럼 하나님도 히스기야왕을 사랑하셨다. 하나님의 보살핌으로 건강을 되찾은 히스기야왕은 15년의 새 삶을 살았다. 하나님의 보살핌으로 남부 유다는 이웃 나라들로부터 많은 조공을 받았다. 금은보석과 향품(Spices)과 방패와 그 밖의 소중한 물건들은 새로 건설한 보물창고에 보관했다. 그리고 곡식과 새 포도주와 감람기름을 넣어둔 보물 창고와 짐승의 외양간과 양떼와 소떼를 가둬놓을 우리를 곳곳에 새로 만들었다. 히스기야왕은 수많은 소떼와 양떼를 소유했고, 새로운 성(城)도 축조했다. 특히 끊임없이 흐르는 기혼(Gihon)강물을 막아 수로를 예루살렘 도성의 서쪽으로 끌어 들였다. 그 외에도 히스기야왕은 하는 일마다 성공을 거두었다.

히스기야왕은 이사야의 예언대로 15년간 더 살면서 창고마다 금, 은, 보석을 비롯해 곡식과 술 기름으로 가득 채웠다. 그 외에도 부서진 가축우리를 개축하고 관 개수로를 개통하는 등 많은 업적을 쌓았다(왕하 20:1-11).

15. 바빌로니아 사절단과 정보 누출

한편 중동의 강자 앗시리아가 새로 등장한 바빌로니아의 느부갓네살과의 싸움에 패하면서 남부 유다는 새로운 국방 문제에 직면했다. 기원전 621년 강력한 앗시리아를 정복한 신흥 바빌로니아가 이번에는 남부유다를 넘보기 시작했다. 그러던 어느 날 바빌로니아의 므로닥-발라단(Merodach- Baladan)이 히스기야왕이 병들었다는 소문을 듣고 환심을 사기 위해 문병 차 방문할 때 편지와 예물을 챙겨 친선 사절단을 시켜 보내왔다.

히스기야왕은 문병 차 방문한 사절단을 정중히 맞이했다. 그러나 바빌로니아의 사절단은 히스기야왕이 생각한 것처럼 단순한 문병사절이 아니었다. 사절단의 위문 목적은 남부유다의 정보를 수집하기 위한 위장 전술이었다. 그러나 저들의 흉계를 모르는 히스기야왕은 순진하게 사절단을 환대했다. 설마 친선 사절단이 염탐꾼이라고는 생각하지 못했다. 마음이 착한 히스기야왕은 위문단이 보여 달라는 대로 남부 유다의 실상을 사실대로 모두 보여 주었다. 심지어 왕실 창고에 저장한 금과 은을 비롯해 향과 기름과 국방 무기고에 있는 전쟁 물자 등 궁전 내부까지 샅샅이 보여 주었다. 그런데 바빌로니아의 사절단이 떠난 후 이사야 예언자가 히스기야왕을 찾아와 물었다.

"저들은 어디서 왔으며 그들에게 어떤 말을 하셨으며, 무엇을 보여 주었습니까?"

그러자 히스기야왕이 대답했다.

"그들은 먼 나라 바빌로니아에서 온 사절인데 저들이 보여 달라는 대로 궁전과 창고도 모두 보여 주었습니다." 하고 이사야 예언자가 깜짝 놀라며 "왕께서는 주님의 말씀을 잘 들으십시오. 주님께서는 왕의 조상들이 오늘날까지 궁전 창고에 쌓아 둔 그 모든 것이 바빌로니아로 옮겨지고 하나도 남지 않을 것이며, 또 왕의 아들 중 몇 사람이 끌려가 바빌로니아의 궁전에서 내시가 될 것이라고 하셨습니다."

이사야가 책망과 동시에 예언을 했다. 그러나 히스기야왕은 담담했다. 적어도 자기 시대에는 평화와 안전이 흔들리지 않을 것이라는 말에 여유 있게 대답했다.

"당신이 말한 주님의 말씀은 다 좋습니다."

태평성대에 취한 히스기야왕은 이사야의 예언을 실감하지 못했다. 그러나 이사야의 예언이 있은 후 15년 되던 해에 히스기야왕은 백성들의 애도 속에 죽어 다윗성 조상의 무덤에 묻었다. 그러나 역사의 수레는 이사야의 예언대로 어김없이 다가왔다(왕하 20:12-21).

16. 므낫세가 남부 유다의 제14대 왕위에 오르다

하나님을 섬기고 선정을 베풀어 나라를 크게 번영시킨 히스기야왕이 죽고 헵시바 부인이 낳은 아들 므낫세(Mamaseh)가 12살의 어린 나이로 기원전 696년 남부 유다의 제14대 왕위에 올라 55년간 통치했다(왕하 21:1-2).

17. 우상숭배로 기울기 시작한 남부 유다

12살에 왕위에 올라 55년을 통치한 므낫세왕은 남부 유다의 여러 왕들 중에 재위기간이 가장 길다. 그러나 므낫세는 왕위에 오른 후 선대의 정책을 모조리 뒤엎고 이방문화를 끌어들이는 등 이스라엘의 하나님 보시기에 합당치 않은 짓을 자행했다. 그는 아버지 히스기야왕이 헐어버린 산당을 다시 세우고 지난날 북부 이스라엘의 아합왕을 본받아 바알신을 끌어 들였다. 곳곳에 바알 제단을 쌓고 아세라 여신상을 세우고, 하늘의 별들을 숭배했다. 하나님을 경배하기 위해 건립한 성전에 우상을 세우고, 성전 뜰에는 하늘의 별을 숭배하는 제단을 쌓고, 그 제단에서 이방의 몰렉신에게 자기 아들까지 불에 태워 제물로 바치는 등 기고만장했다.

그 외에도 므낫세왕은 마술을 즐기고, 점쟁이를 왕궁에 불러들여 점을 치고, 무당을 불러들여 굿을 하고, 악령과 귀신을 불러내 자문하는 등 하나님의 진노를 자청했다. 하나님의 성전에다 아세라 여신상을 세울 만큼 우상숭배에 몰두한 므낫세왕에 대한 하나님의 경고가 연이었다. 하나님은 지난날 다윗왕과 솔로몬에게 하신 말씀을 상기시켰다.

"예루살렘의 이 성전은 이스라엘의 모든 지파의 땅 중에서 내가 경배 받을 곳으로 택한 장소이다. 만일 이스라엘 백성이 나의 모든 명령에 순종하고 내 종 모세를 통하여 그들에게 준 모든 율법을 지키면 내가 다시는 그들의 조상들에게 준 이 땅에서 헤매지 않게 하겠다."

그러나 므낫세왕은 하나님의 지엄한 경고를 무시했다. 그는 이스라엘 백성들이 멸망시킨 이방 민족들 보다 더 많은 죄악을 범했다. 국왕이 우상숭배에 빠지자 백성들 역시 주님의 말씀을 듣지 않았다. 심지어 자기 자식까지 불에 태워 번제를 드리는 몰렉신을 섬겼다. 므낫세왕이 형편없이 추락하자 주님께서 예언자의 입을 빌어 이렇게 경고하셨다.

"유다의 왕 므낫세왕이 이처럼 역겨운 짓들을 저지르고 옛날 이 땅에 살던 아모리 사람들보다 더 많은 악을 행하고, 우상으로 유다 백성을 죄의 길로 인도하였다. 그러므로 이스라엘의 하나님이 내가 듣는 사람마다 깜짝 놀랄 무서운 재앙을 예루살렘과 유다에 내릴 것이다. 내가 사마리아와 아합왕의 집안을 벌한 것처럼 예루살렘을 벌하고, 그릇을 깨끗이 씻어 엎어놓듯이 예루살렘을 깨끗이 쓸어버릴 것이다. 나는 또 살아남은 자들을 저버리고 그들을 원수들에게 넘겨주어 약탈당할 것이다. 이것은 그들이 이집트에서 나온 그들 조상의 시대부터 오늘날까지 내 앞에서 악을 행하여 나를 노하게 하였기 때문이다"(왕하 21:2-7).

18. 반 앗시리아의 정책과 우상숭배

므낫세에 대한 하나님의 경고는 준엄했다. 그러나 므낫세는 여전히 궁 안에 점쟁이들을 불러들여 점을 치고, 마술사들이나 하는 놀음을 즐기고, 악령을 찾아가 국정을 자문하는 등 완전히 우상의 노예가 되었다. 그는 자기를 따라 우상을 숭배하지 않는다는 이유로 경건한 사람들을 마구 죽였다. 예루살렘을 온통 피로 물들인 므낫세왕은 그의 아버지 히스기야왕이 존경하던 이사야 예언자를, 하나님을 섬겨야한다는 주장을 굽히지 않는다는 이유로 몸을 톱으로 잘라 죽였다. 므낫세왕은 이방 침략자들보다도 더 악랄한 방법으로 백성들을 탄압했다. 뿐만 아니라 국제정세에 둔한 므낫세왕은 외교적으로 반 앗시리아 정책을 펼쳤다. 참다못한 하나님께서 이번에는 스바냐(Zephaniah)예언자의 입을 빌어 경고하셨다.
　"유다의 므낫세왕은 옛날 아모리(Amorite)사람들의 악행보다 더 역겨운 악을 행했다. 나는 사마리아를 심판한 잣대와 아합왕의 집안을 벌한 것처럼 예루살렘을 심판하겠다."
　스바냐 예언자가 단호하게 경고했다. 하지만 우상숭배에 몰입한 므낫세왕은 끝내 돌이키지 않았다. 그러는 가운데 므낫세왕의 아버지(히스기야왕) 시대에 하나님을 섬기던 사람들은 나이가 들어 다 죽고, 그 후에 태어난 신세대는 아예 하나님을 모르는 세대들로 므낫세왕을 닮은 이교도들이 되었다. 그 동안 하나님은 사랑의 하나님임과 동시에 정의의 하나님으로 병든 이스라엘을 한결같이 보살피셨지만 국왕과 백성들이 율법을 파기함으로써 하나님은 이스라엘을 더 이상 당신의 백성으로 보살펴야할 가치를 잃으셨다(왕하 21:8-10).

19. 뒤늦게 회개한 므낫세왕

　하나님의 준엄한 결단이 내린 후 므낫세왕은 물론 남부 유다의 운명은 하루 아침에 풍전등화로 전락했다. 호시탐탐 기회를 엿보던 앗시리아가 단숨에 예루살렘에 쳐들어 와서 므낫세왕을 사로잡아 코에 갈고리를 꿰고, 몸을 쇠사슬로 묶어 바

벨론으로 끌어가고, 병사들은 예루살렘을 샅샅이 뒤져 보물을 모두 약탈했다.10)

바벨론에 끌려간 므낫세왕은 갖은 고초를 당했다. 그는 참을 수 없는 고통을 당하고 나서야 비로소 자신의 잘못을 뉘우쳤다. 그동안 백성들이 바라는 대로 그들의 우상을 섬기고, 그들이 바라는 정책을 폈음에도, 그들에게 침략을 당한 므낫세왕은 자신의 어리석었음을 뉘우쳤다. 포로의 몸이 되어서야 비로소 지난날 하나님을 섬긴 아버지를 생각하고 주야로 하나님께 용서를 빌었다.

주야로 하나님 앞에 겸손한 자세로 용서를 구하자, 하나님은 므낫세왕의 간절한 기도를 들으시고, 그에게 다시 예루살렘으로 돌아가도록 길을 열어 주셨다. 어렵사리 만신창이가 되어 예루살렘에 돌아온 므낫세왕은 하나님을 철저히 섬겼다. 과오를 뼈저리게 반성한 므낫세왕은 지난날 자기가 저지른 죄를 씻기 위해 기드론 골짜기에 있는 기혼 샘 서쪽에서 오벨 언덕까지 널려있는 우상들을 말끔히 정화하고, 다윗성의 동쪽 바깥 성을 더 높이 쌓았다. 유다의 모든 성을 요새화하고 병사들과 지휘관들을 새로 배치하는 등 국방에 심혈을 기울였다. 자기가 세운 우상 제단을 손수 헐고, 그 자리에 새로 주 하나님을 위한 제단을 쌓고 화목제를 올렸다. 예루살렘에 자리 잡은 우상제단을 모조리 철거한 다음 백성들에게 하나님을 섬기도록 지도하는 등 일대 종교 개혁을 단행했다. 므낫세왕은 자기 손으로 파기한 성전을 다시 자기 손으로 일으켜 세웠다. 이스라엘 역사상 우상을 섬기던 왕이 회개하여 하나님을 섬긴 경우는 므낫세왕이 처음이었다. 그러나 므낫세왕이 하나님을 섬기라고 독려했지만 이미 우상에 길들여진 백성들은 좀처럼 돌이키지 않았다. 여전히 산당에 찾아가 제사 드리는 등 종교 개혁을 대대적으로 단행했지만 우상의 뿌리는 완전히 뽑히지 않았다(왕하 21:11-18).

---

10) 얼마 후 남부 유다가 패망한 원인은 므낫세왕의 실정이라고 지적하는 사람들이 많다. 므낫세왕은 12세부터 66세까지 54년간 유다를 다스리다 기원전 642년에 죽어 조상의 무덤에 묻혔다.

20. 아몬이 남부 유다의 제15대 왕위에 오르다

므낫세왕이 죽고 그의 아들 아몬(Amon)이 기원전 642년에 예루살렘에서 22세로 제15대 왕위에 올랐다(2년간 통치). 그런데 아몬왕은 본래 이집트 우상의 이름이었다. 한때 므낫세왕이 우상 숭배에 몰두했을 때 아들을 낳아 이름을 이집트의 우상을 본받아 '아몬'이라고 지었던 것이다. 아들의 이름까지 우상을 본 딴 점으로 보아 므낫세왕의 우상숭배가 얼마나 광적이었는가를 가늠할 수 있다(왕하 21:19-22).

21. 우상의 이름을 빈 아몬왕의 치적

아버지의 뒤를 이어 왕위에 오른 아몬왕은 비록 재위 2년간 밖에 되지 않지만 아버지(므낫세)가 몰두했던 것처럼 우상 정책을 실시하여 많은 폐단을 불러왔다. 그는 아버지가 미처 철거하지 못한 우상 제단을 되살렸다. 그는 가는 곳마다 아세라 신상을 세우는 등 하나님을 배척하고 우상숭배를 서슴없이 자행했다. 그는 본래 욧바(Jotbath)태생의 어머니 므술레멧(Meshullemeth)이 낳은 왕자로 국왕의 덕망도 용기도 갖추지 못한 치졸한 인물이었다. 한마디로 나라를 관리할 능력이 없는 인물이 국왕이 되어 매일 우상 앞에서 먹고 마시기만을 즐기던 어느 날 왕실에 침입한 신하들에게 살해당했다(아몬왕을 살해한 범인은 밝혀지지 않았음).

아몬왕이 신하들 손에 비참하게 암살당했지만 백성들은 조금도 슬퍼하지 않았다. 오히려 나라를 이끌어갈 능력이 없는 왕을 처단함으로써 위기에 처한 나라를 구할 수 있는 기회를 맞이했다고 생각했다. 그러나 국가의 체계를 중시한 백성들은 아몬왕을 살해한 신하들을 용서하지 않았다. 비록 아몬왕이 사악한 왕이었지만 그는 다윗왕의 혈통을 이어받은 자손으로 하나님의 기름 부은 왕이었기 때문에 그의 정통성을 중요하게 생각했다. 아몬왕이 비명에 가자 백성들이 들고일어나 아몬왕을 살해한 반역자들을 모두 처형시켰다. 백성들이 반란자들을 용납하지 않은 점이 북부 이스라엘과 확연히 다른 점이었다. 북부 이스라엘에서는 정통성을 무시한 반란자들이 국왕을 죽이고 스스로 왕 위에 오르는 왕위 찬탈전이 반복되었지만 남부 유다에서는 다윗왕의 자손만이 국왕이 될 수 있었기 때문에 왕위 찬탈이 용납되지 않았다(왕하 21:23-26).

제2장 요시야가 제16대 왕위에 오르다

1. 사실상 남부 유다의 마지막 왕 요시야

아몬왕이 신하들의 손에 죽고 그의 아들 요시야(Josiah)가 기원전 640년 8세의 어린 나이로 예루살렘에서 남부 유다의 제16대 유다의 왕위에 올랐다(31년간 통치). 요시야는 비록 어린 나이에 왕위에 올랐지만 다윗왕의 혈통을 이어받았기 때문에 신변의 위협을 받지 않았다. 백성들로부터 유다 왕조의 정통성을 인정받은 요시야왕은 재위 31년 동안 훌륭한 업적을 많이 쌓았다(왕하 22:1-2).

2. 성전에서 발견된 모세의 율법서

요시야왕은 왕위에 오른 후 갑자기 앗시리아의 세력이 약화되기 시작했다. 남부 유다를 넘보던 앗시리아의 영향력이 약화되면서 요시야왕은 마음 놓고 내치에 치중할 수 있었다. 요시야왕은 왕위에 오른 후 8년 째 되던 해(요시야왕의 나이 16살)에 일대 종교 개혁을 단행했다. 그동안 우상 숭배로 더럽혀진 예루살렘을 비롯한 유다 전역에 산재해 있는 산당에 철퇴를 가했다. 그는 우상 제단을 부셔 가루를 만든 다음 그 가루를 우상을 숭배하다 죽은 사람들의 무덤에 뿌렸는데, 그것은 유다의 풍속 상 더 이상 우상 숭배를 못한다는 극단의 예방책이었다.

요시야왕은 예루살렘을 비롯한 외곽 지방을 수시로 순회하여 우상숭배의 요인을 찾아내 철퇴를 가했다. 남부 유다만이 아니라 패망한 북부 이스라엘의 백성들에게도 영향력을 미쳤다. 북부 이스라엘의 백성들 중에 지도급 인사들은 모두 앗시리아로 끌려가고 일부 백성들이 남아 있었는데 그들도 본래 다윗왕의 통합 왕조를 이룬 12지파의 후손들이었다. 요시야왕은 그 10지파의 후손들이 남아있는 북부 이스라엘에 산재해 있는 우상도 모두 철거했다. 심지어 아세라 우상을 만들지 못하게 목수 연장을 지닌 사람은 눈에 띄는 대로 모두 남부 유다로 이주시켜 다시는 우상을 만들지 못하도록 철퇴를 가했다. 그런 다음 사마리아에 남아 있던 바알의 제관들을 모두 죽이고, 그 뼈를 갈아 산당에 뿌렸다.

3. 요시야왕의 종교개혁

요시야왕이 즉위한지 18년째 되는 해였다. 어느 날 궁 안에 세워진 신당을 철거하고 힐키야(Hilkiah)제사장에게 하나님의 제단을 수리하도록 지시했다. 그런데 목수들이 성전의 부서진 부분을 수리할 때 한 쪽 구석에 오랫동안 버려진 낡은 헌금함을 들추어냈다. 수백 년 동안 버려진 함이었다. 혹시 그 함속에 무엇이 들어있나 속을 들여다보았다. 그런데 뜻밖에 그 함 속에 돈과 오래된 두루마리가 발견되었다. 힐키야 제사장은 함에서 발견된 돈은 성전 수리를 맡은 담당자에게 넘겨주고, 두루마리는 서기관 사반(Shaphan)에게 넘겨주었다. 사반은 그 두루마리를 읽어 본 다음 요시야왕에게 보고했다.

"우리는 왕의 명령을 모두 수행하였습니다. 그런데 성전에 보관되어 있던 낡은 함 속에서 발견된 돈은 성전 수리에 쓰도록 주었고, 두루마리는 여기 가져 왔습니다."

그리고는 요시야왕 앞에서 두루마리에 적힌 내용을 큰 소리로 읽었다. 요시야왕은 두루마리에 기록된 말씀을 듣고 두려움에 사로잡혀 사기 옷을 찢으며 힐기야 제사장과 사반의 아들 아히감과 미가의 아들 압돈과 서기관 사반과 보좌관 아사를 불러 들여 특명을 내렸다.

"당신들은 얼른 북부 이스라엘과 남부 유다에 남아 있는 사람들에게 이 두루마리에 쓰여 있는 말씀에 대하여 주님께 물어 보시오. 그 동안 우리 조상들이 이 두루마리에 기록된 대로 주님의 말씀을 지키지 않았기 때문에 주님께서는 크게 노하셨다고 말하시오."

왕명을 받은 신하들이 여자 예언자 훌다를 찾아갔다. 훌다는 예복 담당자 살룸의 아내로 예루살렘의 둘째 구역에 살고 있었다. 왕명을 받은 신하들이 훌다에게 찾아가 사연을 말하자 훌다는 두루마리의 내용을 이렇게 설명했다.

"나는 네가 읽은 그 율법 책에 기록된 저주대로 예루살렘과 그 주민을 벌하겠다. 그들은 나를 저버리고 다른 신을 섬겼으며 그들이 행하는 모든 일로 나를 노하게 하였다. 그러므로 이 곳 예루살렘에 내가 분노의 불을 쏟을 것이니 그 불은 꺼지지 않을 것이다. 그러나 너는 그 책에 기록된 말씀을 듣고 또 내가 예루살렘과 그 주민들을 벌하리라는 말을 들었을 때 네가 회개하는 마음으로 옷을 찢고 통곡하며, 내 앞에서 자신을 낮추었으므로 내가 네 기도를 들었다. 그러므로 내가 너를 네 조상들에게 돌아가 묘소에 평안히 잠들게 하겠다. 너는 내가 예루살렘에 내릴 재앙을 네 눈으로 보지 않을 것이다"(왕하 22:3-13).

4. 율법을 널리 홍보하다

훌다 예언자는 두루마리를 읽은 다음 남부 유다에 닥쳐올 운명을 말했다. 그런데 이 때 성전에서 발견된 두루마리의 내용은 8백 년 전에 모세가 하나님과 체결한 성약의 내용(율법)을 백성들에게 설명한 것을 훗날 다윗왕이 기록하여 법궤에 담아 성전에 보관시킨 것이었다. 그런데 백성들이 우상을 섬기면서 법궤는 관심밖에 버려진 채 무려 350여 년 동안 사장되어 있었다. 마침 요시야왕이 성전을 수리하던 중에 우연히 발견하여 빛을 보았던 것이다.11)

본래 모세는 그 두루마리의 말씀을 제사장들에게 돌려주고 백성들이 7년에 한 번씩 읽도록 지시한 일종의 율법 교과서였다. 만일 남북의 왕들이 모세의 가르침대로 그 두루마리의 내용을 백성들에게 읽혀주었더라면 남북의 이스라엘은 다른 역사의 궤도(軌道)를 이루었을 것이다. 그러나 불행히도 역대 왕들이 하나님을 제대로 섬기지 않는 가운데 귀중한 두루마리가 함부로 버려졌던 것이다. 비록 두루마리의 일부분이 낡아 해어진 상태였지만, 종교개혁을 단행한 요시야왕에게는 더 없이 귀중한 자료였다. 요시야왕은 두루마리의 내용에 따라 종교 개혁을 성실히 단행했다.

"만일 이 책에 쓰여 있는 지시에 따르지 않으면 하나님께서 너희의 괴로움을 더할 것이다. 너희는 하나님을 저버린 죄 값으로 너희가 하는 모든 일에 재앙을 내릴 것이다. 하나님은 너희를 조상들도 알지 못하는 나라에 보내 너희들의 왕과 더불어 나무와 돌로 된 다른 신을 섬기게 될 것이다. 너희가 하나님의 말을 듣지 않고 그 율법을 지키지 않았기 때문에 그런 벌을 내릴 것이다."

요시야왕은 예루살렘의 장로들을 한자리에 소집해놓고 두루마리의 내용을 연거푸 읽어 주었다. 그리고 전국의 남녀노소들도 돌아가면서 두루마리의 내용을 큰 소리로 외도록 했다. 요시야왕은 두루마리를 발견한 후 보다 강력한 의지로 전국 각지에 산재한 바알 신당을 철저히 헐고, 태양, 달, 별을 경배하기 위해 만든 집기들을 모두 거두어 폐기 했다. 그리고 모세가 마술사를 살려두지 말라고 기록한 내용에 따라 예루살렘 성 밖에 사는 점쟁이들의 집을 모두 철거했다. 그런 다음 점쟁이들이 아예 발을 붙이지 못하도록 그들이 살던 골짜기를 없애버렸다(왕하 22:14-20).

5. 요시야왕 왕의 종교개혁과 유월절

---

11) 후세의 사람들은 이 때 성전에서 발견된 두루마리의 내용을 모세의 오경(신명기)라고 한다.

요시야왕은 선대의 히스기야왕이 부활시킨 유월절을 계승시켰다. 제사장들에게 다시 직분을 맡기고 1월 14일을 기해 예루살렘 성전에서 유월절 행사를 치르는 한편 레위 사람들에게 지시했다.

"여러분은 거룩한 법궤를 솔로몬이 지은 성전에 모시고, 함부로 이리저리 메고 다니지 마십시오. 여러분은 하나님과 백성을 섬기는 일에만 전념해야 합니다. 또 이스라엘의 다윗왕과 그의 아들 솔로몬이 맡겨준 책임에 따라 여러분은 집안별로 성전에 제물을 가져오는 이스라엘 사람들의 가정을 도울 수 있도록 당번을 정하고, 유월절에는 어린양을 잡아 스스로 성결케 하고, 여러분의 동족 이스라엘 사람들을 위해서도 유월절을 준비하여 주님께서 모세를 통해 지지하신 대로 행하십시오."

요시야왕은 유월절 축제에 사용할 제물을 위해 자기 소유의 어린양과 어린 염소 3만 마리와 수소 3천 마리를 내놓았다. 그러자 신하들도 제사장들과 레위 사람들을 위해 기꺼이 유월절의 제물을 바쳤으며, 성전 관리자들과 힐기야와 스가랴와 여히엘 제사장에게 양 2천6백 마리와 수소 3백 마리를 유월절 제물로 바쳤다. 그러자 레위 사람들의 지도자들도 물심양면으로 적극 협력했다(왕하 22:1-24).

6. 새로 발견한 비문

어느 날 요시야왕이 드빌(Debir)이란 곳을 시찰했는데 그곳은 오래 전부터 몰렉 우상을 섬기던 곳이었다. 몰렉을 숭배하는 신도들은 몰렉 우상의 팔을 불에 달군 다음 그 팔에 아기를 안겨 태워 죽이는 예식을 집전한 곳이었다. 요시야왕은 몰렉 우상이 자리 잡았던 곳을 둘러본 후 더 이상 그곳에 우상이 발붙이지 못하도록 그 골짜기 자체를 아예 매립시켰다.

그런 다음 예루살렘 서편의 올리브산에는 솔로몬이 외국에서 끌어들인 후궁들을 위해 축조된 제단이 무려 4백 년간이나 원형 그대로 남아있었다. 그 제단은 감히 누구도 손대지 못한 해묵은 조상의 유산이 되어 버려져 있었는데, 그 제단도 말끔히 헐었다. 그리고 우상을 숭배하다 죽은 사람들의 뼈를 추려 불에 태운 다음 그 재를 우상 제단에 뿌렸다. 그 것은 누구도 더 이상 그 곳에서 제물을 바치지 못하도록 취한 예방이었다.

어느 날 요시야왕이 벧엘(Bethel)지방을 시찰하던 중 약 3백 년 전에 여로보암왕이 세워 놓은 금송아지 우상이 발견되었는데 요시야왕이 그 우상 제단의 철거를 직접 지휘했다. 금송아지 우상을 철거하고 그곳에 묻힌 죽은 사람의 뼈를 파내 불에 태운 다음 재로 만들어 뿌렸다. 그런데 우상 제단이 세워졌던 언덕 위에 이상한 비석 하나가 흙 속에 묻혀있는 것이 발견되었다.

"저기 보이는 비석은 어떤 내용이냐?"

요시야왕이 이상한 비문을 가리켰다.

그러자 벧엘의 율법 학자들이 자세히 읽은 다음 대답했다.

"저 비문은 유다의 예언자들이 이곳에 끌려와 죽을 때 마지막 남긴 유언입니다. 그 내용은 유다의 요시야왕이 이곳에 와서 벧엘의 제단을 헐고 새롭게 정리할 것이라고 말한 예언자의 마지막 말을 적은 비석입니다."

비문을 확인한 요시야왕은 깜짝 놀랐다. 320년 전에 여로보암왕이 금송아지 우상을 세우고 백성들에게 숭배할 것을 강요했으나 그것을 반대하다 죽어간 예언자들의 예언이 사실로 드러난 비문이었던 것이다.

"다윗왕의 자손 요시야왕이 이 제단에 와서 죽은 사람의 뼈를 불태울 것"이라는 320년 전에 쓰인 비문에 자신의 이름이 들어 있음을 확인한 요시야왕은 옷깃을 여미고 하나님을 경외했다. 새삼 역사를 주관하시는 하나님의 섭리를 깨달은 요시야왕은 그 길로 남부 유다에 남아있는 이교의 제관들을 모두 죽였다(왕하 23:13-18).

7. 남부 유다의 사실상 마지막 왕

요시야왕은 비록 어린 나이에 왕위에 올랐지만 이스라엘 역사상 어느 왕보다도 하나님을 지극히 섬긴 훌륭한 왕이었다. 요시야왕이 하나님을 섬기고, 율법을 지키자 하나님은 선왕 때의 죄과를 묻지 않으셨다.

"내가 북부 이스라엘을 없애버린 것처럼 남부 유다도 내 앞에서 없애버릴 것이며, 내가 택한 예루살렘 도성과 내가 경배 받을 곳이라고 말한 이 성전을 버릴 것이다."

하나님은 요시야왕의 아버지 므낫세왕이 저지른 죄에 대한 심판의 고삐를 시간적으로 잠시 늦추었을 뿐 완전히 거두어들이지 않으셨다. 요시야왕이 종교 개혁을 단행하고 백성들에게 하나님을 섬기도록 강요했지만 이미 므낫세왕에 의해 길들여진 우상 숭배는 쉽게 떨쳐버리지 못했다. 그래서 남부 유다에 대한 하나님의 심판은 완전히 거두어들이지 않으셨으니,,, 요시야왕은 사실상 남부 유다의 마지막 왕이었고, 하나님의 보살핌도 요시야왕에서 끝난 셈이었다(왕하 23:19-23).

8. 이집트 왕이 앗시리아를 지원하다

요시야왕이 왕위에 오른 지 30년 되었을 때 국제적으로 큰 변화를 맞이했다. 기원전 650년 이후 앗시리아에는 내란이 잦으면서, 대 제국의 뿌리가 무너져 내리기 시작했다. 기원전 612년에는 앗시리아의 수도 니느웨가 메데와 바빌로니아 연합군에게 함락당하는 사건이 일어났다. 앗시리아의 남은 지역들은 이집트의 지원을 받았지만 신흥 바빌로니아의 무력 앞에 맥을 추지 못했다.

이럴 즈음에 이집트의 바로 느고(Pharo-Neco2 610-594)가 궁지에 몰린 앗시리아를 지원하기 위해 유프라테스로 가던 길에 남부 유다를 경유하겠다고 했다. 그때까지 앗시리아와 이집트는 남부 유다에 영향을 미치는 열강들이었다. 남북의 이스라엘은 이들 두 나라의 틈바귀에서 늘 시달려야했다. 지리적으로 남북 이스라엘은 이들 양대 세력의 요충지로 늘 힘에 의한 볼모가 되어야 했다. 그러던 차에 바빌로니아의 세력이 급속도로 부상하는 것을 두려워한 이집트의 바로 느고왕이 궁지에 몰린 앗시리아를 지원하기 위해 하란의 갈그미 즉, 바빌로니아를 상대로 싸우는 앗시리아의 작전을 지원하기 위해 군대를 이끌고 북으로 진군 길에 나섰다.
　이집트의 바로왕이 앗시리아를 압박하는 유프라테스 강 유역의 갈그미(Carcheish)를 지원하기 위해 요시야왕에게 길을 내달라고했다. 만일 길을 내주지 않으면 강제로 밟고 가겠다고 협박했다. 그러나 요시야왕은 오히려 앗시리아가 패망하는 것이 남부 유다의 입장에는 유익하다고 판단한 요시야왕은 이집트의 요구를 단호히 거절했다. 그러자 이집트의 바로 느고가 이렇게 통고했다.
　"유다의 요시야왕은 들으시오. 그대는 왜 나의 일에 관여하려는 거요. 나는 오늘 그대를 치러 온 것이 아니라 다만 나와 싸움이 벌어진 갈그미 족속을 치려고 나선 길이요. 하나님께서 나에게 속히 가라고 명령하셨소. 그러므로 당신은 나와 함께 하시는 하나님께 대적하지 마시오. 하나님께서 나와 함께 계시니 당신이 멸망당하지 않으려거든 하나님을 거역하는 일을 어서 멈추시오."
　이집트의 바로 왕은 교만한 자세로 종용했지만 요시야왕은 단호히 거부했다(왕하 23:24-28).

9. 요시야왕 왕의 전사

　요시야왕은 이집트의 요구를 거절하고 한판 싸울 것을 결심하자 이집트의 바로 느고왕이 병력을 동원하여 공격을 가해왔다. 요시야왕이 이에 맞서 병사들을 이끌고 므깃도(Megiddo) 골짜기로 올라가 방어전을 폈다. 그러나 불행하게도 요시야왕은 전선에 나가자마자 이집트 군이 쏜 화살을 맞아 부상을 입었다. 다급한 요시야왕이 신하들에게 소리쳤다.
　"나를 여기서 빠져나가게 하라. 내가 중상을 입었다."
　신하들이 부상당한 요시야왕을 수레에 태워 예루살렘으로 돌아왔다. 그러나 요시야왕은 끝내 일어나지 못하고 숨을 거두었다. 요시야왕이 전사하자 남부 유다의 백성들은 물론 북부 이스라엘의 백성들까지 슬픔에 잠겨 애도했다. 예레미야는 요시야왕의 죽음을 시가로 읊었다(왕하 23:28-29).

> 아, 그렇듯 붐비던 도성이 이렇게 쓸쓸해지다니
> 예전에는 천하를 시녀처럼 거느리더니,
> 이제는 과부의 신세가 되었구나.
> 열방이 여왕처럼 우러러보더니
> 이제는 계집종 신세가 되었구나.
> 밤만 되면 서러워 목놓아 울고,
> 흐르는 눈물은 끝이 없구나(렘).

10. 여호아하스왕이 남부 유다의 제17대 왕위에 오르다

요시야왕에게는 요나한(Johanan), 여호아하스(Jehahaz), 엘리아킴(Eliakim), 마타니아(Mathanian) 살룸(Sallum) 등 여러 명의 아들이 있었다. 그런데 맏아들 요하난 보다 둘째 아들 여호아하스(Jehahaz)왕자가 더 유능했다. 요시야왕이 전사하자 백성들은 여호아하스왕자를 기원전 608년에 제17대 왕으로 추대했다. 23세에 왕위에 오른 여호아하스왕은 하나님 보시기에 못마땅했다. 그의 통치 기간은 불과 3개월이었지만 나라를 엉망으로 만들었다(왕하 23:31-32).

11. 이집트의 압제를 받다

이집트 군과 맞붙어 한판 싸운 결과 여지없이 패한 남부 유다는 꼼짝없이 이집트의 손아귀에 들어갔다. 요시야왕이 전사한 후 남부 유다의 정치적 자주권을 이집트에 빼앗겼다. 이집트의 눈 밖에 나면 왕조 자체를 유지할 수 없는 허수아비 왕조가 되었다. 그렇게 되자 예루살렘의 백성들은 이집트를 지지하는 당파와 갈데아 즉 앗시리아를 지지하는 당파로 갈라져 서로 물고 뜯었다. 앗시리아를 지지하는 당파는 예레미야 예언자를 비롯해 하나님을 의지하는 세력이었다. 그러나 이집트를 지지하는 당파는 귀족과 몇몇 사제들과 거짓 예언자들을 중심으로 기득권 세력들은 자신들의 입지를 위해서는 폭력도 불사하는 등 불성실한 사람들이었다.

　결국 이집트 지지파가 실권을 잡으면서 나라를 더 엉망으로 이끌었다. 여호아하스왕이 즉위한지 3개월 만에 이집트의 바로-느고는 여호아하스왕을 강제로 퇴위시킨 다음 그를 쇠사슬로 묶어 이집트로 끌어갔다. 그들은 여호아하스왕을 랍나(리블라=Riblah)에 가둬 놓고 남부 유다로 하여금 은(銀) 1백 달란트(3천4백 킬로그램)와 금 1달란트(34킬로그램)를 배상하도록 강요했다. 이집트의 바로왕은 강제로 여호아하스왕의 승낙을 얻어낸 다음 백성들로부터 긁어모은 은과 금을 배상이란 명목으로 몽땅 챙긴 다음 여호아하스왕을 자신들에게 한마디 상의 없이 왕위에 올렸다하여 폐위시켰다. 결국 친 앗시리아 당파에 속하는 여호아하스를 왕으로 삼았다 하여 강제로 퇴위시킨 것이다(왕하 23:33-35).

12. 여호야김이 제18대 왕위에 오르다

　이집트의 바로-느고 2세는 유다의 여호아하스왕을 강제로 폐위시키고 유대인들의 의사와 상관없이 자기들 비위에 맞는 친 이집트 지지파에 속한 25세의 엘리야긴(Eliakin)를 내세웠다. 여호아하스왕의 동생 엘리야긴을 기원전 608년에 제18대 왕으로 추대하고 이름을 여호야김(Jehoiakim)으로 바꾸었다. 그런 다음 랍나에 갇혀 있는 여호아하스왕을 풀어주고 이집트에서 일생을 마치도록 계속 억류했다.

　한편 시시각각 격변하는 국제정세는 날이 갈수록 소용돌이쳤다. 그러나 새로 왕위에 오른 여호야김은 미련한 사람이었다. 그는 당시 바빌로니아에게 패배할 수밖에 없는 무력한 이집트와 동맹관계를 체결함으로써 신흥 바빌로니아의 느부갓넷살의 미움을 자초했다(왕하 23:36-37).

13. 이집트의 허수아비 왕

이집트의 입김으로 왕위에 오른 여호야김은 이집트에 비위맞추기에 급급했다. 그는 백성들로부터 금과 은을 거두어 이집트가 요구하는 배상문제를 입막음함으로써 11년간 이집트의 허수아비 왕위를 유지했다. 여호야김의 어머니 스비다(Zebidah)는 루마(Rumah)출신이었다. 그녀는 다윗왕가에 시집와서도 하나님을 섬기지 않고 친정에서 끌어들인 우상을 섬겼다. 그리하여 어머니의 영향을 받은 여호야김 역시 하나님을 섬기지 않았다. 여호야김은 왕위에 오른 후 하나님을 섬기는 백성들을 마구 들볶았다. 본래 성격이 경박하고 욕심이 많고, 고집이 센 여호야김은 마침내 폭군으로 전락했다. 그는 백성들의 질병이나 고통 따위에는 관심도 없고, 오직 천하가 자신의 영화를 떠받치기 위해 존재하는 양 착각했다. 그는 이집트가 요구하는 배상금을 마련하기 위해 백성들에게 과중한 과세를 부과할 뿐만 아니라 자신의 궁전을 화려하게 꾸미기 위해 백성들을 동원했다. 그는 백성들을 혹사시키고 노임도 제때에 지불하지 않는 등 무지한 행패로 인해 민심이 이반 되었다. 마침내 하나님을 섬기는 사람들의 비명이 들끓자 하나님께서 예레미야 예언자를 통해 경고하셨다.

"너의 눈과 마음은 오로지 부정한 이익을 돌보고 무죄한 이의 피를 흘리며 억압과 폭력을 일삼는 일에나 쏠려있다"(렘 22: 17-).

"표범보다도 날래고 저녁에 나오는 늑대보다도 사나운 말을 탄 기병들이 먼 곳으로부터 먹이를 찾아 덮치는 독수리같이 닥치는 대로 휩쓸려고 전군을 휘몰아 온다. 얼굴마다 열풍 같은 노기를 띠고 포로들을 끌어다 모랫더미처럼 쌓는다. 고관쯤은 우습게 여기고 임금은 노리개로 삼으며, 그 어떤 성채건 하찮게 여기고 토성을 쌓아 점령하리니 제 힘을 하나님처럼 믿다가 죄를 지은 자들은 바람에 날려가듯 사라지리라"(합 1:8-11).

예레미야는 남부 유다의 종말을 예언했다.

14. 예레미야의 경고와 왕족의 반발

하루는 예레미야 예언자가 신전 뜰에서 많은 군중을 모아 놓고 경고했다.

"이 신전이 머지않아 허물어질 것이다."

그러자 예언자들이 벌집을 쑤신 듯이 예레미야를 당장 잡아 죽이려고 달려들었다. 그 때 마침 사태를 지켜보고 있던 장로들과 사반(Saphan)의 아들 아히칸(Ahican)이 끼어들어 겨우 뜯어 말렸다. 이 때부터 이스라엘에는 예루살렘과 신전에 대한 예언을 함부로 하는 예언자는 국사범으로 여기고 사형으로 다루었다. 그러나 예레미야는 그 따위 조치에 전혀 개의치 않았다. 그는 여전히 왕궁으로 찾아가 금문(禁門) 앞에서 왕과 왕의 신하들과 백성들을 가리켜 사치와 불의와 탐욕에 물든 더러운 패거리들이라고 거침없이 성토했다.

예레미야는 국왕에게 하나님의 천벌이 내려 불명예스러운 죽음을 당할 것이며, 죽은 말을 묻어 버리듯 천하게 묻힐 것이라고 질타했다. 그러나 여호야김은 하나님의 뜻을 대언하는 예레미야의 경고를 무시했다. 오히려 예레미야가 순진한 백성들을 혹세무민(惑世誣民)한다는 이유로 감옥에 가두었다. 그러나 하나님의 뜻을 전하다 터무니없는 죄목으로 옥에 갇힌 예레미야는 좌절하지 않았다. 그는 감옥에서도 계속 진실을 부르짖었다. 그러자 하나님께서 그에게 한 권의 책을 쓰도록 분부하셨다(렘 36:11-16).

15. 불태워 버린 책

여호야김이 왕위에 오른지 4년째 되는 해였다. 예레미야는 여호야김의 수행원이며 자신의 비서 겸 서기로 일하는 바룩(Baruch)에게 하나님의 말씀을 받아쓰도록 했다. 바룩의 손을 빌어 한 권의 책을 쓴 다음 말했다.

"단식하는 날 성전에 가서 이 책에 기록된 내용을 백성들에게 큰 목소리로 읽으시오. 그러면 백성들은 모두 하나님께 기도할 것이오."

바룩은 예레미야가 시키는 대로 백성들이 단식하는 날 성전에 모인 사람들에게 찾아가서 책에 기록된 내용을 큰소리로 읽어 주었다. 그러자 청중 가운데 미가야(Micaiah)라는 사람이 감격한 나머지 원로들을 찾아가 바룩이 읽은 책의 내용을 전했다. 그러자 원로들도 바룩을 데려다 책의 내용을 직접 듣고자 했다. 바룩이 원로들 앞에서 책에 기록된 내용을 읽어주었다.

"만일 이스라엘 백성들이 우상숭배를 떨쳐버리지 않으면 하나님께서 돌이킬 수 없는 큰 벌을 내릴 것입니다."

여기까지 내려가자 원로들이 경악했다.

"우리는 예레미야가 쓴 이 책의 내용을 여호야김에게 당장 알려 주어야 합니다. 그러나 바룩과 예레미야는 얼른 몸을 피하시오. 그가 당신들을 죽일지도 모르오."

마침내 원로들이 여호야김을 찾아가 하나님을 섬기지 않으면 무서운 벌이 내릴 것이라고 전했다. 그러자 여호야김은 왕실 서기로 하여금 그 책을 직접 읽도록 지시했다. 왕실 서기가 책을 줄줄 읽자 난로 곁에 걸터앉아 귀를 기울여 듣고 있던 여호야김은 갑자기 안색이 변하면서 흥분했다.

여호야김의 아버지 요시야왕은 성전에서 발견한 두루마리에 담긴 말씀에 감격하여 자기 옷을 찢고 백성들에게 회개하라고 명령했는데 그의 아들 여호야김은 하나님 말씀에 코웃음 쳤다. 책에 적힌 말씀을 심히 못마땅하게 생각한 여호야김은 자리에서 벌떡 일어나 서기 손에 들려있는 책을 낚아채 칼로 발기발기 찢은 다음 활활 타는 불속에 던져 버렸다. 열기로 가득 찬 화로 속에 던져진 두루마리는 순식간에 형체도 없이 재가 되어 사라졌다. 책을 태워버린 여호야김이 눈을 부리리고 소리쳤다.

"바룩을 당장 잡아 들여라."

그러나 낌새를 알아차린 바룩은 미리 숨었기 때문에 체포하지 못했다. 하나님의 말씀을 받아 적은 책이 불에 타 사라지자 하나님은 예레미야에게 다시 기록하도록 지시하셨다. 하나님께서 두 번째 하신 말씀을 기록했다.

"여호야김아, 너는 내 책을 불태워 버리고 이스라엘의 주 하나님의 경고를 받아들이지 않았다. 앞으로 너의 자손이 끊길 것이고, 네 시체는 벌판에 버려져 낮에는 뜨거운 태양열을 쪼이고 밤에는 찬이슬을 맞을 것이다."

예레미야는 지엄한 하나님의 분부를 받아 적으면서 슬피 울었다. 왜냐하면, 이 때 하나님의 경고는 남부 유다에 대한 멸망을 알리는 최후의 통첩이었기 때문이었다(렘 36:27-32).

16. 신흥 바빌로니아와 이집트의 결전

한편 기원전 722년에 북부 이스라엘을 멸망시킨 앗시리아의 수도 니느웨가 이번에는 신흥 바빌로니아와 메데 두 나라 연합군에 의해 기원전 612년에 멸망당했다. 앗시리아가 멸망하자 지레 겁먹은 이집트의 바로 느고왕이 선수를 친답시고 대군을 이끌고 북쪽으로 쳐 올라갔다. 그는 시리아의 오른데스 강변에 자리잡은 이블라(Ribla)를 점령한 다음 시리아의 군주(君主)로 행세했다. 그러자 바빌로니아의 나보폴라살(Nabopolassr)이 들고 일어났다. 그는 자기가 앗시리아를 정복한 패자로 니느웨를 차지해야 하고, 전에 앗시리아에 예속되었던 나라들에 대한 권리도 계승해야 한다고 주장했다. 그런데 마침 이집트의 바로 느고왕이 대군을 거느리고 유프라테스강을 향해 진격해온다는 소식에 접한 나보폴라살왕은 아들 느부갓네살에게 정예군을 이끌고 나가 이집트의 바로-느고의 침입을 물리치라고 지시했다. 그리하여 북쪽으로 진격하던 이집트의 군과 바빌로니아의 느부갓네살이 이끄는 대군이 카르카미슈(Charchemis)[12]에서 맞붙었다. 남북의 두 강대국의 대군이 한 판에 운명을 건 전투는 격렬하게 전개되었다. 그러나 결과는 이집트의 바로 느고왕이

---

12) 카르카미슈는 원래 유프라테스강 오른쪽 기슭, 지금의 알레프(Alep)시 동쪽에 있는 도시로 현재 히티 왕국의 수도이다.

패했다. 이 전투에서 패하고 후퇴한 이집트는 서부 아시아에 대한 오랜 야심을 접어야했는데 이 때가 기원전 605년이었다.

17. 느부갓네살의 등장

카르카미슈에서 이집트를 상대로 승리한 바빌로니아의 느부갓네살은 여세를 몰아 바로-느고를 계속 추격해서 이집트 국경까지 몰아 붙였다. 이집트의 국경 펠루즈(Pelouse)에 이르렀을 때 뜻 밖에 느부갓네살의 부왕(父王) 나보폴라살이 죽었다는 전갈을 받았다. 비보에 접한 느부갓네살은 일단 진격을 멈추고 전열을 다시 가다듬은 다음 이집트의 바로-느고와 휴전조약을 체결했다. 이때 체결된 조약에 따라 느부갓네살은 이집트 강 북쪽에 있는 시리아의 전체를 장악했다. 느부갓네살은 대군을 이끌고 바벨론으로 회군하기 시작했다. 그런데 시리아를 거쳐 북상하다 카르카미슈에 이르러 다시 바빌로니아로 남하하려면 시일이 상당히 걸리기 때문에 전열을 가다듬어 몇 명의 시종만 데리고 아라비아 사막을 가로질러 바벨론으로 황급히 돌아갔다.

18. 느부갓네살이 바빌로니아의 왕이 되다

느부갓네살이 바벨론 도성에 도착했을 때는 이미 부왕(나보폴라살)의 장례를 마치고 왕세자 느부가녯살이 돌아오기를 기다리는 중이었다. 느부갓네살이 귀국하자 대신들이 정무처리를 한 다음 느부갓네살에게 왕위를 계승시켰다. 느부갓네살이란 앗시리아로 Nabou-Koudour Joutsour, 즉 '나부신이 왕관을 보호하시는 도다.'라는 말이다. 귀국과 동시에 왕위에 오른 느부갓네살은 동양권에서는 가장 출중한 왕 중에 한 명이었다. 기원전 605년 왕위에 오른 느부갓네살은 562년까지 42년간 왕위에 있으면서 바빌로니아를 부강한 나라로 이끌었다. 만일 바빌로니아에 느부갓네살이 없었다면 바빌로니아는 세계사에 흔적도 찾을 수 없을 정도로 작은 나라를 크게 부강시켰다. 그러나 바빌로니아의 느부가넷살 왕조의 명맥은 길지 않았다. 바빌로니아는 기원전 625년에 창건되어 기원전 538년에 페르시아의 코레스에 의해 멸망했다. 느부갓네살의 재위 43년은 바빌로니아의 역사 88년에 절반을 차지할 정도로 그의 비중이 가장 크고, 빛나는 시대를 장식했다. 느부갓네살은 뛰어난 무사(武士)로 군사전략에 능했을 뿐만 아니라 예술을 사랑하고 토목사업을 크게 이룩하는 등 뛰어난 인물이었다.

또한 성격이 호탕한 느부갓네살은 백전백승의 전략가로 자기 휘하에 많은 용장들을 거느리고 중동의 넓은 세계를 모두 정복했다. 그는 바빌로니아의 수도를 '세계 7대 불가사의'의 하나로 창건했다. 훗날 대부분의 기독교를 신봉하는 쪽에서는 그의 이름 자체를 좋지 않게 간주하는 것은, 그가 예루살렘을 멸망시키고, 성전의 비품을 닥치는 대로 약탈했기 때문이다. 그러나 성서의 내면을 들여다보면 하나님께서 이스라엘에 내린 천벌의 집행자임과 동시에 예언을 실현한 하나님의 도구였을 뿐이었다.

19. 허수아비 여호야김의 부질없는 도전

여호야김은 예레미야 예언자가 전하는 하나님의 경고를 무시하고 이집트와 군사동맹을 시도하는 한편 바빌로니아 제국에게 반기를 들었다. 그러자 격분한 바빌로니아의 느부갓네살이 갈대아와 모압과 암몬 병사들과 연합하여 유프라테스 강에서부터 이집트 북쪽 국경에 이르는 이집트 변방의 광대한 땅을 모두 장악한 다음 남부 유다의 목을 조여 왔다.

기원전 598년 느부갓네살은 자신이 직접 대군을 이끌고 예루살렘을 향해 쳐들어 왔다. 여호야김은 느부갓네살이 쳐들어오는 것을 알았지만 속수무책이었다. 예루살렘을 단숨에 함락시킨 느부갓네살은 여호야김을 쇠사슬로 엮어 바벨론으로 끌어가 인질로 삼았다. 그리고 예루살렘의 모든 시설을 닥치는 대로 약탈했다. 바벨론에 끌려간 여호야김은 느부갓네살의 신하로 3년 동안 그의 시중을 들어야 했다.
 한편 싸움에 패한 이집트는 동맹국 남부 유다가 바빌로니아에게 짓밟혔지만 숨을 죽인 채 한 발짝도 이집트 영토 밖으로 진출하지 못했다. 신흥 바빌로니아의 세력은 이미 유프라테스강에서부터 이집트 북쪽의 국경에 이르는 광대한 영토를 완전히 장악했기 때문에 이집트는 맥을 쓸 수 없었다. 바벨론에서 3년 동안 느부갓네살의 시중을 들던 여호야김은 결국 반역했다는 이유로 퇴위 당했다. 그러나 퇴위 당한 후 그는 언제 어디서 어떻게 일생을 마감했는지 기록이 없다.[13]

20. 여호야긴이 남부 유다의 제19대 왕위에 오르다

 느부갓네살은 여호야김을 강제로 은퇴시키고 그의 아들 여호야긴(Jehoiachin)을 기원전 597년에 유다의 제19대 왕으로 추대했다. 주권을 빼앗긴 남부 유다는 바빌로니아에 복종하는 것만이 살아남을 수 있는 유일한 길이었다. 그러나 미련한 여호야긴은 왕위에 오른 후 계속 바빌로니아에 반항하는 자세를 취했다. 여호야긴이 바빌로니아를 거역하는 왕을 바빌로니아는 가만히 두고 보지만은 않았다. 저들은 여호야긴이 왕위에 오른 이듬해에 조공을 바치지 않는다는 이유를 들어 다시 예루살렘을 향해 병력을 출동시켰다. 그러자 겁먹은 여호야긴이 왕후와 신하들과 지휘관들을 비롯한 내시들까지 대동하고 느부갓네살의 진군을 맞으려고 마중 나갔다. 그러나 느부갓네살은 마중 나간 여호야긴의 호소를 용납하지 않았다. 그들은 마중 나온 여호야긴을 체포해 바벨론으로 잡아가고, 예루살렘 도성을 향해 파죽지세로 쳐들어왔다. 예루살렘을 점령하기로 마음먹은 느부갓네살은 예루살렘 궁 안에 보관중인 보물을 비롯해 솔로몬이 만든 값진 집기(什器)들을 모두 약탈했다. 그런 다음 왕후를 비롯해 왕비들과 내시들은 물론 숙련공 등 건강한 사람은 하나도

---

13) 앗시리아는 바빌로니아에게 완전히 패망하고 중동 일대는 다시 신바빌로니아가 새로운 세력으로 부상했다.

남기지 않고 모조리 잡아갔다. 이때 포로로 끌려간 백성이 1만 명이고, 병사들이 7천 명이고, 각종 기능공이 1천 명이었다(왕하 24:8-17).

21. 시드기야가 제20대 왕위에 오르다

느부갓네살은 예루살렘에 사는 백성들 중에 기술자 부자 등 유능한 사람은 모두 끌어가고 가난하고 병약하거나 무능한 사람들만 남겨놓았다. 그런 다음 예루살렘에 남아 있는 사람들을 위해 여호야긴의 삼촌 시드기야(Zedekiah)를 기원전 597년에 남부 유다의 제20대의 왕으로 세웠는데 그의 나이 18세였다(11년간 통치).

시드기야는 요시야왕의 아들임과 동시에 제17대왕이었던 여호아하스왕과는 형제간이었다. 본래 그의 본명은 맛다니야(Mattaniah)인데 느부갓네살이 시드기야로 개명했다. 18세에 왕위에 오른 시드기야 역시 하나님을 섬기지 않는 어머니 하무달(Hamutal)을 닮아서 예레미야 예언자가 하나님을 섬겨야 한다고 기회 있을 때마다 권고했지만 그는 끝내 받아들이지 않았다(왕하 24:18-20).

22. 남부 유다 백성들의 자만

남부 유다의 운명이 기울면서 다윗왕조의 멸망이 시시각각 다가오는 등 나라의 운명이 저물었지만 국가의 지도자들과 백성들은 여전히 정도를 걷지 않았다. 특히 나라의 지도급 인사들은 중심을 잡지 못하고 혼미에 빠져들었다. 첫째 나라의 중심세력의 윤리의식이 속빈 강정이었다. 하지만 지도자들은 그로 인한 나라의 멸망이 다가왔지만 좀처럼 깨닫지 못했다. 그 이유는 오랫동안 하나님에 의한 신정(神政)체제에서 비롯된 그릇된 신앙을 가지고 있었기 때문이었다. 이스라엘의 주 하나님과의 계약은 영원히 변하지 않는다는 신념과 하나님이 계신 신전은 하나님께서 절대로 버리시지 않는다는 맹신에 가려 시시각각 다가오는 현실적 위기를 깨닫지 못했다.

한편 거짓 예언자들은 백성들의 그릇된 믿음에 더욱 확신을 가함으로써 위기에 처한 나라의 실정을 깨우치기는커녕 혹세무민(惑世誣民)으로 대응할 것이라는 헛소리를 믿게 만들었다. 이렇게 백성들이 혼미와 자만심에 빠졌을 때 예레미야 예언자가 모든 수단을 다 동원해서 사태의 심각성을 알렸다. 남부 유다의 운명은 바빌로니아의 손에 달려있음으로 백성들이 해야 할 일은 일단 바빌로니아의 종주권을 인정해야 다윗 왕조의 정통성을 유지할 수 있었다고 역설했다. 만일 그러지 않고 바빌로니아를 상대로 싸우다가는 나라의 근본이 뽑히는, 그야말로 다윗 왕조는 궤멸 당하게 될 것이라고 했다.

"여러분 이렇게 된 이상 우리가 살아남으려면 복종하는 길밖에 없습니다. 현실을 인정하고 내 말을 따르시오"(렘 38:1~21).

그러나 백성들 대부분이 사회적으로 하류층에 속한 사람들이었고 일부 지도층은 그릇된 판단에 밀려 정세를 바로 내다볼 식견이 없었다.

23. 남부 유다의 마지막 왕 시드기야와 예루살렘 멸망

한편 정치적으로 남부 유다를 손아귀에 넣으려는 느부갓네살은 시드기야를 유명무실한 허수아비로 세워놓고 마음 내키는 대로 닦달했다. 심지어 하나님의 이름으로 자기에게 충성을 맹세케 하는 등 하나님의 이름으로 종처럼 부리려했다. 그러자 배알이 꼴린 시드기야는 고분고분 하지 않았다. 본래 고집이 세고 거친 성품의 시드기야는 왕위에 오른 지 9년째 되는 해에 에돔, 모압, 아몬왕, 두로, 시돈에 사절단을 보내 협조해 줄 것을 요청하는 한편 바빌로니아에 반기를 들었다.

시드키아의 반기를 눈치 챈 느부갓네살이 시드기야를 바벨론으로 소환하려 했지만 시드기야는 응하지 않았다. 소환에 불응하자 격분한 느부갓네살은 예루살렘을 정복하기 위해 병력을 출동시켰다. 결국 예루살렘 도성을 포위한 느부갓네살은 시드키아에게 항복을 종용했다. 그러나 도성의 함락이 눈앞에 다가왔지만 고집이 센 시드기야는 항복하지 않고 끝까지 만용을 부렸다. 그리고 바른말을 서슴지 않는 예레미야를 느부갓네살의 부하들과 친하다는 구실로 옥에 가두었다(왕하 25:1-20).

24. 예레미야 간곡한 충고

시드기야가 고집을 부릴 때 느부갓네살이 거느리는 대군이 예루살렘 주변에 토성(土城)을 쌓고 2년간 대치했다. 도성에 갇힌 시드기야를 꼼짝 못하게 포위한 다음 항복을 강요했다. 그러나 시드기야는 끝내 항복을 거부하고 대항했다. 포위 상태가 2년째 계속되자 도성 안에 먹을 식량이 떨어져 백성들이 굶주리기 시작했다. 사태가 위급하게 돼서야 시드기야는 비밀리에 예레미야를 불러 자문을 구했다.

"그 동안 하나님으로부터 무슨 말씀이 없느냐?"

사태가 위급하자 시드기야는 비로소 하나님의 동정을 구하자 예레미야가 사실대로 말했다.

"하나님은 왕께서 바빌로니아 군에 붙잡힌다고 하셨습니다."

예레미야는 간단히 대답한 다음 자기를 감옥에서 석방해 달라고 했다. 그러자 시드기야는 예레미야를 감옥이 아닌 곳에 연금 시키고 매일 굶어죽지 않을 만큼 빵을 날라다 주라고했다. 그러나 예레미야는 연금당한 뒤에도 시드키야에게 느부갓네살과 싸우지 말고 일단 항복해야 피해를 줄일 수 있다고 했다. 그렇지 않고 계속 싸우다간 예루살렘의 백성 모두 죽을 것이며, 살아남은 사람은 굶어 죽거나 병에 걸려 죽을 것이 확실하지만, 만일 항복하면 그런대로 목숨만은 구할 수 있으니 항복하라고 거듭 주장했다. 그러자 시드기야의 신하(백방들)들이 항복하라는 예레미야의 충고를 엉뚱한 역적으로 몰았다.

"왕이시여, 예레미야는 백성들의 마음을 약하게 만들어 사기를 떨어뜨립니다. 싸우기도 전에 백성들을 항복시키려고 합니다. 그를 당장 죽여야 합니다."

신하들이 엉뚱한 혐의를 씌워 죽이라고 건의하자 입장이 난처한 시드키야가 말했다.

"나는 너희들 없이는 아무 일도 할 수 없다, 너희들 좋은 대로하라."

시드기야는 귀찮다는 듯이 신하들의 건의를 받아들였다. 시드기야는 원래 성격이 연약한 사람이라 결단력이 부족했다. 그래서 이집트를 지지하는 사람들의 영향을 받아 항복을 거부했다. 그는 성격상 강하게 대드는 세력에 대해서 저항할 담력이 약해서 고집을 피웠다. 그리하여 왕위에 오른 후 이집트 지지파의 의견에 말려 우왕좌왕했다. 예레미야를 죽이라는 시드기야의 허락이 떨어지자 신하들이 예레미야를 다시 감옥에 넣었다. 그러나 말이 감옥이었지 그곳은 궁전 지하에 있는 깊은 늪지로 썩은 진흙 구덩이였다. 숨도 제대로 쉴 수 없는 수렁에 빠뜨렸는데 말일 그대로 두면 곧 목숨을 거둘 수밖에 없는 환경이었다(렘 37:11-21).

25. 예레미야를 구한 환관

투옥당한 예레미야가 죽음 직전에 처했을 때 마침 예레미야를 존경하는 에벳멜렉(Ebed-melech)이란 흑인 환관이 그 사실을 알았다. 그는 소식을 듣고 즉시 시드기야를 찾아가 호소했다.

"왕이시여, 신하들이 예레미야를 너무 섬하게 다루고 있습니다. 그를 지하의 썩은 진흙 구덩이에 처넣었습니다. 그러나 그를 죽여서는 절대로 안 됩니다."

에벳멜렉의 호소에 마음이 누그러진 시드기야가 30명의 일꾼을 데리고 가서 당장 구해 주라고 선처했다. 에벳멜렉이 인부를 시켜 컴컴한 지하 수렁에 빠져있는 예레미야를 낡은 옷가지로 얽어 수렁에서 죽음 직전에 끌어올려 기적적으로 목숨을 구했다. 그러나 예레미야의 직언을 못마땅하게 생각하는 시드기야는 그를 완전히 석방하지 않고 다시 일정한 장소에 가두었다(렘 38:5-13).

26. 초토화된 예루살렘

예레미야가 옥에 갇혀있을 때 느부갓네살의 협공은 계속되었다. 예루살렘 도성에 갇힌 백성들은 계속 굶어 죽어갔다. 그대로 며칠만 지나면 살아남을 사람이 없을 지경에 이르렀지만 시드기야는 여전히 항복을 거부했다. 이때 시드기야의 항복 거부는 결전의 의지가 있어서 거부한 것이 아니라 무능한 소치였다. 한편 항복을 종용해도 시드키야가 듣지 않자 느부갓네살은 바벨론에서 중장비를 들여와 예루살렘 성벽을 허물기 시작했다. 마침내 견고한 예루살렘 성벽이 무너지고 저항하던 병사들이 줄이어 죽어가자, 시드기야는 측근들과 함께 야밤을 틈타 적의 포위망을 뚫고 아라바(Arabah=요단 계곡)쪽으로 도망쳤다. 시드기야가 도성에서 도망친 낌새를 알아차린 느부갓네살의 병사들이 여리고 평원까지 추격해서 모두 사로잡았다. 시드기야가 사로잡히자 그를 따르던 병사들은 사방으로 뿔뿔이 흩어지고 예루살렘의 백성은 모두 적의 포로가 되었다.

　바빌로니아 병사들은 시드기야를 비롯한 왕족을 립나에 있는 느부갓네살왕 앞으로 끌고 갔다. 느부갓네살은 시드기야가 지켜보는 앞에서 왕자들을 모두 처형했다. 그리고 시드기야의 두 눈을 뺀 다음 사지를 쇠사슬로 묶어 바벨론으로 끌려갔다. 두 눈을 잃고 바벨론으로 끌려간 시드기야는 죽을 때까지 그곳에서 감옥살이를 했는데 이때가 왕위에 오른 지 9년째 되는 10월 10일이었다.

　바벨론 유배는 두 차례에 걸쳐 일어났다. 느부갓네살이 기원전 597년 1차 침공 때는 여호야긴을 바벨론으로 사로잡아갔고, 기원전 586년 제2차 침공 때는 시드기야를 바벨론으로 잡아갔다. 그런데 역사가들은 바벨론 유배를 말할 때는 제2차 침공 시에 끌려간 유배를 말한다. 바빌로니아의 느부갓네살은 반란을 일으킨 민족의 세력을 약화시키기 위해 주로 왕족과 귀족과 장인들과 그 밖의 민족주의 지도자들만을 골라 끌어갔다. 제2차 침공의 결과 기원전 1010년에 시작된 다윗왕 왕조는 20명의 왕들이 424년간 다스리다 완전히 패망하고 하나님의 선민이라고 자부하던 이스라엘 백성들은 바벨론으로 끌려가 고난의 포로생활이 시작되었는데 이때가 기원전 586년이었다(렘 52:1-11).

27. 마지막 남은 집기까지 약탈당하다

예루살렘을 함락시킨 느부갓네살은 시위대장 느부사라단(Nebuzaradan)장군을 예루살렘에 상주시켰다. 그는 성전을 비롯해 솔로몬이 건설한 궁전을 불사르고, 성벽과 중요한 시설을 남김없이 파괴했다. 그리하여 유서 깊은 다윗왕조의 찬란한 수도 예루살렘은 완전히 폐허가 되었다. 느부사라단은 예루살렘 도성을 샅샅이 뒤져 스라야(Seraiah) 대제사장과 스바냐(Zephaniah) 부 제사장을 비롯한 성전 문지기와 군의 참모장과 군인을 징집하는 모병(募兵)관 등 지도급 인사들을 느부갓네살이 머물고 있는 립나로 끌고 가서 모두 처형했다. 이스라엘 백성들 중에 지도급 인사를 도두 처형한 다음 백성들의 집을 샅샅이 뒤져 금붙이로 만든 가제도구를 비롯한 귀금속을 모조리 약탈해서 바벨론으로 옮겨갔다. 심지어 성전 앞에 세워 놓은 청동 기둥까지도 여러 조각으로 잘라서 옮겨갔다. 어렵사리 목숨을 부지한 사람들 중에 육체적으로 부려먹을 만한 사람들은 모두 포로로 끌어가고 예루살렘에는 가난하고 병약한 사람들만 남겨 놓고, 그들로 하여금 황폐한 포도원을 가꾸도록 했다. 마침내 화려했던 다윗왕조의 예루살렘 도성은 역사 속으로 사라졌다(렘 52:12-23).

28. 예레미야의 충정

한편 예루살렘이 함락당할 때 예레미야는 이집트를 지지하는 당파 사람들에 의해 계속 옥에 갇혀 있었다. 그러다가 바빌로니아 병사들에 의해 감옥에서 풀려난 예레미야는 포로가 되어 바벨론으로 끌려갔다. 그런데 라마에 이르러 하나님의 예언자라는 신분이 밝혀졌다. 특히 슬기가 넘치는 온건주의자로 알려진 예레미야에 대한 소문은 느부갓네살도 이미 알고 있었다. 느부갓네살의 특명으로 도중에 석방된 예레미야를 불러 직접 물었다.

"나와 함께 바벨론으로 가고 싶으면 나는 당신을 환영하겠소. 당신에게 불편이 없도록 보살필 생각이오. 그러나 만일 바벨론으로 가고 싶지 않으면 당신은 이제 자유의 몸이오. 어디를 가든 말릴 사람이 없소."

예레미야는 석방을 요구했고, 느부가넷살은 예레미야를 석방시켰다. 자유의 몸이 된 예레미야는 예루살렘에 남아있기로 작정했다. 그 길로 예루살렘으로 돌아온 예레미야는 황폐한 예루살렘의 참상을 바라보고 한없이 울었다.

아 아, 사람들로 붐비던 도성이 외로이 앉아 있다.
모든 나라 가운데서 뛰어나던 도성이
과부처럼 되고 말았구나…
모든 지방의 여왕이 부역하는 신세가 되어 버렸구나.
밤이면 울로 또 울어 뺨 위에 눈물이 흐르는구나.
그 모든 애인들 가운데 위로해 줄 자 하나 없고
벗들은 모두 그를 배반하여 원수가 되었다(애 1: 1-2).

포로가 되어 바벨론으로 끌려간 백성들은 자신들의 처절한 슬픔을 이렇게 읊었다.

바빌론강 기슭
거기에 앉아
시온을 생각하며 우네,
거기 버드나무에
우리 비파를 걸었네,
우리를 포로로 잡아간 자들이
노래를 부르라

우리의 압제자들이 흥을 돋우라 하는구나
"자, 시온의 노래를 한 가락
우리에게 불러 보아라.
우리가 어찌 주님의 노래를
남의 나라 땅에서 부를 수 있으랴.
예루살렘아, 내가 만일 너를 잊는다면
내 오른 손이 말라 버리리라.
내가 만일 너를 생각 않는다면
내가 만일 예루살렘을
내 가장 큰 기쁨 위에 두지 않는다면
내 혀가 입천장에 붙어 버리리라(시 137:1-6).

남부 유다의 백성들이 바벨론으로 끌려 간 후에도 예레미야는 예루살렘에 남아 뿔뿔이 흩어진 사람들을 상대로 하나님을 섬기도록 보살피는 한편 바벨론으로 잡혀간 사람들에게는 앞으로 70년 후에는 다시 예루살렘으로 돌아올 터이니 낙심하지 말고 기다리라는 하나님의 뜻을 전했다. 그리고 이스라엘 백성들의 비극은 하나님을 저버렸기 때문에 하나님도 이스라엘을 버렸기 때문이지만 하나님은 이스라엘을 여전히 사랑하신다고 했다.

"그들은 나의 백성이고 나는 그들의 하나님이다. 나는 노여움으로 그들을 쫓아버려 각국에 흩어졌지만 다시 불러 모을 날이 올 것이다."

예레미야는 포로로 끌려간 백성들에게 참고 기다리면 반드시 해방의 날이 올 것이라고 격려하는 한편 느부갓네살 역시 하나님의 백성을 함부로 죽이고 성전을 불태운 죄값으로 멸망당할 것이라고 했다. 예루살렘의 멸망을 똑똑히 지켜본 예레미야는 느부갓네살의 침략을 한 권의 책으로 기록해 포로를 관리하는 방백(方伯 Tirshatha)에게 건네주었는데 그때 기록한 책이 훗날 예레미야의 예언서로 훗날 두

고두고 읽혀지는 예레미야서이다(렘 40:1-7).

29. 폐허에 들어선 허수아비 총독

예루살렘을 초토화시킨 느부갓네살은 유다에 남아 있는 백성을 다스리기 위해 사반(Shaphan)의 손자이며 아히감(Ahikam)의 아들인 그달리야(Gedaliah)를 총독으로 임명했다. 그러자 그달리야는 잿더미가 된 예루살렘에서 총독의 본부를 미스바로 옮겼다. 그달라가 미스바로 옮겨가자 사방으로 뿔뿔이 도망쳤던 백성들이 다시 미스바로 모여들었다. 사방에서 모여든 사람들 중에는 느부갓네살이 예루살렘을 함락시킬 때 항복하기를 거부하고 모압과 암몬과 이집트 등 외국으로 피신했던 사람들이 많았다. 그달리야 총독은 예루살렘에 있는 예레미야 예언자까지 미스바로 데려갔다. 그리고 느부갓네살과 더 이상 싸워보았자 별수 없으니 형편에 따라 적당히 살자고 당부했다.

"여러분, 바빌로니아 관리들을 두려워하지 말고 이 땅에 살면서 느부갓네살왕을 섬기시오. 그렇게 하는 것이 여러분에게 이로울 것이요."

그달리야 총독은 가능한 느부갓네살에게 항거하지 말고 그런대로 목숨을 부지하자고 권했다. 그러나 전쟁으로 인한 상처를 앓고 있는 사람들에게 그달리야 총독의 태도는 못마땅했다. 그달리야가 총독에 오른지 7개월 만에 엘리사마(Elishama)의 손자이며 시드기야의 친족 중의 한사람인 이스마엘(Ishmael)이 부하 10명을 이끌고 그달리야 총독을 찾아가 죽인 다음 미스바에 파견된 바빌로니아 관리들까지 닥치는 대로 모두 죽이고 예레미야와 바룩을 강제로 이집트로 끌고 갔다(왕하 25:22-24).14)

30. 예레미야의 예언과 하나님의 섭리

---

14) 예레미야 예언자는 이 때 이집트로 끌려가서 이집트를 지지하는 난민들의 손에 살해되었다고 한다.

남부 유다가 멸망하고 여호야긴이 바벨론에 끌려간 지 어느 덧 37년이 흘렀다. 그 사이 느부갓네살이 죽고 에윌므로닥(Evilmerodach)이 바빌로니아의 새로운 왕위에 올랐다. 그는 경축일을 맞아 특사령을 선포하여 여호야긴을 석방한 다음 적당히 예우했다. 여호야긴은 오랜만에 죄수복을 벗고 죽는 날까지 바빌로니아 왕으로부터 일정한 양의 물품을 받으며 살았다. 그와 동시에 포로로 끌려간 백성들 역시 어느 정도 자유를 누릴 수 있었다. 그리하여 포로로 끌려간 사람들은 각자의 능력에 따라 적당한 일자리도 얻을 수 있었다. 그러나 예레미야의 예언처럼 페르시아(바사)의 고레스 왕이 기원전 539년에 바벨론에 쳐들어가 느부갓네살 왕조를 멸망시켰다(왕하 25:25-30).

31. 페르시아의 수중에 들어간 이스라엘 백성들

느부갓네살 왕조가 패망하면서 유다 백성들은 다시 페르시아의 지배하에 들어갔다. 예루살렘을 비롯한 다른 나라에 흩어진 백성들 역시 국제 정세의 변화에 따라 새 주인을 섬기는 신세들이 되었다. 한때 중동에서 제일 큰 나라를 이룩했던 다윗왕조는 영영 사라지고, 각국에 흩어져 유랑민이 된 이스라엘 백성을 가리켜 '유대인' 또는 '디아스포라(Diaspora=이산공동체)'라고 부르기 시작했다. 그러다가 세월이 흐르면서 다시 아브라함, 이삭, 야곱의 자손으로 불리어 졌을 뿐, 그들만의 민족 공동체를 이루지 못했다. 다만 언젠가 하나님께서 보내 주겠다는 메시야를 기다리는 희망을 간직하고 살아야했다. 그러므로 유다인들이 바라는 메시야는 다윗왕조를 다시 일으켜 세운다는 다윗왕 같은 인물이 등장할 것이라고 생각했다. 그러나 하나님이 보내실 메시야는 그런 인물이 아니었다.

제 4 부 바빌로니아시대

제1장 바벨론 포로시대

1. 불행을 자초한 백성들의 한탄

이스라엘 백성은 조상대대로 하나님백성으로 특별한 삶을 유지해왔다. 기원전 1850년 경에 메소포타미아의 우르에 살고 있는 아브라함을 팔레스타인으로 불러내신 하나님께서 아브람과 그 후손들에게 특별히 은총을 베푸시어 택함을 받은 하나님의 선민으로 살아왔다. 그러나 하나님의 사랑은 무한의 은총은 아니었다. 하나님과 체결한 약속을 이행할 때만이 축복을 누릴 수 있었다. 그런데 이스라엘백성은 하나님과 계약을 어겼다. 그래서 하나님의 뜻을 어긴 이스라엘에 대한 하나님의 응징은 냉엄하셨다. 우선 북부 이스라엘이 기원전 722년에 앗시리아에 의해 멸망한 후 이스라엘 10지파는 역사에서 흔적도 없이 사라졌다.

일부 백성이 패망한 사마리아 땅에서 그대로 남아 살고 있었지만 그들은 자신들의 뿌리를 저버리고 이방 사람들과 혼합됨으로써 이스라엘의 정체성을 저버렸다. 그런가하면, 남부유다 역시 기원전 586년 바빌로니아에 의해 멸망함으로써 남북 이스라엘의 주권은 팔레스타인 땅에서 완전히 자취를 감추었다. 바벨론으로 끌려간 남부유다의 백성들과 패망한 조국 땅에 남아서 목숨을 부지한 사람들이 하늘을 우러러 부르짖었다. 도대체 하나님은 왜, 당신께서 친히 택하셨고, 아낌없이 사랑하던 당신의 백성에게 이런 심판을 하셨을까? 일찍이 '이 땅을 아브람 후손들에게 주시겠다.'고 약속하시고 그 약속을 왜, 지키시지 않는 것일까? '네 백성이 하늘의 별처럼 바다의 모래알처럼 불어날 것'이라고 하신 약속은 어떻게 된 것일까? 하

하나님은 당신의 백성이 타락했을 때 왜, 그냥 내버려 두었다가 멸망시키셨을까? 이런 저런 불평 섞인 탄식이 백성들 사이에 번졌다.

바벨론 유배는 이스라엘 백성들에게 치욕적인 사건으로 모세의 지도하에 이집트를 탈출한 사건 못지않게 중대한 사건이었다. 비록 나라와 민족은 수난을 당했지만 바벨로니아에 의한 예루살렘 함락과 유배를 통하여 이스라엘의 정체성을 새롭게 다지는 계기가 되었고, 창조와 역사의 주인이신 하나님을 새롭게 인식하는 계기가 되었다. 그리하여 바벨론 유배 이후 이스라엘 민족에게 우상 숭배는 완전히 사라졌다. 또한 바벨론 유배는 선민의식을 자처하는 이스라엘의 민족주의적인 선민의식에서 벗어나 구원의 보편주의에 눈을 뜨는 계기가 되었다.

> ◆ **신명기계 역사와 역대기계 역사**
>
> 바벨론 유배를 계기로 유대인들은 패망한 조국의 운명을 새삼 반성하게 되었다. 그 동안 하나님의 경고를 어겼기 때문에 패망했다는 데서 신명기계 역사관이 등장했다. 그런가 하면 '우리 조상들은 하나님의 뜻을 어겼지만 우리는 왜? 이 고통을 겪어야 하느냐?'는 2세들의 이유 있는 반항이 등장했다. 바로 여기서 비록 하나님께서 이스라엘을 심판하셨지만 당신의 백성을 완전히 버리신 것이 아니라고 하나님의 연민의 정을 들어 장차 메시야를 보내 주실 것이라는 새로운 희망을 강조하는 데서 역대기계 역사관이 등장했다. 그래서 구약은 신명기계 역사와 역대기계 역사로 분류되었다. 역대기에는 남부 유다의 역사적 사실만 기록 되었고, 북부 이스라엘의 역사적 사실은 기록되지 않았다.

2. 하나님의 섭리와 유대인들의 희망

인류의 역사를 돌이켜 보면 어느 시대에나 강육약식(强肉弱食)으로 이루어져왔다. 약자는 강한 자에게 먹히는 질서가 반복되면서 세상은 강자의 지배원리에 따라 정착되었다. 그러므로 이스라엘을 둘러싼 소위 열강들의 흥망성쇠가 바로 이스라엘 역사를 이루었다. 이스라엘 주변의 이집트, 앗시리아, 바빌로니아, 페르시아, 알렉산더, 로마제국의 역사가 강육약식의 결과를 극명하게 드러냈다.

강자가 약자를 삼키는 힘의 논리는 인류의 보편타당한 질서의 원리인양 상식화 되었지만, 유독 이스라엘의 역사는 그렇게 단순하지 않았다. 이스라엘의 역사는 하나님의 특별한 섭리에 따라 이루어졌다. 돌이켜보면 이스라엘의 역사는 단순히 강자의 힘의 논리가 아니라, 하나님의 뜻으로 이루어졌다. 비록 이스라엘은 하나님과의 약속을 어긴 벌로 멸망당할 죄를 범했지만, 그들은 여전히 하나님의 백성으로, 하나님을 의지해야했고, 하나님도 이스라엘을 완전히 버리시지 않으셨다. 그리하여 훗날 로마 제국은 지극히 작은 한줌의 유대인들을 힘으로 억압할 수 있었지만, 결국 로마제국이 오히려 유대인들의 메시야사상의 지배를 받는 나라로 전환되었다. 그래서 오늘의 인류는 예수에 의한 구원의 길이 열렸음을 쉽게 이해할 수 있다.

3. 세 곳으로 분산된 백성들

북부 이스라엘의 10개 지파가 사라지고 이어 남부 유다의 멸망과 동시에 예루살렘의 유다지파와 베냐민 지파의 백성들까지 사방으로 뿔뿔이 흩어졌다. 그들이 흩어진 곳은 대체로 세 곳이었다. 느부갓네살은 예루살렘을 함락시킨 후 일부 의식이 없는 백성은 그대로 남겨 두었다. 그리고 그들 유다 땅에 남아 있는 백성을 지도한답시고 그달리야를 총독에 임명하여 잔류민들을 다스리도록 했다. 그러나 그달리야는 불만을 품은 유대인들에 의해 곧 살해되었다. 그달리야 총독이 죽은 후에도 일부 주민들은 그대로 눌러 살았다. 이렇게 살아남은 백성들과 이집트로 도망간 망명자들과 바벨론으로 잡혀간 포로들로 이스라엘의 명맥은 유지되었다.

첫째, 유대 땅에 그대로 남아 있는 잔류민들의 입장을 생각해보면, 당시 팔레스타인은 지리적으로 바빌로니아와 이집트 중간에 위치한 완충지대였다. 따라서 어떤 열강이든지 팔레스타인을 수중에 넣어야만 중동의 강자가 될 수 있었다. 따라서 중동의 어떤 세력이건 일단 팔레스타인을 손아귀에 넣는 세력은 팔레스타인에

골치 아픈 백성을 모조리 다른 곳으로 쓸어내고, 그곳을 황무지로 만들거나 자기 민족을 이동시켰다. 아니면 팔레스타인의 주민을 볼모로 완충지대 즉, 강대국 간의 완충역할로 희생시켰다. 바빌로니아의 느부갓네살 역시 예루살렘에서 쓸 만한 사람들을 모조리 바벨론으로 끌어갔다. 세 번에 걸쳐 유능한 사람들을 다 끌어가고 유대 땅에는 가난하고 재주도 기술도 없고, 그저 시키는 대로 순종하는 무지렁이 백성들만 남겨 놓았다. 그리고 그들로 하여금 밭을 일궈 목숨을 부지하도록 했다. 그러자 나중에는 그들 중에 상당수는 이집트로 떠나고, 그들이 떠난 빈 자리에는 사마리아 등 다른 지역에 사는 이방인들을 강제로 이주시켰다. 모든 시설이 파괴된 땅에 남은 백성들의 생활은 비참했다. 그들의 삶이 얼마나 고달팠는가는 그들의 삶을 지켜본 예레미야가 글로 읊었다.

4. 예레미야의 애원의 기도

"주님, 기억하소서, 저희가 어찌 되었는지를 바라보소서, 저희의 치욕을. 저희가 상속한 땅은 외국인들에게 넘어가고 저희의 가옥들은 이방인들에게 넘어갔으며, 저희는 아비 없는 고아들이 되고 저희의 어미는 과부가 되었습니다. 저희의 물을 돈 내고 마셔야 하고 저희의 땔감도 값을 치르고 들여야 합니다. 저희는 목에 멍에를 맨 채 심하게 내몰려 기운이 다 빠졌건만 숨 돌리기조차 허락되지 않습니다. 양식으로 배불리 먹으려고 저희는 이집트와 아시리아에 손을 내밀었습니다. 죄를 지은 저희의 선조들은 이미 없는데 저희가 그들의 죄악들을 짊어져야 합니다. 종들이 저희를 다스리게 되었건만 그 손에서 빼내 줄 이 하나도 없습니다. 광야의 칼 앞에서 저희는 목숨을 걸고 양식을 들여와야 합니다. 굶주린 끝에 신열(身熱)로 저희 살갗은 불가마처럼 달아올랐습니다. 시온에서 여인들이 겁탈당하고 유다 고을들에서는 처녀들이 폭행당하며 저들의 손에 고관들이 매달려 죽고 원로들은 업신여김을 당하였습니다(애 5:4-12).

5. 이집트로 몰려간 난민들

남부 유다가 멸망한 후 유대 땅에 남아있는 사람들은 숫자도 작았지만 이웃나라에서 많은 사람들이 밀려와 혼합되면서 이스라엘의 정체성은 자연히 시들 수밖에 없었다. 암몬 사람, 에돔 사람, 아람 사람, 사마리아 사람, 모압 사람, 블레셋 사람들이 사방에서 몰려와 살면서 이스라엘의 정체성을 흐렸다. 남부 유다가 멸망한 후 그 땅에 남아있는 잔류 민들에 관해 알려진 것은 주로 이런 것들이었다. 그리고 이집트로 쫓겨 간 사람들에 관해서도 예레미야의 기록을 통해서 그 일부가 알려졌다.

두 번째, 이집트로 망명한 사람들은 그 곳에서 큰 집단을 이루었다. 주로 나일강변에 몰려와 살았지만 다른 지방에도 흩어져 살았다. 이집트의 유대인들 중에는 바빌로니아의 침입으로 갑자기 이주한 사람들이 대부분이었다. 그 외에도 상류사회의 귀족들은 미리 이주한 경우도 있었다. 그러나 예레미야가 거론한 사람들은 주로 느부갓네살이 예루살렘을 함락시킬 때 저들의 눈을 피해 망명한 시드기야왕의 부하들이었다. 이집트로 망명한 사람들에게 이집트의 국왕은 관대했다. 남부 유다가 멸망할 때 이집트는 남부 유다와 동맹 관계였음으로 유대의 난민들을 받아들이지 않을 수 없었다. 이집트 북부지방에 거주하는 유대인들은 멀지 않아 고국으로 돌아갈 희망을 품고 살았다. 그들은 가급적 고국과 왕래가 빈번한 나일강 삼각주에 모여 살았다.

세 번째는 바벨론으로 얼마나 많은 사람들이 끌려갔는지 정확한 숫자는 알 수 없다. 다만 예루살렘 주민들 중에 하층 계급만 남겨두고 모조리 잡아갔으므로 그 숫자는 상당히 많았다. 느부갓네살은 세 차례에 걸쳐 부려먹을 만한 사람은 다 잡아갔다. 기원전 581년까지 느부갓네살이 잡아간 숫자가 745명이었는데 부녀자들까지 합하면 약 2천5백 명이다. 세 차례에 걸쳐 잡아간 숫자를 합치면 약 5만 명

이었다.15)

6. 바벨론에 끌려간 유대인들

포로의 몸으로 바벨론에 끌려간 사람들은 여러 면에서 우수한 사람들이었다. 느부갓네살은 세 차례에 걸친 침공에서 우수한 사람 순으로 잡아갔다. 그러나 유대인들은 포로 신세가 된 후에도 하나님 백성인 자신들이 왜, 포로가 되었는지 깨닫지 못했다. 일찍이 하나님께서는 다가올 비극을 일깨워주기 위해 예레미야를 시켜 두 개의 바구니를 어렴풋이 보여주셨다. 한 바구니에는 갓 수확한 싱싱한 무화과를 가득 채웠고, 또 다른 바구니에는 설익은 무화과가 담겨 있었다. 하나님은 어렴풋이 보이는 바구니에 담긴 싱싱한 무화과를 가리켜 바벨론으로 끌려간 유대인을 의미했고, 볼품없는 바구니에 설익은 무화과는 고향에 남아있는 백성들을 상징했다. 그 외에 에스겔 예언자들 역시 바벨론에 끌려온 형제들의 과오를 비난하면서도, 그들은 지식이나 신분 면에서 유대 땅에 남아있는 백성들보다 높이 평가했다.

예루살렘에서 바벨론까지는 지리적으로 몇 달을 걸어야 도달할 만큼 먼 거리였다(약 3천 킬로미터). 저마다 가재도구를 짊어진 남녀노소가 바빌로니아 군의 혹독한 채찍을 맞으며 터벅터벅 끌려왔다. 그들 중에 몸이 약하거나 피로가 겹쳐 쓰러지면 다시는 일어나지 못했다. 그렇게 쓰러져간 사람들의 수효가 몇 명이었는지 알 길이 없다. 구사일생으로 목적지에 도착한 유대인들은 주로 바벨론 도성 부근에 정착했다. 바벨론은 거대한 도성이었지만 실상은 도성이 아니라 넓은 평야로 이루어진 그야말로 축복받은 천혜의 땅이었다. 산과 산의 틈새에 집과 집들이 다닥다닥 엉겨 붙은 예루살렘처럼 척박한 땅이 아니라 광활하면서도 비옥한 평원이었다. 유프라테스강 양쪽 기슭의 넓은 평야를 끼고 자리 잡은 바벨론은 인구 수백만을

---

15) 사실상 그 정도가 아니고는 70년 후 페르시아의 고레스 왕이 유대인들에게 귀국 명령을 내렸을 때 남자 노예만 7,337명에 부녀자를 제외한 4만2천372명의 남자들이 예루살렘으로 돌아왔다.

수용한 대도시였다.

7. 바벨론 규모에 놀란 포로들

뼈를 깎는 아픔을 겪고 고국산천을 떠나 바벨론에 도착한 유대인들은 바벨론 도성의 규모와 끝없이 펼쳐진 평야에 놀랐다. 바벨론은 역사적으로 유서 깊은 도시였는데 느부갓네살이 더 확장해서 바벨론 도성의 규모는 엄청났다. 느부갓네살은 성의 높이를 더 쌓고, 궁궐을 화려하고 장엄하게 건설하여 세계적인 도시를 만들었다.

유대인들이 본 바벨론 도성의 아름다움과 장엄한 신전은 비길 데가 없이 놀라웠다. 궁전과 정원의 아름다움은 말할 것도 없고, 여러 가지 종류의 나무숲으로 둘러싸인 궁전의 정원은 거대한 숲으로 뒤덮였다. 그 중에도 아름답게 건설된 벨신(Bel 또는 Bal)의 신전이 얼마나 컸던지 도성 안에 자리 잡고 있는 위용을 한눈에 들어왔다. 신전 앞에 세운 8층탑은 바알의 위용을 드러내기 위해 여러 가지 색채를 담고 있었다. 흑색, 적색, 암적색, 황금색, 황색, 곤색, 은색 등 온갖 색으로 탑신을 장식하여 그 아름다움이 비길 데 없었다.

유프라테스강변 기슭에 자리 잡은 바벨론 도성은 항시 배를 접안시킬 수 있는 부두가 구축되어 여러 나라에서 운반해오는 화물을 일 년 내내 반입할 수 있었다. 그리고 바둑판처럼 곧고 넓게 설계된 도로는 동서남북 어디서나 쉽게 왕래할 수 있을 만큼 사통팔달로 확 트여 있었고, 백성들이 사는 집은 모두 3층 이상으로 도시의 모습은 대제국의 수도답게 돋보였다. 바벨론은 인간이 만든 도성의 규모로는 더 없이 크고 아름다웠다. 그런데 바벨론 도성을 건축하는데 사용한 자재는 모두 진흙이었다. 진흙을 다져 햇볕에 말린 흙벽돌 건축물들이었다. 물론 불에 구운 벽돌을 사용했지만 대체로 태양에 말린 흙벽돌로 지었다.[16]

---

16) 엄청난 규모의 바벨론 도성은 시간의 흐름에 따라 풍수의 침해와 인간의 횡포로 현재는 흔적

8. 유대인들의 바벨론 포로생활

바벨론에 끌려간 유대인들은 기원전 539년 석방될 때까지 도덕적으로, 종교적으로, 물질적으로 어떻게 살았는지, 그 점은 아무도 정확하게 확인할 수 없다. 다만 단편적으로 나타난 자료를 종합해서 짐작할 뿐이다. 물론 처음에는 창자가 끊어질 듯한 절망상태였다. 강제로 끌려간 사람들 중에 바빌로니아를 상대로 군사행동을 취한 사람들과 바벨론에 끌려간 후 느부갓네살에 반기를 들거나, 음모를 꾸민 사람들은 모두 감옥에 갇히거나 노예로 팔려갔고, 극히 일부는 사형 당했다. 그 밖에 사람들은 참고 견딜 수 없을 정도로 심한 학대를 받지 않았다. 특히 바빌로니아는 자연이 베풀어 준 물질이 풍요로웠기 때문에 유대인들은 오히려 고국에 살 때보다 물질적으로는 오히려 풍족했다.

포로로 끌려간 후 약 40년의 세월이 흘러 기원전 539년에 메데 페르시아의 고레스 왕이 바빌로니아를 정복당하는 엄청난 사태가 일어났다. 바빌로니아를 정복한 페르시아의 고레스왕은 유대인 포로들을 무조건 석방하고 고향(예루살렘)으로 돌아가도록 허락했다. 그러나 대다수의 포로들이 척박한 고국으로 돌아가기를 거부하고 그대로 현지에 눌러 살기를 원했다. 이방에 주저 물러앉겠다는 사람들이 많았다는 사실은 당시 바벨론 포로생활의 여유로운 단면을 엿볼 수 있다.

9. 사라진 북부 이스라엘의 10지파

그러나 북부 이스라엘이 패망하면서 앗시리아로 끌려간 10부족은 각지에 분산된 후 저들의 동화정책에 따라 유대인으로서의 정체성은 완전히 저버렸다. 다만 남부 유다(예루살렘)에서 끌려간 백성들은 바벨론과 그 부근에서 집단생활을 하면서 이스라엘의 하나님을 섬기고, 유대인의 정체성을 그런대로 지켰다. 역사적 고증에

만 찾아볼 수 있다.

의하면 예루살렘에서 바벨론으로 끌려간 유대인들은 주로 텔아비브(Tell Abib), 소디(Sodi), 아하와(Ahawa), 카스피아(Casphia) 등지에서 집단생활을 했다는 것이 설형문헌에 의해 밝혀졌다.

사실상 바벨론에 끌려간 유대인들은 포로생활을 했다기보다 강제 이주생활을 했다. 바빌로니아 국법에 순종하겠다는 조건에 순응하면 상당한 자유도 누릴 수 있었다. 유대인들은 바벨론에 정착한 후 가정마다 호주를 추천한 다음 그들로 하여금 장로를 뽑고, 또 그들 중에서 판사를 선출하여 죄인의 형을 집행할 수 있는 자치제도를 허용함으로써 유대인 공동체는 나름대로 활력을 갖출 수 있었다. 그리하여 유대인들은 조상전래의 할례와 정결예식과 안식일을 준수하고 일정한 장소에 모여 자신들의 신, 아브라함의 하나님을 드러내놓고 제사를 지내지는 못했지만, 기도와 찬미는 올릴 수 있었다. 특히 율법서를 낭독하고 해석할 수 있었다. 이때의 모였던 장소를 훗날 그리스어로 '시나고구'라고 했는데 신약성서에 자주 나오는 '유대의 회당'이 바로 여기에 연유된 기구이다.

바벨론의 유대인들은 자기들이 원하는 곳에서 집회를 열 수 있었고, 팔레스타인에 남아 있는 형제들을 위해 기부금을 거둬 보내는 등 고국의 동포들과 자연스럽게 연대할 수도 있었다. 이렇게 집단생활을 자유로 할 수 있었기 때문에 유대인들은 자신들의 정체성을 잃지 않았고, 조국에 대한 꿈도 버리지 않았다. 그러나 북부 이스라엘의 10부족은 각처에 흩어진 후 토착민들과 혼동되면서 영원히 사라졌다.

10. 바벨론 포로생활과 종교생활

바벨론에 끌려간 사람들은 이미 밝힌 것처럼 물질적으로 궁핍하지 않았다. 고국에서 가져간 돈도 몰수당하지 않았고, 각자 자신들의 능력에 따라 하고자 하는 일도 할 수 있었다. 심지어 전답(田畓)도 자유로 살 수 있었고, 집을 사거나 포도밭을 가꾸어 농사를 짓거나 장사를 하거나 각자의 능력을 보장받았다. 본래 유대인들은 사무적인 기능과 상업적인 면에 탁월한 능력을 가졌기 때문에 바벨론 생활에 쉽게 적응했고 쉽게 자리 잡을 수 있었다. 유대인들은 처세술에도 능했다. 포로로 끌려 가서도 권세 있는 세력에 가담하거나 편승하는 등 비상한 재주를 발휘했다. 그리하여 다니엘과 그의 세 친구들은 바벨론의 특수 고등교육을 받았고, 고위공직에도 올랐다.

다만 유대인들에게 가장 문제가 되는 것은 역시 종교문제였다. 조상 대대로 주 하나님에 대한 신앙을 과연 유지할 수 있었느냐? 는 것이 그들의 고민이었다. 그 외에도 갑자기 바뀐 환경에 적응하기도 쉽지 않았다. 특히 마르둑 우상을 숭배하는 바벨론에서 포로 신분으로 자신들의 신앙을 간직한다는 것은 여간 어려운 일이 아니었다. 뿐만 아니라 유대인들은 본래 우상숭배에 몰입하기 쉬운 민족이었다. 따라서 새로운 환경에 접한 유목민으로서는 우상숭배로 전락할 유혹이 많은 상황이었다. 물론 바벨론 사람들은 유대인들이 믿는 하나님을 자신들의 신으로 받아들이지 않았다. 물론 그들도 이스라엘의 하나님을 신의 한분이라고 생각했지만 자신들의 신(마르둑)만 못하다고 생각했다. 그래서 바벨론 사람들은 말했다.

"우리의 신 벨메로닥(Bel Merodach), 네보(Nebo), 이스타르(Istar)신이 이스라엘의 신보다 더 위대하다. 그렇기 때문에 당신네 신이 당신들을 보호하지 못했다. 그래서 당신들은 여기에 끌려오지 않았는가?"

바벨론 사람들은 자신들의 신을 앞세워 유대인들의 신(주님)을 업신여겼다.

11. 예레미아의 끊임없는 권고

당시 서부 아시아에는 나라마다 수호신들이 따로 있었다. 그런데 일단 전쟁에 패한 나라는 승리한 나라의 신보다 약하기 때문에 패했다하여 승리한 나라의 신을 받아들이는 것이 통례였다. 따라서 시리아와 접전한 여러 나라들이 바빌로니아에 무릎을 꿇었다는 것은 그들 나라의 신들 중에 바빌로니아의 신(마르둑)이 가장 유능하고 두려운 신이라고 간주했다. 그런 경우에는 아무도 이의를 달지 못했다. 특히 바벨론의 거대한 신전에 발을 들여놓으면 그 웅장한 규모와 금, 은으로 만든 휘황찬란한 우상 앞에 기가 꺾일 수밖에 없었다. 예레미야는 바로 이점을 염려하여 백성들이 바벨론으로 끌려갈 때 이렇게 주의를 환기시켰다.

"우리가 주님께 죄를 지었으므로 바벨론으로 끌려가는 것이다. 저 쪽에서는 오랜 세월, 적어도 7대에 이르도록 머물러야 한다."

비록 예레미야는 바벨론으로 끌려가지는 않았지만 글을 통해 회개할 것을 촉구하고, 주 하나님께서 돌보아 주실 것을 굳게 믿고, 언젠가는 꼭 고국에 돌아갈 날을 상기시켰다. 심지어 포로 생활에 길들여진 유대인들에게 거짓 예언자가 나타나 하나님의 이름을 사칭하고, 머지않아 고국에 곧 돌아갈 수 있다는 등 허무맹랑한 거짓말을 퍼뜨리고, 형제들을 현혹시킨 다는 소식을 전해들은 예레미야는 다시 편지를 써 보냈다.

"너희가 바빌론에서 일흔 해를 다 채우면 내가 너희를 찾아, 너희를 이곳에 다시 데려 오리라는 은혜로운 나의 약속을 너희에게 이루어 주겠다. 나는 너희를 위하여 몸소 마련한 계획을 분명히 알고 있다. 주님의 말씀이다. 그것은 평화를 위한 계획이지 재앙을 위한 계획이 아니므로, 나는 너희에게 미래와 희망을 주고자 한다. 그러니 너희가 나를 부르며 다가와 나에게 기도하면 너희 기도를 들어 주겠다. 너희가 나를 찾으면 나를 만나게 될 것이다. 온 마음으로 나를 구하면 내가 너희를 만나 주겠다. 주님의 말씀이다. 그러면 내가 너희 운명을 되돌려 주어, 내가 너희를 쫓아 보낸 모든 민족들과 모든 지역에서 너희를 모아 오겠다. 주님의 말씀이다. 내가 너희를 유배 보냈던 이곳으로 너희를 다시 데리고 오겠다(렘 29:10-14).

12. 바벨론강 기슭

"우리는 바벨론강변에 앉아서 시온을 기억하며 울었다.
우리가 수금을 버드나무 가지에 걸었으니

우리를 사로잡은 자들이 우리에게 노래를 청하고
우리를 괴롭히는 자들이 즐거운 노래를 요구하며
'시온의 노래 중 하나를 불러라' 하고 말하였다.
우리가 외국 땅에서 어떻게 주님의 노래를 부를 수 있겠는가!
예루살렘아,
내가 너를 잊는 다면 내 오른손이 수금 타는 법도
잊어버리기를 원하노라.
내가 너를 가장 큰 기쁨으로 여기지 않는 다면
내가 다시는 노래를 무르지 못하게 하라(시 137).

바벨론에서 고향을 그리는 마음을 노래로 달래면서 예루살렘의 하늘을 우러러 주님을 의지했다. 하나님을 의지한 유대인들은 바벨론 정부가 자신들의 우상 신을 숭배하라고 강요했지만 결코 그 신 앞에 나가 무릎 꿇지 않았다.

13. 바벨론의 포로 생활과 유대인의 회당

바벨론에 정착한 유대인들은 예루살렘에서 지켜온 성대한 제전(祭典)을 생각했다. 그럴 때마다 다시는 그 영광스러운 제례를 행할 수 없게 되었음을 애석하게 생각했다. 유대인들에게 제례(祭禮)는 주 하나님을 섬기는 종교 예절이었다. 조상 대대로 물질과 마음을 하나님께 바치는 제례를 큰 영광으로 생각했다. 그런데 예루살렘 성전이 불에 타 없어지고, 몸이 바벨론에 끌려와 있으면서 고향에서처럼 제례를 치를 수 없는 것이 마음에 큰 부담이었다. 그리하여 유대인들 중에 믿음이 돈독하고 생활이 경건한 사람들은 열심히 기도하는 것으로 제례를 대신했다. 하루에도 몇 번씩 예루살렘을 향해 무릎을 꿇고 기도를 드렸다. 유월절 대사(大赦)를 받을 수 있는 축일에는 현실에 따라 최선을 다했다. 율법상의 할례와 안식일과 정결한 음식과 그 외에 모든 규례를 지켰다. 처음에는 종교 집회도 각자의 집에서 가족끼리 조용히 열었으나 나중에는 회당(Synagoga)이란 특수한 건물을 짓고 거기에 따로 모여 집회를 열었다. 단식도 대사도 약속된 날 외에, 예루살렘이 포위당한 날과 함락 당한 날과 신전이 불에 탄 날, 그리고 그달리아 총독이 살해된 날을 기억하기 위해 그날을 특별히 단식 일로 정하고 신심을 다졌다.

포로로 끌려간 사람들이 손수 회당을 마련하면서부터 형식적인 예배가 아니라 유대인의 정신을 수련하기 위해 진지한 예배를 드렸다. 때로는 경건한 마음도 부족하다고 느낄 때는 율법을 더욱 성실하게 지켰다. 각자가 자기 자신의 불행과 그 불행의 원인을 반성하며 크게 깨달았다. 바벨론에 끌려온 후에도 하나님을 즐겁게 섬기고, 하나님께서 받아들이는 제례를 바침으로, 예언자들이 외쳤듯이 이스라엘의 희망은 하나님의 뜻을 따르는데 있다는 사실을 새삼 깊이 뉘우쳤다. 따라서 바벨론에 끌려간 유대인들 중에 신앙심이 돈독한 사람들은 많은 어려움 속에도 신앙심은 조금도 흐트러지지 않았다. 뿐만 아니라 오히려 시련을 딛고 발전했다. 그리하여 유대인들 중에 한 때 길을 잘못 들었던 사람들도 바벨론에 와서 자기 잘못을 깨닫고 철저히 회개했다.

심지어 바벨론 병사들에게 끌려가면서 우상숭배를 강요당한 사람들까지도 저들의 우상 앞에 무릎 꿇지 않았다. 이렇게 지조를 지켜왔기 때문에 그들이 훗날 고국으로 돌아가 그 곳에 남아 있는 형제들을 깨우쳐 새로운 이스라엘을 세우는데 원동력이 되었다. 포로로 끌려간 유대인들이 바벨론의 이교도들에게 보여준 신앙의 본보기는 유대인들만의 또 다른 일면이었다. 유대인들은 바벨론에서 자신들이 믿는 하나님을 유프라테스 강변에서 새로 부흥시켰다. 당시 유프라테스 강변은 세계의 각 민족의 집합지였다. 바빌로니아 사람에 이어 메데 사람들, 페르시아 사람들, 그리스 사람들, 로마 사람들이 번갈아 분주하게 드나들었다. 장차 오실 구세주를 맞이하기 위해 길을 닦는 예언자들에게 유프라테스 강변이야말로 하나님과 구세주를 전도할 수 있는 적합한 곳이었다.

제2장 이스라엘 백성을 지도한 다니엘

1. 포로생활과 하나님의 약속

남부 유다를 멸망시킨 느부갓네살은 예루살렘에서 여호야긴을 비롯한 많은 백성들을 바벨론으로 끌어갔는데, 그 포로들 중에 다니엘이란 16살의 왕족이 한 명 있었다. 그는 재주가 뛰어나 바벨론에 끌려간 후 곧 느부갓네살의 눈에 들었다. 느부갓네살은 다니엘뿐만 아니라 유대인들 중에 머리가 뛰어난 젊은이들을 골라 왕궁학교에서 고등 교육을 받도록 했다. 젊은 포로들에게 바벨론의 학문을 주입시킨 다음 그들의 이름까지 바벨론식으로 개명했다. 그리하여 다니엘 역시 이름을 바벨론 식으로 벨드사살(Belteshazzar)이라고 바꾸고 고위 관리로 등용했다. 지혜가 뛰어난 다니엘은 고위 관리 중에도 각 변방의 현자들을 관장하는 우두머리가 되었다.

2. 느부갓네살의 동화정책과 유대인·청소년들

느부갓네살은 포로로 끌어간 유대인들을 비교적 후하게 대우했다. 농사를 비롯해 목축, 상업 등 각자가 원하는 직업을 허용했다. 북부 이스라엘을 정복한 앗시리아를 비롯해 중동의 모든 정복자들은 동화정책을 실시했다. 물론 바빌로니아의 지배자들 역시 자기들이 정복한 백성들을 보다 손쉽게 다스리기 위해 동화정책을 실시했다. 그리하여 정복한 나라의 백성들 중에 귀족의 자제들을 골라 동화교육을 실시했다. 그 외에도 포로들을 동화시키기 위해 가능한 포로들이 하고자 하는 일을 도와주고, 좋은 일자리를 마련하는 등 정체성이 강한 유대인들을 동화시키기 위해 유화정책을 썼는데 교육도 그 중에 하나였다.

느부갓네살은 남부 유다의 왕족 중에 용모가 단정하고 머리가 뛰어난 영재들을 교육시켜 바빌로니아가 시도하는 정책의 기수를 삼고자했다. 그리하여 자질이 우수한 청년들 중에 다니엘, 아나니아, 미사엘, 아사리아 4명을 추려서 왕궁에 데려다 바벨론 학문을 주입시켰다. 물론 이들의 이름도 바벨론 식으로 바꾸었다. 이를테면 다니엘은 벨드사살로, 아나니아는 시드라크로, 미사엘은 미사코로, 아사리아는 아브데나고로 명명했다(단 1:3-7).

3. 율법을 우선한 유대인 청년들

　그런데 유대인 청년들은 궁중에서 바벨론 교육을 받으면서도 하나님의 율법을 지켰다. 모세의 규례에 따라 피가 섞인 고기로 만든 음식은 '깨끗하지 못하다' 하여 함부로 먹지 않았다. 심지어 국왕이 보내주는 음식도 일단 우상 앞에 제물로 바쳐졌던 음식은 먹지 않았다. 특히 다니엘에게 그런 것이 용납되지 않았다. 다니엘은 식사 담당자에게 물과 야채로 만든 음식만을 먹을 수 있게 해달라고 청했다. 그러자 식당 담당자는 그럴 수 없다고 했다.

　"그렇게 악식만을 들다가 만일 안색이 좋지 않거나 몸에 이상이 생기면 책임이 저에게 돌아옵니다. 저는 목숨을 부지할 수 없습니다."

　그가 반대하자 다니엘이 말했다.

　"그럼 앞으로 열흘 동안만 시험 삼아 그렇게 해주십시오."

　다니엘의 요구를 받아들인 그는 열흘 동안 채식만 공급했다. 그런데 열흘이 지났지만 다니엘을 비롯한 4명의 유대인 청년들의 얼굴에는 윤기가 흐르고 화색이 감돌고, 공부에도 지장이 없을 뿐만 아니라 실력도 향상되었다. 식당 담당자는 그제야 마음 놓고 다니엘이 원하는 대로 물과 야채만을 제공했다. 이때 다니엘은 겨우 15살의 청소년이었다. 다니엘이 유대인의 정체성을 잃지 않고 3년간의 교육을 무사히 마쳤을 때 느부갓네살이 다니엘을 비롯한 4명을 데려다 실력을 알아보았다. 다니엘의 뛰어난 학문과 자질을 확인한 느부갓네살은 이들 4명에게 높은 관직에 앉혔다(단 1:8-21).

제3장 느부갓네살의 꿈과 다니엘

1. 느부갓네살의 꿈과 바벨론의 현자들

그런데 어느 날 느부갓네살왕이 범상치 않은 꿈을 꾸었다. 그런데 아침에 잠에서 깨어났을 때는 자기가 무슨 꿈을 꾸었는지 통 기억이 떠오르지 않았다. 이상한 꿈에 취한 느부갓네살은 그날부터 밤마다 잠을 이루지 못했다. 바벨론 사람들은 예로부터 꿈을 대단히 중요하게 생각했다. 왜냐하면, 바빌로니아 사람들은 현세의 이치를 꿈을 통해 이해하였기 때문에 꿈을 꾼 다음에는 반드시 해몽을 하는 것이 관례였다. 그런데 느부갓네살은 기억나지 않는 현몽(現夢)이 마음에 걸려 견딜 수가 없었다. 주변의 현자들과 점성가들을 모두 불러들여 호통을 쳤다.

"내가 이상한 꿈을 꾸었는데 아침에 일어나니 기억이 나지 않는다. 내 꿈의 내용을 풀어라."

그러나 국왕이 어떤 꿈을 꾸었는지? 내용을 모르는 현자들은 해몽할 수가 없었다. 바벨론에는 현자들과 마술사들이 많았지만 그들은 국왕이 어떤 꿈을 꾸었는지 현몽의 내용을 모르는 상황에서 국왕의 독촉을 받을 때마다 공포에 사로잡혔다.

"폐하께서 꾸신 꿈의 내용을 알지 못하기 때문에 해몽할 수 없습니다."

현자들이 국왕을 찾아가 사실대로 고하자 느부갓네살이 크게 노했다.

"그래 현자라는 자들이 내가 어떤 꿈을 꾸었는지도 모른단 말이냐? 만일 내가 무슨 꿈인가 말을 해 준다면 그 말을 믿겠느냐? 만일 내가 가르쳐 주어도 풀지 못하면 그따위 형편없는 현자들은 모두 목을 자르겠다."

살벌한 왕명이 떨어지자 바벨론의 현자들은 전전긍긍했다. 물론 다니엘 역시 현자의 한사람으로 만일 느부갓네살이 현자들을 죽일 경우에는 다니엘도 포함될 입장이었다(단 2:1-23).

2. 다니엘이 하나님의 계시를 말하다

느부갓네살의 진노를 전해들은 다니엘이 가만히 앉아서 죽을 수만은 없다고, 용기를 내 국왕을 찾아가 자기가 해몽할 테니 잠시 말미를 달라고 했다. 다니엘은 국왕의 꿈을 해몽하겠다고 자청한 다음 처소로 돌아와 평소 친하게 지내는 아나니아, 미사엘, 아사리아, 세 명의 친구들과 열심히 기도했다. 밤을 새워 기도하는 가운데 하나님의 계시를 받은 다니엘이 다음날 느부갓네살을 찾아가 아람어로 말했다.

"폐하께서 알고자 하시는 꿈의 내용은 바벨론의 현자들은 알아 낼 수 없습니다. 그러나 하늘에는 이 세상에 숨은 비밀을 모두 알고 계시는 하나님이 계십니다. 그 분만이 폐하의 꿈을 해몽할 수 있습니다. 그 하나님께서 앞으로 폐하께서 당하실 일을 미리 저에게 가르쳐 주셨습니다."하고 해몽할 자신이 있다고 말했다. 순간 귀가 번쩍 뜨인 느부갓네살이 다그쳤다.

"그래, 그렇습니다. 그러나 너는 내 꿈이 어떤 내용인지 알아냈단 말이냐?"

"네, 그보다 먼저 드리고 싶은 말씀이 있습니다. 이 땅의 어떤 현자도 폐하의 꿈을 해몽할 수 없지만 하늘에 계신 하나님께서 저를 통해 특별히 폐하에게 알려 드리는 것입니다. 폐하의 꿈은 바로 이런 것입니다." 하고 하나님께서 계시해 주신 내용을 말했다.

"저의 조상의 신, 하나님께서 저에게 이렇게 말씀하셨습니다. 폐하께서 이상한 빛 아래 거대한 형상을 보셨습니다. 머리는 순금이고, 팔과 가슴은 은이고, 배는 청동으로 빚은 괴상한 형상이었습니다. 그리고 한쪽 다리는 철(鐵)이고, 다른 한쪽 다리는 점토로 돼 있었습니다. 그런데 마침 사람의 손이 미치지 않는 큰 돌 하나가 산에서 굴러 내려와 그 거대한 형상의 다리를 쳐 부셨습니다. 그러자 거대한 형상이 맥없이 산산조각으로 부서지고, 금, 은, 청동, 점토로 구성된 형상은 모두 가루로 부서져 바람에 날려 흔적도 없이 사라졌습니다. 그러나 그 거대한 형상이 부서진 후에도 돌가루는 여전히 남아 있었습니다. 그런데 그 돌가루가 다시 큰 덩어리로 뭉치더니 나중에는 산처럼 커지면서 온 세상을 꽉 메웠습니다. 이것이 폐하께서 꾸신 꿈입니다.".

다니엘의 말을 진지하게 귀담아 듣고 있던 느부갓네살은 그제야 자기가 어떤 꿈을 꾸었는지 기억이 되살아났다. 국왕은 감복한 나머지 다니엘의 말이 채 끝나기도 전에 다그쳤다.

"다니엘, 그러면 그 의미는 무엇이냐?"

느부갓네살이 정색을 하자 다니엘이 담담한 어조로 말했다.

"현재 이 지상에서 가장 위대한 힘과 영광이 넘치는 지배자는 오직 폐하이십니다. 폐하야말로 여러 나라의 왕 중의 왕이십니다. 그런데 금으로 된 머리는 바로 폐하를 의미합니다. 하늘에 계신 하나님은 나라와 권세와 능력과 영광을 폐하에게 주셨으므로 어떤 사람의 아들도, 들판의 짐승도, 하늘에 나는 새들도 폐하께서 모두 지배하도록 맡기셨습니다. 그러므로 금(金)은 폐하의 머리입니다. 그리고 은(銀)은 귀하가 죽은 후에 뒤를 이을 왕을 의미합니다. 그리고 청동은 장차 청동과 같은 왕이 이 나라를 다스린다는 의미입니다. 마지막에는 철 같은 왕이 나타나 이 나라를 다스리게 되는데 처음에는 강하지만 나중에는 점토처럼 약해질 것이라는 의미입니다.

그 다음에는 절대로 망하지 않는 나라를 세워 그 나라의 세력을 점점 확장할 것이며, 다른 나라를 멸망시키고 영원히 존재할 것입니다. 사람의 손이 굴러 떨어뜨린 것이 아니라, 산 위에서 저절로 굴러 내려온 돌은 하나님의 나라를 의미합니다. 그 나라가 세상의 모든 나라를 멸망시키고 세상에서 영원히 멸망하지 않을 것입니다. 왕이시여 이것이 하나님께서 저에게 계시해 준 폐하의 꿈입니다"(단 2:24-45).17)

3. 네가 믿는 신은 신중의 신, 왕신 중에 왕신이로구나!

다니엘은 느부갓네살의 꿈을 도도히 흐르는 물결처럼 막힘없이 풀어냈다. 느부갓네살은 그 동안 어떤 현자도 풀지 못한 꿈을 풀고 바빌로니아의 장차 국운까지 예고한 다니엘의 해몽에 다니엘을 극찬했다.

"다니엘아! 네가 믿는 그 신이 내 꿈의 비밀을 풀 수 있는 능력을 베풀어 준 것을 보면 너의 신은 신중에도 신이요, 신중에도 왕신이로구나."

느부갓네살은 다니엘을 극찬한 다음 바빌로니아의 총독에 임명함과 동시에 바벨론의 현자들과 역술가들을 총 지휘하는 책임자로 지명했다. 현자들의 목숨을 구해 준 다니엘은 그 날부터 느부갓네살을 가까이서 보필하는 바빌로니아의 명실공히 제2인자가 되었다. 느부갓네살은 다니엘의 청을 받아들여 아나니아, 미사엘, 아사리아 세 친구들은 바빌로니아가 통치하는 각도의 실무책임자로 임명했다.

느부갓네살은 여러 나라를 정복하여 국가의 영토를 넓히고 세력을 확장했지만 바빌로니아의 내정 체계는 바로 정립하지 못했다. 그는 하나님을 신중의 신, 왕신(王神)중의 왕신 이라고 칭찬하면서도 백성들에게는 그들의 기존 우상을 섬기도록 강요했다(단 2:24-46).

---

17) 이 때 다니엘이 해몽한 내용을 역사적으로 한 마디도 틀리지 않았다. 즉 金이 바빌로니아이고, 銀은 페르시아이고, 銅은 마케도니아의 알렉산더 대왕이고, 철은 로마제국을 의미했는데, 여기서 그 발의 鐵과 진흙으로 혼성된 로마제국도 결국 동서로 분열된 역사적 사실을 예언한 말이다. 그리고 산에서 굴러 내려온 돌이 이 나라를 분쇄하고 큰 바위산이 된 다고 말한 돌은 결국 메시아의 나라 즉 기독교의 그리스도를 의미하는 말이었다.

4. 바빌로니아의 쇠퇴와 느부갓네살의 후예(後裔)들

느부갓네살은 재위 43년간 정력적인 왕으로 이름을 떨쳤다. 그의 의욕적인 투쟁과 건설 실적은 가히 따를 자가 없었다. 기원전 605년에 왕위에 오른 후 전반기는 국토를 넓히기 위해 주변 각국에 성(城)을 공격하고, 광야에서 적과 싸우는데 대부분의 세월을 보냈다. 그의 전반기는 투쟁으로 점철되었다. 그런 다음 후반기는 전반기에 넓혀놓은 국토를 관리하고, 전쟁터에서 용감하게 싸운 병사들을 토목 건설 사업에 투입시켰다. 그리하여 바벨론 수도를 아름답게 가꾸고, 국방을 튼튼히 다지고, 전국 각지에 신전을 세우는 등 바빌로니아 역사상 눈부신 치적을 쌓았다.

바벨론 도성 안에 굉장한 규모의 전당(殿堂)을 짓고 화려한 조각상을 건립하고, 수로를 파서 운하를 만들어 강물을 도성 안으로 끌어들여 사통팔달로 공급하여 영농의 편리를 도모했다. 느부갓네살이 당대에 이룩한 업적은 역사상 누구도 비교할 수 없을 만큼 위대한 치적이었다. 그리하여 느부갓네살이 이룩한 바벨론 문화는 세계 최고수준에 이르렀다.

5. 느부갓네살을 계승한 왕자들

그러나 기원전 561년 느부갓네살이 죽으면서 바빌로니아 제국은 갑자기 기울기 시작했다. 느부갓네살이 죽고 그의 아들 에빌 메로닥(Evil Merodach)이 왕위를 계승했다. 새로 왕위에 오른 에빌 역시 유대인들에게 관대했다. 그는 30년 동안 어두컴컴한 감옥에 가두었던 남부 유다의 여호야긴을 석방하여 궁전에서 자기와 함께 평화롭게 살도록 배려했다. 그리고 여호야긴으로 하여금 다른 나라에서 잡혀온 왕들을 거느리는 수장자리에 앉히는 등 유대인들에게 우호적이었다. 심지어 여호야긴도 왕복을 입도록 종용하고, 매일 왕실에서 자기와 식사도 함께 하는 등 파격적인 예우를 했다. 그러나 에빌 메도락왕은 성격이 나약하고 품행이 단정하지 못했다. 때로는 전례 없이 잔학한 면을 드러내는 등 그의 예측불허의 양면성은 백성들의 신망을 얻지 못했다. 백성들로부터 신망을 잃은 에빌 메도락왕은 결국 왕위에 오른 지 2년 만에 그의 사촌 형 네리글리소르(Neriglissar)에 의해 살해당했다.

6. 동생을 살해한 네리글리소르 왕

동생을 살해하고 왕권을 탈취한 네리글리소르는 느부갓네살의 정책을 받들어 국가의 기반을 다지는 한편 토목사업을 확대하는 등 왕궁과 신전을 확충하는데 국력을 기울였다. 그러나 네리글리소르 역시 재위 4년 만에 죽고, 그의 아들 라보로소아르코드(Laborosoarchod)가 어린나이로 왕위에 올랐다. 이렇게 왕들이 번갈아 등장할 때 다른 한편에서는 귀족들이 야합하여 왕위에 오른 라보로소아르코드왕을 몰아내고, 기원전 555년에 다시 나보니드(Nabonidus)를 새 왕으로 추대했다.

그러나 새로 왕위에 오른 나보니드는 신분이 불확실한 인물이었다. 그는 느부갓네살의 아들 또는 손자라는 설도 있고, 느부갓네살의 딸이 벨사살(Baltassar, Bel-Sarontsor)이라는 아들을 낳았는데 그와 함께 정권을 잡았다고도 한다. 아무튼 나보니드는 나약한 평화주의자로 거대한 바빌로니아 제국이 직면한 어려운 난제들을 헤치고 나갈 인물이 되지못했다. 그는 만일의 사태에 대비하기 위해 바벨론의 경비를 강화하고 도성을 수축하는 등 왕권을 지키기에만 역점을 두었다. 그는 왕위에 오른 후 왕권 신장의 일환으로 거대한 신전을 건설한 것으로 유명하다.

7. 메데를 정복한 페르시아의 등장

바빌로니아의 국왕들이 일신상의 평안을 찾고, 사냥을 즐기고, 나라를 제대로 보위하지 않는 가운데 국운이 점점 꼬였다. 그때 주변에서는 메데(Media)의 영토인 예람 동쪽에 자리 잡은 페르시아가 태풍의 눈으로 부상했다. 페르시아는 백성들이 부지런한데다, 병사들이 무예를 닦는 등 국력을 증진하기에 열중했다. 그러다가 페르시아의 캄비세스(Cambyses)왕이 그의 종주국인 메데의 아스티아제스(Astyages)왕의 공주 만담(Mandam)을 왕후로 맞아들이면서 그의 세력은 국제적으로 한층 돋보였다.

훗날 페르시아의 캄비세스왕과 결혼한 만담 왕후의 몸에서 한 아들이 태어났는데 그가 바로 고레스(Cyrus)왕자이다. 고레스 왕자는 청소년 시절에 외가이며 외할아버지인 아스티아제스 왕가의 궁전에서 양육되었다. 외가에서 장성한 고레스왕자가 페르시아의 왕이 된 다음에는 인접국을 모두 정복했다. 고레스는 기원전 550년에 자기 외가이며 자기를 길러준 외할아버지 아스티아제스왕이 다스리는 메데에 쳐들어가기 위해 공격을 시작했다. 메데의 아스티아제스왕은 외손자 고레스가 페르시아의 대군을 이끌고 공격을 가하자 결사응전 했지만, 결국 부하들의 모반으로 정복당했다. 그리하여 페르시아의 종주국인 메데의 아스티아제 왕은 기원전 550년에 외손자 고레스 수중에 들어갔다.

8. 리디아왕의 오산

한편 소아시아 서쪽 끝에 자리 잡은 리디아(Lydia)의 왕 크레수스(Cresus)는 부유하고 너그러운 사람으로 당대 최고의 명망을 갖춘 맹주였다. 그런데 리디아의 영토는 에디안 해에서 할리스(Halys)강(투르스산에서 시작하여 갈라디아를 지나 흑해로 흐르는 강)에 이르는 넓은 지역으로 그 일부가 페르시아의 영토와 접경을 이루었다. 리디아의 크레수스왕은 날로 세력을 확장하는 페르시아의 고레스와 충돌할 운명에 처하자 페르시아의 공격을 받기 전에 미리 선수를 썼다. 그는 바빌로니아의 나보니드왕과 이집트의 아메스(Ahmes)왕을 끌어들여 동맹을 맺었다. 바빌로니아와 이집트와 군사동맹을 체결한 리디아의 크레수스 왕은 만일 페르시아와 전쟁을 하게 되면 이길 수 있는가를 알아보기 위해 그리스의 델프스(Delphes)에게 사신을 보내 하나님의 뜻을 알아보았다. 그랬더니 "전쟁하면 큰 제국을 멸망시킬 것"이라는 전갈을 받았다. 그러나 리디아의 크레수스 왕은 멸망당할 대상이 자신의 제국이라고는 생각하지 못하고 동맹국의 군사적 협조를 기다리지 않고 군대를 이끌고 페르시아의 고레스 왕을 상대로 싸움을 걸었다. 그러자 페르시아의 고레스왕은 기습해오는 리디아의 군을 중간 지점에서 맞아 격전을 벌였다. 치열한 싸움은 밤에도 계속되었다. 결국 막강한 고레스의 군사력 앞에 리디아는 패했다. 리디아의 크레수스 왕이 사력을 다해 패주하자 페르시아의 고레스는 기회를 놓칠세라 끝까지 추격해서 분쇄하고 리디아의 수도 사르데스(Sardes)를 일거에 함락시켰다.

9. 페르시아의 고레스왕이 바빌로니아왕을 사로잡다

리디아를 단칼에 무찌른 페르시아의 고레스는 기세를 앞세워 기원전 545년에서 539년까지 계속 군사를 동쪽으로 몰아 붙여 박트리아(Bactria)와 마르지아나(Margiana) 등을 정복한 다음 인도의 국경까지 진출했다. 고레스는 다시 군사력을 정비하여 바벨론을 치기 위해 전열을 가다듬었다. 그러나 바벨론 도성의 방어가 워낙 강하고, 도성이 견고하여 함부로 공격하는 것은 불가능하다고 판단하고, 기발한 전략을 세웠다. 그러나 바벨론의 지배계급 중에 나보니드와의 국방정책을 환영하지 않는 사람들이 있다는 정보에 접한 고레스는 비밀리에 정탐꾼을 바벨론도성에 잠입시켜, 적과 내통을 꾀하는 한편 병력을 빼내 메소포타미아로 철수시켰다. 그러자 고레스의 계략에 넘어간 바빌로니아의 니보니드왕은 대군을 동원해 메소포타미아로 철수한 페르시아 군을 치기 위해 추격했다. 바벨론의 대군을 메소포타미아로 끌어낸 페르시아의 고레스는 추격하는 나보니드왕을 사로잡은 다음 바벨론 북쪽에 자리잡은 시파르(Sippar)성을 함락시켰다. 고레스는 다시 군사를 바벨론에서 멀리 떨어진 유프라테스강 상류에 집결시키고, 강 옆에 수로를 파기 시작했다. 수로를 판 다음 기회가 오면 유프라테스강물을 돌려놓고, 물줄기를 따라 도성 안으로 쳐들어갈 수 있는 작전을 세웠다.

10. 이스라엘에서 훔쳐 온 술잔과 바벨론의 멸망

한편 나보드니왕이 페르시아 군에 사로잡혀 국왕 자리가 빈 바벨로니아는 다급한 나머지 나보드니왕의 아들 벨사살(belshazzal) 왕자가 왕위를 계승했다. 그러나 성품이 방자한 벨사살은 나이도 어렸지만 국정에 대한 경험이 없었다. 거기다 부왕의 뜻을 저버린 벨사살은 하루아침에 국정의 난맥을 불러왔다. 그는 선대의 느부갓네살이 다니엘에게 배려한 벼슬도 인정하지 않았다. 국정의 난맥을 불러온 벨사살은 페르시아의 고레스의 외압에 휘말려 국가를 제대로 보위하지 못했다. 그는 적이 멀리 물러갔다고 오판하고 매일 먹고 마시는 주흥을 즐겼다.

벨사살왕이 왕위에 오른 지 30년째 되는 어느 날이었다. 그는 만조백관을 비롯한 1천명이 넘는 신하들을 궁궐에 불러들여 대 연회를 베풀었다. 역사상 보기 드문 대연회를 베푼 벨사살은 예루살렘 성전에서 약탈한 성기(聖器)를 술잔으로 쓰도록 명령했다.

"나의 선왕 느부갓네살 왕께서 예루살렘 성전에서 빼앗아 온 황금 잔으로 술을 들어라."

연회가 시작되고 술의 취기가 오를 때 예루살렘 성전에서 약탈해 온 금잔에 술을 따라 축배를 들었다. 그 때 이스라엘 하인들이 벨사살에게 달려가 간곡하게 말했다.

"폐하여, 예루살렘 성전에서 가져 온 황금 잔으로 술을 드시면 안 됩니다. 그 잔은 신성한 잔입니다. 만일 그 잔으로 술을 마시거나, 다른 신에게 경배하면 이스라엘의 주님께서 진노하십니다."

신하들이 정중히 건의했지만 방자한 벨사살은 코웃음 쳤다.

"나는 바벨로니아의 왕이다. 바벨로니아의 왕인 내가 무엇 때문에 이스라엘의 하나님을 두려워해야 하느냐? 그 신은 이스라엘의 신일 뿐 나와는 무관하다."

일언지하에 뿌리친 벨사살은 이스라엘 사람들이 내세우는 하나님의 능력이 과연 인간의 삶에 얼마나 관여하는지 직접 경험해 보겠다고 장담하면서 친히 황금잔에 술을 따라 높이 들었다. 분위기가 무르익었을 때 벨사살이 술잔을 높이 들고 하객들을 향해 축배를 권할 때 갑자기 맞은 편 벽면에 얼굴 없는 손이 나타나 글씨를 써내려가기 시작했다. 이상하게 손만 보이고 글을 쓰는 사람은 보이지 않았다. 얼굴 없는 손이 4개의 단어를 썼는데 아무도 읽을 수가 없었다(단 5:1-9).

11. 다니엘을 다시 불러들이다

당황한 벨사살이 마술사들과 점성가들을 불러다 벽면에 나타난 글을 풀어 보라고 독려했다.

"이 벽의 글씨를 읽고 의미를 푸는 사람에게는 자주색 도포를 입히고 금목걸이를 걸어 줄 것이다. 그리고 이 나라에서 셋째 가는 높은 자리에 앉히겠다."

마술사들과 점성가들을 전국에서 끌어 모았지만 아무도 뜻을 풀지 못했다. 해몽은커녕 읽지도 못했다. 벨사살왕이 안절부절할 때 국왕의 어머니가 나타났다.

"그렇게 당황하지 않아도 됩니다. 이 나라에는 하나님의 영을 받은 사람이 한 명 있습니다. 선왕께서도 그의 지혜를 높이 인정하시고 그를 현자의 우두머리로 임명하셨습니다. 그는 영특한 지혜와 용기가 뛰어난 다니엘이란 사람입니다. 어서 그를 불러들여 풀도록 하시오"(단 5:10-12).

12. 다니엘이 다시 정승이 되다

국왕의 부름을 받은 다니엘이 자신을 벼슬자리에서 몰아낸 벨사살 앞에 나갔다.

"다니엘! 내가 듣기에 너는 하나님의 영을 받아 비범한 지혜가 있다고 들었다. 만일 네가 이 글을 푼다면 나는 너에게 자주색 도포를 입히고 금목걸이를 걸어 주고, 이 나라에서 셋 째 가는 벼슬자리에 앉힐 테니 어서 풀어 보이라."

다니엘이 정중하게 말했다.

"폐하를 위해 저 글의 뜻을 풀겠습니다. 그러나 저에게 주시겠다는 선물은 다른 사람들에게 주십시오. 그리고 하나님께서 이 나라와 권세와 명예를 폐하에게 주셨다고 하신 말씀을 잊지 마십시오. 지금 폐하께서는 하나님이 보시기에 겸손하지 않을 뿐만 아니라 매일 향연이나 베풀고 국사는 돌보지 않았습니다. 폐하께서는 거룩한 하나님께 제사지낼 때에만 사용하는 술잔을 함부로 내다 술을 따라 마셨습니다. 그 외에도 금, 은, 동, 나무로 우상을 만들어 섬기는 실수를 범하셨습니다. 폐하의 목숨을 한 손에 잡고 계신 하나님을 공경하지 않았기 때문에 하나님께서 사자의 손을 빌어 저 글씨를 쓴 것입니다."

일단 이상한 글씨가 등장한 배경을 설명한 다음 벽에 쓰인 글귀를 설명했다.

"저 글씨는 '메네, 메네, 데겔, 우바르신(Mene,Mene,Tekel,Upharsin)'입니다. 메네는 하나님께서 이 나라를 재판하실 날이 다가왔다는 뜻이고, 데겔은 이 나라의 국왕을 저울에 달아보니 무게가 좀 모자란다는 뜻입니다. 그리고 우바르신은 귀하의 나라를 메데와 페르시아로 분리한다는 뜻입니다."

벨사살이 듣기에 모두 어처구니없는 예언이었다. 그러나 다니엘이 설명을 하는 사이에 벽면의 글귀가 감쪽같이 사라졌다. 벨사살은 다니엘의 설명이 아니꼬웠지만 그의 말에 하나님이 함께하는 사실을 인정하지 않을 수 없었다. 벨사살은 약속한 대로 다니엘에게 자주색 도포를 입혀 주고, 금목걸이를 걸어 주고 바벨론에서 셋째 가는 높은 벼슬자리에 앉혔다. 그리고 다니엘의 인물됨을 백성들에게 확인시켰다(단 5:13-28).

제 5 부 페르시아시대

● 페르시아 시대의 연표(538-333)

페르시아의 왕 고레스(551-529)이 539년 바벨로니아를 정복하다.

캄비세스(530-522)
다리우스(522-486)

550 538년 고레스는 칙령을 내려 바벨론에 끌려온 유대인들에게 귀향을 허락하고 예루살렘 성전 재건을 명하다(대하 36:22-23; 스 1:1-5).

520-515년 사이에 예루살렘 성전을 재건하다. 스룹바벨 총독과 예수아 대제사장의 공로가 크다. 예언자 학개, 스가랴가 활약하다.

500

498-399년 사이에 이집트 아스완 나일강 엘레판틴 섬에 살던 유대인들이 썼던 종이문헌이 전해오다

아테네와 스파르타가 주조한 그리스의 동맹군이 490년 마라톤에서 다리우스의 페르시아군을 처부수다.
아하스에로스 1세(486-464)는 480년 살라미스 해전에서 그리스 동맹군에게 패배당하다.
아르다삭스 1세(464-424)

450 458? 398? 년 에스라는 아르다삭스 황실 비서, 제관, 율사로서, 1500여 명 동포와 함께 바벨론에서 예루살렘으로 귀환하여 번제를 바치고(스 8장). 광장에서 제사를 바치고(스 8장). 광장에서 모세의 법전을 읽으며 풀이하고 초막절을 지내게 하다(느 8:1-18).
445년 느헤미야 총독의 예루살렘에 와서 성벽을 재건하다 (1차 체류).

아하스에로스 2세(423)
다리우스 2세(423-404)
아르다삭스 3세 코오스(404-359)
아르세스(338-336)
다리우스 3세 고도만(336-331)
알렉산더 대왕이 소아시아, 시리아, 이집트, 페르시아, 인도 북부를 점령하다.

432년 느헤미야 총독이 다시 예루살렘에 와서 안식일 법 준수, 혼종혼 금지 등 법질서를 바로잡다(2차 체류).

말라기, 욥기, 시편, 요나, 역대기, 에스라, 느헤미야 등이 완성되다.

> ◆ 페르시아의 연대표
> 고레스(기원전 551-529)→캄비세스(기원전 530-522)→다리우스(기원전 522-486)→아하수에로스 1세(기원전 486-464)→ 아르닥사스 1세(기원전 464-424)→아하수에로스 2세(기원전 423-)→다리우스2세(기원전 423-404)·아르닥사사 2세 므네몬(기원전 404-359)·아르닥사스 3세 오코스(기원전 359-338)→ 아르세스(기원전 338-336)다리우스 3세 고도만(기원전 336-331)→ 알렉산더대왕(기원전333-325)→소아시아→시리아→이집트→페르시아→인도 북부점령

제1장 바벨로니아의 흥망성쇠의 전말

1. 강의 하상(河床)을 통해 바벨론 도성을 함락시키다

다니엘의 충고를 받아들인 벨사살은 바벨로니아의 성벽을 튼튼히 쌓고 20년 이상 먹을 식량을 성안에 비축했다. 그리고 샘을 깊이 파서 땅속에서 솟아나는 물이 끊이지 않을 정도로 국방을 다졌다. 설령 어떤 적이 도성을 포위해도 끄떡없을 정도로 만전을 기했다. 그러나 바벨론 도성의 물리적 공사는 빈틈없이 완전했지만 도성에 사는 백성들의 정신상태가 극도로 타락하여 그들 스스로 뿌리가 썩어 들어가고 있었다. 적이 쳐들어오지 못할 것이라는 자만에 빠진 벨사살왕은 매일 먹고 마시는 연회를 즐기는 가운데 백성들은 태평성대를 즐기기에 세월 가는 줄 몰랐다.

그런가 하면 페르시아는 꾸준히 군비를 가다듬고 극비리에 공격채비를 차근차근 갖추었다. 바벨론 공격을 위해 호시탐탐 칼을 갈아온 페르시아의 고레스는 기원전 539년 드디어 공격 채비를 모두 갖추었다. 고레스의 작전은 기상천외하면서도 치밀했다. 그는 병사들을 출동시켜 바벨론 도성 밑으로 흐르는 강의 물줄기를 다른 곳으로 돌렸다. 그러자 성 밑으로 흐르던 강물이 마르고 성 밑의 하상(河床)

이 드러나자 페르시아의 척후병들이 극비리에 강줄기를 따라 바벨론 도성 안으로 잠입해서 연회 중인 벨사살왕을 단칼에 살해했다.

졸지에 허를 찔린 바빌로니아 제국은 제대로 싸워 보지도 못한 채 무너지고 광대한 영토를 고스란히 페르시아에게 넘겨주었다. 기원전 539년 바벨론 도성에 입성한 고레스는 마침내 거대한 제국의 패자(覇者)로 군림하기 시작했다. 그러다가 기원전 525년 고레스왕의 아들 캄비세스(Cabyses2) 2세는 페루시움에서 이집트의 프삼메티쿠스(Psammetichus3) 3세의 군대를 격파하고 헬리오폴리스(Heliopolis)와 멤피스(Memphis)를 차례로 점령한 다음 나일강 상류로 진격하였다. 이로서 초생 달 지역의 모든 나라가 페르시아 수중에 들어갔다.

2. 페르시아 시대의 시작과 다니엘의 재등장

바빌로니아의 벨사살이 죽자 페르시아의 고레스왕은 메데의 다리우스 부왕(副王)으로 하여금 대군을 거느리고 바벨론 도성에 진군한 다음, 바벨론의 지배권을 다리우스 부왕에게 넘겨주었다. 바벨론 도성에 진주한 다리우스 대왕은 무력으로 점령한 바빌로니아 제국이 다스리던 변방을 지배하기 위해 지방장관 120명을 임명했다.

120명의 지방장관 위에 정승 세 사람을 택했는데 그 중에 한 명이 다니엘이었다. 다니엘은 바빌로니아의 역대 왕들의 신임을 받은 고급관리인데 이번에는 페르시아의 다리우스 밑에서 바벨론의 최고 통치자 세 명 중의 한 명이 되었다. 그러나 다니엘이 다리우스 대왕 밑에서 바벨론을 다스리기 시작하자 페르시아 사람들의 불평이 끊이지 않았다. 다니엘은 비록 다리우스 왕의 인정을 받는 신하였지만 페르시아 사람들의 입장에서는 외국인이란 점을 들어 외국인이 큰 벼슬자리에 앉아있는 것을 못마땅하게 여겼다. 다니엘은 분명히 유대인이었지만 바벨론 왕궁에서 교육을 받았고, 바벨론에서 성장했고, 바벨론에서 벼슬을 했기에 그에게 바벨론은 제2의 고향이었다. 그러나 다니엘의 끓는 피는 이스라엘이었고, 그의 혼은 하나님을 섬기는 다윗왕의 자손이었다.

한편 다니엘의 내면을 잘 아는 페르시야 사람들은 페르시아의 국법보다 하나님을 더 소중히 여기는 다니엘이 높은 자리에 오른 것이 못마땅했다. 비록 다리우스 왕의 신임을 받는 중신이지만 페르시아 사람들의 불평은 좀처럼 수그러들지 않았다. 그러던 차에 다니엘이 하루에 세 번씩 하나님께 기도한다는 사실을 페르시아 사람들이 알게 되었다. 그럴 것이 다니엘이 율법을 지키다보면 자연히 페르시아의 국법을 어길 수밖에 없었다. 마침 다니엘의 약점을 확인한 페르시아의 사람들이 그 사실을 빌미로 음모를 꾸민 다음 다리우스 왕을 찾아갔다(단 5:13-28).

3. 다리우스 왕의 자충수(自充手)

다니엘을 함정에 빠뜨리기 위해 음모를 꾸민 사람들이 다리우스 대왕을 찾아가 그럴싸하게 말했다.

"대왕이시여, 이 나라의 백성들이 폐하에게 충성을 다하도록 특별법을 제정해 주십시오."

국왕을 알현한 자리에서 자신들의 충성심을 전제로 새로운 법률을 제정해 달라고 취지를 밝혔다.

"대왕이시여..., '앞으로 30일 동안 어느 누구도 다리우스 대왕 외에 다른 신에게 기도를 하거나 절을 해서는 안 된다. 누구든지 이 국법을 어기는 자는 사자우리 속에 넣는다'는 법을 제정해 주십시오."

다리우스 대왕은 자신에게 충성을 다짐하는 신하들을 기특하게 받아들였다. 적어도 페르시아 제국의 국왕이라면 그만한 충성쯤은 다짐받을 수 있다고 생각하고 신하들이 초안한 법안을 쾌히 승인했다. 마침내 국왕의 영으로 특별법이 제정되었다. 그러자 다니엘에 대한 반역혐의를 잡으려는 사람들이 꼬투리를 잡으려고 그의 뒤를 밟았다. 그들은 다니엘이 거처하는 집의 창문 밖에서 조용히 귀를 기울이고 다니엘의 거동을 엿보았다. 그런데 마침 다니엘이 하나님께 기도하는 현장을 덮쳐 혐의를 확보한 다음 다리우스 왕에게 사실을 보고했다. 혐의를 잡은 페르시아 사람들은 물론 총독까지 다리우스 대왕 앞에 몰려가 국법을 어긴 다니엘을 법대로 처벌해야 한다고 주장했다.

다리우스 대왕은 자기가 만든 법에 다니엘이 걸려들자 비로소 자기가 정한 법이 잘못되었음을 알았다. 그러나 다니엘이 일단 국법을 어긴 이상 국왕도 묘안이 없었다. 국왕 자신이 정한 법률을 국왕 스스로 파기할 수는 없었다. 다리우스 대왕은 눈물을 머금고 다니엘을 사자 우리에 던지도록 재가했다.

다니엘이 오랏줄에 묶여 굶주린 사자들이 포효(咆哮)하는 우리밖에 끌려와 담담한 자세로 서 있었다. 비록 다니엘이 바벨론에서 가장 존경받는 인물이었지만, 페르시아의 국법을 어긴 죄인이 된 이상 사자 우리에 던져질 운명에는 국왕도 다른 도리가 없었다. 다니엘은 형장으로 끌려가면서 뒤에 따라 온 사람이 신경 쓰이는 듯 연신 힐끔힐끔 뒤돌아보았다. 삼엄한 경호를 받으며 다니엘을 뒤따라온 사람은 페르시아제국의 다리우스 대왕이었다. 다리우스 대왕은 사자 우리에 던져질 다니엘을 나직한 말로 위로했다.

"친구여, 불행을 이기시오."

"폐하, 감사합니다. 저는 폐하의 입장을 충분히 이해합니다. 염려 마십시오. 지금까지 저를 돌보아 주신 하나님께서 이번에도 저를 돌보아 주실 겁니다."

"다니엘 자네는 항상 그렇게 말했지. 신은 오직 자네가 믿는 주 하나님 한 분이라고. 그런데 지금도 그렇게 말하는군. 나는 자네가 믿는 그 하나님께서 자네를 구해 주시길 바라네."

다리우스 대왕은 다니엘과 작별을 고한 다음 주위에 몰려온 사람들에게 말했다.

"다니엘은 내가 가장 아끼는 신하다. 그러나 국법을 어겼기 때문에 벌을 받는 것이 마땅하다. 그의 눈을 가리고 사자 우리에 집어넣어라."
 다리우스 대왕의 명령이 떨어지자 대기하고 있던 경비병들이 커다란 바위로 막은 사자우리의 문을 열고 다니엘을 굶주린 사자들이 으르렁대는 우리 속에 집어넣었다. 그런 다음 다시 입구를 큰 바위로 꽉 틀어막았다. 다니엘이 우리 속으로 사라지는 순간 주위에 몰려온 사람들의 표정이 일그러졌다(단 6:1-19).

4. 사자 우리 안에서 살아난 다니엘

 신하들 중에 가장 아끼던 다니엘을 사자 우리에 던지고 궁궐로 돌아온 다리우스 대왕은 밤새도록 궁정을 서성거렸다. 한잠도 이루지 못한 다리우스 대왕은 다음날 아침 일찍 다니엘의 명복을 빌기 위해 다시 사자 우리를 찾았다. 경비병들에 둘러싸인 다리우스 대왕이 우리의 작은 덧문을 열고 안을 향해 소리쳤다.
 "다니엘, 자네의 하나님께서 자네의 영혼을 구해 주었는가?"
 바로 그 때였다. 갑자기 다니엘의 음성이 들렸다.
 "대왕이시여. 염려 마십시오. 하나님께서 천사를 보내시어 사자들의 입을 틀어막았습니다. 사자들은 제 주위에 조용히 앉아 있고 저는 아무렇지도 않습니다."
 다니엘의 생생한 목소리에 놀란 다리우스 대왕은 감격했다. 경비병들에게 당장 다니엘을 끄집어내라고 명령했다.
 "다니엘을 제거하기 위해 음모를 꾸민 페르시아 사람들을 모두 잡아다 다니엘 대신 사자 우리에 처넣어라."
 다니엘이 우리 안에서 밖으로 나오자 굶주린 사자들이 머리를 치켜들고 다시 울부짖었다. 그 때 다니엘을 제거하려고 음모를 꾸민 사람들이 잡혀왔다. 그들을 다니엘 대신 우리에 던져 굶주린 사자의 먹이가 되었다. 다리우스 대왕은 다니엘을 앞세우고 준엄한 어조로 말했다.
 "지금부터 우리 페르시아 왕국은 앞으로 다니엘이 믿는 하나님을 두려워할 것이다. 하나님은 확실히 살아 있는 신이다. 그 신은 하늘과 땅을 지배하고 그의 율법은 영원히 지속될 것이다. 죽음에 처한 사람을 살려 주시는 분, 하늘과 땅에서 기적을 베푸시는 그 하나님이 다니엘을 구해 주셨다. 이 세상이 끝날 때까지 그 하나님은 영원히 유일한 신으로 이 땅에 남게 될 것이다."

다니엘이 믿는 신이 위대한 신임을 선언한 다리우스 대왕은 그 후 다니엘을 보다 더 높은 벼슬자리에 앉혔다. 다리우스 대왕의 총애를 받은 다니엘은 계속 페르시아 제국에서 이름을 떨치고 이스라엘 사람들에게 큰 혜택을 베풀었다(단 6:20-29).

제2장 수산나 이야기

1. 미색을 탐한 재판관들

바벨론에 사는 유대인들 중에 요아킴이라는 사람이 있었다. 그의 아내 수산나(Susanna)는 힐키야의 딸로 절세의 미인이었다. 수산나는 용모가 아름다울 뿐만 아니라 하나님을 경외하는 신앙심이 돈독한 여인으로 마음씨 또한 아름답기로 소문난 여인이었다. 그녀는 어려서부터 하나님에 대한 신앙심이 돈독한 수산나는 평소에도 하나님을 두려워하고, 모세의 율법에 어긋나는 짓은 생각조차 해본 적이 없었다. 그녀의 남편 요아킴은 재산이 넉넉한 부자였다. 자기 집 주변의 넓은 정원을 가지고 있었고, 이웃 간에도 후덕한 사람으로 알려져 그의 집에는 하루 종일 드나드는 사람들의 발길이 끊이지 않았다.

그런데 유대인들 사이에 다툼이 벌어지자 그 소송사건을 다루기 위해 원로들 중에 두 명의 장로를 재판관으로 선출했다. 유대인들의 소송을 담당할 재판관으로 뽑힌 두 사람은 마치 자기들이 훌륭해서 선출되었다고 생각하고 자만에 빠졌다.

그러나 그들이야 말로 형편없이 부패한 사람들이었다. 그들도 요아킴의 집에 수시로 드나들었고, 소송사건이 있는 사람들도 요아킴의 집을 찾았다. 그런데 요아킴의 집안을 자주 드나들던 두 명의 장로들이 수산나의 아름다운 유혹에 사로잡혔다.

미색을 탐한 두 장로는 마침내 수산나를 짝사랑했다. 이들 두 장로는 어떻게 해야 수산나에게 접근할 수 있을까 기회를 노렸다. 그런데 수산나는 많은 방문객들이 돌아간 뒤에는 집 뒤에 있는 과수원을 산책하는 것이 정해진 일과였다. 이 사실을 확인한 두 장로는 과수원에 숨어서 수산나가 지나가기를 기다리고 있었다. 그런데 마침 수산나가 두 명의 젊은 하녀를 거느리고 과수원을 거닐었다. 마침 무더운 여름철이라 수산나가 물에 들어가 미역을 감기 위해 두 하녀에게 기름과 향유를 가져오라고 돌려보내고 수산나 혼자 욕실에 들어가 목욕을 하기 시작 했다. 그 때 마침 수산나를 미행하던 두 장로가 안으로 들어가 문을 잠그고 수산나 앞에 다가가 협박했다.

"자! 정문은 꼭 닫혔고, 우리를 보는 사람은 아무도 없소. 우리는 부인을 사모하고 있소. 그러니 우리의 요구를 거절하지 말고, 같이 잠자리에 듭시다. 만일 우리의 요구를 거절하면 우리는 부인을 가만 두지 않겠소. 부인이 어느 젊은 청년과 정을 통하기 위해 하녀들을 돌려보냈다고 증언하겠소. 우리 두 사람이 증언하면 부인은 꼼짝없이 당하는데 그래도 좋겠소?"

후안무치한 두 장로는 수산나에게 몸을 바치라고 협박했다. 물론 이렇게 협박하면 수산나가 겁을 먹고 몸을 허락할 줄 알았다. 그러나 긴 한 숨을 내쉰 수산나는 혼자말로 다짐했다.

"나는 지금 함정에 빠졌다. 고립무원이다. 그렇다고 만일 내가 이 자들의 말을 들어주면 그것은 곧 나 자신에 대한 스스로의 주검이다. 그러나 내가 만일 이 자들의 요구를 거부하면 이들의 모함에서 벗어날 수가 없다. 그러나 내가 이들에게 몸을 허락하고 주님 앞에 죄를 범하느니 차라리 깨끗한 몸으로 이 자들의 모략에 걸려들어 죽는 편이 더 깨끗하겠다."

　수산나는 마음을 다지고 비명을 질렀다. 그러자 장로들 중에 한 명은 수산나를 향해 소리치고, 다른 한 명은 달려 나가 잠근 문을 열어젖혔다. 바로 그때 비명소리에 놀란 하인들이 모여들었다. 비명소리에 놀란 하인들이 몰려오자 장로들이 재빨리 입을 열었다.

　"이 부인이 지금 도리에 어긋나는 간음을 하다가 우리에게 들켰다."

　그러자 수산나의 하인들이 자지러질 듯이 놀랐다. 그 동안 작은 소문 한 번 허투로 낸 적이 없는 정숙한 부인이 갑자기 그런 몹쓸 짓을 했다니, 믿을 수도 안 믿을 수도 없는 기막힌 노릇이었다. 그러나 유대인들을 대표하는 장로들이 강력하게 주장하는 데는 어떤 증인도 세울 수 없었다. 이래저래 수산나는 맞서 싸울 수가 없었다. 모두 얼굴만 붉히고 속을 태울 뿐이었다(단 9:20-32).

2. 무고(誣告)한 숙녀를 죄인을 만든 장로들

　다음 날 의기양양한 두 장로가 많은 사람들을 이끌고 요아킴 집으로 몰려가 법석을 떨었다.

　"힐키야의 딸이며 요아킴의 아내 수산나를 불러오시오."

　수산나가 우아한 모습에 긴 너울로 얼굴을 가리고 나왔다. 장로들은 여전히 수산나의 아름다운 자태를 즐기려는 듯 얼굴을 가린 너울을 벗긴 다음 법정에 세웠다. 야수의 가죽을 쓴 두 장로는 욕정에 불타는 눈으로 재판을 열었다. 그때까지 아무 영문도 모른 채 법정에 따라 나온 수산나의 양친과 자녀들과 일가친척들은 기가 막혀 울부짖을 때 두 장로가 수산나의 혐의를 그럴싸하게 꾸민 고발장을 읽었다.

　"우리 두 사람이 정원을 거닐고 있을 때, 이 여자가 하녀 두 사람을 데리고 정원으로 왔소. 그런데 어떤 꿍꿍이 속이었는지 하녀들을 모두 내보내더니 정원 문을 꼭 닫아걸었소. 그러자 숨어있던 한 젊은 청년이 이 여자에게 달려가더니 서로 어울려 정을 통하는 것이었소. 그 때 우리는 정원 구석에서 범행이 벌어지는 광경을 지켜보고 있다가 그들에게 달려갔소. 이 때 우리는 이들 두 남녀의 정사를 확실히 목격했지만 그 젊은이는 도망쳤소. 그자는 우리보다 워낙 힘이 센 놈이라 문을 열어젖히고 어디론가 도망쳐 버렸소. 그래서 할 수없이 이 여인을 붙잡아 그 남자가 누구냐고 물었소. 하지만 이 여인은 입을 꼭 다물고 말하지 않았소. 이것이 우리가 이 여인의 음행을 목격한 증언으로 수산나를 처벌하려는 이유입니다."

장로들은 그럴듯하게 늘어놓았다. 그러나 사건의 내막을 제대로 알지 못하는 사람들은 장로들이 유죄를 주장할 때 동의할 수밖에 없었다. 장로들은 나이도 상당한데다 법관으로서의 경륜은 물론 유대인들이 자신들의 대표로 뽑은 재판관이기 때문에 그들의 주장을 찬성할 수밖에 없었다. 마침내 수산나는 율법에 근거하여 '돌로 쳐 죽인다'는 유죄 선고를 받았다. 누구도 수산나의 결백을 입증할 사람이 없었다. 기가 막힌 수산나는 하늘을 우러러 하나님께 호소했다.

"영원하신 하나님, 당신은 모든 비밀을 다 아시나이다. 이 세상에 무슨 일이 일어나기 전에 이미 다 알고 계십니다. 당신은 지금 저 장로들이 저를 해치려고 늘어놓은 증언이 모두 거짓이라는 사실을 알고 계십니다. 저들이 악의에 찬 허위 고발로 저는 억울하게 죽습니다. 그러나 저들이 조작해 낸 모든 죄와 저는 아무 상관이 없습니다."

수산나는 찢어지는 심정으로 읍소하고 형장으로 끌려갔다.

한편 수산나가 억울하게 사형장으로 끌려갈 때 다니엘 마음에 성령의 불길이 집혔다(단 13:1-42).

3. 다니엘의 용기와 현명한 판단

수산나에 대한 재판이 일방적으로 끝났을 때 고위관리의 한사람인 다니엘이 수산나가 쇠사슬에 묶여 형장으로 끌려가는 길을 가로막고 재판장을 향해 소리쳤다.

"나는 이 부인이 벌을 받아 죽어야 할 죄를 지었다고 생각하지 않습니다."

다니엘이 나타나 이의를 제기했다. 다니엘이 반증을 들고 나오자 사람들은 더 이상 발길을 옮기지 않고 멈추었다.

"아니 뭐라고 무죄라고?"

사방에서 몰려든 사람들의 시선이 집중된 가운데 다니엘이 말했다.

"이스라엘의 피를 받은 여러분이 이렇게 우둔할 수가 있습니까? 심문도 하지 않고, 확증도 없이 이스라엘의 여자를 이렇게 함부로 처단할 수 있습니까? 우리 모두 재판 장소로 돌아가 다시 심리해야 합니다. 내가 보기에 이 사건은 누군가 수산나를 모함하고 있습니다. 이들의 증언은 모두 거짓말입니다. 다시 재판을 해서 진상을 가려내야 합니다."

사실상 다른 사람들이 보기에도 미심쩍은 점이 많았지만 감히 바른말을 하지 못하고, 장로들의 일방적인 재판에 질질 끌려가던 중이었다. 그런데 마침 다니엘의 주장을 듣고 난 사람들은 마음속으로 다니엘이 고마웠다. 몰려든 사람들이 재판을 새로 하자고 주장하자 두 장로도 동의했다.

"다니엘에게 원로의 자격을 주었으니 나에게 자네의 생각을 말해보시오"(단 13:43-50).

4. 무슨 나무 밑에서 간음했습니까?

다니엘이 사건을 원점으로 되돌렸다. 문제의 핵심을 꿰뚫어본 다니엘이 말했다.

"이제 내가 장로들을 심문해야 하겠으니 두 장로를 따로 떼어놓으십시오."

두 장로를 서로 다른 장소로 격리시킨 다음 한 사람씩 불러내 증언을 들었다. 다니엘이 두 명 중에 한 장로에게 물었다.

"이 세상 죄악의 구렁텅이에서 늙어간 그대, 지금까지 지은 죄의 값을 치를 때가 왔다."

　지엄한 경고를 시작으로 "부정한 재판을 열어 무고한 사람에게 죄를 뒤집어씌우고, 정작 죄를 범한 자들을 내주는 등 불의한 재판을 밥 먹듯이 해온 그대여 잘 들어라. 수산나가 도리에 어긋나는 짓을 저질렀다고 했는데, 수산나와 그 남자가 어떤 나무 밑에서 정을 통했소? 어서 말해 보시오"

　다니엘이 다그치자 한 장로가 태연스럽게 대답했다.

　"예 아카시아나무 밑이었습니다."

　그러자 다니엘이 말했다.

　"당신은 그 거짓말 때문에 당신 스스로 걸려들었소. 하나님의 심판이 천사에게 전달되었소. 이제 곧 당신은 두 동강이로 잘려나갈 것이오."

　서슬퍼런 말로 경고한 다음 또 다른 장로를 불러들여 심문했다.

　"당신은 유대인이 아니고 가나안 족속이오. 당신은 여인의 미모에 홀린 정욕 때문에 당신 마음이 빗나갔소. 당신은 지금까지 이스라엘의 뭇 여성들이 당신의 이런 식의 협박에 때문에 당신의 요구를 거부하지 못했던 것이오. 그러나 유대의 딸 수산나는 당신의 악행을 더 참을 수가 없어 죽음을 각오하고 몸을 지켰소. 그러면 당신은 수산나의 정사 현장을 기습했다는데, 그 장소가 어떤 나무 밑이었는지 말해보시오!"

　다니엘이 다그치자 어물어물 하다가 떡갈나무 밑이라고 대답했다. 그러자 다니엘이 소리쳤다.

　"뻔뻔스럽게 거짓말을 꾸미다니. 너희들은 당장 죽어 마땅한 자들이다. 어찌하여 네 놈들은 하늘이 무서운 줄 모르느냐?"

　다니엘이 호통을 친 다음 "당신도 당신의 조작된 거짓말에 스스로 걸려들었소. 하나님의 천사가 칼을 손에 쥐고 당신을 두 동강내어 죽일 것이오."

　다니엘이 두 장로들에게 유죄를 선언하자 몰려온 군중이 하나님을 소리 높여 찬양하였다. 지혜로운 심문에 두 장로가 스스로 거짓 증언을 자백하자 다니엘이 아우성쳤다.

"모세의 율법대로 이웃에게 허울을 덮어씌우려 했던 벌과 똑같은 벌을 내려라!"

다니엘은 두 장로를 돌로 쳐 죽이라고 언도하는 한편 목숨을 걸고 하나님 앞에 진실을 지킨 수산나 부인을 석방했다. 이 사건을 통해 다니엘의 명성이 더 널리 퍼졌다(단 13:51-64).

제3장 바벨론의 벨(Bel)신 이야기

1. 다니엘이 바벨론의 신관을 응징하다

페르시아의 고레스왕은 바벨론을 함락시킨 후 메데의 다리우스로 하여금 바벨론을 다스리도록 했다. 그러나 다리우스는 바벨론을 점령한 후 5년 만에 세상을 떠났다. 그러자 페르시아의 고레스왕이 직접 바벨론까지 모두 다스렸다. 그런데 고레스왕도 다니엘의 인물됨을 인정하고 높은 자리에 그대로 앉혀두었다. 고레스왕은 바벨론의 국사를 다니엘에게 맡기고, 식사도 함께 하는 등 특별히 총애했다. 그런데 바벨론 사람들은 예로부터 "벨"이라는 우상을 섬겼다. 그런데 바벨론에 자리 잡은 벨신은 음식을 대단히 좋아했다. 그것도 매일 상당히 많은 양을 요구했다. 하루에 밀가루 12말에 양 40마리, 포도주 6독을 바쳐야 했다.

그런데 고레스왕도 바벨론의 벨우상을 신봉했다. 그는 바쁜 국사 중에도 매일 벨에게 예배드리는 것을 잊지 않았다. 그런데 바벨론 왕궁에서 유독 다니엘만이 천지를 창조하시고, 만물을 주재하시는 주 하나님을 섬기고, 벨신을 무시했다. 바벨론 백성이 모두 섬기는 벨신을 유독 다니엘이 무시한다는 소문이 퍼지자 하루는 고레스왕이 다니엘에게 물었다.

"그대는 어찌하여 벨신을 믿지 않는가? 벨이야말로 살아 계신 위대한 신이 아닌가? 벨이 매일 먹는 음식만 보아도 그 신이 얼마나 강한 신인가를 알 수 있지 않은가?"

고레스왕이 벨신을 믿는 이유를 밝힌 다음 다니엘에게 벨신을 믿지 않는 이유를 물었다. 다니엘이 어이없다는 듯이 대답했다.

"지금 폐하께서는 속고 계십니다. 벨신의 신상 내부는 진흙으로 가득 차있는 엉터리 신입니다. 겉모양만 번지르르 하게 청동을 입힌 인조신입니다. 그런데 그것이 음식을 먹다니요?"

다니엘의 방자한 대답에 고레스왕이 버럭 화를 냈다.

"그럼 매일 먹으라고 바치는 제물을 누가 빼돌린단 말인가?"

다니엘이 제기한 문제를 놓고 고레스 왕이 벨 신관들을 불러 들였다.

"너희들 중에 누구라도 벨신에게 바치는 음식을 몰래 처분하는 자가 있으면 당장 이실직고하라. 만일 사실을 바로 고발하지 못하면 너희는 모두 살아남지 못할 것이다."

고레스왕이 엄히 경고하는 한편 공정한 심판을 다짐했다.

"만일 벨신이 직접 음식을 먹는 증거가 확인되는 경우엔 무엄하게 벨신을 함부로 모독한 다니엘을 죽이겠다."

고레스왕의 준엄한 경고에 감히 누구도 이의를 제기하지 못했다.

"예, 좋습니다."

다만 문제를 제기한 다니엘이 담담하게 받아들였다. 그러자 벨의 신관들이 머리를 조아려 복종을 맹세한 다음 국왕과의 약속을 확인하기 위해 모두 신전으로 되돌아갔다(단 14:1-14).

2. 벨 신의 실상을 밝히다

신전으로 따라 나간 벨신의 신관들은 가족을 빼고 70명이나 되었다. 신관들은 이미 오래 전부터 신전 지하실에 비밀 통로를 만들어 놓고, 벨신에게 제물(음식)을 바칠 때마다 그 음식물을 몰래 거두어다 자기들끼리 나누어 먹었다. 그러니까 벨신의 신관들이 바로 벨신의 감독이었고, 제물을 거둬다 먹는 당사자들이었다. 그런데 이 날 따라 고레스 왕이 사실 규명을 선언하자 다급한 나머지 미리 선수를 쳤다.

"저희들은 이제 완전히 신전 밖으로 물러나 있겠습니다. 폐하께서 제물을 바치시고 아무도 접근하지 못하도록 신전의 문을 봉인하십시오. 그리고 내일 아침까지 기다렸다가 봉인이 그대로 있는지 확인하십시오. 가능하면 신전에도 들어와 보십시오. 폐하께서 바치신 제물이 그대로 있으면 저희들이 죽어 마땅하겠습니다. 그러나 만일 벨신이 제물을 모두 먹고 없을 경우에는 다니엘이 죽어 마땅합니다."

벨신의 제관들이 큰 소리로 확약하고 물러났다. 고레스 왕은 매일 하던 대로 벨신에게 제물을 바쳤다. 그러자 다니엘은 하인을 시켜 재를 가져오라하여 왕이 제단 위에 제물을 올려놓고 물러서자, 다니엘이 제단 앞에 놓인 디딤돌 위에 국왕이 보는 앞에서 재를 얇게 뿌려 놓았다. 그리고 사람들을 모두 밖으로 내보낸 다음 신전의 문을 굳게 닫아걸고 아무도 접근하지 못하도록 봉인했다.

그 날 밤 신관들의 가족들이 비밀 통로를 통해 신전 안으로 들어가 고기와 술을 실컷 먹고, 밀가루는 집으로 가져가는 등 제물을 깨끗이 나누어 가졌다. 그러나 이런 사실을 전혀 알지 못한 고레스왕이 다음날 다니엘을 데리고 신전에 들어가 봉인부터 확인했다. 그러나 봉인에는 아무 이상이 없었다. 그런데 문을 열고 안으로 들어가자 제단 위의 제물이 말끔히 사라지고 없었다. 고레스 왕이 무릎을 치고 감탄했다.

"역시 우리의 벨은 위대한 신이시다."

고레스왕이 확신에 찬 소리를 지르고 제물이 놓여있던 제단 안쪽으로 들어가려 할 때 옆에 있던 다니엘이 얼른 왕의 앞을 가로막고 말했다.

"폐하 잠깐만 기다리십시오. 여기 사람들이 드나든 발자국을 보십시오. 누구의 발자국인지 확인하십시오."

그제야 국왕은 제단 앞에 놓인 디딤 돌 위에 찍혀있는 여러 명의 발자국을 확인했다.

"이건 수십 명이 드나든 흔적이다. 어떤 패거리가 이 안을 휘젓고 다닌 것이 확실하다."

그 길로 발자국을 따라 비밀 통로를 확인한 국왕은 당장 벨신의 신관들을 불러 들였다. 그 동안 벨신의 신관들에게 속은 분을 사기지 못한 고레스왕은 신관들을 엄히 문초한 다음 신전으로 통하는 비밀 통로를 만든 자들과 국왕이 바친 제물을 몰래 훔쳐다 나누어 먹은 사실을 남김없이 밝히고, 그들을 모두 잡아다 죄를 다스렸다. 벨신의 허상을 확인한 고레스왕은 가짜 신으로 사람들을 현혹시킨 신관들을 모두 사형에 처하고, 바벨론에 자리 잡은 벨신에 대해서는 다니엘이 처분하라고 맡겼다. 그러자 다니엘은 국왕을 대신해 벨신의 조각상과 신전을 모조리 제거했다 (단 14:14-22).

◆ 다니엘이 심어준 메시야사상

　다니엘은 포로로 잡혀간 후 이교도 속에서 생명을 걸고 주님의 종교를 보전했다. 이스라엘 하나님의 은총을 입은 다니엘은 이스라엘의 앞날을 염려했다. 사실상 이스라엘 백성은 그 동안 모세의 가르침에서 찾아 볼 수 없는 민족적 시련을 겪었다. 그러나 다니엘은 지난날 보다 앞으로 다시 나타날 시련 즉, 앞으로 다가올 정신적인 시련에 관해 많은 교훈을 남겼다. 특히 장차 닥쳐올 이스라엘의 적은 헬레니즘(Hellenism=그리스주의라)이라는 점을 역설했다. 다니엘의 말처럼 이스라엘은 (기원전 170년경부터) 그리스의 문화정책을 앞세우고 등장한 안티옥 에피파네스로부터 엄청난 시련을 당했다.

◆ 메시야 사상의 다니엘서

　안티옥 4세는 유대인들의 종교를 근본적으로 말살하려고 유대인들을 백방으로 탄압했다. 그는 유대인들의 종교를 말살한 다음 그 자리에 그리스의 헬레니즘을 대신 채우려고 탄압을 가 할 것을 예언했다. 사실상 다니엘의 예언대로 훗날 많은 사람들이 헬레니즘에 넘어가 하나님을 저버렸고, 헬레니즘에 반대하는 사람들은 모두 죽임을 당했다. 그러나 안티옥의 잔악한 탄압 속에도 유대인들이 용케 살아남아 하나님을 섬길 수 있었던 것은 다니엘의 예언에서 비롯된 메시야사상 때문이었다.

　다니엘은 시련을 하나님께서 이스라엘 백성을 훌륭한 민족으로 연단시키는 일종의 훈련이라고 생각했다. 하나님이 이스라엘 백성에게 시련을 겪도록 하신 것은 이스라엘 백성으로 하여금 영광의 길을 찾아갈 수 있도록 인도하기 위한 연단이지 말살하려는 것은 아니라고, 시련을 긍정적으로 이해했다. 그러므로 이스라엘을 박해하는 세력은 조만 간에 사그러들고 그 자리에는 하나님나라가 세워질 것이라고 했다. 따라서 이스라엘 백성들이 다니엘의 말을 믿고 실천했기 때문에 메시야를 기다리는 신앙을 믿을 수 있었고, 그 메시야 사상을 확인시킬 수 있었다. 메시야가 누구이며, 굳이 그 분이 강림하는 목적과, 그 분이 강림하는 나라와, 그분이 강림하는 시기 등을 밝혀준 길잡이를 한 예언자가 바로 다니엘이다. 하나님은 다니엘을 통해 세상의 끝날 때까지를 보여 주셨다. 그리하여 다니엘은 앞으로 이루어질 안티옥 4세의 박해와 간단없이 일어날 그리스도에 대한 박해를 한 폭의 그림처럼 담아냈다. 다니엘의 공의로운 심판 직전에 일어나는 일들의 줄거리를 그려냄으로써 그는 이스라엘의 장래를 예비했다. 그런 점에서 다니엘의 예언은 훗날 요한 계시록과 비슷한 점이 많았다.

3. 다니엘의 일생

바벨로니아의 느부갓네살과 그의 아들 벨사살의 총애를 받은 다니엘이 바벨론이 페르시아에 의해 패망한 후에는 메데의 다리우스 왕의 총애를 받았다. 그러다가 다리우스 왕이 죽은 후에는 다시 고레스왕의 인정을 받았다. 페르시아제국 하에서는 바빌로니아 국왕 시대 보다 더 높은 자리에 올랐다. 다니엘은 16살에 포로로 끌려가 바빌로니아의 느부갓네살 왕과 그의 아들 벨사살에 이어 페르시아의 다리우스대왕과 고레스 왕에 이르기까지 무려 4명의 국왕을 보필하는 가운데 어느 듯 수십 년의 세월이 흘러 다니엘이 85살의 노인이 되었다.

제4장 이스라엘 백성들의 귀국 이야기

1. 예레미야의 예언과 고레스

기원전 750년 경 히스기야왕 때에 등장한 이사야 예언자는 2백 년 앞을 내다보고 남부 유다가 바빌로니아의 느부갓네살에 의해 패망할 것이라는 사실을 예언한 바 있었다. 예레미야 예언자는 기원전 586년에 느부갓네살이 파괴한 예루살렘의 성전을 70년 후에 다시 세울 날이 반드시 올 것이라고도 예언했다.

그 외에도 다니엘이 바벨론에 끌려올 때 예레미야 예언자가 70년 후에는 다시 예루살렘으로 돌아올 것이라고 예언했다. 그런데 어느 덧 그 70년이 지나면서 예레미야 예언자가 "이 땅은 남김없이 황야가 되어 사람들을 크게 놀라게 할 것이며, 모든 백성은 바벨론왕에게 잡혀가 70년간 그에게 복종하리라."라고 한 예언이 사실이 되었다. 바벨론에 끌려간 유대인들은 그 동안 예레미야, 에스겔, 다니엘 등 많은 예언자들의 권고에 따라 인질로 잡혀가서야 자신들의 처지를 올바로 인식하고, 뉘우치고, 하나님을 섬기며 살았다.

2. 유대인 포로석방

예루살렘이 초토화되고, 백성들이 포로로 끌려간 지 70년 동안 많은 변화가 있었다. 바빌로니아가 페르시아에 의해 멸망하고 고레스왕의 천하가 되었다. 페르시아의 고레스왕이 메데의 다리우스왕에 이어 바벨론을 통치하기 시작한지 1년 째 되는 해였다. 정치적으로 명망이 높은 고레스왕은 별다른 조건 없이 포로로 끌려온 유대인들을 모두 석방하라는 칙령을 선포했다. 그는 유대인들을 조건 없이 석방함과 동시에 느부갓네살이 예루살렘 성전에서 약탈해간 보물들도 모두 되돌려주었다. 그 외에도 예루살렘으로 돌아가 부서진 성전과 성벽을 복구하도록 물심양면으로 지원할 것을 변방 왕들에게 명령했다.

"페르시아의왕 고레스가 선언한다. 하늘에 계신 하나님께서 이 땅의 모든 나라를 나에게 주시고 예루살렘에 하나님의 성전을 세우도록 이르셨다. 너희들 가운데 하나님의 백성은 모두 예루살렘으로 돌아가 하나님의 성전을 다시 세워라. 만일 떠나가지 못하는 사람은 금, 은을 비롯해 가축과 먹을 것을 고향으로 떠나는 사람들에게 주어 하나님의 성전을 속히 지을 수 있도록 도와라."

고레스왕의 포고문이 페르시아의 각 변방에 통고되자 유대인들은 감격했다. 그러나 포로로 잡혀 온 후에 새로 태어난 2세들은 이미 정착한 그곳에 정이 들어 귀국하라는 해방을 별로 반가워하지 않았다. 따라서 일 차로 귀국한 사람들은 난민 1세대들로 비교적 작은 숫자였다. 고레스의 칙령이 떨어졌을 때 지난날 예레미야 예언자가 한 말을 기억하는 사람들은 하나님이 주관하시는 역사 섭리에 크게 감격했다. 예레미야의 예언을 상기한 사람들은 기쁨에 겨워 거리로 뛰쳐나와 춤추고 노래하는 등 바벨론의 거리를 온통 축제 분위기로 가득 메웠다. 이날의 기쁨을 시인은 이렇게 읊었다(렘 25:1-14).

주께서 시온에서 잡혀간 포로를 시온으로 돌려보내실 때에
우리는 꿈을 꾸는 사람들 같았다.
그 때에 우리의 입은 웃음으로 가득 찼고,
우리의 혀는 찬양의 함성으로 가득 찼다.
그 때에 다른 민족도 말하였다.
"주께서 그들의 편이 되셔서 큰일을 하셨다."
주께서 우리 편이 되시어 큰일을 하셨을 때에,
우리는 얼마나 기뻤던가!
주님,
네겝의 시내들에 다시 물이 흐르듯이
포로로 사로잡힌 우리가 다시 한 번 번영하게 해주십시오.
눈물을 흘리며 씨를 뿌리는 사람은 기쁨으로 거둔다.
울며 씨를 뿌리러 나가는 사람은 정녕, 기쁨으로 단을 가지고 돌아온다(시 126편).

3. 일부만 예루살렘에 귀환하다

포로로 끌려간 백성들의 귀국을 예언한 것은 예레미야만이 아니라 이사야 예언자도 똑같은 예언을 했지만 사람들은 별로 기억하지 않았다. 그러나 고레스의 석방 결정이 났을 때 유다 백성들이 한꺼번에 고향으로 돌아간 것은 아니었다. 바벨론에 포로로 잡혀 온 일 세대들은 나이가 들어 대부분 고인이 되었고, 조상의 땅을 한 번도 밟아 본 적이 없는 2세들은 오히려 낯선 고향으로 돌아가는 것을 별로 달갑게 여기지 않았다. 우선 바벨론은 토지가 비옥하고, 상업도 활발하고 경제적으로는 집안이 번창되었고, 일부 백성들 중에는 이미 고레스왕 치하에서 권세도 누리고 있었다. 그렇기 때문에 굳이 고국으로 돌아가기를 마다하고 현지에 눌러 살

기를 원했다. 사실상 석방 결정이 선포되었을 때 즉시 고국으로 돌아온 사람들은 주로 예루살렘의 성전을 생각하고, 조국의 하늘을 바라보고 탄식하던 제사장들과 레위지파 사람들과, 일부 애국지사들과 믿음을 지켜온 정신적 우국지사들이었다.

석방된 유대인들은 고생을 무릅쓰고 고국에 돌아가 폐허가 된 제단을 세우기 위해 길을 나섰다.

우국지사들과 하나님을 섬기는 제사장들과 레위사람들과 예루살렘과 그 근방에 살던 사람들이 일 차로 귀국길에 나섰다(스 2:43-60).

4. 유대인들을 석방한 고레스의 정치적 배경

한편 페르시아의 고레스왕이 느부갓네살이 끌어간 유대인들을 석연치 않은 이유로 석방결정을 내린 배경에는 당시 국제적으로 또는 정치적으로 그럴만한 이유가 있었다. 당시 페르시아 제국이 유대인들을 석방한 대는 정치적으로 상당한 배경이 전제된 조치였다. 당시 페르시아는 이집트의 세력을 견제하기 위한 수단으로 유다의 전쟁포로들을 석방시켜 예루살렘의 성벽을 복구하고, 예루살렘에 정착시킴으로써 페르시아의 방패 역할을 하기 위한 속셈이었다. 우선 페르시아 제국은 두 가지 점에서 '비옥한 초생 달 지역'에 대한 정책을 다른 왕국과 달리했다. 첫째, 페르시아 제국은 성서를 기록한 저자들이 말했듯이 세계를 제패한 강대국이었다. 둘째, 페르시아 제국은 탁월한 행정력과 현명한 정책으로 여러 식민지 민족들을 원만하게 지배했다는 점이다.

지난 날 앗시리아와 바빌로니아는 타민족을 강제로 지배하는 유배정책을 실시했다. 그들은 정복한 민족의 정체성을 파괴하고, 그들을 여기저기 사방으로 분산시켜 반역을 원천적으로 꾀하지 못하도록 봉쇄하는 정책을 썼다. 그러나 페르시아의 고레스왕은 이 분산정책이나 또는 동화정책을 완전히 바꾸었다. 페르시아인들은 자기들이 정복한 민족들이 제고장에서 자신들의 종교를 충실히 믿고 살 수 있도록 도모함으로써 식민지 통치에 스스로 협조할 것이라는 유화정책을 펼쳤다. 그리고 종교의 신봉은 그 종교의 신들이 영향력을 미치는 본 고장에만 한정되어야 한다는 것이 그들의 통념이었다. 따라서 고레스왕은 고국을 떠나온 유대인들이 원하면 언제든지 고국에 돌아가 예루살렘 도성을 재건하고, 그 곳에 성전을 다시 세울 수 있도록 협력했다(느 2:1-10).

5. 1차로 예루살렘에 귀국한 사람들

고레스왕의 석방 결정이 내려지자 앞 다투어 길을 나선 사람들은 주로 남부 유다왕조를 이끌어온 유다 지파와 베냐민 두 지파의 장로들과 종교적으로 특전이 주어진 레위지파 사람들이었다. 레위지파의 제사장들은 예루살렘으로 돌아가 하나님의 성전을 세울 꿈에 부풀었다. 바벨론의 유배생활을 청산하고 고향을 향해 길을 나선 사람들을 지켜본 베벨론 사람들은 감격하여 금과 은을 비롯해 가축 등 일용품을 조건 없이 내주었다. 고레스왕은 재무관에게 특명을 내려 느부갓네살이 예루살렘 성전에서 약탈해 온 보물과 금과 은으로 만든 5천4백 개의 성전 집기를 모두 유다의 총독으로 임명한 세스바살(Sheshbazzar)에게 되돌려 주었다. 5만여 명으로 구성된 난민들은 많은 보물을 챙겨 가지고 바빌론을 떠났다.

바벨론에서 예루살렘까지는 3천 킬로미터가 넘는 먼 거리였다. 거기다 8천 마리가 넘는 가축을 대동한 귀향 민들의 이동행렬은 일대 장관이었다. 그러나 바벨론의 고급 관리인 다니엘은 너무 늙어 떠나지 못하고 길을 나선 동포들을 위해 하나님께 기도했다. 길을 나선 유대인들은 기쁨에 넘쳐 춤과 노래로 환호하는 등 축제 기분으로 길을 나섰다. 그러나 길을 나선 유대인들에게는 자신들을 이끌어줄 지도자가 있어야 했다. 고레스는 다윗왕의 자손 중에 여호야스 왕의 아들 스룹바벨(Zerubbabel)을 제사장으로 뽑아 귀향민의 지도자로 귀국 길을 인도했다. 낙타와 당나귀에는 반환 받은 성전의 집기와 보물을 싣고, 사람들은 모두 걸었다. 하루에

30~40킬로미터를 걸었지만 한 사람도 고된 여행을 탓하지 않았다(스 2:61-70).

6. 황폐한 예루살렘의 고도(古都)

꿈에 그리던 고국 땅에 들어선 귀향 민들은 기쁨과 슬픔이 엇갈렸다. 어떤 사람은 눈물을 흘리고, 어떤 사람은 기쁨에 겨워 소리치는 등 저마다 환호에 넘쳤다. 그러나 막상 수십 년 만에 당도한 예루살렘 도성은 끔찍했다. 느부갓네살이 파괴한 상태, 그대로 버려진 도성은 을씨년스러웠다. 꿈에 그리던 고국의 모습이 그처럼 황폐되었으리라고는 예상하지 못했다. 도성의 건물만 파괴된 것이 아니라 주민들의 성분도 엉망으로 변해 있었다. 본래 예루살렘에 살던 유대인들과 사마리아에서 이주해 온 사람들로 범벅을 이룬 예루살렘 주민들은 하나님도 엉망으로 섬기는 이상한 종교로 변해 있었다.

한편 예루살렘의 주민들은 바벨론에서 귀국한 유대인들을 쉽게 받아들이지 않았다. 오랫동안 외국에서 살다가 귀국한 유대인들을 이상한 눈길로 바라보았다. 예루살렘에 도착한 귀향민들의 당면 문제는 주민들과의 마찰이었다. 나라가 패망한 후 백성들이 바벨론 등 외국에 끌려가 있는 사이에 예루살렘에 들어와 살기 시작한 이주민들은 그동안 자신들이 경작한 땅은 자신들의 땅으로 생각하고 바벨론에서 돌아온 유대인들에게 되돌려주지 않았다. 그들은 유대인들이 떠난 후 이웃나라에서 슬금슬금 밀고 들어와 자리 잡은 블레셋 사람들, 에돔 사람들, 모압 사람들, 암몬 사람들이었다. 그들은 예루살렘뿐만 아니라 유다지파와 베냐민지파의 지방에도 들어가 자리 잡고 있었다. 특히 사마리아 사람들과 아람(시리아) 사람들도 자기들이 차지한 땅을 내놓으려 하지 않았다. 물론 그들은 그들 나름대로 상당한 이유가 있었다. 유대인들이 버리고 떠난 땅을 새로 가꾸는데 큰 힘을 기울였던 것이다. 물론 그들이 처음 땅을 일궈 농사를 거두기까지 얼마나 많은 고생을 했는지는 말할 여지가 없었다. 사실상 바벨론에 끌려간 사람들보다도 더 어려운 고통을 겪으면서 땅을 가꾸었다. 그 외에도 예루살렘에 정착한 이방인들은 하나님을 제대로 섬기지 않았지만 예루살렘을 자신들의 고향으로 생각하고 있었다. 그러므로 바벨론에서 돌아온 유대인들이 예루살렘을 재건하는 것을 별로 반갑게 여기지 않았다. 그리하여 바벨론에서 돌아온 유대인들의 재건을 반대하는 이주민들이 틀고 앉은 예루살렘 도성을 소수의 귀향민들이 다시 세우는 것은 어려운 일이었다(스 3:1-6).

7. 예루살렘 성전을 재건하다

수십 년 전에 파괴된 예루살렘 성벽은 돌산이 되었고, 거룩한 성전은 부서진 벽돌 잔해만 나뒹굴었다. 그 외에 석조로 축조한 솔로몬 궁전은 흔적도 없어졌고, 성전이었던 자리에는 잡초만 무성했다. 한껏 번영을 누릴 때의 예루살렘을 연상하는 원로들은 끔찍한 도성 앞에 넋을 잃었다. 꿈에 그리던 조국에 돌아온 귀향민들은 조국의 끔찍한 참상 앞에 참담했다. 그렇다고 하나님의 소명을 간직한 제사장들과 레위인들은 예루살렘을 그대로 버려 둘 수는 없었다. 예루살렘에 도착한 이듬해 즉, 기원전 535년에 성전을 재건하기로 다짐했다. 성전재건을 결의한 제사장들과 레위인들은 예루살렘 도성 부근에 자리 잡았고, 그 외에 사람들은 각자의 연고지를 찾아갔다. 그들은 주로 그곳에 남아있던 친족들과 더불어 자리 잡았다. 예루살렘에 자리 잡은 귀향 민들은 스룹바벨을 중심으로 하나로 뭉쳐 우선 살림집을 공동으로 지어 공동생활을 하면서 성전을 재건하기 시작했다. 가능한 하나님의 성전부터 복구해서 바벨론에서 찾아온 보물을 보관하기로 결의했다.

스룹바벨(제사장)은 흔적만 남은 성전 터에 제단을 쌓고 아침저녁으로 번제를 올렸다. 다른 한편에서는 석공과 목공을 모집한 다음 사데(Sardis)와 두로(Tyre)에 고기와 기름 등 식량을 보내 성전재건에 필요한 목재를 교환해 왔다. 페르시아 정부의 지원 하에 레바논에서 벌목한 백양목을 뗏목으로 엮어 지중해 연안을 따라 욥바(Joppa)항구까지 운송했다.

스룹바벨 제사장은 노역에 지친 사람들을 일일이 찾아다니면서 격려했다. 제사장을 중심으로 힘을 합쳐 성전 재건에 들어간 후 예루살렘의 모습은 하루가 다르게 변했다. 그러나 도성이 새로운 모습으로 드러나자 공사를 처음부터 못마땅하게 생각한 사마리아 사람들이 복구작업을 방해하기 시작했다. 그러나 귀향민들은 저들의 끈질긴 방해에도 굴하지 않고 한마음으로 뭉쳐 열심히 성전 재건에 힘을 쏟았다. 그리하여 성전의 기초를 다진 다음 젊은이들이 큰 소리로 하나님을 찬양하자 노인들은 지난날을 회상하고 환희의 울음을 터뜨렸다. 참으로 오랜만에 예루살렘에서 하나님을 찬양하는 함성이 하늘에 울려 퍼졌다. 이렇게 한마음 한뜻으로 눈물겨운 노력을 다한 결과 성전 재건을 시작한지 1년 만에 성전과 도성의 윤곽을 자리 잡았다. 성전의 기초를 다진 다음 제사장들은 제복을 입고 나팔을 길게 불었으며, 합창대는 다윗왕 시대의 찬양대처럼 시가(詩歌)를 힘차게 찬미했다(스 3:7-13).

"주님은 자비심이 많으시고,
수도 시온아, 한껏 기뻐하여라. 수도 예루살렘아, 환성을 올려라.
보아라, 네 임금이 너를 찾아오신다. 정의를 세워 너를 찾아오신다.
그는 겸비하여 나귀, 어린 새끼나귀를 타고 오시어
에브라임의 병거를 없애고 예루살렘의 군마를 없애시리라.
군인들이 메고 있는 활을 꺾어 버리시고 뭇 민족에게 평화를 선포하시리라.
이 바다에서 저 바다까지, 큰 강에서 땅 끝까지 다스리시리라(슥 9:9-10).

8. 사마리아 사람들의 방해

그러나 성전 공사가 본격적으로 들어갈 즈음에 뜻하지 않은 문제가 발생했다. 예루살렘의 백성들이 바벨론으로 잡혀간 후 그 곳에 이주해 온 사마리아 사람들은 그들 나름대로 예루살렘을 자신들의 고향으로 생각하고 있었다. 그런데 바벨론에서 돌아온 유대인들이 성전을 재건하자 예루살렘 북쪽에 자리 잡은 사마리아 사람들도 하나님의 노여움을 사서는 안 되기 때문에 유대인들의 성전 건축에 힘을 합치겠다고 자청했다.

"우리도 성전 건축 공사에 한몫 거들게 해주십시오. 우리들도 앗시리아의 에살핫돈(Esarhaddon)왕에 의해 강제로 사마리아에 끌려와 살다가 다시 느부갓네살이 강제로 이곳에 정착시킨 사람들입니다. 우리도 이곳에 온 후 하나님을 섬기고 살았으므로 절대로 버리고 떠날 수 없습니다."

성전 재건에 자기들도 동참하겠다고 나섰다. 그러나 스룹바벨 제사장을 비롯한 원로들이 일언지하에 거절했다.

"당신들은 우리 하나님의 성전을 세우는 일에 간섭하지 마십시오. 페르시아의 고레스왕이 예루살렘 성전은 우리들에게 세우도록 했소"(스 4:1-5).

9. 페르시아의 정변과 공사 중단

스룹바벨 제사장이 사마리아 사람들의 동참을 거부한 이유는 단순했다. 사마리아 사람들은 우상을 숭배했기 때문에 하나님을 섬길 자격이 없다는 조건을 달아 거절했다. 자신들의 성의를 거절당한 사마리아 사람들은 분개했다. 자신들의 간절한 성의를 일언지하에 거절당한 사마리아 사람들은 마침내 성전 재건을 방해하기 시작했다.

그들은 유대인들만의 성전과 도성 건축을 막기 위해 페르시아 정부의 관리들을 매수하는 등 끈질기게 방해했다. 어렵사리 진행된 공사가 중단될 위기에 처했을 때 설상가상으로 페르시아의 고레스 왕이 죽고 그의 뒤를 이어 크세르세스(Xerxes) 왕자가 국왕이 되는 정변이 일어났다. 그리하여 사마리아 사람들의 방해는 고레스왕으로부터 다리우스2세(Darius)까지 지속되었는데 고레스왕에 뒤를 이은 크세르세스왕은 예루살렘의 정황을 이해하지 못했다. 엎친 데 덮친 격으로 사마리아 사람들이 크세르세스 왕 앞으로 다음과 같이 허무맹랑한 탄원서를 보냈다(스 4: 6-11).

10. 탄원서의 내용

"왕이시여, 살펴보시옵소서. 죄를 짓고 예루살렘에서 쫓겨났던 유대인들이 다시 돌아와 옛날에 국왕을 배신한 도성을 다시 세우고 있습니다. 성벽도 새로 쌓고 성전도 새로 짓고 있습니다. 만일 저들이 이 도성을 다시 세우게 되면 저들은 또 다시 귀하에게 세금을 바치지 않을 것입니다. 지난날의 기록을 조사해 보십시오. 이 도시가 역사적으로 어떤 도시였는지 곧 알 수 있습니다. 이 도시는 나쁜 도시였기 때문에 멸망당한 것입니다. 만일 이 성읍이 재건되고, 성벽을 완성하게 되면 임금님께서는 유프라테스 강 서쪽을 모두 잃게 된다는 것을 아뢰는 바입니다."

탄원서를 접수한 아하수에로왕은 다음과 같이 답장을 보냈다.

"너희들이 보낸 편지를 내 앞에서 직접 번역해서 읽도록 했다. 내가 사실을 조사해 보았더니 역시 예루살렘은 역사적으로 지도자를 배반한 나쁜 전력이 있는 도성이라는 사실을 알았다. 내가 다시 명령을 내릴 때까지 일단 공사를 중지하도록 조치했다."

공사를 중지하라는 통보를 받은 사마리아 사람들은 기세가 등등했다. 그러나 유대인들은 망연자실 일손을 놓고 시름에 빠졌다(스 4:13-24).

11. 예루살렘의 성전건축을 다시 시작하다

한편 성전 건축을 중지 당한 이스라엘 백성들은 한동안 실의에 빠졌다. 그런데 시일이 지나 공사를 중단시킨 아하수에르왕이 기원전 521년에 죽고 유대인들에게 호의적인 다리우스 2세가 왕위에 올랐다. 이때는 이미 유대인들의 상당수가 바벨론과 페르시아에서 귀국한 상태였다. 다리우스 2세는 고레스왕 보다도 훨씬 능력이 뛰어난 인물이었다. 그는 페르시아의 국경을 인도에서 이집트에 이르기까지 확장시키는 등 많은 업적을 쌓았다. 그래서 후일 역사가들은 그를 가리켜 다리우스 대왕이라 불렀다. 어느 날 다리우스 대왕이 유프라테스강 서쪽의 변방의 총독으로부터 예루살렘의 성전 공사가 중단된 사실을 보고를 통해 알게 되었다. 다리우스 대왕은 즉시 고레스왕이 예루살렘을 재건에 대한 칙령의 내력을 재검토한 다음 다시 새 법령을 발표했다.

"예루살렘의 성전 공사를 유다백성들과 그들의 장로들에게 맡긴다. 나에게 공물을 바치는 대신 그 돈으로 성전을 짓는 일꾼들에게 삯을 주고, 제사장들이 번제를 올릴 때 필요한 재물이 부족하지 않도록 충분히 공급하라. 만일 이 법령을 어기고 성전 공사를 방해하는 자가 있다면 그 집안을 모두 멸할 것이다. 하루빨리 예루살렘 성전을 마무리할 것을 페르시아 왕 다리우스가 명령한다."

다리우스 2세의 법령은 즉시 유프라테스강 서쪽 변방의 총독들에게 통보되었다. 다시 기회를 되찾은 유대인들은 밤낮을 가리지 않고 열심히 공사에 착수했다. 다리우스 2세가 왕위에 오른 지 6년째 되는 해에 드디어 예루살렘 성전이 완성되었다. 유대인들은 나라를 잃은 후 처음으로 손수지은 성전에서 하나님을 찬양했는데 그 때가 기원전 515년이었다(스 5:1-17; 6:13-18).

◈ 예루살렘 성전의 유래

1차 성전: 애초의 예루살렘 성전은 솔로몬어 그의 아버지 다윗왕이 만든 설계도면대로 기원전 967년에 이스라엘 역사상 최초의 성전을 이룩했다. 그러나 솔로몬이 세운 이 성전은 기원전 586년 바빌로니아의 침공으로 완전히 파괴되었다.

2차 성전: 두 번째 예루살렘 성전은 페르시아의 고레스왕의 협조로 바벨론에서 귀향한 이스라엘 백성들이 기원전 515년에 이룩했다. 그러나 이 때 이룩한 성전은 그리스(셀루시트)의 안티옥 4세가 기원전 167년에 유대인들을 그리스 화한다는 명분으로 일으킨 탄압의 일환으로 파괴했다.

3차 성전: 세 번째 예루살렘 성전은 에돔인으로 유대의 왕이 된 헤롯대왕이 유대인들의 환심으로 사려고 기원전 24년경에 세웠다. 그러나 이 때의 성전은 서기 70년 유대인들의 독립항쟁을 제압한답시고 로마군에 의해 파괴된 후 오늘에 이른다. 다만 성전의 흔적으로 일명 오늘의 통곡의 벽이 남아 있을 뿐이다.

12. 성곽공사를 다시 시작하다

그러나 유대인들에게는 성전 외에도 예루살렘에는 다시 재건해야 할 일이 많이 있었다. 그런데 이미 성전을 재건하느라고 금·은 등 재정이 바닥이 드러난 상태였다. 거기에다 백성들은 각자의 가족을 부양하기 위해 당장 밭을 일구고 씨를 뿌려야 했다. 문제는 그뿐만 아니었다. 어렵사리 밭을 일궈 놓으면 사마리아 사람들이 깔아뭉개는 등 유대인들이 하는 일마다 방해했다. 성전을 짓기에 총력을 다한 유대인들은 결국 의욕을 잃었다. 감히 무너진 성벽은 재건할 엄두도 내지 못하고 방치한 채 지쳐 있었다. 성전은 그런 대로 재건했지만 성벽은 해외에서 귀국한 유대인들의 숫자도 적었고, 공사를 방해하는 세력에 대처할 능력도 없었다. 귀향한 유대인들로서는 독립의 기반도 없었지만 독립을 유지할 힘도 없는데다 주변의 방해로 기를 펼 수 없었다. 그런 상황에서 페르시아에서 또 다시 정변이 일어나 이번에는 다리우스 대왕이 퇴위 당하고 아닥사스다 1세(Artaxerxes)가 왕위에 올랐다. 유대인들은 정변이 일어나 아닥사스다 1세 때에 성벽의 공사를 완성시키려고 중단된 공사를 다시 시작했다. 그런데 사마리아 사람들이 다시 들고 일어나 공사를 방해하는 한편 페르시아 조정에 또 다시 탄원서를 내는 등 끊임없이 방해했다(스 6:1-5).

13. 에스라와 아닥사스다왕

다리우스 2세의 왕위를 계승한 아닥사스다는 변방의 여러 나라를 수도에 앉아서 다스렸다. 그런데 아닥사스다는 예루살렘에 대해서 별로 아는 지식이 없었다. 마침 아닥사스다가 왕위에 오르면서 각 변방에서 전란이 끊이지 않고 벌어져 페르시아의 조정은 예루살렘의 사정을 거들떠 볼 겨를이 없었다. 변방의 내란이 멎은 것은 기원전 449년경이었다. 예루살렘의 유대인들은 페르시아의 소란을 틈타 도성을 재건하기 시작했다. 그러자 사마리아 사람들이 페르시아 조정에 서신을 보내 유대인들이 독립을 꾀하기 위해 도성을 재건하려 한다는 등 터무니없는 모함을 했다. 그러자 내용을 잘 모르는 아닥사스다는 사마리아 사람들의 말만 믿고 레훔(Rehum)총독과 그의 비서 삼사이(Samsai)를 예루살렘에 보내 일단 공사를 중단 시켰다. 그러나 유대인들은 이중 삼중으로 계속해서 방해를 당하면서도 야금야금 쉬지 않고 15년간에 걸쳐 공사를 진행했다. 그런데 마침 이 무렵에 페르시아 궁중에 에스라(Ezra)라는 유대인이 있었다. 에스라는 본래 페르시아의 국법을 연구한 학자였다. 그는 아닥사스다의 각별한 총애를 받는 인물이었다. 페르시아 백성들에게 국법을 가르치는 선생으로 대 학자였다. 그는 또한 유대인으로 하나님에 대한 신앙심도 돈독했다. 그리하여 페르시아 사람들에게는 국법을 가르쳤고, 그곳에 잔류하는 유대인들에게는 페르시아의 법과 동시에 하나님의 율법도 곁들여 가르쳤다. 그러다가 아닥사스다가 왕위에 오른 지 7년째 되는 기원전 514년 아닥사스다 왕에게 예루살렘의 정황을 설명하고 자기도 돌아가고 싶다고 청원했다. 에스라의 청원을 받은 아닥사스다왕은 다음과 같이 칙령을 내렸다.

14. 다리우스 왕의 칙령

"이제 유프라테스 서부 지방관 타트나이와 스타르 보즈나이와 그 동료들, 그리고 유프라테스 서부 지방의 관리들은 그곳 일을 방해하지 마라. 그 하나님의 집 공사가 계속되게 하여라. 유대인들의 지방관과 유대인들의 원로들이 그 하나님의 집을 제자리에 다시 짓게 하여라. 이제 그 하나님의 집을 다시 짓도록 그대들이 유대인들의 원로들을 도와서 해야 할 일에 관하여, 내가 이렇게 명령을 내린다. 왕실 재산 곧 유프라테스 서부 지방에서 받는 조공에서, 지체하지 말고 그 사람들에게 어김없이 비용을 내어 주어라. 하늘의 하나님께 바치는 번제에 필요한 황소와 숫양과 어린 양, 그리고 밀과 소금과 포도주와 기름 등 예루살렘 사제들이 말하는 것은 무엇이든 날마다 틀림없이 대어 주어라. 그래서 그들이 하늘의 하나님께 향기로운 제물을 바치면서, 임금과 왕자들이 잘 살도록 기도하게 하여라. 나는 또한 이렇게 명령을 내린다. 누구든지 이 칙령을 어기면, 그 집에서 들보를 빼내어 세우고 그자를 그 위에 못 박아 매달아라. 그 죄에 대한 벌로 그 집은 쓰레기 더미로 만들어라. 어떤 임금이든 민족이든 손을 대어 이 칙령을 어기거나, 예루살렘에 있는 그 하나님의 집을 허물면, 당신의 이름을 그곳에 머무르게 하신 하나님께서 그들을 거꾸러 뜨리실 것이다. 나 다리우스가 명령을 내리니 어김없이 시행하여라"
(스 6:6-12).

15. 페르시아의 지원을 얻어낸 에스라

아닥사스다 황제는 에스라에게 이상과 같이 전권을 부여함과 동시에 유프라테스강 서쪽의 변방의 모든 국고 출납관들에게도 다음과 같이 특명을 내렸다.

"나 아닥사스다 황제는 유프라테스강 서쪽 지방의 모든 국고 관리자들에게 명령한다. 너희는 하늘에 계신 하나님의 율법학자이며 제사장인 에스라가 요구하는 것은 무엇이든지 즉시 공급해 주어라. 그 한도량은 은 3,400킬로그램, 밀 22킬로리터, 포도주와 감람기름은 각각 2,200리터이다. 그리고 소금은 요구하는 대로 얼마든지 주어라. 너희는 하늘의 하나님이 이 성전을 위해 요구하시는 것은 무엇이든지 다 제공하여 나와 내 아들들이 그분의 노여우심을 사지 않도록 하여라. 또 너희는 제사장, 레위인, 성가대원, 문지기, 성전 봉사자들, 그리고 그밖에 하나님의 성전에서 일하는 자들에게는 그 어떤 세금도 거둬들여서는 안 된다. 그리고 너 에스라는 네 하나님이 너에게 주신 지혜로 행정관들과 재판관들을 임명하여 유프라테스강 서쪽 지방에서 네 하나님의 율법대로 사는 모든 사람들을 다스리게 하고 또 너는 그 율법을 알지 못하는 사람들에게 그것을 가르쳐라. 네 하나님의 율법이나 이 황제의 법에 불순종하는 자가 있으면 누구든지 즉시 처벌하여 사형을 시키거나 귀양을 보내거나 재산을 몰수하거나 감옥에 가두어라"(스 7:21-26).

아닥사스다 국왕으로부터 전권을 위임받은 에스라는 이렇게 외쳤다.

"이처럼 예루살렘에 있는 주님의 성전을 소중히 여기는 마음을 황제에게 주신 우리 조상들의 하나님 주님을 찬양하라! 하나님은 내가 황제와 그의 자문관들과 권력 있는 모든 신하들에게 은혜를 입게 하셨다. 나의 하나님 주님께서 나에게 용기를 주셨으므로 내가 이스라엘의 지도자들을 설득하여 그들과 함께 예루살렘으로 돌아 올수 있었다."

에스라는 아닥사스다의 총애를 받게 된 것이 순전히 하나님의 깊은 은총의 덕이라고 감격했다(스 6:3-12).

◆ 에스라를 지원한 페르시아 제국의 정치적 배경

페르시아의 황제들은 지리적으로 예루살렘이 이집트의 세력을 견제하기에 좋은 위치에 있음을 감안하여 페르시아를 대신해 이집트의 세력을 견제하기 위해 이스라엘 백성으로 하여금 예루살렘을 복구 하도록 유도했다. 예루살렘 도성을 재건함으로써 페르시아의 전위 역할을 유도하기 위해 이스라엘 백성들에게 협력을 아끼지 않았다.

16. 2차로 귀환한 에스라의 활약

아닥사스다 황제의 전폭적인 협조를 보장받은 에스라는 페르시아를 떠나기 전에 고국에 돌아가 하나님께 예물로 드리기 위해 금과 은을 가져갈 수 있는 능력껏 챙겼다. 그리고 유프라테스강 서쪽의 변방 관리들에게는 건축용 자재를 신속하게 공급하도록 조치를 취했다. 에스라는 사랑하는 조국 이스라엘의 복구를 위해 만반의 준비를 마친 다음 페르시아 병사들의 호위를 받으며 7천명의 유대인들을 데리고 귀국 길에 올랐다. 많은 금은보화를 가지고 예루살렘에 귀향한 에스라는 하루도 쉬지 않고 성벽 재건에 앞장섰다. 한편 아닥사스다 황제는 에스라가 귀국한 후에도 약속대로 예루살렘 재건을 위해 협력을 아끼지 않았다.

에스라는 예루살렘에 돌아온 후 일부 제사장들과 레위인들의 생활이 이방인들과 구별되지 않는데 깜짝 놀랐다. 이미 유대인들 대다수가 가나안의 원주민들 즉, 헷 사람, 브리스 사람, 여부스 사람, 암몬 사람, 모압 사람, 이집트 사람, 아모리 사람들의 풍습을 그대로 본받아 이방의 우상을 섬기는 등 저들과 조금도 다를 것이 없었다. 특히 이방 여인들과 결혼하여 자식을 낳고, 가정을 형성하여 유대인의 순수성을 더럽혔고, 나아가 하나님을 욕되게 하는 생활을 하고 있었다.

유대인들의 타락상을 확인한 에스라는 주저앉아 슬피 울며 옷을 찢고 머리의 털과 수염을 뜯으며 한없이 울었다. 그러자 하나님을 두려워하는 경건한 사람들이 에스라 곁으로 하나 둘 모여들었다. 에스라는 비탄에 잠겨 슬피 울다가 저녁 제사를 드릴 때에 자리에서 일어나 찢어진 속옷과 겉옷을 그대로 입은 채 무릎을 꿇고 하나님을 향해 기도했다(스 8:15-36).

17. 에스라의 애절한 통회의 기원

"나의 하나님이시여, 내가 너무 부끄러워 주 앞에 머리를 들 수가 없습니다. 우리 죄가 우리 머리보다 높이 쌓여 하늘에 닿았습니다. 우리 조상 때부터 지금까지 우리는 줄곧 죄만 지어 왔습니다. 우리의 죄 때문에 우리는 물론 우리 왕들과 제사장들이 외국 왕들의 손에 죽고 약탈을 당했으며 포로로 잡혀가 오늘날까지도 수모를 당하고 있습니다. 이제 잠시 동안이나마 하나님께서 은혜를 베풀어 주셔서 우리 소수의 사람들을 종살이하던 곳에서 돌아오도록 하여 이 거룩한 곳에 안전하게 살도록 하시고 우리에게 새로운 삶을 주셨습니다. 우리는 종이었으나 주는 우리를 그대로 내버려두지 않으시고 페르시아 황제의 은혜를 입게 하시며 우리가 다시 힘을 얻어 폐허가 된 주의 성전을 재건하게 하시고 이 곳 유다와 예루살렘에서 우리를 안전하게 살도록 하셨습니다"(스 9:6-9).

"그러나 하나님이시여, 주께서 이런 은혜를 베푸신 후에도 우리가 주를 저버리고 주의 법을 어겼으니 이제 무슨 말을 할 수 있겠습니까? 주께서는 전에 주의 종 예언자들을 통하여 우리에게 이렇게 말씀하셨습니다. '너희가 들어가서 소유할 땅은 더러운 땅이다. 그곳에 사는 이방 민족들이 그 땅을 온통 더럽고 추한 것으로 가득 채웠다. 그러므로 그들과 서로 결혼하지 말고 그들의 형안과 번영을 추구하지 마라. 그러면 너희가 막강해져서 번영을 누리며 그 땅을 너희 후손에게 유산으로 길이 물려주게 될 것이다.' 지금까지 우리가 당한 모든 일은 우리의 악한 행위와 큰 죄의 결과였습니다. 그러나 우리 하나님은 우리가 지은 죄에 비해 우리의 형벌을 가볍게 하셔서 이와 같이 우리를 살아남게 하셨습니다. 그런데도 우리가 다시 주의 명령을 어기고 이 악한 백성들과 결혼하였으니 어찌 주께서 우리에게 분노하시지 않겠습니까? 분명히 주는 우리를 전멸시키고 한 사람도 살아남지 못하게 하실 것입니다. 이스라엘의 하나님 주님이시여, 주는 의로우신 분이십니다. 우리가 오늘날 이처럼 살아남긴 했습니다만 우리가 주께 범죄하였으므로 감히 주 앞에 설 수가 없습니다"(스 9:1-17).

18. 에스라의 기도와 백성들의 회개

에스라가 성전에 엎드려 죄를 고백하자 많은 백성들이 감동하여 에스라 주위에 모여 통곡했다. 그 때 엘람(Elam)의 자손인 여리엘(Jehiel)의 아들 스가냐(Shecaniah)가 에스라에게 말했다.

"우리가 이방 여자들과 결혼하여 우리 하나님께 범죄하였으나 아직도 이스라엘에는 희망이 있습니다. 이제 우리가 하나님 앞에서 서약을 하고 이방 여자들과 그들의 자녀들을 쫓아내도록 합시다. 우리는 하나님의 명령을 두려워하는 사람들과 당신의 지시에 따르겠습니다. 자, 일어나십시오. 이것은 당신이 해야 할 일입니다. 우리가 당신을 힘껏 지원할테니 용기를 가지고 이 일을 실행하십시오."

스가냐가 뜻을 같이 하자 에스라는 정신을 가다듬고 새로운 각오를 다졌다. 에스라는 그 길로 자리에서 일어나 제사장과 레위인들 중에 지도자들과 성전에 모인 백성들에게 스가냐의 제의를 받아들이겠노라고 맹세한 다음 성전에서 물러나 엘리아십의 아들 여호하난(Jehohanan)의 방으로 들어가 백성들의 죄를 대신해 아무것도 먹지 않고 마시지도 않고 기도했다.

19. 에스라의 결단

금식 기도를 마친 에스라는 총독의 이름으로 바벨론에서 돌아온 사람들은 모두 예루살렘에 모이라는 포고령을 유다와 예루살렘 전역에 선포하였다. 포고령은 '누구든지 3일 이내에 예루살렘에 오지 않으면 지도자들의 결정에 따라 그의 전 재산을 몰수하고 귀국자 집단에서 추방하겠다.'라는 것이었다.

에스라의 성명이 발표된 후 유다와 베냐민 지파에 속한 모든 사람이 3일 내에 예루살렘에 모였는데 그때가 9월 20일이었다. 그들이 성전광장에 모였을 때 마침 겨울비가 쏟아졌다. 에스라는 쏟아지는 비를 몽땅 맞으며 이렇게 역설했다.

"여러분이 이방 여자들과 결혼하여 이스라엘의 죄가 한층 더 커졌습니다. 그러므로 이제 여러분은 우리 조상의 하나님 주님께 여러분의 죄를 고백하고 그분을 기쁘게 하는 일을 해야 합니다. 먼저 이방 민족들과 관계를 끊고 여러분의 외국인 아내를 추방하십시오"(스 10:10-17).

에스라가 외국인과의 결혼을 무효화하자 모두 큰 소리로 대답하며 지지했다.

"우리가 당신의 말씀대로 하겠습니다. 그러나 이처럼 사람이 많고 비가 마구 쏟아지고 있으니 우리가 이대로 계속 서 있을 수는 없습니다. 더구나 이 죄에 관련된 사람들이 너무 많아 이것은 하루 이틀에 해결될 문제가 아닙니다. 그러므로 우리를 대신해서 이 문제를 처리할 지도자들을 세워 예루살렘에 머물게 하고 이방 여자에게 장가든 사람들은 자기 성의 지도자들과 재판관들과 함께 지정된 시간에 와서 이 문제를 해결하여 우리 하나님의 분노가 우리에게서 떠나게 합시다."

유대인들이 한 자리에 모여 에스라의 제의를 받아들임으로써 새로운 시대가 시작되었다. 에스라는 각 집안에서 지도자를 한 사람씩 뽑아 이방인과 결혼한 사람을 색출해서 처리하도록 했다. 그 해 10월 1일에 이방인과 결혼한 가정을 조사하기 시작한 작업이 다음 해 1월 1일에 마쳤다. 이방인과 결혼한 사람들에 대한 조사를 마치고 또 다른 조치가 실시되었다(스 10:18-44).

제5장 페르시아에서 귀국한 느헤미야

1. 조국을 사랑한 애국자 느헤미야

바빌로니아의 느부가넷살에 의해 바벨론에 포로로 잡혀온 유대인들이 페르시아의 코레스왕의 칙령에 따라 석방되었다. 그들은 몇 차례에 걸쳐 예루살렘으로 돌아간 후에도 페르시아 등 중동 각처에는 그대로 눌러 앉아 살고 있는 유대인들이 많았다(디아스포라). 현지에 그대로 남아 살고 있는 사람들 중에 하가랴(Hacaliah)의 아들 느헤미야(Nehemiah)라는 사람이 있었는데, 그는 페르시아의 아닥사스다 국왕을 측근에서 섬기는 젊은 유대인 심복이었다. 많은 유대인 동포들이 고국으로 돌아갔지만 페르시아 국왕의 술시중을 드는 시종인 느헤미야는 그대로 남아 있었다. 왕실에는 여러 종류의 시종 중에도 술시중을 드는 직책은 국왕의 신임이 두터운 측근이었다. 그런데 느헤미야는 술시중만 드는 것이 아니라 평소에는 국왕의 음식에서 일정까지 점검하는 등 페르시아 왕실의 실세에 속하는 시종이었다.

그러나 느헤미야는 페르시아 국왕의 시종으로 총애를 받는 실세로 모든 사람들이 부러워했지만 그의 마음 한 구석에는 조국에 대한 투철한 애국심이 살아있었다. 그는 언젠가는 조국으로 돌아갈 꿈을 품고 있었다. 그러나 국왕의 신임이 두터운 느헤미야는 왕실을 비우고 떠나는 것이 쉽지 않았다. 고국으로 돌아갈 길이 막혀

애를 태우던 어느 날 고국의 소식을 전해 들었다. 그의 형제들 중에 하나니(Hanani)가 예루살렘에서 돌아왔다는 소식을 듣고 직접 그를 만나 오랜만에 고향의 참담한 소식을 전해 들었다.

"포로로 잡혀 오지 않고 고향 땅에 그대로 남아 있던 사람들의 고생은 여전히 극심합니다. 그리고 포로로 잡혀 왔다가 예루살렘에 돌아간 사람들은 사마리아 사람들의 방해로 고통을 겪고 있습니다. 일부 사람들은 낙심하여 이교도와 결혼까지 합니다. 성전은 어렵사리 세웠지만 성벽은 여전히 무너진 채 그대로 방치돼 있고, 70년 전에 불탄 성문은 손도 대지 못한 상태입니다. 심지어 사마리아 사람들의 방해로 농사도 제대로 지을 수 없습니다."

참담한 소식을 전해들은 느헤미야는 슬픔에 잠겨 매일 간절히 기도했다.

"주여, 우리들의 죄를 용서해 주시고, 제가 이스라엘을 위해 주야로 드리는 기도를 들어주십시오. 제가 당신의 백성을 도울 수 있는 은혜를 베풀어 주십시오"(느 1:1-11).

2. 예루살렘의 총독이 된 느헤미야

느헤미야가 하나니 동생을 만난 후 3개월이 지난 어느 날 이었다. 며칠째 슬픔에 잠겨 단식기도를 끝마쳤을 때 마침 아닥사스다 국왕의 즉위 20년을 기념하기 위한 축하연을 베풀었다. 느헤미야는 평소 하던 대로 국왕에게 포도주를 바쳤다. 그런데 국왕의 눈에 비친 느헤미야의 얼굴에 근심이 서려있었다.

"너는 어찌하여 그렇게 슬픈 기색이냐, 어디가 아프냐?"

느헤미야의 밝지 않은 얼굴을 새겨본 국왕의 물음에 느헤미야는 솔직히 대답했다.

"왕이시여, 제가 태어난 조국이 지금 폐허가 된 채 70년이나 방치돼 있다는 소식을 들었습니다. 저의 조상이 묻힌 고향이 황폐하게 되어있다는 소식을 들었는데 제가 어지 슬프지 않겠습니까.?"

느헤미야의 진솔한 말에 왕후와 나란히 앉아 귀를 기우리고 듣고 있던 국왕이 정색을 하고 물었다.

"그렇다면 네가 바라는 소원이 무엇이냐? 그리고 예루살렘의 도성을 복구하는데 기간이 얼마나 걸리느냐?"

갑작스런 물음에 느헤미야는 쉽사리 대답하지 못했다. 더구나 예루살렘의 실상을 직접 본 적이 없는 느헤미야는 막상 복구기간이 얼마나 걸릴지? 알지 못했다. 그렇다고 모른다고 대답할 수도 없었다. 잠시 기도한 다음 어림잡아 12년 쯤 걸린다고 대답하고 다음과 같이 부연했다.

"왕이시여, 폐하께서 소생의 뜻을 좋게 생각하신다면, 소생의 조상이 묻혀 있는 예루살렘으로 저를 보내 주십시오. 제가 그 부서진 성읍을 다시 세울 수 있도록 허락해 주십시오."

느헤미야는 마음속에 잠긴 애국심을 실토했다. 심각하게 듣고 난 국왕이 즉석에서 떠나도 좋다고 쾌히 허락했다. 국왕의 승낙을 얻은 느헤미야는 천재일우의 기회를 놓칠세라 또 다른 청원을 아뢰었다

"왕이시여, 가능하시면 제가 안전하게 돌아갈 수 있도록 여행증명서도 써 주십시오. 그리고 변방의 총독들에게도 기왕이면 저를 도와주라는 소개장도 써주셨으면 좋겠습니다."

그러자 아닥사스다왕은 대수롭지 않다는 듯 그 자리에서 유프라테스강 서쪽 변방의 아시프 총독에게 느헤미야가 안전하게 통과할 수 있도록 협조하라는 친서를 작성한 다음 예루살렘 성곽을 재건하는데 필요한 각종 재료도 공급하도록 지시하는 한편 느헤미야를 새로 예루살렘의 총독으로 임명했다. 아닥사스다 왕은 그 날로 기병대장을 시켜 느헤미야가 예루살렘으로 돌아가는 길을 호위하도록 지시했다. 그리하여 국왕의 경비병을 거느리고 길을 나선 느헤미야의 귀국길은 금의환향(錦衣還鄕)이었다(느 2:1-10).

3. 느헤미야 총독의 활약

느헤미야는 페르시아 국왕의 협조로 페르시아군 장교와 기마병의 호위를 받으며 무사히 예루살렘에 도착했다. 꿈에 그리던 예루살렘에 도착한 느헤미야는 일단 사마리아 사람들의 눈길을 피하기 위해 도착한 사실을 3일 동안 숨겼다. 왜냐하면, 사마리아의 총독 사나발랏(Sanaballat)가 알게 되면 그는 자기가 거느리는 암몬 사람 노예 도비야(Tobijah)와 더불어 가만히 있지 않고, 어떤 구실을 달아 분쟁을 일으킬 것이 분명했기 때문이다. 그 동안 사마리아 총독은 이스라엘 백성들의 움직임을 낱낱이 페르시아 조정에 보고한 사실을 잘 아는 느헤미야는 총독을 각별히 경계했다.

느헤미야는 예루살렘에 도착한 후 며칠간 조용히 숨어 지내면서 자기가 총독으로 부임한 사실을 일체 밝히지 않았다. 은밀히 예루살렘의 동정을 살핀 다음 활동을 시작했다. 어느 날 유난히 달이 밝은 밤이었다. 느헤미야는 밝은 달빛 아래 몇 명의 수행원을 대동하고 무너진 성벽과 불에 타 없어진 성문의 실태를 두루 살펴보았다. 가는 곳마다 차마 눈뜨고 볼 수 없는 실태를 정확히 확인한 다음날 제사장들과 관리들을 찾아가 자신이 귀국하게 된 연유와 예루살렘의 새 총독으로 부임하게 된 경위를 설명한 다음 예루살렘 재건 계획을 상의했다.

"여러분께서 보시는 바와 같이 예루살렘의 도성은 모두 허물어져 돌무더기가 되었고, 성문은 불에 타 없어진 채 방치되어 버려져있습니다. 우리가 이런 수모를 받는 일이 다시는 없어야 하겠습니다. 우리 모두 힘을 합쳐 성벽을 다시 쌓고, 성문을 새로 달아 하나님 보시기에 부끄럽지 않도록 합시다."

느헤미야는 시름에 빠진 백성들을 격려하는 한편 페르시아 국왕이 예루살렘의 도성을 재건하기 위해 자신을 총독으로 임명한 배경을 설명했다. 그러자 실의에 빠져있던 백성들이 느헤미야를 중심으로 다시 활기를 되찾았다(느 2:11-20).

4. 비웃음 속에 시작된 재건

느헤미야는 엘리아십(Eliaship)제사장과 성벽 수리에 착수했다. 제사장, 장사꾼, 문지기 등 모든 사람들이 느헤미야를 중심으로 힘을 합쳐 예루살렘 재건에 나섰다. 우선 도성 안에 양(羊)이 드나드는 작은 문부터 수리했다. 느헤미야가 올 때 실의에 빠져 있던 귀향 민들이 갑자기 성벽을 수리하기 시작하면서 사마리아인들이 비웃었다.

공사가 활발하게 진행되자 주변에서 또 방해하기 시작했다. 그러나 공사를 지휘하는 느헤미야가 아닥사스다왕의 측근으로 국왕이 신임하는 신하라는 사실이 알려지면서 감히 함부로 참소하지 못했다. 다만 공사의 진척을 지켜보던 사람들 중에 "뼈만 앙상하게 남은 놈들이 무슨 기력으로 성벽을 건축하겠다는 건가, 하루 이틀에 쌓는 것도 아닌 데, 하물며 잿더미 속에 버려진 돌을 골라내 다시 쓴다니 고양이가 올라가도 무너질 것"(느 4:4)이라고 비웃었다. 그러나 날이 갈수록 성벽이 무너지기는커녕 보다 튼튼하게 축조되었다.

한편 느헤미야의 활동에 위협을 느낀 사마리아 사람들은 성곽이 완성되기 전에 중단시켜야 한다고 생각했다. 만일 성곽이 완성되면 사마리아 사람들은 유대인들의 허락 없이는 성안에 자유롭게 왕래할 수 없을 것이라고 생각했다. 성벽은 자신들의 생사가 걸린 문제라고 생각한 사마리아 사람들은 공사를 중단시키기 위해 사력을 다해 방해했다. 사마리아의 총독 사나발라와 도비야를 비롯한 아라비아 사람, 암몬 사람, 블레셋 사람들이 군사 행동을 취하겠다고 위협했다. 하지만 감히 실행에 옮기지는 못했다. 다만 아침저녁으로 공사장에 찾아와서 시비를 걸었다.

"당신들은 지금 무슨 짓을 하는 거요. 페르시아 왕에게 반역이라도 하겠다는 것이오?"

그러나 사마리아 사람들의 속내를 알고 있는 느헤미야는 이렇게 대응했다.

"우리의 일은 하나님께서 꼭 이루어 주실 것이오. 성벽을 다시 쌓는 일은 그분의 종인 우리가 해야 할 일이오. 예루살렘에서 당신들이 차지할 몫은 아무것도 없소. 내 땅이라고 주장할 권리도 없지만 기억할 만한 전통도 없소."

사마리아 사람들의 속뜻을 아는 느헤미야는 하나님께서 지켜주실 것을 믿고 언제나 저들보다 한 발 앞서 대비책을 세웠다. 느헤미야는 공사장의 일꾼들을 두 패로 나눈 다음 한 패는 작업을 하고, 다른 한 패는 만약을 대비해 활과 창으로 무장한 다음 공사장을 주야로 지켰다. 성곽을 쌓는 석공을 비롯해 목재를 운반하는 사람들과 돌을 다듬는 사람들도 저마다 허리에 칼을 차고 작업에 임하는 등 철저히 유사시를 대비했다. 그런가 하면 늘 신변에 위협을 느낀 느헤미야는 항상 나팔수를 데리고 다녔다. 언제라도 위급한 상황이 벌어지면 나팔을 불어 다급한 상황을 주변에 알리기 위해 만반의 조치를 취했다.

사마리아 사람들은 느헤미야를 몰아내려고 여러 가지 계략을 꾸몄지만 속아 넘어가지 않았다. 사마리아 사람들을 마지막으로 성벽을 일시에 허물어 버리려고 시도했다. 하루는 주변국의 총독과 영수들이 메신저를 시켜 느헤미야에게 전했다.

"오노 평야에서 만납시다. 거기 가서 공격하거나 싸우는 일이 없도록 평화조약을 체결합시다."

그럴듯하게 전갈을 띄웠지만 저들의 속내를 아는 느헤미야가 대꾸했다.

"나는 지금 큰 공사를 진행 중이라 그런 곳에 나갈 여가가 없고, 내가 자리를 비우면 일꾼들이 꾀를 부리기 때문에 자리를 뜨면 곤란하다고 전하시오."

그러나 사마리아 사람들의 시도는 여기서 멎지 않았다. 그 후에도 무려 다섯 차례나 끈질기게 사람을 보내 왔지만 느헤미야는 그 때마다 적당히 무마하고 공사를 계속했다.

5. 마침내 예루살렘을 재건하다

느헤미야는 주야로 공사 현장을 순회하면서 일꾼들을 격려했다.

"여러분, 사마리아 사람들을 겁내지 말고 우리 주님만을 의지하십시오. 여러분들의 형제와 아들딸과 아내를 위해 최선을 다하십시오."

느헤미야는 마음이 약한 사람들에게 용기를 부추기는 한편 희망을 잃은 사람들에게는 희망을 심어 주었다. 한 치의 허술함도 보이지 않고 공사를 진행하자 사마리아 사람들은 감히 공사를 중단시키지 못했다. 느헤미야는 사마리아 사람들의 방해를 철통같이 봉쇄한 다음 공사를 각 지파 별로 떠맡겼다. 그러자 각지파마다 서로 먼저 끝마치려고 경쟁적으로 밤낮 없이 강행했다. 공사를 쉬지 않고 강행하면서 일꾼들은 옷도 제때에 갈아입지 못했다. 마침내 사방에서 일꾼들의 불만에 찬 소리가 쏟아져 나왔다. 특히 남편을 공사장에 보낸 부인들이 불만을 드러냈다.

"우리의 아들딸이 입에 풀칠이라도 하려면 곡식이 있어야 하지 않습니까?. 그러나 지금 우리들에게는 밭도 포도원도 없습니다. 무엇을 먹고살란 말입니까?"

여인들의 항의가 메아리치는 가운데 흔적도 없이 사라졌던 도성이 다시 옛 모습을 드러냈다. 비록 나라는 잃었지만 하나님을 섬길 수 있는 성전과 조상 대대로 살아온 성곽을 재건함으로서 백성들은 마침내 새 공동체를 다시 되찾았다(느 4:1-9).

6. 성대한 준공 대회와 백성들의 참회

성곽을 재건한 느헤미야는 성전에 문지기를 세우고, 레위 사람들을 불러들여 찬양대를 조직했다. 그리고 도성의 경비는 느헤미야의 동생 하나니(Hanani)에게 맡기고, 성곽은 하나냐(Hananiah)에게는 지휘권을 맡겼다. 예루살렘 도성의 경비를 맡은 하나니에게 해가 뜨기 전에는 성문을 열지 말 것과 해가 지기 전에 성문을 닫고 빗장을 지르도록 했다. 그리고 도성을 관리하기 위한 규칙을 새로 만들었다.

마지막으로 느헤미야에게 남은 일은 백성들의 삶을 보살피는 일이었다. 예루살렘 도성을 새로 쌓아 적의 침공은 방어할 수 있었지만 주민의 숫자가 작은 데다 살림집들이 낡아 당장 손질해야 살 수 있었다. 예루살렘 시내에는 장로들이 정착하고, 일반 백성들은 10대 1의 비율로 제비를 뽑아서 정착할 수 있도록 안배했다. 오랜만에 재건된 성곽의 봉헌식을 올리기 위해 제사장들을 한 자리에 모아 놓고 하나님을 찬양하는 나팔을 길게 불어 백성들의 신앙을 바로 세우기 위해 초막절부터 지켰다. 그 외에 백성들의 복지를 향상시키기 위해 경제, 사회 문제에 적극적으로 대처했다.

그러나 천신만고 끝에 성곽을 재건한 백성들 간에는 희비가 엇갈렸다. 한때 페르시아에서 이집트까지 넓은 땅을 차지했던 다윗왕 시대의 영광은 흔적도 없이 사라지고, 겨우 예루살렘과 부근에 접한 약간의 평야를 중심으로 자치권의 명맥을 유지하는 현실이 서글프기 그지없었다. 그러나 그 작은 자치권마저 페르시아의 지휘를 받아야 하는 자신들의 처지를 한스럽게 생각한 백성들은 울분을 터트렸다(느 4:10-23).

7. 성전을 재건하고 백성들의 족보를 새로 만들다

느헤미야는 성전과 성곽을 재건한 다음 백성들 중에 지도급 인사들은 예루살렘에 정착시켰다. 그리고 제사장과 레위인들과 성전에서 종사하는 사람들과 솔로몬을 섬기는 사람들은 유대 땅 안에 있는 여러 성읍에 나누어 정착시켰다. 유다 지파와 베냐민 지파의 자손들은 주로 예루살렘에 살도록 배려했다. 성전과 성곽을 재건하고 일 단계 목적을 달성한 느헤미야는 다시 민족문제에 역점을 두었다. 비록 나라는 잃었지만 민족의 긍지를 되찾아야 한다고 생각하고 바벨론에서 돌아온 귀향민들을 중심으로 족보를 다시 정리하기 시작했다. 마침 불탄 잿더미 속에서 발견된 옛날에 작성한 낡은 족보를 근거로 바벨론에서 돌아온 백성들의 조상이 누구인가를 확인하기 시작했다. 옛 조상을 거슬러 올라간 결과 바벨론에서 일차로 귀향한 유대인은 4만2천 명이었다. 느헤미야는 새로 정리된 족보를 중심으로 민족

공동체를 결성하고, 선민의 정체성을 위해 율법을 가르치기 시작했다(느 13:1-18).

8. 느헤미야의 기원

느헤미야는 에스라가 2차로 데려온 7천명의 유대인들과 합류시킨 다음 율법을 철저히 가르쳤다. 주일날 성전에 모인 백성들에게 이렇게 외쳤다.

"오늘은 거룩한 주님의 날입니다. 여러분은 집에 가서 기름진 음식을 들고, 다른 일은 하지 마십시오. 슬퍼하지도 마십시오. 여러분께서 기운을 차려야 주님께서 기뻐하십니다."

느헤미야는 하나님의 율법을 실천해야만 축복을 받는다고 역설했다. 느헤미야의 헌신적인 봉사로 예루살렘은 재건되었지만 이스라엘 열두지파 중에 북부 이스라엘의 열 지파는 영원히 사라지고 베냐민지파와 유다지파의 자손들만이 다시 돌아와 20년에 걸쳐 도성과 성전을 겨우 복구했다. 예레미야 예언자는 70년 전에 예루살렘이 바빌로니아에 의해 함락되고 백성들이 포로로 끌려갈 때 "보라, 내가 그들을 그 조상에게 준 땅으로 돌아가게 할 날이 왔다. 나는 그들에게 은총을 베풀고 마을을 그 언덕에, 다시 세울 것이다. 감사와 기쁨의 소리가 여기저기서 터져 나올 것이다. 나는 그들을 신임하는 만큼 그들을 학대하는 자들을 벌할 것이다."라고 한 예언이 사실로 실현되었다(느 13:19-27).

> ◈ **팔레스타인의 유래**
>
> 그 동안 바벨론에서 돌아온 유대인들이 정착한 예루살렘을 비롯한 주변의 가나안 땅을 통털어 블레셋 사람들의 이름을 따서 팔레스타인이라 부르게 되었다. 그리고 끊임없이 계속된 전쟁의 결과에 따라 예루살렘을 비롯한 팔레스타인은 마치 전승국의 전리품인 양 승리하는 나라의 손아귀에 들어가 때로는 승리한 세력으로부터 이유 없이 모진 학대를 받아야 했다. 그러나 갖은 학대를 받으면서도 유대인들은 하나님의 은혜에 감사하는 마음으로 예루살렘을 떠나지 않았다. 이사야 예언자가 다음과 같이 한 말을 믿고 그 때를 기다려야 했다.
>
> "환성을 올려라, 아기를 낳아 보지 못한 여인들아! 기뻐 목청껏 소리쳐라. 산고를 겪어본 적이 없는 여자야! 너 소박맞은 여인의 아들이 유부녀의 아들보다 더 많구나. 주님의 말씀이시다. 천막 칠 자리를 넓혀라. 천막 휘장을 한껏 펴라. 줄을 길게 늘이고 말뚝을 단단히 박아라. 네가 좌우로 퍼져 나가리라. 네 후손은 뭇 민족을 거느리고 무너졌던 도시들을 재건하리라"(사 54:1-6).

9. 백성들의 타락과 격분한 느헤미야의 개혁

느헤미야는 예루살렘의 총독으로 12년간 체류하면서 도성을 축조하고 백성들의 공동체를 결성하였다. 예루살렘에 부임한 느헤미야는 정치적, 종교적으로 민족의 기틀을 새로 마련하는 등 많은 업적을 이루고 기원전 433년 다시 페르시아로 돌아갔다. 페르시아에서 얼마간 머물던 느헤미야는 국왕의 허가를 받아 예루살렘으로 다시 되돌아왔다. 그러나 다시 돌아온 느헤미야가 돌아본 예루살렘은 기가 막혔다. 어렵사리 예루살렘에 자리 잡은 백성들의 생활을 도저히 눈뜨고 볼 수 없는 죄악의 도성으로 타락한 상태였다. 심지어 대제사장 엘리압도 유대인들의 원수 도비야를 예루살렘 성전에 방을 꾸며 숙소로 제공할 정도로 엉망이었다. 느헤미야는 엘리압을 크게 꾸짖고 도비야가 사용하는 집기를 모두 들어내고 더럽혀진 성전을 깨끗이 청소했다.

그 외에도 레위 사람들에게 지불해야 할 급료와 성가대에 보수를 지불하지 않아 성전에서 봉사하는 사람들이 모두 농촌으로 돌아가 농사를 짓는 등 각자의 연고지로 뿔뿔이 흩어졌다. 느헤미야는 이런 사태를 가져온 관리들과 장로들의 잘못을 문책하고, 사방으로 흩어진 성전봉사자들을 다시 불러들이고, 백성들에게는 농산물과 포도주, 기름 등 수확물의 10분의 1을 하나님께 꼬박꼬박 바치게 했다.

느헤미야가 예루살렘을 비운 사이에 백성들은 안식일마저 제대로 지키지 않았다. 심지어 안식일에도 땀 흘리며 술을 빚는 일은 보통이고, 장터에서는 술, 포도, 무화과 등 온갖 먹거리와 옷가지가 거래되었다. 느헤미야는 율법을 무시하고 멋대로 살아가는 유대인들에게 분노를 터뜨렸다.

"그대들은 어찌하여, 이렇게 못된 짓들을 하는 것이오? 오늘이 안식일이라는 것을 잊었단 말이오? 우리 조상들이 이러한 죄악을 저질렀기 때문에 주님의 벌을 받아 이 도성이 멸망하고 우리는 포로들이 되지 않았오? 그런데 우리가 이곳에 돌아 온지 얼마 되었다고 벌써 이런 죄를 저지른단 말이오? 또 다시 주님의 진노를 사서 이스라엘의 씨를 말릴 작정이오?"(느 13:17-18)

느헤미야의 분노는 사람들의 입과 귀를 통해 이스라엘의 전 백성들에게 알려졌다. 겁먹은 백성들 스스로 안식일에는 성문을 닫아걸고, 장터에서는 장사를 스스로 하지 않았다. 느헤미야는 백성들이 율법을 제대로 실천하는 가를 확인하기 위해 레위 사람들에게 엄히 감시하도록 책임 지웠다. 그런데 타락한 백성들 중에는 이미 모압, 암몬, 아모리 여인을 아내로 맞아들인 경우가 많았고, 그들의 몸에서 태어난 아기들은 유대의 언어를 사용하지 않았다. 그들은 모두 어머니를 따라 이교도로 장성하고 있었다(느 13:10-22).

10. 이방 여인을 맞아들인 제사장을 추방하다

느헤미야는 이교도의 여인을 아내로 맞아들인 사람들을 잡아들여 매를 들어 다스리고 머리털을 뽑는 고문을 가했다. 그리고 앞으로는 절대로 이교도의 여인과 결혼하지 않겠다는 서약을 주님의 이름으로 다짐을 받았다. 특히 대제사장 엘리압의 손자이며 요시야왕(Joash)의 아들인 마나세는 유대인들을 못살게 굴었을 뿐만 아니라 온갖 수단을 다 동원해서 예루살렘 재건을 방해하고 백성들을 탄압한 사마리아의 산나발라 총독의 딸을 아내로 맞이했다. 느헤미야는 너무 기가 막혀 마나세와 그 가족을 국외로 추방했다. 그런 자가 이스라엘의 대제사장으로 있는 것은 제사장들의 치욕이라고 생각하고 하나님께 기도했다.

"주님이시여, 저들은 제사장의 직분을 더럽히고, 제사장들과 레위 사람들 앞에서 행한 약속을 배반하였나이다. 저들이 저지른 짓을 언제나 기억하소서."

예루살렘에서 쫓겨 난 마나세 일가는 사마리아로 가서 그의 장인 산나발라 총독에게 전후 사정을 이야기하는 등 억울한 사정을 호소했다. 그러자 산나발라는 사위를 열렬히 환영한 다음 감람산 위에 신전을 건설하고 사위 마나세를 그 신전의 책임자로 임명했다. 그리하여 예루살렘의 신전과 대립되는 신전을 세움으로써 유대인들과 사마리아인들 간에는 감정이 더 격화되었고, 두 부족 간의 감정의 골은 후대에도 사그라지지 않고 이 때의 감정으로 인해 맞섰다(느 13:23-28).

11. 꺼지지 않는 등불을 보전하다

한편 지난날 예루살렘의 신전이 소각되고 백성들이 바벨론으로 끌려갈 때 제사장들이 번제단 위에 켜 놓았던 '꺼지지 않는 등불'을 거두어 은밀히 빈 우물에 숨긴 다음 돌과 흙으로 덮어 완전히 감추었다. 그런데 그 은밀한 장소를 제사장들의 기억을 중심으로 구전을 통해 정확하게 전승되었다. 느헤미야는 전승을 전해들은 제사장들을 앞세워 감추어 둔 등불을 찾아내도록 했다. 다행이 그 골짜기의 우물을 발견했으나 불이 그대로 켜있을 리가 없었다.

다만 우물 속에 알 수 없는 기름 같은 액체가 고여 있었는데 그 액체를 퍼서 번제를 올릴 때 또는 희생제를 드릴 때 장작 위에 뿌렸다. 그랬더니 아침 안개가 걷히고 해가 들자 액체에 햇살이 비치면서 저절로 불이 붙어 활활 타올라 제단 위에 올려놓은 제물을 완전히 불태웠다. 이를 지켜본 느헤미야는 이상한 현상을 기념하여 '**불의 절회**'라는 축제일을 정했다.

12. 에스라의 분노와 개혁

느헤미야가 이스라엘 재건을 위해 동분서주할 때 오른 팔 역할을 한 사람이 바로 에스라였다. 느헤미야가 백성들을 모아 놓고 대 집회를 열 때면 에스라는 율법을 설명하는 등 백성들에게 율법에 눈 뜨도록 교육에 열중했다. 에스라도 예루살렘 도성을 완공시킨 후 일단 바벨론으로 돌아갔다. 바벨론에 머물러있던 에스라는 느헤미야 보다 훨씬 뒤(기원 전 432년)에 막강한 권한을 부여받아 예루살렘으로 다시 돌아왔다. 이때 에스라는 페르시아의 국왕으로부터 예루살렘의 관리를 임명하고 재판관을 임명할 수 있는 권한을 위임받아 가지고 왔다. 그런데 에스라 혼자 돌아온 것이 아니라 함께 고국으로 돌아가기를 원하는 유대인들과 함께 왔다. 1,496명의 호주들과 38명의 레위 사람들과 신전에서 일할 사람 2,208명 등 많은 사람을 이끌고 바벨론 근처의 아하와(Ahava) 운하에서 예루살렘을 향해 길을 떠났다.

많은 이주민들을 이끌고 아하와 항구를 떠난 에스라 일행은 5개월간의 긴 여정 끝에 예루살렘에 이르렀다. 꿈에 그리던 예루살렘에 도착한 에스라와 동행한 귀향민들은 짐 속에 꾸려온 금은 등 보물을 성전에 바치고 감사제를 올렸다.

에스라가 예루살렘에 다시 도착했을 때 백성들은 율법을 제대로 지키지 않았다. 제사장과 레위 사람들까지 페르시아의 고관대작들 앞에서 이방여인을 아내로 맞아들이고, 며느리로 삼는 등 이스라엘의 율법과 전통을 지키지 않았다. 에스라는 율법을 지키지 않는 백성들 앞에서 분통을 터뜨렸다. 그는 하나님께 제사지낼 때 옷을 찢고, 머리와 수염을 쥐어뜯으며 하나님 앞에 무릎을 꿇고 두 팔을 벌리고 하늘을 우러러 백성들이 저지른 불의한 행위에 관한 용서를 빌었다.

에스라는 주변에 모인 사람들이 지켜보는 앞에서 하나님께 용서를 빌고, 백성들의 불의한 행위를 꾸짖는 한편 이방의 이교도를 아내나 며느리로 맞아들인 사람들에게 결혼을 파기시켜 모두 원적지로 돌려보냈다. 에스라는 자신의 결정을 성실히 실행하기 위해 감시원을 뽑아 스스로 위원장이 되어 나라 안을 두루 살펴보았다. 에스라는 이교도와의 결혼을 단호히 배격하고, 유대인과 이교도 사이에서 태어난 자식들을 몰아내기 위한 숙청작업을 2개월 만에 끝마쳤다. 그러나 스룹바벨과 에스라와 느헤미야는 이교도 숙청 작업과 족보출간을 마지막으로 돌연 활동무대에서 사라졌는데 그 후 그들의 종말이 어떻게 되었는지는 알 길이 없다.

제6장 유대인들을 구한 에스더 이야기

1. 아하수에로 왕실의 연회

기원전 586년 바벨론에 포로로 끌려간 이스라엘 백성들이 539년 페르시아의 고레스 왕이 유대인 포로들을 석방하라는 칙령에 따라 대부분(약 5만 명) 고국(예루살렘)으로 돌아갔다. 그러나 바벨론을 비롯한 페르시아 제국 각처에는 고국으로 돌아가지 않고 그대로 눌러앉은 유대인들이 많이 있었다. 페르시아의 다리우스 왕이 죽고 왕위를 계승한 아하수에로(Ahasuerus= 아닥사스다 또는 크세르크세스는 동일 인물)는 왕위에 오른 즉시 수도를 수산(Susan)으로 옮기고 바벨론 도성을 폐쇄시켰다. 90미터나 되는 바벨론의 성벽을 허물고, 100개가 넘는 성문과 웅장한 건물을 모두 파괴했다. 한때 찬란했던 바벨론 도성은 사라지고, 새로 건설한 수산이 페르시아의 수도가 되었는데 그 면모 또한 장엄했다.

페르시아 제국의 영토는 동쪽의 인도에서 서쪽의 이집트와 남쪽의 에티오피아에 이르기까지 무려 127개의 변방을 거느린 대제국이었다. 아하수에로는 왕위에 오른 지 3년째 되는 해에 인도를 비롯한 각 변방의 총독들과 영수들을 모두 새로 건설한 수산으로 초청했다(사실상 소집명령이었다.).

초청을 받은 각 변방의 고관대작들이 속속 수산으로 모여들었다. 어떤 사람은 말을 타고, 어떤 사람은 코끼리 등에 우산을 받쳐 들고, 각 지방마다 서로 다른 풍속에 따라 지도자들이 가지각색의 옷을 차려입고 줄이어 모여들었다. 아라비아에서 온 아람족 묵직한 목걸이를 하고 말을 타고 왔고, 에티오피아에서는 머리에 커다란 수건을 감은 흑인들이 각종 예물을 꾸려 가지고 왔다.

각 변방의 총독들과 제후들을 한 자리에 불러 모은 아하수에로왕은 180일간에 걸쳐 호화찬란한 잔치를 베풀었다. 잔치의 목적은 한마디로 페르시아의 국력을 만방에 과시하고, 변방의 힘을 합쳐 그리스를 정복하기 위한 원정을 꾀하기 위한 일종의 단합대회였다. 그러나 역사적인 대 연회가 열렸지만 당시에는 남녀가 한자리에 어울릴 수 없었다. 그래서 남편을 따라 변방에서 남편을 따라온 여인들은 한 명도 국왕이 베푸는 만찬장에 참가하지 못했다. 다만 잔치가 여러 날 계속되자 와스디(Vashti)왕비가 멀리서 남편을 따라온 부인들을 따로 모아 놓고 대접했다(에 1:1-8).

2. 왕비를 폐출하다

아하수에로 국왕이 변방의 고관대작들과 대 연회를 일주일째 치르던 날이었다. 페르시아에는 옛부터 국왕이 베푸는 잔치의 마지막 행사가 이채로웠다. 이를테면 국왕이 직접 궁전을 에워싼 광대한 정원에 수산 도성에 사는 남자들을 모두 불러들여 7일 동안 산해진미를 대접하고, 황금 잔으로 술을 따라 마시는 것이 오랜 관례였다. 그런데 이 마지막 행사를 진행하던 날 국왕이 감정에 복받쳐 망발을 했다. 술에 취해 인사불성이 된 국왕이 갑자기 와스디 왕비로 하여금 얼굴을 감싼 사도르를 벗고 왕비의 훌랑 벗은 얼굴을 대중에게 드러내라고 명령했다. 왕비의 아름다운 얼굴을 변방의 총독들에게 직접 보여주겠다는 것이었다. 국왕은 7명의 내시에게 와스디 왕비가 총독들의 부인들을 대접하고 있는 방으로 들여보내서 당장 왕비를 데려 오라고 했다. 내시들이 와스디 왕비에게 국왕의 명령을 전했다.

"머리에 아무 것도 쓰지 말고 아름다운 자태 그대로 궁정 뜰로 나와 여러 사람들 앞에 얼굴을 들어내 보이라고 하십니다. 어서 나가시지요."

국왕의 지엄한 어명을 진솔하게 전했다. 그러나 와스디 왕비는 완강히 거절했다. 비록 국왕의 어명이지만 그것은 분명히 페르시아 예법에 어긋나는 일로 만일 국왕이 술에 취하지 않았다면 상상도 할 수 없는 일이었다. 페르시아에서는 왕비가 아닌 일반 여성도 감히 그런 일은 할 수 없기 때문에 불응했다. 국왕의 영을 받은 내시들이 왕비를 데려오지 못하자 국왕은 격노했다.

"뭐라고, 왕비가 감히 국왕의 어명을 거역하다니…"

격분한 국왕은 즉시 왕명을 어긴 와시디 왕비를 문제 삼아 학자들에게 자문을 구했다.

"왕비가 감히 어명을 어겼으니, 내가 어떤 벌을 내려야겠느냐?"

국왕은 7명의 왕실 학자들에게 처벌을 전제로 자문을 구했다. 학자들이 생각할 때 어명은 분명히 국왕의 실수에 의한 명령이었다. 하지만 심약한 학자들은 감히 국왕의 실수라고 직언을 하지 못했다. 사리의 옳고 그름보다도 국왕의 비위를 거슬렀다가는 죽임을 당하는 것이 두려워 감히 진실을 말하지 못했다. 학자들은 평소에도 국왕이 술에 취했을 때에는 그 앞에 나가 얼씬거리기를 싫어했다. 왜냐하면, 국왕은 술에 취해 본의 아닌 명령을 내리는 경우가 종종 있었고, 그럴 때마다 직언을 고한 학자들이 억울하게 희생당한 경우가 많았다.

"국왕의 어명을 어긴 왕비는 벌을 받아 마땅하다."

결국 목숨을 부지하기에 급급한 학자들이 진언했다.

"왕비께서 폐하의 어명을 어긴 사실이 만일 이곳에 따라온 변방의 총독 부인들에게 알려지면 나쁜 영향을 미칠 수 있습니다. 뿐만 아니라 왕비의 행실을 페르시아와 메데(Medes)의 대신들의 부인들이 알게 되면 그들도 와스디 왕비처럼 남편들에게 복종하지 않을 우려가 있습니다."

대신들은 구차한 이유를 달아 처벌이 마땅하다는 견해를 전한 대신들은 계속해서 긴 설명을 늘어놓았다.

"만일 폐하께서 저희들의 판단이 옳다고 생각하신다면 와스디 왕비를 폐비시키고 보다 훌륭한 여자를 골라 왕비를 삼으십시오. 그렇게 하셔야만 다시는 이런 일이 일어나지 않을 것입니다. 그렇지 않으면 이 사실이 일반 백성들에게까지 알려질 것이고, 그럴 경우에는 세상의 모든 아내들이 자기 남편에게 순종하지 않을 것입니다."

자문관들의 건의를 받은 아하수에로왕은 즉석에서 와스디 왕비를 폐출시켰다. 그리고 왕비를 폐출 한 사유를 변방의 여러 나라말로 번역한 다음 '모든 남자들은 그 집안의 주인이 되어야 한다.'는 공문을 띄워 페르시아의 모든 아내들은 무조건 남편에게 복종하라고 선언했다.

그러나 며칠 후 술기운이 가신 아하수에로왕은 자기가 술김에 내린 결정을 후회했다. 국왕이 뉘우치는 기색이 엿보이자 이번에는 겁먹은 학자들이 서둘러 새 왕비를 간택하도록 진언했다.

"폐하께서는 이 나라의 아름다운 처녀들을 모두 불러 모은 다음 그 중에 제일 예쁜 처녀를 뽑아 왕비를 삼으십시오"(에 1:9-22).

3. 왕비에 오른 유대인 처녀

와스디 왕비를 폐출하고 3~4년이 지난 후(기원 전 479-478년) 아하수에로 국왕이 신하들에게 왕비를 새로 맞아들이겠다고 결정하는 한편 페르시아의 처녀들 중에 용모가 단정하고 교양이 풍부한 미녀를 골라 왕비로 삼으라고 했다. 그런데 마침 수산에는 모르드개(Mordecai)라는 베냐민 지파의 유대인이 살고 있었다. 그의 할아버지는 예루살렘에서 잡혀 온 포로였다. 그런데 마침 모르개의 사촌 중에 용모가 빼어나게 아름다운 에스더(Esther=페르시아어의 별이라는 뜻)라는 처녀가 있었다. 에스더의 부모는 이미 오래 전에 죽었기 때문에 모르드개가 데려다가 친형제처럼 키운 규수였다. 인물이 빼어나고 교양이 풍부한 에스더가 마침 왕비 후보로 뽑혀 궁전에 불려갔다.

에스더는 궁중에 불려간 후 자기가 유대인이라는 사실을 아무에게도 말하지 않았다. 왕비 후보로 궁전에 들어간 지 일 년 만에 전국 각처에서 뽑혀온 수많은 미녀들과 함께 아하수에로 왕 앞에 나가 선을 뵈었다. 국왕은 미녀들의 아름다움과 기품 있는 몸가짐을 하나하나 검토하던 중에 유독 에스더를 보는 순간 첫눈에 마음이 끌렸다. 국왕은 에스더를 제외한 다른 처녀들을 모두 물러가게 한 후 에스더를 페르시아의 왕비로 간택했다.

아하수아로 국왕은 대관식을 성대하게 베풀고 만조백관들이 지켜보는 가운데 에스더 머리에 화관(華冠)을 얹고 페르시아 제국의 왕비가 되었음을 선언했다. 그러나 에스더는 왕비가 된 후에도 모르드개와 인척 관계라는 사실을 말하지 않았다.

4. 미수에 그친 반역사건

한편 모르드개는 자기의 사촌이 왕비가 된 것을 더 없이 영광으로 생각했다. 그러나 혹시 에스더에게 누가 되지 않을까? 하여 유대인이라는 사실을 아무에게도 밝히지 말도록 당부했다. 그 무렵 아하수에로 왕이 친히 군사를 이끌고 그리스를 치기 위해 원정 나갔다가 참패당하고 돌아왔다. 많은 병사들이 전사하는 불행이 겹쳤을 때 마침 도성을 지키는 수문장 빅단(Bigthana)과 테라스(Teresh) 두 장수가 민심의 동요를 틈타 국왕을 살해하기 위해 은밀히 역적모의를 했다. 마침 그들의 모의를 성문 옆에서 서성거리던 모르드개가 엿들었다. 모르드개는 다음 날 수문장의 암살 음모 사실을 에스더 왕비에게 귀띔해 주었다. 정보를 입수한 아하수에로왕은 즉시 음모에 가담한 수문장들을 불러다 자백을 받고 모두 처형시켰다. 그리고 암살 모의를 알려준 모르드개의 공적을 메데와 페르시아의 왕실 실록에 기록했다. 그러나 정보를 제공한 모르드개에게는 아무런 보상도 베풀지 않았다(에 2:1-18).

5. 율법에 충실한 모르드개

암살 음모사건을 처리한 후 아하수에로왕은 여러 대신들 중에 메데의 아가그(Agag)의 출신 하만(Haman)이란 사람을 총리로 임명하고 그를 각별히 신임했다. 그에게는 국왕의 권한까지도 대신할 수 있는 특권을 부여했다. 그러자 조정백관들이 하만의 실세에 눌려 무릎을 꿇어야했다. 국왕의 신임을 독차지한 하만은 아침저녁으로 궁궐을 드나들 때마다 땅에 무릎을 꿇은 신하들 사이를 위풍 당당히 걸어가면서 이 세상에서 자기가 제일 위대한 사람인양 위세를 떨쳤다.

자고로 페르시아의 국왕은 곧 신이었다. 국왕을 신으로 섬겼기 때문에 국왕을 대신한 총리에게 국왕에 버금가는 예우를 하는 것은 당연했다. 그래서 모든 신하들이 하만총리에게 무릎을 꿇고 경의를 표했지만 유독 모르드개 만은 절을 하지 않았다. 절은 고사하고 눈도 깜짝하지 않았다. 모르드개의 불경스러운 자세를 눈여겨본 문지기들이 물었다.

"당신은 왜, 하만에게 절을 하지 않는 거요."

"나는 유대인으로 하나님 외에는 아무에게도 절을 할 수 없습니다."

모르드개는 단호하게 대답했다. 모르드개의 태도를 못마땅하게 생각한 문지기들이 하만에게 찾아가 몰상식한 유대인에게 큰 벌을 내리라고 부추겼다. 그러나 하만은 모르드개의 행실을 한 번 더 지켜보기로 하고 일단 문제 삼지 않았다(에 2:19-23).

6. 유대인에 대한 증오심

어느 날 하만이 성문을 지나면서 모르드개의 태도를 유심히 눈여겨보았다. 역시 문지기들의 말처럼 절은 고사하고 목례도 하지 않는 것이었다. 화가 치민 하만은 모르드개를 따끔하게 벌주어야겠다고 앙심을 품었다. 모르드개 쯤 벌주는 것은 간단했다. 그러나 모르드개가 페르시아의 국법보다도 율법을 우선하기 위하여 절하지 않는다는 사실을 알게 된 하만은 모르드개 한 명만을 벌하기보다 어떤 구실을 붙여서라도 페르시아의 법률 보다 자신들의 율법을 소중히 준수하는 유대인들을 전부 죽여야겠다고 마음먹었다.

그러나 유대인들을 모두 죽이는 것은 총리의 권한으로는 불가능했다. 적어도 그런 일은 국왕의 재가를 받아야했다. 이미 유대인들은 수산을 비롯해 각 변방에 상당한 숫자가 널리 퍼져 살고 있었을 뿐만 아니라 그들이 국왕에게 바치는 세금도 상당했다. 만일 유대인들을 모두 죽이는 날엔 유대인들로부터 페르시아 국왕이 걷어 들이는 세금이 그만큼 줄어들 판이었다. 그 외에도 만일 유대인들을 제거하기 위한 계획이 잘못되는 날에는 국왕의 비위를 거스를 것이며, 그로 인한 결과는 하만 자신의 목이 날아갈 위험도 있었다. 아하수에로왕은 성격이 과격했다. 그는 평소에 어떤 특정인을 열렬히 사랑하다가도 한순간의 변덕으로 그의 목을 자르는 경우가 허다했기 때문에 하만은 함부로 말하지 않았다(에 3:1-11).

7. 유대인들을 학살하라

유대인들을 제거할 계획을 극비리에 진행하던 하만은 어느 날 점쟁이를 찾아가 점괘를 보았다. 점괘에 따라 운이 좋은 날을 택해 국왕에게 재가를 얻기로 했다. 그런데 공교롭게도 점괘는 일 년이 지나야 겨우 좋은 날이 온다는 것이었다. 하만은 일 년간 길을 갈면서 여러 가지 꾀를 짜낸 다음 국왕을 찾아갔다. 능청맞은 하만은 모르드개에 대한 개인 감정으로 유대인들을 모두 숙이려 한다고 말하지 않았다. 그는 다음과 같이 우회적으로 이유를 들어 유대인들을 모두 죽여야 할 당위성을 설명했다.

"폐하, 지금 이 나라에는 고을마다 따로 무리 지어 자기들끼리 몰려 사는 유대인들이 있습니다. 그들의 율법은 우리 페르시아의 법과 전혀 다릅니다. 그들은 자신들의 율법은 철저히 지키면서 페르시아의 국법은 잘 지키지 않습니다. 그들은 모든 민족을 적대시하는 율법을 지키기 위해 페르시아의 왕명을 거역하기 일쑤입니다. 뿐만 아니라 페르시아 백성의 복리를 증진하려는 폐하의 통치를 반대합니다. 그들을 그대로두면 그들의 풍속만 계속 지키고 국왕의 명령은 지키지 않을 것입니다. 그리고 그들의 숫자가 계속 불어나면 폐하에게는 그만큼 이롭지 못한 일이 더 많이 벌어질 것입니다. 그러니 말썽이 일어나기 전에 미리 손을 써서 그들의 재산을 몰수할 수 있는 권한과 멸망시킬 수 있는 권한을 저에게 내려 주십시오. 그러시면 저는 유대인들로부터 거둬들이는 세금은 제가 대신 1만 달란트를 폐하에게 바치겠습니다."

하만은 자기가 가장 충성스러운 신하로 나라의 일을 제일 많이 걱정하는 양 그럴듯하게 늘어놓았다. 하만은 유대인들의 종교문제를 페르시아의 정치적인 문제로 둔갑시켰다. 그리고 유대인들 대신해 은·일만 달란트를 세금조로 내놓겠다고 했다. 은 일만 달란트는 굉장히 많은 양이었지만 하만은 워낙 큰 부자였기 때문에 그 정도의 돈을 충분히 부담할 능력이 있었다. 그러나 변방에서 많은 조공을 거둬들인 국왕은 하만보다 더 큰 부자였기 때문에 하만이 은 일만 달란트를 바치겠다는 제의는 받아들이지 않았다.

"그 은(銀)은 자네에게 주겠네. 그리고 유대인 문제는 자네가 알아서 하게."

국왕은 하만의 요구를 기탄없이 허락함과 동시에 국왕의 직인이 새겨진 가락지를 빼서 하만의 손에 끼워 주었다. 국왕의 재가를 받은 하만은 즉시 한 통의 문서를 작성하여 국왕의 직인을 찍었다.

"국왕 폐하의 명령이다. 금년 아달월(12월) 14일을 기해 유대인들을 남녀노소 가리지 않고 모두 죽이고, 그들의 재산을 몰수하여 이 나라의 안정과 평화를 누리도록 한다."

국왕의 이름으로 작성된 문서는 곧 페르시아의 국법으로 확정되었다. 하만은 즉시 변방의 총독들과 제후들을 불러들여 포고문을 각 변방의 여러 나라말로 번역한 다음 사본을 만들어 페르시아의 각 변방에 전달했다. 12월 14일을 기해 유대인들을 모두 죽인다는 포고문에 접한 유대인들은 아연실색했다. 고을마다 유대인들의 울부짖음이 하늘에 사무쳤다. 이스라엘 역사상 이처럼 전 민족이 한꺼번에 몰살하는 위기는 처음이었다. 만일 하만의 계략이 성공한다면 페르시아의 힘이 미치는 곳에 사는 유대인은 흔적 없이 사라질 절박한 상황이었다(에 3:12-15).

8. 지혜와 용기와 미모를 겸비한 에스더

한편 하만의 포고문을 읽은 모르드개는 분을 사기지 못해 입은 옷을 발기발기 찢고, 거친 자루 베옷으로 갈아입은 다음 몸에 재를 뒤집어쓰고 거리를 배회했다. 슬픔을 머금은 모르드개가 궁궐 안으로 뛰어 들어가려 했지만 수문장들에 의해 저지당했다. 페르시아 국법상 베옷을 입은 사람은 궁전 출입이 금지되었다. 성문에서 쫓겨 난 모르드개는 성문 밖에서 슬피 울었다. 모르드개 뿐만 아니라 포고문을 읽은 변방의 유대인들도 모두 자루 베옷을 입고 재를 뒤집어쓰고 대성통곡을 했다. 그러나 궁 안에 있는 에스더 왕비는 성밖에서 벌어지는 일을 전혀 알지 못했다. 그러던 어느 날 모르드개가 거친 자루 베옷을 입고 성문 밖에서 울고 있다는 사실을 전해들은 에스더 왕비가 내시를 보내 모르드개의 찢어진 베옷을 갈아입으라고 새 옷을 한 벌 보냈다. 그러나 모르드개는 왕비가 보낸 새옷을 입지 않고 되돌려 보냈다. 옷을 되돌려 받은 에스더 왕비는 무엇 때문에 자기가 보낸 새 옷을 되돌려 보냈는지? 궁금했다. 혹시 집안에 누가 죽은 것이 아닌가 하여, 다시 내시를 보내 무슨 연유로 자루 상복을 입고 통곡하는지 알아보도록 했다. 내시로부터 전갈을 받은 모르드개는 그제야 에스더 왕비에게 하만이 꾸민 계략을 자세히 알려준 다음 각 변방에 보낸 포고문의 사본을 증거물로 보내면서 그 해 12월 14일을 기해 유대인들이 몰살당한다는 사실을 알리고 불쌍한 유대의 백성들을 구해달라고 호소했다.

"왕후께서 내 손에 자라던 비천했던 지난 날을 생각해 보시오. 국왕의 제2의 인물인 하만이 우리를 몰살시키겠다고 왕에게 탄원하여 허가 받았으니, 주님께 기도드리시고, 왕에게 간청하여 우리들을 죽음에서 구해 주십시오."

전후 사정을 전해들은 에스더 왕비는 너무 기가 막혀 어쩔 줄 몰랐다. 그러나 왕비는 국왕이 내린 명령을 뒤집을 만한 능력이 없었다. 에스더 왕비는 내시를 통해 모르드개에게 말을 전했다.

"임금님의 명령 없이는 누구도 국왕을 만날 수 없습니다. 함부로 성내에 들어오면 죽습니다. 저도 30일째 임금님의 부르심을 받지 못했습니다."

일단 왕궁에서 신중하게 처신하라고 자신의 입장을 전했다. 왕비의 입장을 전해들은 모르드개는 그것은 왕비의 한낱 핑계라고 생각하고 유대인들의 비참한 실정을 다시 호소했다(에 4:1-15).

9. 모르드개의 기도

"왕비께서는 비록 왕궁 안에 계시니깐 안심하겠지만 그렇다고 유대인의 운명을 면할 수 없습니다. 만일 왕비께서 입을 다물고 계신다면 다른 곳에서 구원의 손길이 올 것입니다. 그렇게 되면 왕비와 왕비의 가문도 망할 것입니다. 에스더가 왕비가 된 것은 바로 이런 때를 위해서 입니다." 하고 호소한 다음 이렇게 기도했다(에 4:17-27).

"주님, 주님, 온 누리의 주인이신 임금님,
만물이 당신의 권력에 예속되어 있으며,
이스라엘을 구원하시려는 당신의 뜻을,
거역할 사람은 하나도 없습니다.
진정, 하늘과 땅을 만드신 분은 당신이시며,
창공 아래 모든 놀라운 것들을 만드신 분도 당신이십니다.
당신은 온 누리의 주인이십니다"(에 외경 4:17-).

10. 에스더 왕비의 비장한 결단

"기꺼이 죽으리라!"

모르드개의 간절한 기도가 메아리쳤다. 하지만 에스더 왕비는 국왕이 한 번 내린 결정을 감히 번복해 달라고 말하지 못했다. 며칠째 고심하던 에스더 왕비는 모르드개에게 다음과 같이 전했다.

"수산에 사는 유대인들을 모두 한자리에 모아 놓고 나를 위해 단식을 하십시오. 사흘간 아무것도 먹지 말고 기도하십시오. 저도 시녀들과 함께 단식하겠습니다. 내가 죽어야 한다면 기꺼이 죽겠습니다."

유대인들의 결단을 당부한 에스더 왕비는 그날부터 화사한 옷을 벗고 상복으로 갈아입고 값진 향유대신 재와 오물을 머리에 뒤집어썼다. 에스더 왕후는 자기의 몸을 심하게 다루었다. 즐겁고 우아했던 모습이 어수선하게 헝클어진 머리를 하고 하나님께 기도했다(에 4:15-17).

"오직 한 분이신 나의 주님이시며,
우리의 임금님, 오시어 나를 도와주소서.
나는 홀몸, 당신 외에 아무런 구원자도 나에겐 없습니다.
나의 생명은 지금 위태롭게 되었습니다.

나는 어려서부터 가정에서 이렇게 배웠습니다.
주님, 당신은 모든 민족 중에서 이스라엘을 선택하시고,
모든 민족의 선조들 중에서 우리 선조들을 뽑으시어,
영원히 당신의 백성으로 삼으셨습니다.
그리고 약속하신대로 우리 선조들을 보살펴 주셨습니다.
그러나 우리는 당신에게 죄를 지었으므로,
당신께서 우리를 원수들에게 넘기셨던 것입니다.
우리는 그들의 우상을 숭배하였던 것입니다.
주님, 당신은 의로우십니다"(에 4:29-47).

11. 에스더 왕비의 청원

에스더 왕후는 비장한 마음으로 사흘간 단식기도를 마친 다음 예복을 곱게 차려입고 시녀의 부축을 받으며 궁정 뜰로 나와 국왕의 집무실로 향했다. 에스더 왕후에게는 한 명의 시녀가 땅에 끌리는 옷자락을 받쳐 들고 뒤를 따랐다. 그리고 또 다른 시녀는 왕비의 몸을 부추겼다. 왕후가 시녀에게 몸을 의지한 것은 금식기도로 나른해진 몸을 지탱하기 위해서였다. 그러나 에스더 왕후의 넘쳐흐르는 아름다운 자태와 붉게 상기되어 희색이 만연한 얼굴은 여전히 어진 사랑이 활짝 핀 꽃송이었다. 그러나 에스더 왕후의 속마음은 두려움에 떨고 있었다.

왕후는 여러 개의 삼엄한 문을 지나 국왕의 방에 들어섰다. 마침 금은보석이 번쩍이는 왕복으로 성장한 국왕이 옥좌에서 만조백관을 내려다보고 있다. 국왕의 옥좌가 너무 어마어마하게 눈이 부셔 감히 쳐다 볼 수가 없었다. 갑자기 왕후가 들어서자 자리에서 벌떡 일어난 국왕이 놀란 눈을 부릅뜨고 왕후를 쳐다 보았다.

순간 겁먹은 왕후는 얼굴이 창백하게 변하면서 자리에 쓰러져 기절했다. 실신한 왕후는 뒤따라온 시녀의 팔에 머리를 의지했다. 왕후가 실신하는 순간 왕은 몹시 걱정스러운 표정으로 옥좌에서 왕후 곁으로 다가와 시녀의 팔에서 왕후를 품에 껴

안고 부드러운 말로 위로했다.

"에스더 왕비여, 무엇을 원하시오. 무엇이 두렵단 말이오. 내가 소원이 무엇이건 다 들어주겠소."

한참 후 깨어난 에스더 왕비가 조용히 말했다.

"임금님, 저에게는 임금님이 하나님의 천사처럼 보였습니다. 임금님의 위풍에 제가 주눅이 들었습니다. 임금님께서는 정말 훌륭한 분이시고, 임금님의 얼굴에는 인자하신 정이 넘치십니다. 제가 마련한 술자리에 하만과 함께 참석해 주십시오."

국왕은 즉시 에스더 왕비의 청원을 수락하고 "빨리 하만에게 왕비가 한 말을 전하라"고 즉석에서 지시했다. 에스더가 굳이 하만까지 초청한 것은 하만이 있는 자리에서 그가 꾸민 음모를 국왕에게 낱낱이 고해야 교활한 하만이 변명할 여지없이 즉석에서 처단하실 것 이리고 판단했던 것이다. 만일 하만에게 시간적 여유를 주면 그는 어떤 술책을 써서 국왕의 결단을 흐리게 할 사람이었기 때문이었다(에 5:1-7).

12. 자만에 찬 하만

하만이 참석한 술자리에서 기분이 풀린 국왕이 다시 에스더 왕후에게 소원이 무엇이냐고 물었다. 그러나 에스더 왕비는 차마 속사정을 말하지 못하고 다시 초대할 수 있는 기회를 달라고 했다.

"왕께서 저의 소원을 들어주시려거든 내일 제가 마련한 술자리에 한 번만 더 나와 주십시오. 내일은 꼭 말씀드리겠습니다."

에스더 왕비가 좀처럼 소원을 말하지 않자 국왕은 왕후의 소원을 들어주겠다고 다시 다짐했다. 그리고 왕비의 융숭한 대접을 받은 하만은 왕비가 베푼 주연에 자기만 초대해 준 것을 영광스럽게 생각했다. 그날 술에 취한 하만이 집으로 돌아가기 위해 성문을 나설 때 모르드개는 여전히 절은 고사하고 고개를 빤히 쳐들고 쳐다보는데 기분이 싹 가셨다. '저 유대인 녀석만 보면 속이 뒤집힌단 말이야' 하고 불쾌한 심기로 집으로 돌아온 하만은 친구들을 불러놓고 국왕의 각별한 신임을 자랑했다.

"에스더 왕비께서 마련한 술자리에 대신들 중에 나 외에 아무도 초대하지 않았다. 내일 또 나만 초대했다. 그런데 버릇없는 모르드개란 놈은 여전히 절을 하지 않으니 정말 괘씸하다."

하만이 모르드개를 거론하자 곁에서 듣고 있던 그의 아내가 거들었다.

"높이 23미터 쯤 되는 나무 기둥을 세우십시오. 그리고 국왕의 허락을 받아 모르드개를 그 나무 기둥에 매달아 놓고 국왕과 술을 드십시오. 그러면 상한 기분이 싹 풀릴 것입니다."

하만은 아내의 말대로 즉시 하인들을 시켜 큰 나무 기둥을 세웠다. 그리고 날이 밝는 즉시 모르드개를 매달 것을 상상하고 쾌재를 불렀다(에 5:9-14).

13. 하만의 자승자박(自繩自縛)

한편 아하수에로왕은 하만과 술자리를 함께한 다음 침실에 들었다. 그러나 웬일인지 그 날 따라 좀처럼 잠이 오지 않았다. 거실을 서성거리던 국왕은 갑자기 왕실 실록이 읽고 싶었다. 왜냐하면, 자기가 왕위에 오른 후 정치적 상황을 회고하고 앞으로의 방향을 정하는데 참고하기 위해 한밤중에 신하에게 매일 기록한 왕실 실록을 읽도록 지시 했다. 그런데 왕실 서기가 얼마 전에 기록한 실록을 읽어 내려갈 때 잊혔던 일이 떠올랐다. 언젠가 수문장들의 암살 모의를 귀뜸해 준 모르드개에 관한 기록을 읽는 순간 국왕은 자리에서 벌떡 일어났다. 생명을 구해준 모르드개에 대한 기억이 생생하게 떠오른 국왕은 손을 들어 읽던 실록을 중지시키고 근위병에게 물었다.

"수문장들의 암살모의를 적발해서 나를 구해 준 모르드개에게 어떤 상을 주었느냐?"

"폐하, 아무것도 준 것이 없습니다."

"뭐라고, 아무 보답도 하지 않았다고…?"

국왕은 벼락 치듯 소리쳤다.

"게 누구 없느냐? 어서 들라."

국왕이 신하를 부를 때 마침 하만이 모르드개를 나무에 매달기 위해 국왕의 허락을 받으려고 아침 일찍 입궐해서 왕실에 찾아와 있었다. 국왕의 호령에 기다렸다는 듯이 하만이 대령하자 국왕이 물었다.

"페르시아의 국왕이 특별히 영예를 존중해 상을 주어야 할 사람이 있는데, 그 사람에게 어떤 상을 내리는 것이 좋겠느냐?"

순간 하만은 페르시아에서 자기 외에는 국왕의 상을 받을 사람이 없다고 생각하고, 기왕이면 최상의 상을 받고 싶은 욕심에서 이렇게 말했다.

"예, 그 사람에게 폐하께서 입으시는 법복을 입히십시오. 그리고 폐하께서 타시던 말의 머리에 왕관을 씌운 다음 그를 말에 태우고 시가를 누비며 '폐하께서 상을 주시고자 하는 사람에게는 이렇게 한다.'고 외치도록 하심이 옳은 줄 아옵니다."

국왕에 버금가는 영예로운 상을 주어야 한다고 말했다. 국왕은 하만의 제의를 두말없이 받아들였다.

"하만, 자네의 말 대로하라. 지금 당장 나의 법복과 말을 끌어다 지금 성문밖에 대기 중인 모르드개에게 입혀라. 그리고 모르드개를 내 말에 태워라. 그리고 하만 자네가 제의한 상이니 자네가 제의한 대로 자네가 직접 말을 끌고 외쳐라. 자네가 말한 대로 해야지 단 한 가지도 빼뜨려서는 안 된다."

국왕의 명령이 떨어지는 순간 하만은 숨이 막혔다. 자기가 왕복을 입을 줄 알고 제안했는데 엉뚱하게 자기가 죽이려는 모르드개가 말을 타고 자기가 마부가 되다니 기가 막혔다. 그러나 일단 국왕의 명령이니 어쩔 수 없었다. 하만은 끓어오르는 불만을 내색하지 않고 국왕의 법복을 모르드개에게 입히고 금과 은으로 장식한 국왕의 말에 모르드개를 태우고 "국왕 폐하께서 상을 내리시는 사람에게는 이렇게 하신다." 하고 거리를 누볐다. 모르드개가 탄 말이 거리를 누비자 사람들이 두 손을 모아 모르드개에게 공손히 절을 했다. 그러나 모르드개의 마부가 된 하만은 울화가 치밀었다. 어제까지 자기에게 절을 하던 사람들이 이번엔 모르드개에게 절을 하고 자신은 그의 마부가 되다니 어이가 없었다. 하만은 창피해서 얼굴을 들지 못했다. 행사를 마친 하만은 울상이 되어 도망치듯 집으로 돌아왔다(에 6:1-14).

14. 하만의 자업자득(自業自得)

집에 돌아온 하만은 아내와 친구들에게 자기가 겪은 수모를 털어놓았다. 그러자 친구들마저 상한 마음을 위로하기는커녕 오히려 하만을 걱정하며 이렇게 말했다.

"모르드개란 놈이 유대인이라면 자네는 그의 말고삐를 잡은 셈이 되니까 팽팽하게 맞서기는 좀 힘들지도 모르네…; 아마 잘못하면 오히려 당할 지도 몰라…"

친구들의 충고에 기분이 나쁜 하만은 국왕과의 약속마저 잊어버렸다. 그 때 마침 왕비가 베푼 술자리에 참석하라는 전갈이 왔다. 기분이 상한 하만은 국왕과 약속한 술자리에 참석하기 위해 다시 입궐했다. 왕후가 베푼 술자리가 한창 무르익었을 때 국왕이 왕비에게 물었다.

"왕후여, 그대의 소원이 무엇이오? 이제 말하시오. 이 나라의 절반이라도 주겠소."

국왕의 환심을 산 에스더 왕비가 비로소 말했다.

"폐하, 만일 제가 폐하의 은혜를 입을 수 있다면 평생을 통해 가장 중요한 일을 말씀 드리겠습니다. 이 말씀은 제 개인적인 일이 아니라 우리 민족의 생사가 걸린 문제입니다. 지금 저를 비롯해 우리 겨레가 원수의 손에 넘겨져 학살될 위기에 놓여 있습니다. 제발 저의 목숨을 살려 주십시오. 차라리 종으로 팔려 간다면 하는 수없이 눈물을 머금고 입을 다물겠습니다. 그러나 이제 그 원수의 검은 손이 폐하에게까지 뻗치려 하는 중이옵니다. 굽어 살펴 보시옵소서! "

갑자기 왕후가 살려달라고 읍소(泣訴)하자 당황한 국왕이 노기충천하여 버럭 목소리를 높였다.

"도대체 왕비를 죽이다니 그 엄청난 짓을 꾸민 놈이 대체 누구란 말이오?"

순간 국왕의 눈빛이 살벌했다. 기회를 놓칠세라 에스더 왕비가 손가락으로 하만을 가리키며 말했다.

"우리들의 원수는 바로 저 하만이 그 일을 꾸몄습니다."

하만이란 말에 갑자기 분위기가 엉망으로 헝클어졌다.

그 때까지 에스더 왕비가 유대인이라는 사실을 모르고, 함부로 일을 꾸민 하만은 사색이 되어 어쩔 줄을 몰랐다. 하만이 꾸민 음모에 놀란 국왕의 분노는 하늘을 찌를 듯 격분했다. 분노에 찬 몸을 제대로 가누지 못한 국왕은 자리를 박차고 뜰 밖으로 뛰쳐나갔다. 순간 겁먹은 하만은 자기가 살아날 길은 오직 왕비에게 자비를 간청하는 길 밖에 없었다. 하만은 왕비의 발아래 꿇어 엎드려 눈물을 흘리면서 살려 달라고 애원했다. 땅바닥에 엎드려 왕후의 치맛자락에 덮인 의자를 잡고 살려 달라고 빌었다.

그 때 뜰 밖에서 돌아온 국왕이 왕비의 의자를 잡고 늘어진 하만을 향해 소리쳤다.

"네 이놈, 네 놈이 내 앞에 누워서 감히 왕비의 치마를 들치고 욕을 보이려느냐?"

국왕의 고함 소리에 놀란 경비병들이 우르르 달려왔다. 그들은 국왕의 표정에서 하만을 당장 죽이라는 것으로 짐작하고 검은 헝겊으로 하만의 얼굴을 뒤집어씌웠다. 멀리서 지켜보던 한 신하가 말했다.

"하만이 폐하에게 좋은 일을 한 모르드개를 매달아 죽이려고 23미터 높이의 나무 기둥을 세웠습니다."

"좋다, 당장 이 놈을 끌어다 그 나무에 매달아라."

하만이 모르드개를 매달려고 세운 나무 기둥에 결국 하만 자신이 매달렸다. 에스더 왕후는 그제야 국왕에게 전후 사실을 자세히 설명하고 자기를 키워 준 모르드개에 관한 사실도 곁들여 고백했다. 에스더 왕후의 설명을 경청한 국왕은 모르드개를 불러들여 하만에게 주었던 반지를 모르드개에게 넘겨주고 페르시아에서 국왕 다음의 높은 자리에 앉혔다(에 7:1-10).

15. 에스더의 청원과 또 다른 칙서

하만은 그렇게 죽었지만 그가 선포한 포고령은 여전히 메대의 국법으로 효력을 발휘했다. 한 번 선포한 국법은 국왕도 함부로 지울 수 없었다. 그러니 문제가 완전히 풀리지 않은 것을 알게 된 에스더 왕비가 눈물로 호소했다.

"만일 제가 폐하의 은혜를 입을 수 있다면, 하만이 유대인들을 모두 죽이라고 내린 포고령을 취소할 수 있도록 윤허해 주십시오. 저의 백성들이 죽는 것을 제가 어찌 보고만 있을 수 있습니까."

에스더가 간청하자 국왕이 말했다.

"왕비는 잘 들으시오. 나는 하만을 나무 기둥에 매달았고, 그의 재산까지 몰수해서 왕비가 관리하도록 했소. 하지만 하만이 내린 포고령은 이미 메대와 페르시아의 법률로 확정되었기 때문에 나도 함부로 취소할 수 없소. 그러나 모르드개로 하여금 유대인들에게 다시 포고문을 쓸 수 있도록 하겠소."

모르드개에게 페르시아 변방의 제후들과 총독들 앞으로 새로운 내용의 칙서를 작성하도록 지시했다(에 8:1-8).

16. 페르시아 국왕의 칙서

"하만은 마케도니아의 사람으로 함다의 아들이었다. 그는 페르시아의 피가 한 방울도 섞이지 않은 외국인으로 나와는 거리가 먼 자인데도 불구하고, 나는 그를 손님으로 우대하였고, 모든 국민에게 베푸는 우정으로 그를 대했다. 그리하여 그를 '나의 아버지'라고 불렀고 국왕 다음가는 자리를 주어 모든 사람들이 그 앞에 엎드려 절하도록 하였다. 그럼에도 그 자는 자기의 높은 지위에 만족하지 않고 나에게서 나라와 생명까지 빼앗으려고 음모를 꾸몄다. 그 뿐만 아니라 그는 부당한 잔꾀와 이론을 펴, 나의 구원자이며 변함없는 은인인 모르드개와 탓할 바 없는 나의 왕후 에스더를 그들의 동족과 함께 없애버리도록 나에게 종용하였다. 그는 나를 이렇게 고립무원의 상태에 빠뜨리고, 페르시아 제국을 마케도니아인 들에게 넘겨주려고 생각하였다.

이 가증스러운 악인이 멸망시키려고 하던 유대인들은 죄인들이 아니며 오히려 법을 가장 올바르게 지키는 사람들이라는 것을 나는 알았다. 그들은 위대하시고 살아 계신 하나님이신 지극히 높은 분의 자녀들이다. 나와 나의 선조들은 바로 이 하나님 덕분에 나라의 끊임없는 번영을 누려왔다. 그러므로 그대들은 하만이 보낸 편지에 적혀있는 지시를 따르지 않는 것이 좋겠다. 그 편지를 작성한 자는 만물의 주인이신 하나님께서 지체 없이 내리신 합당한 벌을 받아, 이미 그 일가권속과 함께 수산성의 성문에서 교수형을 당했다. 나의 이 편지의 사본을 방방곡곡에 게시하여 유대인들로 하여금 그들의 법을 공공연히 지킬 수 있게 하라. 악인들은 아달월(12월) 13일을 공격일로 정하여 유대인들을 몰살시키려 하는데 그대들은 그 날에 유대인들을 도와주어라."

유대인들 스스로 자신들을 보호하라고 격려했다. 국왕의 신임이 두터운 모르드개가 페르시아 각 변방의 제후들 앞으로 다시 국왕의 칙서를 보냈다.

"지난 번에 하만은 12월 14일에 유대인들을 모두 죽이도록 했다. 그러나 유대인들은 서로 뭉쳐 자신들의 목숨을 지키기 위해 그 포고령을 거부하고 자신들의

◈ 에스더서의 의의

　이 에스더서의 이야기는 페르시아의 말기 아하수에로스왕 시대에 페르시아에 살던 유대인들에게 일어난 일에 관해서 에스더가 전해주는 대표적인 이야기이다. 에스더와 므르드개는 둘 다 이방신의 이름에서 유래된 이름이다. 에스더는 아스다롯,,,모르드개는 마르둑의 히브리식의 음역이다. 이 같은 이름을 갖게 된 것은 아마도 자신들이 유대인라는 신분을 노출시키지 않으려는 데서 비롯된 것으로 보인다. 유대인이라면 위험에 노출되기 때문에 숨기려는 의도였을 것이다. 그러나 이 에스더 이야기는 실제 역사와 거리가 먼 이야기로 알려졌다. 다만 에스더서는 이 시대에 유대인들을 말살하려는 정책 앞에서 조직적으로 아무 대항도 못하는 유대인들의 소망을 이야기 형태로 표현한 일종의 묵시문학이다. 아무튼 에스더서는 페르시아 시대를 마감할 즈음에 해외에 거주하는 유대인들에게 무슨 일이 있었는가를 말해주는 한 사례이다. 그러나 페르시아가 저물어 갈 때 이스라엘(팔레스타인)영토 안에서는 무슨 일이 있었는가를 말해주는 사료는 남아있지 않다.

◈ 페르시아시대 이스라엘 역사에 특기할 사항들

　1)기원전 8세기 히스기야왕 시대에 이미 유대인들에게 알려지기 시작한 아람어가 히브리어 대신 이스라엘의 공용어로 자리 잡았다.(2열왕18:26)
　2)예루살렘의 유대인 공동체는 정치적으로 페르시아의 속주로 편입된 예루살렘은 성전을 기준으로 민족의 명맥을 겨우 유지하는 일종의 작은 성전 국가였다.
　3)예루살렘의 유대인 공동체는 종교적으로는 성전 예배와 율법 준수를 기준으로 민족주의적 신정체제의 전통을 다졌다.
　4)페르시아 시대의 유대인공동체는 북쪽의 사마리아인들과 계속해서 긴장과 갈등 관계에 묶여있었다.
　5)미쉬나와 탈무드에 의하면 '대 회당(The Great Synagogue)'이라고 불리는 기구를 통해 유대인들의 정치와 종교 등 유대인 공동체를 통제했다. 전승에 의하면 에스라가 이 기구를 세웠고, 초대 회장이었다고 한다. 이 기구의 회원은 85명 또는 120명 정도의 위원들로 구성되었으며,(기원전 450-200년경까지) 유대인 사회의 여러 가지 일들, 특히 종교와 관련된 사항들을 통제하기 시작했다고 한다.

생명을 위해 공격하는 자들을 죽여도 좋다."

지난 번 하만이 내린 포고령에 정 반대되는 칙서를 작성한 다음 국왕을 대신한 모르드개가 직인을 찍어 변방의 언어로 옮겨 쓴 다음 왕실 파발꾼들을 시켜 변방에 전달했다(에 8:9-17).

17. 부림절

모르드개가 작성한 국왕의 칙서가 각 변방의 고을마다 나붙었다. 유대인들 중에 갓난아이를 빼고 모르드개의 포고문을 모르는 유대인은 한 명도 없었다. 처음에 나붙은 하만의 포고문은 유대인들을 모두 죽이라는 내용이었으나 그 옆에 새로 붙은 포고문은 유대인들은 하나로 뭉쳐 자신들의 목숨을 위해 싸우라는 포고문이 나란히 나붙었다.

모르드개의 포고문이 전달된 후 유대인들은 일치단결했다. 12월 13일까지 9개월 동안에 전 유대인들이 한 덩어리로 뭉쳤다. 그러자 각 변방의 수령들과 제후들까지 앞 다투어 에스더 왕비에게 잘 보이려고 유대인들과 합세했다. 합법적으로 복수의 기회를 맞은 유대인들은 그해 12월 13일을 기해 자신들의 생명을 소극적으로 방어할 것이 아니라 자신들을 해치려던 사람들을 상대로 공격을 가했다. 우선 하만의 아들 10명을 잡아다 하만이 세운 나무 기둥에 매달아 죽인 다음 평소에 유대인들을 핍박한 사람들을 찾아내 모조리 죽였다.

그러나 유대인들은 절대로 노략질은 하지 않았다. 유대인들은 12월 13일을 기해 역사적인 기념을 치르고 14일은 푹 쉬었다. 모르드개는 그 후 페르시아의 높은 벼슬자리에 앉아 자주 빛과 흰빛으로 된 귀족의 옷을 입고 머리에는 금으로 된 관을 쓰고, 국왕 다음으로 존경받는 벼슬자리에 올라 페르시아를 다스렸다.

모르드개는 위기에 처한 유대인들을 구한 12월 13일과 14일을 영원히 기념하기 위해 해마다 그 날 경축행사를 했다. 그것이 계기가 되어 여러 나라에 흩어져 사는 유대인들도 해마다 12월 13일을 부림(Purim)절이란 이름으로 길이 기념하고

◈ 불확실한 100년간의 연대표

에스라와 느헤미야가 활동할 당시의 연대표는 확실하지 않다. 느헤미야와 에스라는 모두 페르시아의 아닥사스다의 치하에서 활약했다. 그런데 여기서 말하는 아닥사스다는 어느 아닥사스다를 말하는지 성서의 기록상 분명하지 않다. 왜냐하면, 페르시아 왕들 중에는 아닥사스다왕 1세(Longinanus)는 기원전 465-423년이었고, 아닥사스다 2세(Mnemon)는 기원전 404-362년이었다. 그리고 아닥사스다 3세(Ochus)는 기원전 356-338년으로 이들 3명의 아닥사스다 왕의 이름으로 100여년간 다스렸기 때문에 1세에서 3세까지 긴 세월이 가로 놓여 있다. 그런데 성서에는 아닥사스다라고 만 기록되어 있기 때문에 어느 아닥사스다 시대였는지 분명하지 않다.

구약성서의 배열순으로 보면 에스라에 이어 느헤미야의 순으로 되어 있다. 에스라는 아닥사스다 7년(스 6:7)에 예루살렘에 돌아 간 것으로 되어 있고, 느헤미야는 아닥사스다 23년(느 2:11)에 예루살렘에 들어갔다고 되어 있다. 그러므로 에스라는 기원 전 458년에 예루살렘에 돌아왔고, 느헤미야는 기원 전 445년에 예루살렘에 돌아가 두 사람이 서로 힘을 합쳐 유다의 부흥을 도모한 것으로 풀이할 수 있다.

그러나 이렇게 풀이할 경우 여러 가지로 어긋나는 일들이 있다. 이를테면, 느헤미야가 예루살렘으로 가기 위해 아닥사스다 왕에게 허가를 청했을 때 이미 13년 전에 먼저 예루살렘에 들어가도록 허가한 에스라에 대해서는 왜? 아닥사스다왕은 한 마디도 언급하지 않았느냐? 하는 점이다. 그리고 느헤미야가 예루살렘으로 돌아갔다는 소식을 전해들은 사나발라와 토비야는 이스라엘 후손들의 안녕을 가져다 줄 사람이 왔다 해서 크게 걱정했다.(느 2: 10)고 기록한 점으로 보아 그들이 그 때까지 횡포를 저지른 것이 분명하다. 그렇다면 13년 전에 돌아간 에스라는 그동안 어디서 무엇을 했느냐는 의문이 남는다.

"나의 선임 총독들은 양식과 술값으로 하루에 은 40세겔씩 거두어 들였다. 이렇게 총독 자신들도 백성을 괴롭혔고 그 아래 사람들도 백성을 착취하였다. 그러나 느헤미야는 하나님이 두려워서 그런 일은 하지 않았다(느 5: 15-)."고 기록했다. 만약에 에스라가 느헤미야보다 앞서 예루살렘에 와서 활동했다면 느헤미야는 그런 소리를 하지 않았을 것이다. 그리고 후발대로 도착한 에스라가 느헤미야 보다 먼저 예루살렘에 왔다면 유대인들이 사마리아의 총독 사나발라와 토비야의 횡포를 당하지 않았을 것이다. 그리고 느헤미야는 제례를 바로 잡으려는 노력도 할 필요가 없었을 것이다. 이런저런 이유를 들어 학자들 간에는 느헤미야와 에스라가 활약한 때를 아닥사스다시대로 보는 것이며, 느헤미야가 에스라보다 먼저 예루살렘에 왔다고 본다. 있다(에 9:20-32).

제 6 부 중간시대
페르시아 제국이 멸망한 이야기

◉ 헬라시대의 연대(333-63)

323년 알렉산더가 바벨론에서 병사하자 부하 장군들은 제국을 나누어 다스렸는데 그 중 이집트의 프톨레미오 왕조와 앗시리의 셀루시트 왕조가 막강했다.

이집트	시리아		
프톨레미 왕조(323-30)	셀루시트 왕조(311-64)		332년 알렉산더대왕 군대가 팔레스타인을 무혈 점령하다.
프톨레미 1세 소테르(323-282)	셀루시트 1세 니카토르 (311-281)		320-200년 사이에 프톨레미 왕조가 팔레스타인을 지배하다.
프톨레미 2세 필라델포스 (282-246)	안티옥 1세 소테르(281-261)		
	안티옥 2세 테오스(261-246)	250	
프톨레미 3세 에베르테스네 (204-180)	셀루코스 2세 칼리코스(246-225)		
	안티옥 3세를 쳐부수고 팔레스타인을 빼앗다. 셀루시트 4세 필로파토르(187-164)는 169-	200	200-142년 사이에 셀루시트 왕조가 팔레스타인을 지배하다. 유대인들과 셀루시트 왕조의 관계가 악화되기 시작
프톨레미 6세 필로메토르 (180-145)	168년 두 차례 이집트 원정		제사장들 간에 알력이 시작되다.

167년 가을 안티옥 4세는 예루살렘 성전에서 야훼 하나님에 대한 제사를 금하다가 167년 12월 7일에는 마침내 번제단 위에 제우스 제단을 세

우다. 할례와 안식일도 폐지시키다. 마따다아와 그의 다섯 명의 아들이 반기를 들었는데 이들을 하스모니아 가문이라고 한다(마카상 2장). 66년 마따다아가 죽은 다음 셋째 아들 유다 마카비(166-160)가 독립군 사령관이 되어 예루살렘 서북쪽에 있는 벳호론 전투에서 시리아군을 격파하다(마카상 3:13-26). 165년 엠마오 전투에서도 승리하다(마카상 3:27; 4:25). 안티옥 5세 유파톨 164년 12성전을 정화하고 8일(164-162)간 축제를 벌이다. 이는 성전정화축제(하누가, 마카상 4:36-60; 요 10:22)의 기원으로 다니엘서에 기록되다.

160년 예루살렘 북쪽 7킬로미터 지점인 아다사 전투에서 시리아 장군 나카노르가 전사하다. 160년 4월 유다가 전사하고 막내 동생 요나단이 독립군 사령관이 되다(160-143).

알렉산더 발라스(150-145)

152년부터는 대제사장 겸직, 이에 사독계 제사장 일부가 불만을 품고 에세네 종파를 만들고, 아마도 요한 하카르누스(134-104) 치세 때 사해 북부 쿰란에다 수도원을 세운 것으로 보인다. 요나단은 143년 프톨레미에게 포로가 되어 처형되다.

프톨레미 7세 피스콘(145-116)

데메트리오 2세(143-138)	143-134년 요나단의 둘째 형 시몬이 사령관, 142년부터는 대제사장 겸직, 134년 사위에게 살해되다.
안티옥 6세(145-142)	
트리폰(142-138)	
안티옥 7세 시데테스(138-129)	142-63년 유다 민족 독립, 하스모니아 왕조 통치. 요한 히르카누스(134-104)는 시몬의 아들로 대제사장직 겸임하다.
시리아의 약화 무질서	
100	
	아리스토볼로 1세(104-103)는 요한 히카

르누스의 아들로서 비로소 왕의 존칭을 사용하다. 알렉산더 얀나이오스(103-76)는 아리스토볼로 1세의 동생 살로메 알렉산드라(76-64)는 본디 아리스토볼로 1세의 아내, 다음에는 시동생 알렉산더 얀나이오스의 아내가 되었다가 얀나이오스 사후 여왕이 되었다. 바리새파 당원들이 득세하다. 큰 아들 히르카누스 2세가 대제사장 아리스토볼로 2세(67-63)는 살로메 알렉산드라 여왕의 둘째 아들 형 히르카누스 2세 대제사장을 누르고 왕과 대제사장을 겸직하다.

> 64년 폼페이우스 장군이 시리아를 로마 제국의 속주로 만들고 팔레스타인도 시리아의 속주로 귀속되다.
>
> 63년 로마의 장군 폼페이가 예루살렘을 점령하다. 히르카누스 2세는 대제사장에 복직되었으나 이두매 출신 안티파텔이 로마에 아부하여 실권을 행사하기 시작하다.

제1장 헬라(그리스)시대

1. 저무는 페르시아제국과 헬레니즘의 대두

페르시아 제국이 바빌로니아제국을 멸망케 한 고레스왕이 바벨론에 유배 와 있는 유대인들을 석방하면서 1,2,3차에 걸쳐 고국으로 돌아간 유대인들이 전쟁으로 폐허가 된 예루살렘의 복구를 위해 심혈을 기울일 때 그리스(헬라)는 문화의 황금기를 맞이했다. 그리스는 기원전 525년부터 325년까지 약 200년간에 기라성 같은 철학자, 극작가, 자연과학자, 조각가, 웅변가들이 배출되어 지중해 연안의 도시 국가들을 세계 문화의 중심지로 끌어 올렸다. 예를 들면, 소크라테스, 플라톤, 아리스토텔레스, 소포클레스, 에우리피데스, 미론, 히포크라테스, 데모스테네스 등이 모두 이 시대에 등장한 인물들이다.

세기의 영웅 알렉산더 대왕도 아리스토텔레스에게 교육을 받았다. 그 결과 알렉산더는 문무를 겸한 세기적 명장 중에도 명장이다. 중동 일원을 무력으로 제패한 알렉산더 대왕은 자신의 말발굽이 미치는 곳마다 그리스 문화를 전파함으로써 세계를 그리스화하는데 크게 기여했다. 그래서 훗날 역사학자들은 알렉산더를 가리켜 그리스 문화의 전도사라고 부른다. 당시 그리스문화를 대변하는 헬레니즘은 알렉산더가 정복한 나라들을 통해 지중해 연안과 아시아와 아프리카에 이르기까지 그의 영향이 미치는 곳마다 헬레니즘 문화를 확산시켰다.

그러나 그리스의 헬라 문화와 이스라엘의 히브리 문화는 쉽게 융화되지 않았다. 인문주의를 대변하는 헬레니즘과 신본주의를 대표하는 히브리즘(유다이즘)은 물과 기름으로 양대 문화의 갈등은 처음부터 예견된 일이었다. 구약성서 가운데 외경에 속하는 마카비 상권과 하권이 이 시대의 히브리즘과 헬레니즘 문화의 갈등상황을 사실적으로 다루었다.

I. 알렉산더 대왕과 헬라시대

페르시아제국은 기원전 539년부터 기원전 333년까지 약 200년 간 메소포타미아를 비롯한 소아시아(오늘의 터키)에서 이집트를 거쳐 인도 변방에 이르는 광대한 영토를 차지했다. 그러나 세월이 흐르면서 페르시아는 왕위 계승을 둘러싼 내분과 부정부패로 인해 나라의 기반이 삭아 내려앉기 시작했다.

한편 페르시아 제국이 저물어갈 때 그리스에서는 마케도니아의 필립왕이 등장해서 그리스의 도시국가 주변의 속주들을 통합하여 하나의 동맹 체제를 만들면서 지중해 연안에 새로운 통일 국가의 세력으로 부상했다. 그러나 필립이 하나의 통일 국가를 이룩한 그리스 연합국의 첫 왕이 되었지만 그는 기원전 336년에 살해당하고, 그의 아들 알렉산더가 뒤를 이었다. 알렉산더는 마케도니아에서 출생했지만, 그리스에서 아리스토텔레스에게 교육을 받고 자란 완벽한 그리스인이었다.

1. 팔레스타인 주변국들에 대한 알렉산더의 공략

기원전 334년 알렉산더는 역사학자, 지리학자, 식물학자 등과 함께 주로 마케도니아 사람들로 구성된 그리스 군대를 이끌고 동방 정복에 나섰다. 그러자 페르시아의 다리우스 3세(코도만누스(336-331))는 곧 바로 응전에 나섰다. 다리우스 3세 휘하의 막강한 기병대를 주력으로 그리스인 용병과 일부 지방군까지 출정시켰다. 그는 알렉산더를 당장 사로잡아 수사로 곧장 끌어오라고 호령했다. 알렉산더를 당장 잡아들이라고 지시한 점으로 보아 그가 알렉산더를 얼마나 과소평가했는가를 알 수 있다. 그러나 소아시아의 관문인 그라니쿠스(Granicus)18) 강변에서 맞붙은 전투에서 알렉산더는(목숨을 잃을 뻔했지만) 페르시아의 막강한 방어 군을 격퇴시켰다. 이 전투에서 승리한 알렉산더는 포로들 중에 페르시아 군인들은 모두 도망치도록 방치하고, 조국을 배반한 그리스인 용병들은 모두 처형시켰다.

그라나쿠스 전투에서 승리한 알렉산더는 소아시아로 통하는 길을 개척했다. 그는 소아시아를 가로질러 페르시아 지배하에 있는 도시들을 차례로 해방시키면서 동방진출의 새로운 교두보를 확보했다.

2. 이스라엘의 종주국이 페르시아에서 그리스로 바뀌다

알렉산더는 기원전 332년 '길리기아의 관문' 근처에 있는 이수스(Issuse)에서 페르시아의 다리우스 3세가 이끄는 대군과 격렬한 전투 끝에 대파시켰다. 페르시아의 예봉을 제압한 알렉산더는 곧장 시리아로 진군했다. 사마리아의 다마스커스를 단숨에 점령한 알렉산더는 지중해 동쪽 연안을 거쳐 이스라엘로 진격했다. 알렉산더가 파죽지세로 쳐들어오자 티로(다로)를 제외한 지중해 연안의 여러 나라들과 사마리아와 유대인들은 자진해서 오랫동안 페르시아와 유지해 온 종속 관계를 청산하고, 그리스의 알렉산더 대왕에게 충성할 것을 다짐했다. 그리하여 이들 여러 약소국들은 알렉산더의 무력 침공의 피해를 줄이고, 스스로 그의 속국이 됨으로써 전쟁의 아픔을 면했다. 한편 형세가 기운 페르시아의 다리우스 3세는 알렉산더에게 엄청난 돈과 영토와 친 딸까지 내주겠노라고 다짐하고 강화할 것을 두 번에 걸

---

18) 현재 터기와 유럽 사이의 한 지점.

처 제의했다.

3. 지중해 연안의 상권이 바뀌다

그러나 알렉산더의 야심 앞에 쓰러져 가는 페르시아(다리우스3세)의 구차한 제의는 통하지 않았다. 알렉산더는 7개월 동안 버티는 티로와 2개월간 버티던 가자지구를 함락시킨 다음 지중해 동쪽 연안의 국가들을 모조리 평정했다. 그리하여 페니키아의 무역 도시였던 티로는 오랫동안 지중해의 상권을 장악하고 부와 영화를 누리던 기득권을 더 이상 누릴 수 없었다.

4. 알렉산더의 이집트 진군의 전말

기원전 331년 알렉산더의 원정군이 이집트로 진격하자 이집트인들은 대항하지 않고 순순히 맞이했다. 오래 전부터 페르시아제국에 억압당하던 이집트인들은 알렉산더를 영접하고, 그에게 크라나 신전의 한 경당을 바치는 한편 알렉산더를 아몬신의 아들이라고 치켜세워 널리 선포하였다.

이집트인들은 알렉산더를 자신들의 정신적 바로로 인정하고, 이집트의 내정은 자신들이 맡고 군대의 통수권은 마케도니아 사람들에게 넘겨주었다. 이집트를 싸우지 않고 손아귀에 넣은 알렉산더가 이 때 이룩한 역사적 업적이 바로 이집트 북쪽에 자리 잡은 알렉산드리아 도시 건설이었다. 알렉산더는 자신의 이름을 딴 알렉산드리아를 그리스의 마케도니야 식의 도시로 건설했는데 이 도시는 이때부터 수세기 동안 지중해 연안의 문화, 경제, 정치의 중심지로 기세를 떨쳤다.

5. 이스라엘과 알렉산더 대왕의 관계

유대의 역사학자 유세푸스는 알렉산더와 유대의 관계를 친구사이로, 비교적 우호적인 관계로 묘사했다. 유세푸스(확실한 것은 아니지만)에 의하면 알렉산더는 유대교의 대제사장의 뜻을 받아들여 예루살렘 성전에서 하나님께 제물을 바쳤다고 전한다(유대의 고대사). 그러나 사마리아에 대해서는 호의적인 정책을 펴지 않았다고 한다(같은 유세푸스의 기록에 의하면). 처음에는 사마리아 사람들에게 그리심 산에 성전을 지어도 좋다고 허락하였으나(유대 고대사) 사마리아 사람들이 자신이 임명한 총독 안드로마쿠스(Andromachus)를 거슬러 반란을 일으키자 그들로부터 자치권을 박탈하고 식민지로 격하시켰다고 한다. 이 때 그리스의 식민지가 된 사마리아는 훗날 쎌루시트 가문이 통치할 때까지 계속되었다. 훗날 와디 달리예(Wadied-Daliyh)에서 발견된 아람어 파피루스도 이와 같은 사실을 증언을 한다.

6. 알렉산더가 페르시아 군을 전멸시키다

기원전 330년 알렉산더는 티그리스강 상류 지역 기우가멜라에서 페르시아군을 맞아 운명을 건 한판의 결전을 펼쳤다. 이 전쟁에서 페르시아 군은 완전히 패배하고 다리우스3세는 간신히 도망쳤다. 승리한 알렉산더는 페르시아의 수도 바벨론을 포함하여 페르시아 제국의 속국들까지 단숨에 정복했다. 알렉산더는 발길이 다는 곳마다 모두 정복하고 정복한 곳마다 해방자로 칭송받았다. 수사, 페르세폴리스(Persepolis), 엑바타나 등 알렉산더가 진격하는 곳마다 그는 정복자가 아니라 해방자로 환영받았다. 페르시아의 옛 수도 수사와 당시 세상에서 가장 부유한 도시로 알려진 페르세폴리스를 차지함으로써 페르시아 제국의 모든 재화가 일시에 알렉산더 수중에 들어갔다.

페르시아를 완전히 제압한 알렉산더는 '바실레우스(Basileus)'라는 칭호를 얻은 다음 페르시아 국왕의 복장으로 갈아입고 동방의 대군주로 행사하기 시작했다. 알렉산더는 계속 동쪽으로 진출해 박트리아와 소그디아나 (오늘의 러시아 투르키스탄)까지 진군했다. 알렉산더는 삼년동안 벌인 전투를 끝내기 위해 그 곳의 박트리아(Bactria)공주 록사나(Roxana)와 정략결혼을 하고, 멀리 인더스강을 건너 인도의 판

잡(Panjab)까지 진출했다. 동방을 단숨에 정복한 알렉산더는 기원전 324년 새로 조직한 해군의 군함을 타고 페르시아만을 거쳐 수사로 돌아왔다. 수사에 돌아온 알렉산더는 스스로 동방의 관습을 받아들이는 한편 부하들에게 페르시아 여자들과 혼인하고, 페르시아 문화를 받아들이도록 허락했다. 그리고 이에 불만을 품거나 불응하거나 반란을 꾀하는 부하들은 가차 없이 처단했다.

7. 알렉산더의 죽음과 그리스문화

기원전 323년 알렉산더는 아라비아 여행을 계획했다. 그러나 여행을 떠나기 전에 열병에 걸려 서른 세 살의 젊은 나이로 요절했다. 그러나 알렉산더에게는 장성한 아들이 없었다. 다만 그가 죽은 다음 록사나 공주의 몸에서 태어난 아들이 유일한 혈족이었다. 문무를 겸비한 알렉산더는 찬란한 그리스 문화를 전 세계에 전하는데 심혈을 기울였기 때문에 알렉산더가 죽은 후에도 그의 문화정책은 민족과 국경을 초월해서 길이 살아있었다. 알렉산더의 생애는 전쟁에서 전쟁으로 점철되었지만 그가 전한 그리스 문화는 알렉산더가 동방문화를 친히 수용함으로써 동서를 통합시켰다. 알렉산더의 33년간의 짧은 생애는 정복과 전쟁으로 점철되었지만 그의 문화정책은 그가 죽은 후에도 계속 번져 세계사를 바꾸었다.

알렉산더가 전파한 그리스 문화를 접하는 나라마다 기존의 전통을 송두리째 뒤바꾸었다. 알렉산더의 무력정복은 고대 근동의 지도의 판도를 변화시켰을 뿐만 아니라, 문화적으로 더 큰 변화를 가져왔다. 그는 한마디로 세계를 헬라식으로 통일시킨 대왕이었다. 예를 들면, 실내 체육관, 경기장, 극장, 음악당, 학교, 시장 등의 모습을 완전히 고대 그리스 식민지 유형으로 바꾸었다. 그래서 조각가, 시인, 음악가, 극작가, 철학자, 이론가들에 의한 그리스 식의 모습을 세계 어디서나 쉽게 만날 수 있었다. 따라서 그리스어는 세계의 공용어가 되었고, 그리스어를 빈 그리스 식의 사고와 그리스 사상의 개념으로 세계를 새롭게 개조하는 도구가 되었다. 그리스어는 당대 세계 문화의 공용어로 다른 언어를 사용하는 사람은 심지어 야만인으로 취급되었다. 그 결과 오늘날 영어의 야만인을 뜻하는 바베리언(Barbarian)은 그리스어로 외국어를 가르치는 '바르바로스'에서 유래되었다.

물론 그리스 문화권에 들어간 팔레스타인의 유대인들도 예외가 아니었다. 신본주의로 이루어진 독특한 문화를 간직한 유대인들 역시 그리스 문화권에 들어 있었기 때문에 헬라문화의 영향에서 결코 벗어날 수 없었다. 처음에는 이집트 프톨레미왕조의 통치하에서 소극적이었으나, 훗날 시리아의 셀루시트 왕조의 지배를 받으면서 헬레니즘의 거센 태풍 앞에 유대인들 나름의 문화는 큰 시련에 봉착했다.

II. 프톨레미 왕조의 유다통치

기원전 323년 알렉산더 대왕이 죽으면서, 그리스 대제국은 뒤를 이을 후계자가 없었다. 그의 유일한 혈족은 그가 죽은 다음, 록사나 공주의 몸에서 태어난 어린이 뿐이었으므로 그는 너무 어린 탓에 그리스 대제국을 물려받을 능력이 없었다. 그리하여 알렉산더가 세운 대제국의 내부 갈등이 7년간 계속되면서 여러 가지 사태가 동시 다발로 벌어졌다. 그러다가 기원전 315년에는 마침내 대 제국을 4명의 장군이 나누어 통치했다.

1 안티옥(Antioch)은 그리스를 비롯한 소아시아와 시리아와 팔레스타인 일원의 지중해 연안에서 중앙 아시아의 넓은 땅을 차지했고,,,

2 카산데르(Cassander)는 그리스의 본산지 마케도니아를 차지했고,

3 프톨레미(Potolemy)는 이집트와 지중해 연안의 큰 섬들을 차지했다.

4 뤼시마쿠스(luximchus)는 마지막으로 트라키아(Thracia)지방을 차지하였다.

이들 4명의 장군들 중에 안티옥이 가장 조건이 좋은 넓은 땅을 차지했다. 안티옥이 알렉산더 대왕의 후계자가 되려는 야심을 드러내자 다른 장군들이 그에 맞서

동맹을 맺었다. 프톨레미는 안티옥에게 바빌로니아와 중앙아시아 지역을 자기 휘하 장수인 셀루시트에게 넘겨 줄 것을 요구했다. 본래 바빌로니아는 안티옥의 수중에 들어가기 전에 이미 셀루시트가 관리하던 지역이었다. 그러나 안티옥은 프톨레미의 요구를 거절하고, 자기 아들 데메트리우스를 출전시켰다. 그리하여 데메트리우스가 이끄는 안티옥의 군이 기원전 313년 가자에서 프톨레메미와 셀루시트의 동맹군과 맞붙었다. 그 결과 데메트리우스가 패배함으로써 바빌로니아를 셀루시트에게 넘겨주었다.

1. 예루살렘을 점령하다

프톨레미와 셀루시트는 계속 안티옥을 압박하여 시돈을 비롯한 시리아 내의 많은 도시들을 빼앗았다. 프톨레미는 유대인들이 율법을 지키기 위해 안식일에는 전투에 임하지 않는다는 사실을 확인한 프톨레미는 어느 안식일을 기해 예루살렘을 공격하여 일거에 점령했다. '아리스 테아스 편지'(Letter of Aristeas)에 의하면 그가 유대 땅에 들어와 행한 일이 상세히 기록되었다. 그는 자신의 행운과 용맹을 이용하여 코엘레-시리아(Coele-Syria)와 페니키아 전체를 짓밟았다. 그런 다음 일부 사람들은 다른 곳으로 이주시키고, 또 다른 일부 사람들은 포로로 잡아감으로써 그 지역 전체를 폭력으로 굴복시켰다. 그가 십만 명의 유대인들을 이집트로 이주시킨 것도 바로 이때였다. 이들 가운데 3만 명이 군대에 동원되어 이집트 요새에 머물렀다고 한다. 여기서 말하는 코엘레-시리아는 본래 시리아 남쪽 레바논과 안티레바논 사이에 자리 잡은 '아웬 골짜기'(아 1:5)로 오늘의 엘-비카(L. vica)를 가리키지만, 그리스시대에는 그곳을 지리적으로 북쪽의 다마스쿠스, 서쪽의 페니키야 남쪽의 유대를 포함하는 넓은 지역이었다.

기원전 315년-301년 사이에 코엘레-시리아의 주도권은 알렉산더 휘하의 장군들 사이에서 여러 번 바뀌었다. 301년 입수스 전투에서 셀루시트가, 차지했다가 다시 뤼시마쿠스가 차지했다. 결국 알렉산더의 휘하에서 가장 강력한 장군 안티옥을 상대로 결전을 벌렸는데 이 전투에서 안티옥은 전사했다.

안티옥의 아들 데메트리우스는 그때 마케도니아와 시리아의 페니키아 해안을 차지하고 있었다. 그러나 안티옥의 아시아 대 제국은 종말을 고하게 되었다. 입수스의 결전이 끝난 다음 이 전투에 참여한 장군들이 코엘레-시리아를 셀루시트에게 넘겨주려고 했지만, 반 안티옥 동맹에 가담하지 않은 프톨레미가 이 지역을 차지했다. 그러나 동맹군의 장군들은 프톨레미의 위세에 눌려 항의도 제대로 못한 채 이 지역의 패권을 포폴레미에게 넘겨주었다.

◈ 히브리어 성서(오경)가 헬라어로 번역되다.

그 동안 구약성서(오경)는 히브리어 사본으로 전래되었다. 그러나다가 당시 이집트의 왕 프톨레미 필아델포스(Ptolemaus Philadelphos, 285-247)의 명령으로 알렉산드리아에서 70명의 유대인 학자들에게 헬라어(그리스어)로 번역시켜 기원전 276년경부터 사용되기 시작되었는데 이것이 히브리어 성서에 대한 최초의 번역이었다. 일명 70인 역 Septuagint로 알려진 헬라어 번역본이 당시 세계 공용어였던 헬라어에 힘입어 널리 확산되었다.

2. 알렉산드리아의 유대인 구역

결국 코엘레-시리아의 남쪽 팔레스타인은 기원전 315년부터 프톨레미의 지배를 받았다. 팔레스타인은 이집트를 차지한 남쪽의 프톨레미 왕국이 시리아를 비롯하여 옛 페르시아 제국의 북쪽과 동쪽을 다스리던 셀루시트 왕국 사이에 자리 잡은 팔레스타인의 유대인들은 두 제국의 패권 경쟁에 끼어 자유로울 수 없었다. 수세기 동안 팔레스타인의 유대인들은 두 왕국이 벌이는 전쟁의 중요한 격전지가 되었고, 그때마다 전쟁에서 승리한 자를 새 주인으로 받들어야했다.

프톨레미 1세(라기) 때에 많은 유대인들이 알렉산드리아에 정착하면서 그 곳에 유대인구(區)가 저절로 형성되었다. 유대인 지역은 알렉산드리아의 다섯 구 가운데 하나로 그리스 시대의 유대 문화를 보존하는데 중요한 구실을 했다.

사도행전에 나오는 에베소의 출중한 사도의 한명이었던 아폴로가 바로 이 곳 출신 유대인이었다(행 18:24-28). 오래 된 전승에 의하면 프톨레미 2세 필라델푸스가 알렉산드리아의 유대인 원로들에게 히브리어 성서를 헬라어로 번역하도록 명령해서 출간된 성서가 바로 70인역(Septuagint) 성서이다.

3. 오니아 가문과 토비야 가문의 갈등

그러나 이 시대의 팔레스타인의 유대인들 사정에 관해서는 별로 알려진 것이 없다. 다만 정치적 영향력과 제사장 직을 둘러싼 경쟁을 벌였던 오니아(Onia)가문과 토비야(Tobia)가문의 갈등이 두드러졌던 것이 특기할 사항이었을 뿐이다. 이들 두 가문의 갈등은 '제논 파피루스'라는 고대 문서(1915년에 발견됨)에 잘 나와 있다. 제논은 프톨레미 2세의 재무관 아폴로이우스(Apollonius)밑에서 일하던 행정관리였다. 그들이 기원전 259년-258년에 팔레스타인과 페니키야를 시찰하면서 편지 형태로 보낸 문헌에서 이들 파피루스의 4분의 1이 팔레스타인과 그 부근의 상황을 언급하고 있다. 토비야 가문은 느헤미야 시대에 유다지방의 관료로 느헤미야의 복구사업을 방해한 암몬사람 토비야의 후손으로 간주한다(느 6:17-19; 13:4-9). 토비야 가문의 적수 오니아 가문은 다윗왕의 통치 때에 제사장직을 수행하였고, 솔로몬의 왕위 계승을 지지한 사독의 후손이었다. 헬라시대에 예루살렘의 제사장으로 막강한 세력을 장악한 오니아 가문은 유명한 '의로운 시몬'의 아버지 오니아 2세에서 비롯되었다.

▶**아니아 가문:** 한편 오니아 가문에 의한 혼란을 막기 위해 그리스 시대에 활약한 인물들의 족보를 살펴보면 야두아(Jaddua)의 아들 오니아 1세는 알렉산더 대왕 때에 예루살렘에서 대제사장직을 수행했는데 스파르타 임금 아레오스와 서신을 교환한 인물로 추정한다(마카비 상 12:19-23).

아니아 1세가 시몬 1세를 낳고 시몬1세가 오니아 가문의 수장 오니아 2세를 낳았으며, 오니아 2세가 의로운 시몬이라 불리던 시몬 2세를, 시몬 2세가 시몬 3세를 낳았다. 오니아 2세가 예루살렘 성전의 대제사장으로 있을 때 그는 사촌지간인 토비야는 요르단 동부 지역의 지방 영주로 있으면서 프톨레미 왕가에 충성했다. 그러나 오니아 2세는 사촌 토비야와 달리 정규 세금을 바치기를 거부하면서부터 프톨레미 2세의 유다 통치에 맞섰다. 바로 이것이 토비야 가문에 재앙을 가져올 수 있는 중대한 상황이었다. 토비야의 아들이자 오니아의 조카인 요셉이 예루살렘으로 돌아와 오니아에게 반역을 중지하고 왕에게 사과할 것을 요청했다. 오니아는 요셉의 중재를 받아들여 프톨레미 통치에 순응했으나 정치적 기반을 잃었다. 그 대신 요셉이 이집트 왕 앞에서 백성의 대표 구실을 하는 '프로타시아(Protasios)'가 되었다. 그러나 요셉은 그의 막내아들 히르카누스와 프로타시아 자리를 놓고 서로 싸우다가 이집트 왕이 아들를 더 총애하는 것을 알고 셀레우코스 가문에게 넘어갔다. 기원전 198년 요단강의 수원지 부근 파네아스(훗날 빌립보의 가이사리아)에서 프톨레미 왕조의 장수 스코파스와 셀레우코스 왕조의 안티옥 3세가 맞붙었다. 이 전쟁에서 안티옥 3세가 대승을 거두고 팔레스타인을 프톨레미 왕조의 손아귀에서 셀레우코스 왕조로 바뀌었다. 제논 파피루스는 헬라 문화가 예루살렘 밖의 온 유다 지방에 두루 퍼졌음을 알 수 있다. 그래서 학자들 중에는 집회서와 에녹 1서의 일부 기록을 통해 마카비 항전 이전에 있었던 반 헬레니즘의 항쟁을 엿볼 수 있게 되었다.

제2장 셀루시트 왕조의 이스라엘 통치시대

1. 선정으로 시작한 셀루시트 왕조

바빌로니아와 코엘레-시리아는 북부의 넓은 땅을 차지한 셀루시트와 그의 후계자들은 점차 동쪽의 영토 확장에 힘을 기울여 멀리 인도의 변방까지 장악하고, 서쪽으로는 소아시아까지 차지했다. 그때 시리아의 북부 오른데스 강변의 도시 안티옥이 그들의 수도였다. 안티옥은 신약시대에 중요한 기독교 공동체의 발상지(행 11:19-26)로 사도 바울이 바로 이 안디옥교회의 지원을 받아 세 차례에 걸쳐 전도여행을 한 곳이다.

이미 앞에서 밝힌 대로 기원전 198년 셀루시트의 안티옥 3세는 파네아스 전투에서 프톨레미 5세가 이끄는 이집트 대군을 물리치고 팔레스타인의 주도권을 장악하면서 이스라엘에는 큰 변화를 맞이했다. 일부 유대인들은 새로 등장한 셀루시트 왕조의 통치를 환영했다. 안티옥 3세는 유대인들에게 호의적인 정책을 실시했다. 그는 토라(율법)를 유대인들의 국법으로 인정하고 유대인들에게 일정한 자치권까지 부여했다.

그 외에도 예루살렘 주민들에게 3년 동안 세금을 면제하고, 3년이 지난 다음에는 모든 세금에서 3분의 1을 감면해 주었다. 특별히 성전에 봉직하는 사람들에게는 완전 면세의 혜택을 베풀었으며, 예루살렘 도성과 성전을 재건하도록 재정적 후원도 베풀었다.

2. 안티옥 4세의 등장과 유대인들의 분열

그러나 셀루시트 왕조와 유대인들 사이의 우호적인 관계는 오래가지 않았다. 왜냐하면 자기 스스로 '신의 현현(顯現)'이라 하여 에피파네스(Epiphanes)라는 이름으로 등장한 안티옥 4세가 왕위에 오르면서 유대인들과의 관계는 극도로 악화되었다. 그는 팔레스타인의 유대인들은 물론 그의 지배하에 있는 왕국 전체를 그리스(헬라)문화를 강압적으로 주입시키려 했다. 그러나 유대인들은 안티옥 4세를 '신의 현현' 즉 에피파네스라 부르지 않고, 미치광이라는 뜻으로 '에피파메스(Epiphames)'라는 별명으로 부를 정도로 그를 경멸했다. 이때 예루살렘은 대제사장 오니아 3세가 다스리고 있었다. 그런데 오니아 3세는 사독 집안의 대제사장으로 '의로운 시몬'의 아들로 유대교 전통에 충실한 모범적인 인물이었다. 그러나 오니아 3세의 동생 야손은 치졸한 인물이었다. 그는 셀루시트 왕조에 많은 세금을 바치겠노라고 약속하고 안티옥4세의 힘을 빌어 대제사장 자리를 가로챘다. 그런 다음 헬라주의(헬레니즘)에 호의적인 정책을 실시했다. 그리하여 예루살렘에 그리스(헬라)식 실내 체육관을 세우고, 그 체육관에서 유대인 청년들이 알몸으로 운동을 즐길 수 있도록 개방시켰다. 그런데 마침 예루살렘을 방문한 안티옥 4세가 그 체육시설을 둘러본 다음 그리스문화 정책을 적극 지지했다. 그 결과 그리스식 체육시설에서 운동을 즐기는 유대인들이 차츰 늘어나면서 그들을 가리켜 '안티옥파'라고 불렀다.

3. 헬레니즘에 대한 유대인들의 저항

그러나 히브리어로 '하시딤(경건주의자들)'이라 일컫는 유대교의 정통주의자들은 유대사회가 헬레니즘 화하는데 큰 충격을 받고 정통 히브리즘(유다이즘)을 보호하기 위해 저항운동을 하기 시작했다. 특히 유대교를 통한 저항운동이 전국으로 확대되면서 예루살렘에서는 마침내 대제사장 야손과 그의 측근 메넬라우스(Menelaus)사이에 대제사장 직을 둘러싼 싸움이 벌어졌다.

한편 안티옥 4세는 유대인들을 모두 '그리스 화' 또는 그의 표현대로 유대인들을 '문화인으로 만든다'는 계획 하에 유대인들의 분쟁을 악용했다. 메넬라우스는 안티옥4세에게 자기는 '야손'보다 더 많은 세금을 바치겠다는 매국적인 약속을 자청하고, 제사장 자리를 얻어냄으로써 레위지파가 아닌 베냐민지파 출신이 대제사장 자리를 가로챘다. 매국행위로 대제사장 자리를 차지한 메넬라우스는 완전히 안티옥 4세의 주구가 되었다. 그는 안티옥 4세가 예루살렘 성전의 보물들을 탈취할 때도 만류하기는커녕 오히려 협조했다. 그의 매국노적 태도는 마침내 유대인들의 울분을 폭발시켰다. 메넬라우스의 행위에 격분한 하시딤들은 조용히 물러서지 않았다. 그때 마침 안티옥4세가 이집트와 싸우러간 틈을 타서 야손은 군대를 조직하여 대항했지만 불행히도 급조된 군대는 메넬라우스에게 참패당했다.

안티옥 4세는 메넬라우스로부터 제사장 자리를 되찾으려는 야손의 행동을 반란으로 규정하고, 기원전 167년 그리스문화를 전파하는데 걸림돌이 되는 유대교를 단죄하고, 팔레스타인에서 유대교를 제거하기 위한 계획을 밀고 나갔다. 그는 아폴로니우스를 출정시켜 예루살렘을 일거에 점령했다. 아폴로니우스는 유대인들이 안식일에는 아무 일도 하지 않는다는 사실을 알고, 그 날을 택해 예루살렘으로 진격하여 메넬라우스를 반대하는 세력을 학살하고 도성까지 허물었다. 그런 다음 아크라라 불리는 성채에 새 요새를 짓고 대규모 병사들을 주둔시켰다. 이때부터 유대 땅 전역에 그리스화가 조직적으로 진행되었다.

4. 헬레니즘 대 히브리즘의 처절한 싸움

안티옥 4세는 모든 유대인들에게 그리스의 올림푸스 제우스신에 대한 숭배를 강요했다. 아데네의 한 철학자를 데려다 예루살렘에 상주시키고 유대인들을 그리스인으로 만드는 사업을 주도했다. 그는 우선 '올림포스의 제우스'신을 이스라엘의 신과 동일시했다. 그러자 유대인들이 '파멸의 우상'이라고 부르는(1 마카 1:54) 신상을 예루살렘 성전의 제단 위에 세우고 그곳에서 유대인들이 부정한 짐승이라고 기피하는 돼지를 잡아 유대교 제단위에 제물로 올려놓았다. 심지어 그리스의 병사와 장교들은 성전 뜰에서 방종한 짓들을 서슴없이 저질렀다. 히브리 성서의 수사본을 찢어 불태우고, 할례와 안식일을 금지시키고, 유대의 전통 축제를 모조리 폐지하고, 만일 이를 어기고 명령에 복종하지 않는 사람들은 모두 사형에 처했다.

그런가하면, 유대인들을 주신(酒神) 디오니소스(로마신 버커스와 동일) 향연에 참가하라고 강요했다. 그러다가 돼지고기를 거부한 원로 율법학자 엘르아잘(Eleasar)이 모진 매를 맞아 숨지는(마카하 6:) 등 유대교에 대한 살인적 탄압을 광적으로 실행했다. 한 번은 일곱 명의 아들을 둔 어머니가 아들들과 더불어 유대교 관습과 신앙을 지키려다 사지가 잘려 나가는 극악무도한 고문을 당하고 목숨을 잃었다(1마카 7:).

5. 헬라파와 수구파의 대립

소수 민족인 유대인들은 프톨레미의 통치 때에는 한 명의 대제사장을 중심으로 율법과 여러 가지 종교적 수칙들을 지키며 살아온 극히 작은 성전국가(聖殿國家)였다. 그런데 그 순수한 신정공동체가 외세에 의해 내부적으로 둘로 분열되었다. 우선 강요된 그리스 문화를 그런 대로 준수하고, 그리스 세계와 교역을 시도함으로써 실리를 취하고, 그리스 식의 오락을 즐기는 친 그리스파가 생겼는가 하면, 이에 반해 그리스적인 것은 모두 배격하고, 그리스 통치자들과의 타협을 철저히 거부하는 수구파가 생겼는데, 이들 두 파간에는 점차 생사를 건 극심한 대립 현상이 벌어졌다. 셀루시트의 안티옥4세 이전에 프톨레미 왕조는 주변의 종속국민들에게 호의적인 정책을 폄으로써 내부적으로 별다른 분열은 일어나지 않았다. 그러나 셀루시트 왕조가 팔레스타인을 강압적으로 지배하면서부터 상황이 철저히 변했다. 기원전 198년 파네아스 전투에서 안티옥 3세가 이집트를 패배시킨 후 팔레스타인의 지배권을 승계했다.

그러나 그들이 함부로 로마인들을 상대로 싸움을 했다가 패배한 것이다. 그러자 패전의 배상금의 재원을 엉뚱한 속국인 유대인들에게 부담시켰다. 이때 안티옥4세는 자신을 신 즉, '에피마네스' 라고 부르라고 강요하면서 유대인들을 극도로 격분시켰다. 마침내 수구파 유대인들에게 유일한 선택은 그리스의 우상을 숭배하고 목숨을 부지하느냐? 아니면 목숨을 걸고 항쟁하다 죽을 것이냐? 두 갈래뿐이었다. 이런 상황에서 벌어진 것이 바로 유명한 마카비 독립항쟁이었다.

제3장 마카비 항쟁에 얽힌 이야기

1. 마카비 5형제의 용기

셀루시트 왕조가 무리하게 강요한 그리스화(헬라)는 결국 유대인들의 거국적인 반발을 불러일으켰다. 안티옥4세는 유대인들에게 사절단을 보내 예루살렘 북서쪽 벳-호론과 리따(Rita)사이에 자리 잡은 '모데인' 성읍에 모여 그리스 신에게 제사를 바치라고 명령했다. 그러자 하스모니아 가문의 마따디아 제사장은 안티옥 4세가 보낸 사절의 요구를 거절했다. 그런데 마침 그곳에 와 있던 유대인 한 사람이 안티옥 4세의 명령에 따라 그리스 신에게 제사를 바치려고 했다. 바로 그때 마따디아가 그 유대인을 제단에서 칼로 쳐 죽이고, 이어 안티옥4세가 보낸 사절까지 살해했다. 마따디아는 '율법에 충실하기 위한 열정'(마카상 2:26; 민 25: 6-15)에서 무모한 살인을 감행한 것이다.

안티옥4세의 사절을 살해한 마따디아는 그 길로 다섯 명의 아들과 동조하는 유대인들과 함께 깊은 산악지대로 들어가 게릴라전을 전개하기 시작했다. 이 때부터 대부분 평민들로 구성된 마따디아의 게릴라들은 신앙적으로 '경건한 아들' 또는 율법을 지키는 전문가들로 알려진 하시딤(마카상 2:42)들이었다.

율법으로 무장한 마따디아 유격대는 비록 숫자적으로는 빈약했지만 그들은 모두 순교정신으로 결속된 전사들이었다. 마따디아의 게릴라들은 셀루시트 왕조가 유대인들을 헬레니즘화하기 위한 목적에서 세운 제단과 그와 관련되는 시설을 닥치는 대로 파괴하고, 이어 시리아의 관리들과 그리스화한 유대인들까지 암살했다.

2. 마카비의 독립전쟁 (기원전 166-160년)

기원전 166년에 마카비 항쟁을 일으킨 마따디아는 그 이듬해에 죽었다. 그러자 다섯 명의 형제들 중에 가장 용감한 셋째 아들 유다가 아버지의 뒤를 이어 게릴라 전사들의 지휘관이 되어 시리아군을 상대로 항전에 나섰다. 유대의 속언에 마카비는 '망치'라는 뜻인데 이때 하스모니아 가문의 마따디아를 마카비라고 한 것은 시리아에 대한 항쟁에서 생긴 말이다.

마카비의 항쟁이 계속되었지만 안티옥4세는 대수롭지 않게 생각하고, 그들을 진압하기 위해 하급 장수들과 소수의 군대를 파견했다. 그러나 출정한 병사들이 마카비에게 모두 격퇴당했다. 그러자 다시 고엘-시리아의 사령관 세론과 리시아(Lysias) 총독의 고르기아(Gorgias)를 출전시켰으나 그들 역시 유다가 이끄는 마카비 유격대에게 참패당했다. 그러자 안티옥4세는 리시아에게 직접 군대를 이끌고 나가 게릴라들을 섬멸하라고 명령했다. 그러자 리시아는 니가노르(Nicanor)와 고르기아가 지휘하는 정예부대를 이끌고 마카비 게릴라들을 상대로 싸웠지만 결국 패했다(마카상 4:26-35).

승리를 거둔 유다는 용기백배하여 공격목표를 예루살렘으로 향했다. 유다는 아크라(Accra)요새를 제외한 예루살렘 주변의 모든 도성들을 장악했다. 유다가 예루살렘으로 진격하자 그 동안 대제사장으로 행세하던 메넬라우스와 그의 군대는 전의를 잃고 허겁지겁 도망쳤다. 유다는 기원전 164년 기스레우 달(음력 11월) 3년 동안의 힘겨운 투쟁 끝에 마침내 예루살렘을 탈환했다. 예루살렘을 되찾은 유대인들은 그동안 그리스화로 더럽혀 놓은 성전을 정화했다. 유다와 그의 형제들은 안디옥 4세가 제우스신에게 제물을 바치기 위해 세운 제우스 신전을 비롯해 모든 이교시설을 말끔히 제거했다. 제우스와 안티옥 4세의 흉상을 때려 부순 다음 그 잔해를 가루로 만들어 사방에 뿌리고 힘겹게 되찾은 하나님의 성전을 봉헌했다. 이 때 히누가의 여드레 동안 거행된 '빛의 축제'라는 이름으로 계속된 봉헌축제는 이스라엘의 전례로 길이 지켜지기 시작했다(마카상 4:36-61).

3. 종교의 자유를 쟁취하다

기원전 163년 셀루시트 왕조는 유다가 이끄는 독립군과 협약을 맺고 유대인들에게 종교의 자유를 허용했다. 그러나 종교의 자유를 허용했을 뿐 독립국가로서의 주권은 인정하지 않았다. 다만 종교만을 허용하고 정치는 그들이 계속 주인(상전)으로 행세했다. 그리하여 메넬라우스도 여전히 대제사장으로 남아 있었고, 예루살렘 외의 백성들은 언제든지 시리아군의 공격 앞에 노출되어 있었다. 그러나 일부 하시딤들은 그나마 종교의 자유를 쟁취한데 만족했다. 하지만 유다와 마카비 추종 세력들은 종교적 독립에 만족하지 않고 정치적 독립까지 요구했다.

한편 시리아군과 유다군 사이에 전쟁과 평화의 타협을 맺는 와중에 유다의 바로 밑에 동생 엘르아잘이 전사했다. 시리아 군은 유다 군을 포위하고 공략하던 차에 리시아의 정적 빌립보가 시리아의 정권을 장악하려 한다는 소식을 듣고 서둘러 유대인들과 평화 협정을 체결하였다. 이 평화 협정에 따라 메넬라우스는 마침내 대제사장 자리에서 쫓겨났고, 아론의 자손이지만 사독 오니아(Onias)의 직계가 아닌 알키모스(Alcimus)가 대제사장 자리에 올랐다.

대제사장에 임명된 알키모스가 많은 하시딤들을 처형하자 잠자는 유대인들의 감정에 불을 질렀다. 그러나 계속되는 전투에서 유다는 많은 부하들을 잃고 기원전 160년 벳-호론 요충지에서 전사했다.[19]

4. 마따디아의 막내 요나단(기원전 160-143년)

---

19) 이즈음 오니아 4세가 이집트로 피신하여 프톨레미 6세 필로메트로에게 이집트의 나일강 삼각주 남동쪽 래온토폴리스에 유대인들의 주님 성전을 세울 수 있는 허락을 받았다. 이 때 세운 성전이 기원 후 73년 로마인들이 폐쇄할 때까지 130년 동안 사독 가문의 제사장들이 이 래온토폴리스 성전을 관리했으며, 이집트의 또 다른 유대교 성전인 예레판틴 성전에서 예루살렘 성전의 전례를 그대로 되풀이하였다. 오니아 가문과 경쟁 관계에 있던 토비야 가문도 요르단강 동부 지역에 성전을 지었던 것으로 추측된다. (1960년에 발굴된 이락-엘-에미르의 유적이 뒷받침한다.

유다가 죽고 마따디아의 막내아들 요나단이 후계자가 되었다. 요나단은 작전에 능한 현명한 지휘관이었다. 요나단이 유다를 승계한지 얼마 되지 않아, 맏형 요한이 요르단강 동부 지역에서 강도들에게 살해당하는 사건이 발생했다. 요나단이 지휘하는 동안 셀루시트 왕조는 내부적으로 정쟁에 휘말려 유대인들을 효과적으로 다스릴 수 없었다. 요나단은 절호의 기회를 이용하여 본래 유대인들의 옛 땅을 되찾고 정치적 독립을 쟁취하는데 주력했다.

한편 기원전 159년 예루살렘의 대제사장 알키모스가 죽었지만 그 후계자의 자리는 비어 있었다. 그러다가 기원전 157년 시리아는 요나단과 평화 조약을 체결하고, 요나단이 요르단 서쪽 믹마스(Michmash)에 들어와 정착하는 것을 허락했다. 그리하여 요나단은 예루살렘에서 13킬로미터 떨어진 믹마스에서 지방행정관으로 지냈다. 기원전 153년 요나단은 데메트리우스 1세의 정적이면서 안티옥 4세의 아들이라고 주장하고, 왕권을 쟁취하려는 알렉산더 발라스(Ballas)와 평화 조약을 맺었다. 요나단은 그들을 대동하고 예루살렘에 들어가 성전이 자리잡고 있는 언덕을 점령한 다음 시리아 주둔군을 아크라(Accra)요새에서 퇴각시켰다.

한편 알렉산더 발라스는 기원전 152년 요나단에게 대제사장 자리를 부여하고 데메트리우스 1세를 축출한 다음 요나단을 코엘레-시리아의 영주(스트라데고스)와 지방 장관(메리드아르케스)으로 임명했다. 이렇게 하스모니 가문이 이어받은 대제사장 자리는 로마가 팔레스타인을 점령할 때(기원전 63년)까지 지속되었다. 그러나 하스모니 가문에게 일반 제사장 자리는 허용될 수 있었지만 대제사장 자리는 격에 맞지 않는 자리였다. 그럼에도 권력에 눈이 먼 하스모니 가문에서 대제사장 자리까지 차지하면서, 대제사장 자리를 둘러싼 유대인들의 의견 대립이 일어났다.[20]

---

20) 유세프스에 의하면 요나단 재임기간에 바리새파, 사두개파, 에세네파가 이미 자리를 차지한 것으로 알려졌다.

5. 요나단이 덫에 걸리다

한때 요나단과 가깝게 지내던 알렉산더 발라스가 데메트리우스 2세를 지원하는 이집트의 프톨레미 6세에 의해 축출되어 아라비아로 망명했다. 요나단이 처음에는 알렉산더 발라스의 뒤를 이어 시리아의 왕이 된 데메트리수스 2세는 니카토르와 불편한 관계였으나 나중에 평화조약을 맺음으로써 데메트리우스가 예루살렘의 아크라에서 시리아군을 철수하도록 만들었다. 데메트리우스 2세는 디오도로스 트리폰에게 쫓겨나고 어린 왕자 안티옥 6세가 왕위에 올랐다. 트리폰은 안티옥 6세가 섭정하면서 시리아의 정권을 차지하려고 할 때 요나단이 걸림돌이었다. 그러나 국제 정세에 눈을 뜬 요나단은 스파르타인들 뿐 아니라 로마인들과도 두터운 친분관계를 유지하여 자신의 팔레스타인 통치를 국제적으로 확약 받았다. 그러나 현명한 요나단이 트리폰의 간계에 꼼짝없이 속아 넘어갔다. 트리폰이 요나단에게 많은 선물을 보내는 한편 성대한 연회를 베풀어주겠다는 감언이설로 그를 포톨레마이스로 초청했다. 요나단이 의심하지 않고 소수의 병사들만을 대동하고 지정된 성문 안으로 들어서자 대기하고 있던 복병들이 들고일어나 요나단을 수행한 부하들을 모두 죽였다. 그러나 요나단의 형 시몬이 예루살렘에 돌아와 전열을 갖추고 트리폰에게 사로잡힌 동생(요나단)을 구출하려고 나섰지만 끝내 구하지 못했다. 트리폰은 시몬과의 전투 현장에도 요나단을 끌고 다니다가 바스카마(확인되지 않는 지역)라는 곳에서 살해한 다음 시리아로 철수했다. 시몬은 요나단의 유골을 거두어 선조들이 묻힌 모데인(Modein)에 장사했다.

6. 사실상의 독립

요나단이 죽은 후 지휘권은 자연히 마카비 형제들 중에 유일한 생존자 시몬에게 승계되었다. 그 때 트리폰은 셀루시트 가문 출신이 아닌 사람이 처음으로 시리아의 왕이 되었다. 그러나 시몬은 시리아의 트리폰을 무시하고 그 대신 데메트리우스2세 니카토르를 시리아의 합법적인 왕으로 인정하였다. 시몬의 지지를 받은 데메트리우스 2세 니카토르는 유대인들의 공동체에 면세의 특혜를 베풀었는데, 이는 사실상 유대인들의 정치적 독립이었다. 유대인들은 비로소 이방인들의 멍에를 벗어난(마카상 13:41) 시몬은 욥빼(Joppa)와 벳술(Bethzur)과 게젤(Gezer)을 점령하고 이어 예루살렘에 입성하여 예루살렘에서 시리아의 주둔군 요새 아크라(Akra)를 접수하고 시리아군을 축출해서 유대인들에게 새로운 독립시대가 열렸다(마카상 13:41).

제4장 하스모니 왕국의 탄생과 그 전말

◉ 하스모니 왕조의 연대

시몬------------------------143-134년
요한 히르카누스 1세------------------134-104년
아리스토불루스 1세------------------104-103년
알렉산더 얀내우스------------------103-76년
살로메 살렉산드라------------------76-67년
아리스토불루스 2세------------------67-63년
안티옥 마따디아------------------40-37년

1. 이스라엘 최후의 독립국

이스라엘의 하스모니 왕조는 마카비의 다섯 명의 형제들은 다 죽고, 마지막까지 겨우 살아남은 시몬으로부터 시작되었다. 유세프스에 의하면 하스모니는 마카비 형제의 아버지 마따디아의 증손자였다(유대의 고대사 참고). 본래 헤스몬 또는 하쉬모니는 지명이었다. 하스모니라는 이름은 마카비서에 단 한 번도 나오지 않았다. 하

지만 유세프스의 기록과 탈무드에는 자주 등장한다. 하스모니 가문은 예루살렘의 제사장 여호야립(대상 24:7), 또는 요아립(Jojarib, 느 11:10)에서 비롯되었다. 마따디아 시절에 이 가문은 예루살렘 북서쪽 28킬로미터 떨어진 모데인에 자리 잡고 있었다 (마카상 2:1).

2. 시몬

시몬이 이끄는 유대인들에게 자치권을 허락한 시리아의 데메트리오 2세 (Demetrius2)는 기원전 138년 페르시아인들에게 포로로 잡혀갔고, 그의 동생 안티옥 7세 시데테스(Sidetes)가 왕위에 올랐다. 안티옥 7세는 갈멜산 남쪽에 있는 옛 항구 도시 도르(도라)에서 트리폰(Trypho)을 포위하고 공략했다. 그러자 퇴로가 차단된 트리폰은 뱃길로 간신히 도망치는 데는 성공했으나 나중에 중부 시리아의 아파메아에서 살해당했다. 안티옥 7세는 처음에는 유대인들의 도움을 받아들였지만 도르를 공략하면서부터 유대인들의 도움을 거절하고, 시몬이 점령한 요빠, 게젤, 예루살렘, 아크라 등을 되돌려 달라고 요구했다. 시몬이 이를 거절하자 켄데베우스(Cendebeus)를 파견하여 얌니아(Yamnia)부근에 진을 친 시몬 군대와 맞섰다. 그러나 심몬과 그의 아들 유다스와 요한이 모데인 근처에서 캔데베우스 군대를 격퇴시킴으로써 이스라엘의 자유와 독립을 보다 공고히 다졌다(마카상 15:25, 16:10).

3. 시몬의 왕권과 끝나지 않은 내홍

시몬은 명실공이 유다의 정치, 경제, 종교 지도자가 되었다.

"유대인들과 제사장들이 이 사실을 동의함으로써 참된 예언자가 나타날 때까지 시몬이 그들의 정치지도자임과 동시에 대제사장이 되었다. 시몬은 유대인들의 총독과 성소의 책임자가 되어 제사 업무를 담당할 제사장들과 이 지방의 무기와 요새를 관리할 책임자들을 임명할 권리를 가지고 있었다. 시몬은 성소의 책임자가 되면서 모든 사람들이 그에게 복종하였고, 그 지방의 모든 문서는 그의 이름으로 작성되었다. 그는 당당한 유대의 국왕으로 자줏빛 옷을 입고 금쵬쇠(지휘봉)를 찼다"(마카상 14:41-43).

시몬이 통치하는 동안 시리아는 이따금 유대의 내정에 간섭했지만, 그 정도는 셀루시트 가문이 유대를 더 이상 위협하는 세력은 되지 못했다. 더구나 시몬이 스파르타와 로마와 맺은 협약을 갱신함으로써 유대의 안전을 한층 더 강화시켰다. 그러나 천신만고 끝에 쟁취한 자유와 독립을 위협하는 사건이 일어났는데, 그 사건의 발단은 시몬의 사위이며 여리고의 지방관인 프톨레미오가 134년 여리고 북서쪽의 작은 요새를 순찰하던 장인 시몬과 그의 아들 마따디아와 유다를 살해한 사건이었다. 시몬을 살해하고 요새를 접수한 프톨레미는 게젤(Gesell)에 있는 시몬의 또 다른 아들 요한마저 죽이려 했다. 그러나 낌새를 챈 요한이 소식을 듣고 예루살렘으로 피신했다. 예루살렘의 주민들은 요한을 반갑게 맞으며 그의 아버지 시몬에게 속한 모든 권리와 지위를 요한에게 넘겨주었다. 이렇게 되자 프톨레미는 시몬과 그의 두 아들을 죽이고 차지한 도크(DOHC)요새로 후퇴하였다.

요한은 이 요새에 대한 공격에 나섰지만 자기 어머니가 그 요새에 있었기 때문에 어머니의 안전을 도모하기 위해 무력으로 점령하기를 망설였다. 그러는 사이에 프톨레미는 요한의 어머니와 다른 친척들까지 모두 살해하고 그곳을 빠져나갔다.

4. 요한 하루가누스 1세

시몬의 아들 요한은 '요한 하루가누스'라는 이름으로 유대를 다스렸는데 그의 통치는 처음부터 여러 가지 위협에 노출되었다. 우선 요르단강 건너 지방으로 도망친 프톨레미는 시리아의 안티옥 7세에게 하루가누스를 공격하라고 부추겼다. 마침 안티옥 7세는 부하 켄데베우스 장군의 패배에 자존심이 상한 터라 프톨레미의 제안을 받아들여 예루살렘을 공격했다. 그러나 그의 공격은 예루살렘을 무너뜨리지 못하고 겨우 성벽을 허무는데 그쳤다. 그러자 유대인들은 시리아에 다시 세금을 바치고 욥빠를 되돌려 주어야 했다. 그리하여 유대인들은 다시 외세에 굴복할 처지가 되었다.

그러나 129년 안티옥 7세가 파르티아 인들과 싸우다 전사하고 파르티아 인들의 포로였던 데메트리우스 2세가 다시 즉위하면서 상황이 또 바뀌었다. 데메트리우스 2세는 요한 히루카누르를 유다의 자주적 통치자로 인정했다. 다구나 쎌루시트 가문이 왕위를 둘러싼 갈등에 휩싸인 틈을 타 요한 히루카누스는 예루살렘 북쪽에 있는 도성들을 재건하고 성전 북서쪽에도 '바리스'라고 불리는 도성을 건설했는데 바로 이 바리스 도성이 '안토니성'의 전신이다.

요한 히루가누스는 유다의 군인들과 용병을 이용해 정복 작전을 벌였다. 그는 요르단 동쪽 지역과 남쪽의 이두메와 북쪽으로 스키톱폴리스(벳 스안)에서 사마리아 땅까지 정복했다. 108년 히루가누스는 그리짐산 위에 세워진 사마리아 성전을 파괴하고, 이듬해에는 사마리아 도성도 폐허로 만들었다. 요한 히루가누스는 104년에 죽으면서 자기 부인을 후계자로 지명했다. 그러나 그의 아들 아리스토불루스가 아버지의 지명을 뒤집었다.

요한 히루가누스는 자기의 칭호를 왕어라고 부르지 않았다. 하지만 왕처럼 행세했다. 영토 확장과 나라의 안정에 힘쓴 결과 그의 통치 기간에 유대인들은 이스라엘이 남북으로 분단된 이래 지리적으로 놀라울 만큼 넓은 지역과 국력을 신장했다. 몇몇 사해 문헌을 제외하고 대부분의 기록은 요한 히루가누스의 업적을 호의적으로 평가했다.

5. 아리스토불루스 1세

요한 히루가누스는 하시딤을 이해하고 통치 초기에는 하시딤에서 파생된 바리새인들과 가까이 지내면서 그들의 지지를 받았다. 그러나 그의 아들들은 전혀 달랐다. 그들은 궁중에서 히브리식의 가르침을 거부하고, 그리스식 교육을 받고 귀족으로 자랐다. 요한 히르카누스의 장남은 본래 히브리식의 '유다'라는 이름으로 불렸다. 그러나 그는 본래의 유다라는 이름을 버리고 그리스식 이름을 따서 아리스토불루스라고 개명했다. 유세푸스는 아리스토불루스에게 '필헬레네(그리스인들의 친구)'라는 별칭을 붙였다. 아리스토불루스는 어머니를 후계자로 내세우려는 아버지의 뜻을 어기고 자기가 대신 유대의 통치자가 되었다. 아버지의 뜻을 어기고, 어머니까지 따돌리고 정권을 잡은 아리스토불루스는 경쟁자들을 잔혹하게 제거했다. 그는 어머니와 형제들 가운데 3명을 감옥에 가둔 다음 그들 중에 2명을 굶겨 죽였다.

> ◈ 하스모니아 국왕
>
> 아리스토불루스의 통치는 두 가지 특기할 사항이 있었다. 하나는 하스모니아 가문이 채택한 대제사장 중심의 통치 구조가 국왕으로 바뀐 점이다. 아리스토불루스는 권력을 잡은 즉시 자기를 스스로 왕이라고 내세웠다. 또 다른 하나는 서쪽 페니키아와 동쪽 다마스커스 사이에 자리 잡은 이두메 인들의 영토를 차지한 점이다. 그는 이두메 인들이 자기 유대 땅에 살려면 할례를 받고 유다의 율법을 지켜야 한다고 선언했다. 갈릴리의 상부가 하스모니 가문의 통치 하에 들어감으로써 그 지역 전체가 유대교를 받아들이게 된 것은 아리스토불루스의 공헌으로 인정해야 한다. 아리토불루스는 일 년 남짓 권좌를 차지했다. 그는 폭음, 질병, 음모와 반란에 대한 끊임없는 두려움이 그의 죽음을 앞당겼다. 그러나 대부분의 유대인들은 그의 죽음을 애석하게 생각하지 않았다.

6. 알렉산더 얀네우스

아리스토불르스가 죽은 다음 그의 아내 살로메 알랙산드라는 남편의 형제 알렉산더 얀네우스를 감옥에서 풀어주고 그를 왕으로 내세웠다. 유세프스는 분명히 밝히지는 않았지만 수혼법(嫂婚法)에 따라 살로메와 얀네우스가 결혼한 사이처럼 암시했다(유대의 고대사). 알렉산더 얀네우스 역시 헬라 문화에 호의적이었다. 그는 그리스 식의 이름을 따서 알렉산더와 히브리식의 얀내우수(얀내=요나단)라고 혼용했고 그리스어와 아람어 두 가지 언어로 제작 된 동전을 유통시켰다.

얀내우스는 왕위에 오른 즉시 대내외로부터 위협을 받았다. 그의 통치 초기에는 이집트인들과 나바데아(Nabataea)인들에게 패배하였고, 종교적인 문제로 바리새파를 비롯한 유대의 여러 파당과 반목했다. 외정과 내정의 위협에 휩싸인 얀내우스는 적을 방어하기 위해 비시디아인들과 갈릴리아인들을 용병으로 고용하였다. 한번은 초막절에 성전에서 대제사장직을 수행할 때 규정에 따라 물을 제단에 부어야 하는데, 실수로 자기 발에 쏟는 바람에 예배자들로부터 레몬 세례를 받았다. 그 결과 바리새파의 일부가 시리아 왕 데메트리우스 3세 에우캐로스를 끌어들였다. 그러자 자기 나라의 국왕이 시리아 군에게 쫓기는 것을 목격한 유대인들이 들고 일어났다. 심지어 반대자들까지 그를 도우려고 떨쳐나섰다. 그리하여 얀내우스는 오히려 전화위복으로 시리아 군을 격퇴시켰다. 이 사건은 수세에 몰린 얀내우스의 운명을 바꾸어 놓았다. 얀내우스는 반대자들의 저항 의지를 꺾겠다는 취지로 예루살렘에서 사두개파의 우두머리들을 초청하여 연회를 베풀고, 그들이 지켜보는 데서 바리새인들 8백 명을 잡아다 그들의 처자식들이 지켜보는 앞에서 처형한 다음 바리새인들도 십자가형에 처했다. 이 사건이 있은 후 얀내우스의 반대 세력 8천 명이 유대를 떠나 주변의 다른 곳으로 피신하였다.

일단 내부의 혼란을 잠재운 얀내우스는 영토 확장에 주력했다. 요단강 서부와 동부 지역을 모두 평정하고, 이집트에서 갈멜산에 이르는 해안 지역의 모든 도시(아스클론만 빼고)를 탈환했다. 팔레스타인에 자리 잡은 옛 유대지역과 갈릴리와 사마리아와 요단강 건너 동쪽 지역 전체가 마침내 하스모니 통치 영역에 속하게 되었다. 알렉산더 얀내우스는 76년 압복강 북쪽에 있는 한 성채를 공략하다 전사했는데 그의 나이 마흔아홉이었다. 유세프스 증언에 의하면 그는 죽을 때 알콜중독으로 자기의 죽음을 이미 예견하였다고 한다.

7. 살로메 알렉산드라

기원전 76년 알렉산더 얀내우스가 죽고 그의 아내 살로메 알렉산드라가 왕위를 계승했다. 그녀는 이스라엘 역사상 아달랴에 이어 두 번째 여왕이 된 여인이었다. 그런데 살로메 알렉산드리아는 두 명의 선임 통치자와 차례로 혼인함으로써 그들 뒤에서 막강한 영향력을 행사한 여인이었다. 살로메는 왕좌에 오르자마자 그 동안의 내정을 바꾸었다. 그녀는 나이가 일흔에 가까운 고령임에도 행정과 관련된 국사를 빈틈없이 이끌었다. 자기 자신이 여자이기 때문에 대제사장 자리는 조용한 성격의 장남 히르카누스 2세에게 넘기고, 군대의 지휘권은 야심 많은 작은 아들 아리스토불루스 2세에게 맡겼다.

살로메는 두 아들을 서로 떼어 놓음으로써 두 아들 사이에 반목과 갈등이 일어나지 않도록 배려했다. 살로메 알렉산드라는 바리새파와의 반목을 청산하고 그들을 후원했을 뿐만 아니라 그들을 조언자로 삼았다. 알렉산드라의 동생이자 바리새파의 지도자였던 시몬 벤-세타가 하스모니 가문과 바리새파 사이의 중재 역할을 했다. 시몬 벤-세타의 주도아래 유다의 최고 종교회의 기관인 산헤드린이 있었고, 산헤드린은 모든 젊은이는 히브리 성서에 바탕을 둔 종교교육을 받으라고 선언했다. 이 선언에 따라 유대의 마을과 성읍과 큰 도시들마다 기초적인 종교교육 제도가 신설되었다.

8. 종교와 군사력의 유착이 빚어낸 비극

선임자들에 비하여 살로메 알렉산드라의 통치는 겉으로 보기에 평화로웠다. 그러나 외세의 위협은 없었지만 내부 분쟁과 갈등이 전혀 없었던 것은 아니다. 모처럼 집권 세력에 가담한 바리새파는 지난날 자신들을 박해한 세력에 대하여 대대적인 숙청에 나섰다. 그러자 권력 투쟁에서 바리새파 사람들에게 밀린 사두개파 사람들은 살로메 알렉산드리아의 작은 아들 아리스토불루스 2세에게 접근하여 새로운 연합세력을 구축하였다. 기원전 67년 바리새파 사람들이 여왕의 허락을 얻어 연합 세력을 제거하려는 움직임을 보이자 아리토불루스 2세와 그의 측근들은 자신들을 방어하는 선에서 그치지 않고 권력을 잡기 위해 재빠르게 움직였다. 그 때 마침 살로메 알렉산드라가 73세를 일기로 세상을 떠났다. 사태가 이렇게 꼬이면서 내란은 불가피하게 되었고, 설상가상으로 남쪽에서는 나바테아인들이 발호(跋扈)했고, 북쪽과 서쪽에서는 로마인들이 내란을 틈타 이 지역의 패권을 장악하기 위해 접근해 오고 있었다. 특히 로마는 오랜 기간의 내분을 끝내고 마침 동방 진출에 대한 관심을 기울이던 중이었다.

9. 아리스토불루스 2세와 히루카누스 2세

살로메 알렉산드라의 뒤를 이어 큰 아들 히르카누스 2세가 왕이 되었다. 그러자 그의 동생 아리스토불루스 2세가 그냥 두고 볼 리가 없었다. 아리스토불루스 2세는 사두개파의 도움을 받아 예루살렘을 공략하고 히르카누스로 2세로부터 대제사장 자리와 왕위를 찬탈했다. 그렇게 되자 그의 형 히르카누스 2세는 이미 기가 꺾여 허약해진 바리새파사람들에게 도움을 청하는 한편 유대의 남쪽 이두메의 영주 안티파테르를 찾아가 피신했다.

본래 안티파테르의 아버지(역시 안티파데르)는 알렉산더 얀내우스로부터 이두메 지방의 장관자리를 부여받았는데, 아들 안티파테르는 얀내우스의 두 아들 히르카누스 2세와 아리스토불루스 2세가 유다의 통치권을 놓고 싸우는 틈을 타서 이 지역을 하스모니아 가문의 영향에서 독립시켜 나름대로 다스리고 있었다. 안티파르는 쫓겨 온 히르카누스 2세에게 나바테아인들에게 도움을 청하라고 권했다. 그러자 나바테아의 왕 아레타스3세는 히르카누스 2세를 도와주는 대가로 모압 지방의 통치를 약속 받았다.

10. 골육상쟁(骨肉相爭)과 외세 의존

기원전 65년 히르카누스 2세는 아레타스 3세의 도움을 받아 예루살렘에서 다스리던 동생 아리스토불루스 2세를 공격했다. 이 때 예루살렘 주민들은 형 히르카누스 2세에게 더 호의적이었다. 아리스토불루스 2세는 성전 경내로 들어가 그곳을 요새화하고 거기서 그의 형이 끌어들인 나바테아인들의 공격을 막아냈다. 그 때 마침 북쪽에서는 폼페이우스가 보낸 로마 장군 에밀리우스 스카우루스가 소아시아와 시리아를 정복하고 셀루시트 가문의 옛 영토를 정리하는 중이었다. 이 소식을 전해들은 히르카누스 2세와 아리스토불루스 2세는 서로 로마인들의 환심을 사기 위해 기원전 64~63년 시리아에서 겨울을 보내는 폼페이 장군에게 많은 돈을 바쳤다. 그런데 로마는 아리스토불루스 2세의 편을 들어 나바테아 인들에 대한 포위를 풀고 본국으로 철수하도록 지시했다. 결국 그들이 물러가고 아리스토불루스 2세가 예루살렘을 다시 탈환했다. 하지만 이번에는 로마의 폼페이우스가 아리스토불루스 2세의 불순한 행동을 문제 삼아 예루살렘으로 쳐들어갔다. 아리스토불루스 2세는 다시 성전으로 물러가 그곳에서 버텼으나 63년 어느 안식일에 성전 외곽의 요새가 함락되면서 성전을 포함한 예루살렘 전체가 로마인들 손에 넘어갔다. 성전 경내의 지성소까지 쳐들어간 폼페이우스의 행동은 무례했지만 정복자로서 당연한 일이었고, 유대인들에게는 엄청난 신성모독이었다. 그러나 폼페이와 그의 군대가 밟고 간 성전은 아무것도 파괴되지 않았다. 그 때부터 히르카누스2세가 대제사장으로 계속 제사를 집전하면서 예루살렘은 기원전 63년부터 로마의 지배하에 들어갔고, 유대인들은 로마에 세금을 바치는 식민지 백성으로 전락했다. 히르카누스 2세는 예루살렘에서 대제사장으로 제한된 권한이나마 그런대로 행사할 수 있었으나 그의 동생 아리스토불루스 2세는 포로가 되어 로마로 압송되었다가 기원전 61년 폼페이 장군이 로마에서 개선 행진을 할 때 포로의 몸으로 끌려 다니는 수모를 겪었다.

제5장 헬레니즘과 유대인들의 사상적 위기

1. 헬레니즘의 등장

바벨론에 끌려가서 유배생활이 유대인들의 정신적 기반을 떠받치는 신앙의 제도적 기반(땅, 왕정, 예루살렘/성전)을 무너뜨린 것이 위기였다면, 그리스의 사상 즉, 헬레니즘은 유대인들의 정체성의 기반(유일신 사상, 계약과 율법)을 무너뜨린 사상적 위기였다. 알렉산더 대왕의 세계 정복은 세상의 정치적 질서를 완전히 바꾸어 놓았다. 물론 지리적으로 초승달 지역에 속하는 유대인들의 공동체도 알렉산더에 의한 변화의 물결에서 벗어날 수 없었다. 알렉산더는 처음에는 단순히 호모, 헤로도토스, 페리클레스, 소크라테스, 플라톤, 그리고 자기 스승인 아리스토텔레스 시대의 고전적 그리스 문화만을 전파했다. 그러나 그가 전파한 그리스 문화는 다른 문화를 흡수하고 복합시켜 단순하면서도 새로운 문화로 등장시켰다. 바로 이 단순한 그리스 문화를 고전 그리스 문화와 대비하여 헬레니즘이란 말로 부르게 되었다. 그러므로 헬레니즘의 대표적인 것이 고전 그리스어를 단순화한 사례가 코이네(Koine=대중)어이다. 그리하여 서양에서는 기원 후 330년 경까지 그리스의 코이네어를 공용어로 사용하였다. 그 결과 신약성서도 헬레니즘으로 형성된 코이네어로 기록되었다.

2. 헬라시대의 신들과 신약성서

그리스인들의 종교관을 보면 그들의 삶 곳곳에서 영적인 요소를 찾아볼 수 있다. 그러나 그리스 신들은 인간사에 관심을 갖고, 인간 역사에 깊이 개입하는 히브리인들의 하나님과는 근본적으로 다른 점을 들 수 있다. 그리스 신들의 이야기는 거칠고 조잡하였다. 히브리인들의 하나님과 비교할 때 그들은 결코 인격적인 신이라고 부를 수 없었다. 그리스 신들은 자신들의 뜻을 인간에게 분명히 계시하지 않았다. 그리스 종교에도 신전과 성소와 제사가 있었으나 종교 집회를 관장할 수 있는 중앙 조직적인 교회나 교리를 이끌어 갈만한 경전이나 비슷한 것도 없었다.

헬라시대의 종교는 올림포스 신들을 숭배하던 고전 그리스 종교로 주로 동방에 기원을 둔 새로운 종교 즉, 점성술, 마술, 등이 혼합된 종교형태였다. 그러나 고전 그리스 종교는 생명력이 길었다. 실제로 그리스인들에 이어 지중해 전 지역을 정복한 로마인들은 그리스 신들에게 라틴 식 이름을 붙이고, 그 신들을 그대로 섬겼다. 그러나 전통 종교는 일반 대중의 삶에서 하나의 의식 절차일 뿐 별다른 의미를 갖지 못했다. 또한 삶에 대한 불안과 죽음의 공포 고독감과 숙명론 등은 현세와 내세의 행복을 보장받으려는 사람들이 신들과의 친교와 동료 인간들과의 교제를 추구하는 밀교(密敎)를 포함한 온갖 종교집단에 깊이 빠져들었다.

그리스 신들은 신약성서에서 이따금씩 언급되었다. 누가복음에 나오는 부자와 라자로의 이야기에서 하데스는 신의 이름을 넘어서서 이 신과 악인들이 거처하는 '죽음의 세계'(눅 16:23)를 가리킨다. 사도행전에 보면 루스트라의 주민들이 풍모가 좋은 바나바를 올림포스의 최상의 신 제우스로 보았고, 언변이 뛰어난 바울을 전령의 신 헤르메스로 알고 황소를 잡아 두 사도에게 바치려 했다(행 14:8-18). 사냥의 신이자 풍산의 신인 아르테미스 여신을 섬기는 에베소의 시민들은 데메트리우스(Demetrius)라는 은장인(銀匠人)의 사주를 받아 바울에게 책임을 추궁하기 위해 온 도시가 소요를 일으켰다(행 19:21-40).

3. 헬라문화와 유대교의 충돌

헬라문화와 유대인들의 셈족문화는 여러 면에서 대립되었다. 유대인들이 히브리어나 아람어를 쓴 반면 헬레니스트(헬라주의자들)들은 그리스어를 사용했다. 셈족의 경제기반은 시골의 전원생활과 농업에 바탕을 두었지만 헬라주의자들의 경제기반은 도시에 바탕을 둔 상업에 기반을 두었다. 무엇보다도 유대인들의 종교관은 유일신을 숭배하고, 절대화하고, 윤리적이며 실천적인데 반해 헬라주의자들의 종교관은 다듬어지지 않은 범신론에 바탕을 둔 형이상학적이며 사변적이었다.

유대의 종교는 이스라엘의 주 하나님에 대한 공경과 그 분과 인간 사이의 관계에 초점을 맞추었지만, 그리스의 종교는 갖가지 신들을 섬기며 잡다한 인간사와 인간의 물질적 행복에 관심을 집중시키는 세속적 종교였다. 셈족의 삶은 특권주의와 배타주의에 바탕을 두었다. 이에 반해 헬라주의는 보편적이고 통합적인 사고방식을 가졌다. 셈족은 공동체를 강조하는데 반해 헬라주의자는 개인을 중시했다. 이렇게 서로 상반된 성격의 두 문화의 충돌은 피할 수 없었다.

그러나 유대인들이 처음부터 그리스 문화에 적대적인 관계만은 아니었다. 알렉산더 대왕의 정복 이후 유대인들은 팔레스타인에 들어온 그리스 상인들과 군인들을 통해 헬라문화와 자연스럽게 접촉하였다. 알렉산더가 정복한 다른 나라들을 여행하면서 그리스 도시 형태와 행정과 삶의 양식을 체험하였다. 그러면서 그들은 점차 헬라문화의 가치와 장점에 대한 매력을 갖게 되었다. 처음 프톨레미 왕조가 통치하던 시절에는 통치자들의 너그러운 배려로 헬라문화와 유대교의 히브리문화의 충돌을 일으키지 않았을 뿐만 아니라 예루살렘에서는 친 헬라주의를 표방하는 유대인들이 자연스럽게 활동했다. 그러나 셀루시트 왕조의 통치 중반 이후 상황이 완전히 바뀌었다. 특히 유다 전체를 강제로 헬라화를 시도한 안티옥 4세가 에피파네스라는 이름으로 유대인들의 전통문화, 유대교의 신학적 기반인 유일신 사상과 하나님과의 계약을 파기하려고 위협했다. 이에 반발하고 나선 마카비 항쟁은 헬라문화의 일반적 가치에 대해서까지 크게 반발하였고, 에피파네스는 그 뿐만 아니라 근본적으로 유대교를 포기하고, 그리스의 풍습과 신앙을 받아들이라는 강요를 받고 저항하다가 마침내 폭발했던 것이다.

4. 헬레니즘이 유대이즘에 미친 영향

오랜 항쟁 끝에 들어선 하스모니아 가문은 헬라문화를 상당부분 수용했다는 사실이 당시 유대인들의 헬레니즘 문화의 실재를 반영했다. 특히 팔레스타인의 해안가와 '이방인들의 땅' 이라 불리던 갈릴리에는 헬라문화의 요소가 널리 확산되었다. 그리하여 헤롯대왕의 성전을 비롯하여 예루살렘을 재건할 때에도 헬라(그리스)식 도시를 모델로 삼았던 것이다. 예수님 시대의 팔레스타인에서 주로 어떤 언어가 사용되었는가? 하는 문제는 학자들 사이에 큰 논란거리이다. 이와 관련하여 한 가지 특기할 사상은 기원후 70년 경 예루살렘의 묘비에 적힌 글을 보면 40퍼센트가 헬라어(그리스어)로 쓰인 사실을 들 수 있다.

헬라 문화 특히 종교에 대한 견해와 반응은 크게 두 가지로 갈라진다. 하나는 하시딤(경건주의자들)의 견해와 반응이다. 하시딤들은 헬라 문화를 유대교의 신학적(영성적) 기반을 위협하는 실체로 간주하였다. 따라서 헬라화의 강요는 유대교의 유일신 사상과 계약과 율법에 정면으로 위배되었다. 제도적 기반을 무너뜨린 바빌로니아의 유배가 제1의 제도적 위기였다면, 신학적 기반을 위협하는 헬라화는 제2의 사상적 위기였다.

첫째, 구약의 율법은 유대인들이 하나님과 맺은 문화와 관습의 계약으로서 가시적 결과로 규정하였다. 따라서 하나님과의 계약과 무관한 헬라문화를 합당한 것으로 인정할 수 없었다.

둘째, 모세 이래의 예언자들은 이스라엘이 민족적으로 또는 개인으로 축복을 누리기 위해서는 하나님께 충성하고 순종해야 한다고 끊임없이 가르쳐왔다.

셋째, 유대인들은 역사를 통하여 많은 민족문화와 종교가 초강대국의 정복으로 인해 사라지는 것을 수없이 목격하였다. 이런 이유로 하시딤은 특권의식, 배타주의, 고립주의로 인해 율법주의에 빠져들었다.

그런가 하면 하시딤과 달리 헬라문화를 수용하고 지지하는 유대인들도 있었는데 그들은 알렉산더대왕 시절부터 안티옥 4세(에피파네스)의 통치 초기까지 유대인들이 종교의 자유를 누리면서 다른 한편으로 헬라 문화를 받아들이고 그리스인들과 사이좋게 지내는 가운데 헬라문화의 위협을 대수롭지 않게 여겼다. 그러다가 나중에는 이들 두 상반된 견해와 반응 사이에서 여러 파당이 생겼는데, 그것이 바로 바리새파, 사두개파, 에세네파, 젤롯파 등이다.

제6장 로마제국시대

1. 메시아를 예언한 이사야의 예언시(預言詩)

흑암 속에 헤매는 백성이 큰 빛을 보았고
죽음의 그늘진 땅에 사는 사람들에게 빛이 비치었다.
이스라엘은 다시 번영을 누리게 될 것이며
백성들은 추수할 때 기쁨과
군인들이 전리품을 나눌 때와 같은 즐거움이 이 땅에 넘치리라.
하나님은 자기 백성을 묶고 있는 사슬과
그들을 치는 채찍을 꺾어 버리시고
옛날 미디안 군대를 쳐부수신 것처럼
그들을 괴롭히고 착취하는 나라를 쳐부수실 것이다.
그 영광스러운 평화의 날에는
전쟁터에서 사용된 침략자의 모든 군화와

피 묻은 군복이 불에 타 소각될 것이다.
한 아기가 태어났으니 우리에게 주신 아들이다.
그 아기가 우리의 통치자가 될 것이니
그 이름은 위대한 스승 '전능하신 하나님'
'영원히 계시는 아버지', '평화의 왕'이라 불릴 것이다.
그의 왕권은 한없이 신장되고
그의 나라는 언제나 평화로울 것이며,
그가 다윗왕의 왕위에 앉아 그 나라를 굳게 세우고
공정함과 의로움으로 영원히 다스리실 것이다.
전능하신 만군의 주님께서 이것을 반드시 이루실 것이다.

2. 예수 그리스도(메시야)가 오기까지

세월이 흐름에 따라 정세가 변하고 생활의 모든 것이 변했어도 팔레스타인의 이스라엘 백성들은 다윗왕의 자손 가운데 한 아기가 태어나고 그 아기가 장차 평화의 왕으로 이스라엘을 다스리는 메시야 시대가 올 것이라는 예언이 이루어지기를 덧없이 기다렸다.

바벨론에 끌려가 포로생활을 하던 백성들이 기원전 538년부터 예루살렘에 돌아와 20년에 걸쳐 피나는 노력 끝에 515년에 성전과 성벽을 복원하였다. 그로부터 약 200년간 페르시아의 지배를 받아오다가 기원전 333년 경에 페르시아가 그리스의 알렉산더 대왕에 의해 패망하면서 팔레스타인의 유대인들은 자연히 알렉산더의 수중에 들어갔다. 그러나 알렉산더 대왕이 곧 죽으면서 그의 왕국이 4개로 갈라지고, 기원전 323년 예루살렘을 비롯한 팔레스타인은 다시 알렉산더의 후계자 프톨레미(Ptolemy)왕조가 이집트와 팔레스타인을 싸잡아 지배하면서, 이스라엘은 프톨레미 왕조의 지배하에 들어갔다. 그러다가 기원전 198년 시리아의 셀루시드(Seleucid) 왕조가 프톨레미 왕조를 물리치면서 팔레스타인은 다시 셀루시드 왕조의 지배하에 들어갔다. 쎌루시드 왕조 하에 있다가 다시 기원전 175년에는 안티옥 4세(Antiochus)의 지배하에 들어갔다. 그러다가 기원전 167년에 마카비(Maccabean)혁명에 의해 성전의 정화시대를 거쳐 기원전 63년 마침내 로마제국의 폼페이(Pompey) 장군의 수중에 들어갔다.

기원전 538년 유대인들이 바벨론에서 귀국한 후 예루살렘이 로마제국의 수중에 들어 간 후 그리스도가 태어나기까지 약 4백 년간 예수 그리스도의 가계(家系)는 이러하다.

바벨론에서 귀국할 때 다윗왕의 자손 중에 난민들을 예루살렘으로 인도한 스룹바벨 제사장이 아비훗(Abiu)을 낳았고, 아비훗은 엘리야김(Eliakim)을 낳았고, 엘리야김은 아소르(Azor)를 낳았고, 아소르는 사독(Zadok)을 낳았고, 사독은 아킴(Achim)을 낳았고, 아킴은 엘리웃(Eliud)을 낳았고, 엘리웃은 엘르아살(Eleazar)을 낳았고, 엘르아살은 맛단(Matthan)을 낳았고, 맛단은 야곱(Jacob)을 낳았고, 야곱은 마리아의 남편 요셉을 낳았는데 ,그 요셉과 정혼한 마리아의 몸에서 예수 그리스도가 태어났다.

창세기 기독교 역사이야기
성서 속에 흐르는 하나님의 섭리 ③

| 판권
본사 |

값 15,000원

2011년 6월 20일 인쇄
2011년 6월 25일 발행

편저자 / 남홍진
발행인 / 안영동
발행처 / 출판사 동양서적
　　　　주소: 경기도 용인시 기흥구 청덕동 554-5
　　　　전화: (031) 282-4767~6
　　　　FAX: (031) 282-4768
등록번호 - 제6-11호
등록일자 - 1976년 9월 6일
홈페이지 - www.orientbooks.co.kr

ISBN 97889-7262-180-5　04230